KRÖNERS TASCHENAUSGABE BAND 111

Platon

Der Staat

Deutsch von August Horneffer

Eingeleitet von Ulrike Kleemeier

11., durchgesehene und aktualisierte Auflage

ALFRED KRÖNER VERLAG STUTTGART

Platon
Der Staat
Deutsch von August Horneffer.
Eingeleitet von Ulrike Kleemeier
11., durchgesehene und aktualisierte Auflage
Stuttgart: Kröner 2011
(Kröners Taschenausgabe; Band 111)
ISBN 978-3-520-11111-1

Gesamtherstellung: Friedrich Pustet, Regensburg

Inhaltsverzeichnis

Einleitung

Biographisches zu Platon

Über Platons Leben wissen wir wenig, das meiste davon aus antiken Quellen. Vermutlich wurde Platon 427 v. Chr. in Athen geboren; er starb 348/347 im 81. Lebensjahr. Platons Familie gehörte zu den alten aristokratischen und reichen Familien Athens. Ungefähr im Jahre 407 schließt sich Platon dem Kreis um Sokrates an, der 399 hingerichtet wird. Ca. 388–387 findet Platons erste Reise nach Sizilien statt; er besucht dort den Tyrannen Dionysius I. am Hof von Syrakus und macht Bekanntschaft mit dem Schwager des Herrschers Dion, mit dem ihn bald eine freundschaftliche Beziehung verbindet. Mit Dionysius selbst allerdings kommt es bald zum Streit. Unter dubiosen Umständen wird Platon auf ein Schiff gebracht, das ihn nach Aigina transportiert, wo er dann auf dem Sklavenmarkt zum Verkauf steht, jedoch hat er das Glück, von jemandem losgekauft zu werden. Ca. 387 gründet Platon seine berühmte Akademie in Athen und nimmt damit auch seine Lehrtätigkeit auf. Über die Organisation dieser Schule ist nur sehr wenig bekannt. Als sicher kann gelten, dass dort Theorien in Form von Vorträgen und Diskussionen entwickelt wurden, die dann den Hintergrund des publizierten platonischen Werkes bilden sollten. Im Jahre 366 tritt Platon erneut eine Reise nach Sizilien an; dies geschieht auf Bitten von Dionysius II., dem Sohn von Dionysius I., der inzwischen in Syrakus herrscht: Der bereits erwähnte Dion hatte den Herrscher dazu angeregt, Platon als philosophischen Berater einzuladen. Tatsächlich hatte Platon wohl gehofft, einige seiner politischen Vorstellungen in Syrakus praktisch umsetzen zu können. Schon bald kommt es indes zu einem Bruch zwischen Dion und Dionysius II., der mit der Verbannung des Ersteren endet. Für Platon hat dieses Zerwürfnis ebenfalls unangenehme Folgen: Er hat nunmehr den Status eines Gefangenen des Königs, bis er die Erlaubnis zur Abreise erhält. 365 kehrt er nach Athen zurück. Nach mehrmaligen Einladungen durch Dionysius II. reist Platon schließlich 361 zum dritten und letzten Mal nach Sizilien. Es dauert wiederum nicht lange, bis erneute Zwistigkeiten zwischen ihm und dem Regenten auftreten. 360 kehrt Platon nach Athen zurück, wo er fortan bis zu seinem Tode bleiben wird.

Vorbemerkung

Der folgende Text führt in die ›Politeia‹ ein, indem die Gedankenführung der ersten sieben Bücher dieses Werkes nachvollzogen wird. Demnach erstreckt sich der thematische Bereich von den ersten propädeutischen Ausführungen über die Gerechtigkeit bis hin zu den drei berühmten Gleichnissen (Sonne, Linie, Höhle). Die Verfasserin geht davon aus, dass auch mit Platon bisher unvertraute Leserinnen und Leser danach über das Rüstzeug verfügen werden, sich den übrigen Text eigenständig zu erschließen.

I. Die Gerechtigkeit in der Diskussion

Das erste Buch der ›Politeia‹[1] kontrastiert und erörtert verschiedene zu Platons Zeiten unter Griechen verbreitete Auffassungen über Gerechtigkeit (*dikaiosyne*)[2]:

1 Das erste Buch nimmt im Rahmen der ›Politeia‹ einen Sonderstatus ein. Es besteht aus einem echten Dialog, während Sokrates in den restlichen Büchern meistens Monologe hält und seine Gesprächspartner ihm durch einzelne Einwürfe nur zuarbeiten. Auch liefert das erste Buch keine positive Antwort auf die Ausgangsfrage nach der Gerechtigkeit, sondern lässt das Problem offen. In diesen Hinsichten ähnelt der Text den früheren Dialogen Platons. Es ist daher vermutet worden, dass Platon Buch I tatsächlich eher verfasst hat als den übrigen Text, um es später in diesen zu integrieren. Ob diese Annahme zutrifft, ist eher aus texthistorischen, kaum aus inhaltlichen Gründen relevant. Siehe zu dieser Debatte Annas: *An Introduction to Plato's Republic*, S. 17.

2 Zum *Setting* des Textes: Der Zeitpunkt des Dialoges ist nicht genau festlegbar. Die Forschung vermutet ihn auf jeden Fall während des Peloponnesischen Krieges. Zur zeitlichen Einordnung siehe etwa Suhr: *Platon*, S. 29; S. 117. Suhr erwägt als Zeitraum das Jahr 421, das Jahr des Nikiasfriedens, der den Archidamischen Krieg (431–421), die erste Strecke des Ringens, beendete. Platon selbst hatte an Feldzügen des Korinthischen Krieges (394–386) teilgenommen. – Der Treffpunkt ist Piräus, der Hafen von Athen. Die Jahreszeit ist Anfang Sommer: In Athen begeht man ein kultisches Fest zu Ehren der thrakischen Göttin Bendis. Das Gespräch fin-

1. Kephalos: Gerechtigkeit ist Aufrichtigkeit und Rückerstattung des Empfangenen (vgl. 331c).
2. Polemarchos: Gerechtigkeit heißt, Freunden zu nützen und Feinden zu schaden (vgl. 332c).
3. Thrasymachos: Gerechtigkeit ist der Vorteil des Stärkeren (vgl. 337c).

Zu Kephalos: Nach Kephalos besteht Gerechtigkeit in äußeren Handlungen und ist an materiellen Dingen orientiert. Alles was Kephalos zur Diskussion beiträgt, steht im Kontext des Themas ›Besitz und Reichtum‹. Sokrates widerlegt die Auffassung des Kephalos folgendermaßen: Gerechtigkeit kann nicht in Rückerstattung des Empfangenen bestehen, weil solche Erstattung manchmal auch zu Unrecht führen kann, wie das Beispiel des Wahnsinnigen zeigen soll, der seine Waffen zurückfordert (vgl. 331c). Sokrates will Kephalos somit des Widerspruchs überführen. Dabei ist die zentrale Prämisse seines Einwandes, dass Gerechtigkeit niemals Unrecht schaffen kann.

Die angestrebte Widerlegung von Kephalos ist sehr schnell zu Ende. Der Kaufmann überlässt das Gespräch den anderen und entscheidet sich, opfern zu gehen, womit die erste Phase der Debatte abgeschlossen ist. Der schnelle Abgang des Kephalos hat im Rahmen des Textes symbolische Bedeutung: Kephalos ist ein Erwerbstätiger und hat die entsprechende

det statt, nachdem Sokrates und Glaukon scherzhaft genötigt wurden, im Haus des Kephalos bzw. von dessen Sohn Polemarchos zu verweilen. Kephalos ist ein reicher, alter Kaufmann, der sein Geld damit verdient, Schilder herzustellen, also Kriegsgeräte. Kephalos kam ursprünglich aus Syrakus und war in den Hafen Athens übergesiedelt. Er ist also kein athenischer Bürger und hat keine entsprechenden politischen Rechte. Es ist bekannt, dass seine Familie in der Folge des Krieges ihren gesamten Reichtum verlor und überhaupt von einem unglücklichen Schicksal ereilt wurde. So wurde Polemarchos, der Sohn des Kephalos, hingerichtet und sein Bruder Lysias ins Exil getrieben. Diese Fakten waren den wenigen damaligen athenischen Lesern der ›Politeia‹ bekannt. Vgl. zu diesen Hintergründen: Platon: *der Staat.* Übersetzt, herausgegeben und eingeleitet von Karl Vretska, S. 487f.

Gesinnung durch seine Äußerungen bewiesen. Als Kaufmann gehört er zu der Schicht der Polis, die später den dritten Stand ausmachen wird, und genau dieser soll sich aus der Politik strikt heraushalten. Kephalos' Auftritt und Abgang ganz am Anfang des Textes repräsentieren also bereits einen wichtigen Teil des Gesamtprogramms der ›Politeia‹, und zwar den Ausschluss der Erwerbstätigen aus dem politischen Geschäft.[3]

Zu Polemarchos: Die von Polemarchos zum Ausdruck gebrachte Auffassung über Gerechtigkeit mag für heutige Ohren krude klingen, war aber unter Griechen eine völlig konventionelle Einstellung, die sich bis zu Homer zurückverfolgen lässt.[4] Das christliche Modell der Nächstenliebe, die auch den Feind umfasst, war dem griechischen Denken fremd. Die Konzeption des Polemarchos unterscheidet sich von derjenigen des Kephalos, insofern es bei Letzterem um Besitz und materielle Güter geht, bei Ersterem aber um Kampf und Konflikt. Mit Polemarchos, der den Krieg bereits im Namen trägt (*polemos*), betritt die im Verlauf der ›Politeia‹ so wichtige Figur des Kriegers die Bühne und somit jemand, der den später skizzierten zweiten Stand repräsentiert.

Sokrates' erster Einwand gegen Polemarchos (vgl. 333e) lautet, dass Gerechtigkeit wertlos wäre, wenn dieser recht hätte. Zu diesem Schluss kommt Sokrates durch die folgende Überlegung: Nützen und schaden kann man nur in bestimmten Hinsichten. So nützt kranken Freunden am besten der Arzt, in Seenot geratenen Freunden am besten der Steuermann usw. Schließlich wird Polemarchos zu dem Eingeständnis gebracht, die Gerechtigkeit sei nur beim Nichtgebrauchen wertvoll, also eben ganz überflüssig.

Die Argumentation gegen Polemarchos hat einen gewundenen Charakter; Sokrates wendet Kunstgriffe an, die seinem Gegner nicht unbedingt gerecht werden:

3 Zu Kephalos siehe Fußnote 2.

4 Zum griechischen Freund-/Feind-Denken siehe z. B. Wilamowitz-Moellendorf: *Platon*, S. 159. Vgl. auch Blundell: *Helping friends and harming enemies.*

A) Auf das, was Polemarchos eigentlich wichtig ist, nämlich die Freund-/Feind-Unterscheidung, geht Sokrates zunächst gar nicht ein. Statt dessen erörtert er, was ›nützen‹ und ›schaden‹ heißen könnte und die Frage, worin der Gerechte nützt.
B) Er identifiziert in 332c mindestens zu Zwecken der Argumentation die Gerechtigkeit mit einer Kunst (*techne*). Dies hatte Polemarchos nicht getan. Warum auch sollte man denken, dass Gerechtigkeit wie eine Kunst ist, also wie eine Fähigkeit, mit bestimmten Mitteln bestimmte Zwecke zu erreichen? Tatsächlich wird die Gerechtigkeit von Sokrates selbst später nicht als eine Kunst, sondern als eine Tugend bzw. Tüchtigkeit (*arete*)[5] klassifiziert.

Sokrates' zweiter Einwand lautet (vgl. 333e–334b): Jede Kunst kann nicht nur einen spezifischen Nutzen hervorbringen,

5 Das griechische Wort *arete* wird im Deutschen häufig mit ›Tugend‹ übersetzt. Bekanntlich ist diese Übertragung nicht unproblematisch. Dem griechischen Sprachgebrauch zufolge können über *arete* alle oder die meisten Gegenstände verfügen, auch etwa Tiere oder unbelebte Dinge. So verfügt etwa ein Messer über *arete*, wenn es seine spezifische Aufgabe des Schneidens in besonders vollkommener Form erfüllt. In diesem praktischen Sinne ist *arete* vielleicht am besten mit ›Tüchtigkeit‹ im Sinne von ›Optimum an Leistungsfähigkeit‹ zu übersetzen. Die griechische Sprache setzt dabei voraus, dass jedes Ding oder jede Art von Ding eine besondere naturgemäße Aufgabe (*ergon*) zu erfüllen hat. Eine moralphilosophische Übersetzung von *arete* ist darum nicht ohne Weiteres angebracht. Wohl aber hat der griechische Gebrauch von *arete* ethische Konsequenzen, denn Menschen als besonders ausgezeichnete ethische Subjekte verfügen über ihre eigene, sich von der Vernunft herleitende *arete*. Für das griechische und insbesondere das platonische Denken ist es charakteristisch, dass die den Menschen als solchen kennzeichnenden ethischen Fähigkeiten aus sehr praktischen Zusammenhängen entwickelt werden, die etwa auch aus tierischem Sozialverhalten bestehen können. Leitend ist hierbei das Bild des Aufstiegs oder der Übertragung von ›niedrigen‹ zu ›höheren‹ Formen der ethischen Entfaltung, wobei die sogenannte niedrige Form niemals völlig überwunden wird, eben weil sie die Basis des Aufstiegs zum Höheren darstellt. In dieser Einführung wird *arete* manchmal als ›Tugend‹, manchmal als ›Tüchtigkeit‹ wiedergegeben, wobei vorausgesetzt wird, dass Leserinnen und Leser diese Fußnote gelesen haben.

sondern auch das Gegenteil davon, also einen spezifischen Schaden. Die gilt auch für die Gerechtigkeit, die insofern immer auch eine Kunst des Schadens wäre. Dies aber ist unsinnig. Polemarchos reagiert auf dieses Argument mit großem Erschrecken; tatsächlich gibt es keinen sachlichen Grund für diese Reaktion: Polemarchos hätte die Schlussfolgerung, dass Gerechtigkeit immer auch eine Kunst des Schadens ist, ganz einfach bejahen können – es handelt sich hier um genau die Position, die er von Anfang an vertreten hat: Gerecht ist derjenige, der seinen Freunden nützt, seinen Feinden aber schadet. Sokrates macht ihm eben diese Auffassung zum Vorwurf, ohne sie zu widerlegen. Sein Einwand beruht auf der bisher unbegründeten Prämisse, dass gerechtes Handeln sich stets auf schlechthin Gutes richten muss.

Sokrates' drittes Argument gegen Polemarchos verläuft so (vgl. 334d/335a): Bei der Bestimmung von Freund und Feind kann man sich täuschen; man kann denjenigen für einen Feind halten, der in Wirklichkeit ein Freund ist, und umgekehrt. In einem solchen Fall würde Gerechtigkeit heißen: den Freunden schaden, den Feinden nützen. Dies aber ist gegen die Voraussetzung. Polemarchos hätte an dieser Stelle gegen Sokrates einwenden können, dass ein Irrtum in einem konkreten Fall noch nicht die gerechte Intention zunichte macht.

Sokrates' vierter und letzter Einwand ist dieser (vgl. 335b–d): Etwas zu schädigen bedeutet, es in seiner spezifischen Tüchtigkeit zu verschlechtern. Gerechtigkeit ist eine spezifische Tüchtigkeit des Menschen. Einen Menschen zu schädigen bedeutet somit, ihn ungerechter zu machen. Deshalb kann der Gerechte nicht schädigen, denn eine Tüchtigkeit kann nicht ihr Gegenteil bewirken. Unausgesprochener Hintergrund dieses Arguments ist der Gedanke, dass Gerechtigkeit immer auch gut ist, und dass Güte nichts und niemanden jemals schädigen kann. Dieser Grundgedanke wird jedoch auch hier nicht begründet, sondern vorausgesetzt.

Zu Thrasymachos: Mit dem Auftritt des Thrasymachos ändert sich der Charakter der Diskussion. Die Darstellung seiner Person grenzt an eine Karikatur, insofern es kaum eine schlechte Eigenschaft gibt, die ihm nicht zugeschrieben wird: Geschildert wird er als unverschämt, geldgierig, aggressiv, unreflektiert, plump und eitel. Verglichen wird er ausdrücklich mit einem wilden Tier (vgl. 336d), dem Wolf, der in der ›Politeia‹ durchweg als Schreckbild fungiert, im Unterschied zu seinem Gegenstück, dem gezähmten Wachhund. Offensichtlich betritt mit Thrasymachos der Feind schlechthin die Bühne der ›Politeia‹. Kephalos tat mehr oder weniger das, was von ihm erwartet wurde; als Repräsentant des Standes der Erwerbstätigen hat er sich aus einer Debatte zurückgezogen, zu der er nichts beitragen konnte und sollte. Polemarchos zeigte sich naiv, aber aufgeschlossen und lernbereit. Er verkörpert somit genau diejenigen Eigenschaften, die der Stand der Krieger zunächst braucht, um vervollkommnet werden zu können. Thrasymachos hingegen ist in doppelter Hinsicht gefährlich. In seiner Figur verdichten sich zwei Feindbilder Platons: Auf politischer Ebene steht er für den verhassten Typus des Tyrannen, des Alleinherrschers, der gegen den Willen der ihm Unterworfenen handelt; auf philosophischer Ebene repräsentiert er die ebenso verpönte Gestalt des Sophisten, dem es im Unterschied zum wahren Philosophen um Rhetorik, nicht um Wahrheit geht und der sich nicht schämt, für seine Tätigkeit dennoch Geld zu nehmen. Als Pseudo-Philosoph ist Thrasymachos grundsätzlich schlimmer als jemand, der des Philosophierens nicht oder noch nicht mächtig ist. Daher kann er kaum belehrt, sondern muss stattdessen bekämpft werden.

Thrasymachos begründet seine These, Gerechtigkeit sei der Vorteil des Stärkeren, zunächst politisch. In allen Gemeinwesen, so argumentiert er, geben die Herrschenden Gesetze zu ihrem Vorteil und präsentieren diese dann ihren Untertanen als Gerechtigkeit. Diese Auffassung hat, modern gesprochen, den Charakter einer machttheoretischen Reduktion von Gerechtigkeit. Dem gemäß gibt es Gerechtigkeit als moralische oder ethische Tugend gar nicht. Es gibt nur »Gerechtigkeit« als moralischen Decknamen für die Interessen der jeweils Herrschenden.

Gegen diese Überlegungen des Thrasymachos argumentiert Sokrates folgendermaßen (vgl. 339c–341c): Wenn Gerechtigkeit der Vorteil der Herrschenden wäre, dann hieße Gerechtigkeit (für die Untertanen) immer auch Gehorsam gegen die Herrschenden. Nun können aber die Herrschenden sich irren und Gesetze erlassen, die ihnen nicht zum Vorteil, sondern zum Nachteil gereichen. Dann würde Gerechtigkeit, also Gehorsam, den Nachteil der Mächtigen bedeuten.

Thrasymachos hätte verschiedene Optionen gehabt, auf diesen Einwand zu reagieren:

1) Er hätte darauf beharren können, gar nicht über Gerechtigkeit als solche reden zu wollen, sondern über Interessen. Alles Reden über Gerechtigkeit, so hätte er vertreten können, lässt sich übersetzen in Reden über Interessen. Schließlich ist dies genau die Position, die er zu vertreten schien.
2) Er hätte antworten können, dass Herrschende, die Gesetze gegen ihren eigenen Vorteil erlassen, sehr bald keine Herrschenden mehr sein werden.
3) Schließlich hätte er behaupten können, dass er mit »Vorteil des Stärkeren« lediglich das meine, was der Stärkere für seinen Vorteil hält.

Tatsächlich sagt Thrasymachos nichts von alldem, sondern argumentiert wie folgt (vgl. 340c/d):

Wer Fachmann in einer Kunst ist, kann sich als solcher nicht irren. Nun ist Herrschen eine Kunst, weshalb ein Herrscher sich nicht irren kann. Diese Gedankenführung ist empirisch und begrifflich extrem schwach. Empirisch werden alle zahlreichen tatsächlichen Irrtümer von Herrschenden ignoriert; begrifflich wird impliziert, dass es so etwas wie einen politischen Irrtum gar nicht geben kann.

Sokrates' zweiter Einwand gegen Thrasymachos (vgl. 341e–342d) spielt mit dem Begriff der ›Kunst‹ (*techne*): Eine Kunst, so Sokrates, wird um eines bestimmten Gegenstandes willen ausgeübt, nicht um ihrer selbst willen. Also wird sie nicht um ihres eigenen Vorteils willen praktiziert, sondern zum Vorteil des von ihr beherrschten Objektbereichs. Nun ist auch Herrschen eine Kunst, und zwar eine, deren Gegenstandsbereich die Untergebenen sind. Hieraus soll folgen, dass Herrschen grundsätzlich zum Vorteil der Untergebenen geschieht.

Dieses Argument wirft diverse Probleme auf:

A) Der Gedanke, dass eine Kunst zum Vorteil ihres Gegenstandes ausgeübt wird, ist nicht unbedingt verständlich. Was heißt es z. B., dass die Arithmetik zum Vorteil der Zahlen ausgeübt wird? Was ist der Vorteil der Zahl Null? Wird Musik zum Vorteil von Tönen ausgeübt?

B) Es lässt sich fragen, ob Herrschen eine Kunst wie andere ist. Ist nicht zwischen materiellen, menschlichen und anderen Objektbereichen zu unterscheiden? Tatsächlich liegt eine solche Differenzierung genau auf der Linie der platonischen Ontologie. Sehr wahrscheinlich ist die Analogisierung von Herrschaft mit anderen Künsten eine heuristische Vorstufe auf dem Weg zum eigentlich philosophischen Begriff von Herrschaft. Grundsätzlich bedient sich Sokrates in der ›Politeia‹ der Methode des Aufstiegs vom Sichtbaren und materiell Fassbaren zur Welt der Ideen.

C) Zu fragen ist auch, ob der Übergang von »Eine Kunst wird nicht um ihrer selbst willen ausgeübt« zu »Eine Kunst wird nicht um des Ausübenden (Fachmanns) willen ausgeübt« so nahtlos ist, wie der Text suggeriert. Selbst wenn es wahr wäre, dass keine Kunst um ihrer selbst willen praktiziert wird, so könnte es dennoch Künste geben, denen es wesentlich ist, dem Fachmann zu dienen. Zu eben diesen Künsten könnte das Herrschen gehören.

Thrasymachos hält im Anschluss eine lange Rede (vgl. 343a–344c), deren Essenz in Bezug auf die Problematik der Gerechtigkeit folgende ist: Ungerechtigkeit ist besser als Gerechtigkeit. Auf den ersten Blick ergibt sich hieraus ein Widerspruch zu Thrasymachos' Ausgangsthese, Gerechtigkeit sei der Vorteil des Stärkeren. Der Widerspruch ist jedoch nur scheinbar. Tatsächlich vertritt Thrasymachos die beiden konsistenten Behauptungen: 1) Je ungerechter einer ist, desto stärker ist er. 2) Je gerechter einer ist, desto schwächer ist er.

Die erste Aussage ist aus der Perspektive der Herrschenden gedacht: Je mehr ein Herrschender die Gesetze zum eigenen Vorteil erlässt, d. h. je ungerechter er ist, desto stärker bzw. mächtiger ist er. Die zweite Aussage ist vom Standpunkt der Beherrschten zu verstehen: Je gerechter ein solcher ist, d. h. je mehr er sich den bestehenden Gesetzen fügt, desto schwächer bzw. machtloser gegenüber den Herrschenden ist er. Die normative Redeweise von »besser« und »schlechter«, der Thrasymachos sich mittlerweile bedient, täuscht darüber hinweg, dass seine Anfangsposition die gleiche bleibt.

Auf die Rede des Thrasymachos reagiert Sokrates zunächst mit Wiederholungen, dann mit einem neuen Argument (vgl. 349a–350c). Dabei knüpft er daran an, dass Thrasymachos die Gerechtigkeit als schlecht, die Ungerechtigkeit als gut einordnet. Sein Gedankengang ist folgender: (1) Der Tüchtige will nur vor seinem Gegenbild, nicht aber vor seinesgleichen etwas voraushaben. (2) Der Gerechte will nur vor dem Ungerechten etwas voraushaben, aber nicht vor seinesgleichen. (3) Der Gerechte ist demnach ein Tüchtiger. (4) Der Untüchtige will sowohl vor seinesgleichen als auch vor seinem Gegenbild etwas voraushaben. (5) Der Ungerechte will sowohl vor seinesgleichen als auch vor dem Gerechten etwas voraushaben. (6) Der Ungerechte ist demnach ein Untüchtiger.

Die gesamte Argumentation läuft darauf hinaus, dass nun doch, entgegen der Voraussetzung des Thrasymachos, die Gerechtigkeit sich als eine Tüchtigkeit bzw. Tugend herausstellt und die Ungerechtigkeit nicht. Gegenüber Thrasymachos ist dieser Gedankengang kaum überzeugend, und zwar in erster Linie deshalb, weil dessen Position, Ungerechtigkeit sei gut, weil man von ihr profitiert, gar nicht vorkommt. Fragwürdig ist außerdem die Auffassung, ein Fachmann wolle den anderen nicht übertreffen, wodurch die bloße Möglichkeit, zumindest aber die Legitimität innerfachlicher Konkurrenz ausgeschlossen ist.

Sokrates' dritter Einwand ist recht einfach wiederzugeben (vgl. 351d–352c): Aus Ungerechtigkeit entsteht Zwiespalt (*stasis*), und aus Zwiespalt kann nur Schlechtes entstehen. Die Selbstverständlichkeit, mit der dieses Argument vorgebracht wird, weist auf die zentrale Rolle hin, welche das Gut der Einheit (*to hen*) von Seele oder Polis in der ›Politeia‹ spielt. Dieses Gut steht noch höher als die Tugend der Gerechtigkeit, insofern Letztere lediglich eine Voraussetzung für die Konstitution von (seelischer und politischer) Einheit ist. Der leitende Charakter des Ordnungs- und Harmoniegedankens unterscheidet die platonische und vielleicht fast die gesamte altgriechische Philosophie von neuzeitlich-modernen Konzeptionen, denen zufolge Widerstreit und Konflikt, sei es im Individuum oder im politischen Gemeinwesen, nicht zu überwindende oder sogar wünschenswerte Gegebenheiten sind.

Sokrates' letztes Argument gegen Thrasymachos ist dieses (vgl. 352d–354c): Viele Dinge haben eine besondere Aufgabe (*ergon*), und entsprechend steht ihnen eine besondere Fähigkeit/Tüchtigkeit (*arete*) zur Verfügung. Die Seele (*psyche*) hat die besondere Aufgabe, das Leben zu ermöglichen. Die Gerechtigkeit ist die spezifische Tüchtigkeit der Seele und die Ungerechtigkeit ihre Schwäche. Deshalb wird der gerechte Mensch glücklich leben, der ungerechte aber unglücklich. Diese Schlussfolgerung ist natürlich direkt gegen die Position des Thrasymachos gerichtet, dass Gerechtigkeit zumindest für den Stärkeren von Nutzen ist. Dennoch hat sich die sokratisch/platonische Gedankenführung von derjenigen des Thrasymachos mittlerweile fast vollständig gelöst. Nicht zu Unrecht ist in der Literatur zu Platon bisweilen bemerkt worden, dass der Umgang mit Thrasymachos genau diejenigen sophistischen und tyrannischen Merkmale trägt, die diesem selbst von Sokrates/Platon zugeschrieben werden.

II. Gerechtigkeit und Glückseligkeit

Das zweite Buch setzt die Diskussion um Gerechtigkeit fort. Allerdings verschieben und ändern sich Ton und Stil des Gesprächs einerseits, inhaltliche Schwerpunkte andererseits: Der Ton wird kooperativer, zumal Thrasymachos das Theater verlassen hat. Somit ist der Feind aus dem Feld geschlagen, so dass die Rolle des Gegners fortan nur noch gespielt wird. Die Rhetorik im platonischen Sinne hat ihren angemessenen Ort gefunden: Sie dient nicht mehr der beliebigen Überredung, sondern der Verschönerung einer Auseinandersetzung zwischen im Prinzip Gleichgesinnten.

Die inhaltliche Akzentverschiebung besteht darin, dass nun immer mehr, wenn auch nicht ausschließlich, die zum Abschluss von Buch I angesprochenen Beziehungen zwischen Gerechtigkeit und Glückseligkeit (*eudaimonia*) in den Mittelpunkt treten.

Sokrates und Glaukon vollziehen zu Beginn des Buches gemeinsam eine Einteilung von Gütern (vgl. 357a–d). Folgende Güter soll es geben:

1) Solche, die nur um ihrer selbst willen begehrt werden. Beispiele sind Freude und unschädliche Lustgefühle.
2) Solche, die sowohl um ihrer selbst willen als auch um ihrer Folgen willen begehrt werden. Beispiele hierfür sind Einsicht, Sehen und Gesundheit.
3) Solche, die nur wegen ihrer Folgen wegen begehrt werden. Exempel hierfür sind Leibesübungen, Genesungsbemühungen, Heilkunst, schließlich alle Erwerbstätigkeiten.

Die Gerechtigkeit zählt Sokrates zur zweiten Gruppe. Sie soll also ein Gut sein, das sowohl um seiner selbst als auch um seiner Folgen willen geliebt wird. Warum sollte man Gerechtigkeit auf diese doppelte Weise lieben? Aus dem Streben nach Glückseligkeit heraus. Somit ist Gerechtigkeit nicht von Glückseligkeit abgekoppelt, sondern es besteht ein enger Zusammenhang zwischen beiden: Wer glücklich werden will, muss die Gerechtigkeit anstreben. Damit hat Gerechtigkeit einen übergeordneten Zweck.

Paradigmatisches Beispiel für eine neuzeitliche Ethik, die mit dieser platonischen Denkweise zu kontrastieren ist, ist die kantische Moralphilosophie. Nach Kant ist Gerechtigkeit ein moralischer Begriff, mit dem rein moralische Regeln assoziiert sind. Solche moralischen Regeln gelten absolut, ganz unabhängig davon, ob und welche Zwecke man erreichen will. Moralische Regeln sind auch nicht an Glückseligkeit, in welchem Sinne auch immer, gebunden; man muss sie auch dann befolgen, wenn man dadurch im extremen Fall ganz und gar unglücklich wird. Dies ist durchaus nicht die platonische Position, für den Gerechtigkeit einen wahren Nutzen für die Einzelseele hat, was immer dieser ist – sie ist auf jeden Fall nicht unabhängig davon zu bestimmen, dass sie nützt. Alle platonischen Vergleiche der Gerechtigkeit mit einer Kunst sind überhaupt nur dann sinnvoll, wenn man die Gerechtigkeit (auch) an eine Zweck-/Mittel-Relation bindet. Daher sind viele Platon-Interpreten der Meinung, Platon argumentiere überhaupt nicht moralphilosophisch, weil er uns zwar einen Grund liefert, gerecht zu sein, aber keinen moralischen Grund. Es sollte in diesem Kontext erwähnt werden, dass die Griechen generell keinen Ausdruck kannten, der unserem Wort ›Moral‹ entspricht. Dagegen ist *ethos* ein urgriechischer Ausdruck, der so viel bedeutete wie ›Gewohnheit‹, ›Sitte‹, ›Sinnesart‹. Von diesen Befunden ausgehend kann man zu der Schlussfolgerung gelangen, dass die Griechen zwar eine Ethik im Sinne einer Philosophie und Praxis des guten Lebens kannten, aber eben keine Moralphilosophie.

Die zweite von Sokrates erwähnte Kategorie der Güter wirft insgesamt offensichtliche Probleme auf: Wie soll man sich denken, dass ein Gut sowohl um seiner selbst als auch um seiner Folgen willen begehrt wird? Man kann sicher Freude um ihrer selbst willen anstreben; auch kann man etwa Sport nur um dessen positiver Wirkungen ausüben. Aber wie kann man ein Gut aus beiden Motivationen begehren?

Eine plausible Antwort ist von einigen Platon-Interpreten herausgearbeitet worden.[6] Diese legen nahe, die Wendungen ›um seiner selbst willen‹ und ›an sich‹ als Synonyme zu ›Folgen, die ein Ding aus sich selbst heraus bewirkt‹, zu verstehen. Demnach geht es Sokrates an den erwähnten Stellen nicht um eine Kontrastierung zwischen dem Ding als solchem und dessen Folgen, sondern um eine Differenzierung zwischen verschiedenen Arten von Folgen. Als Beispiel kann die Einsicht (*phronesis*) dienen. Diese wird von Sokrates in die zweite Gruppe der Güter eingeordnet. Damit ist aber nicht gemeint, dass wir die Einsicht als solche und dann noch wegen ihrer Folgen lieben, sondern dass wir sie wegen verschiedener Folgen lieben. Es gibt nämlich einen Zustand, den eine Einsicht ganz aus sich selbst heraus bewirkt, einen Zustand des Wohlbefindens, der geistigen und seelischen Zufriedenheit. Andererseits gibt es äußere nützliche Dinge, die man aufgrund von bestimmten Einsichten tun kann. Beide Arten von Folgen sind verschieden, aber nur weil beides zusammenkommt, machen Güter dieser Art wirklich glücklich. Die platonische Unterscheidung ist eine zwischen inneren und äußeren Folgen eines Gutes. Platons Position zur Gerechtigkeit ist also, modern gesprochen, eine durch und durch konsequentialistische, denn Gerechtigkeit wird nicht als solche geliebt, sondern wegen verschiedener Arten von Wirkungen.

Glaukon hält nun eine längere Rede über das Wesen der Gerechtigkeit (vgl. 358b–362c). In deren erstem Teil leitet er zunächst die Entstehung der Gerechtigkeit nach konventioneller Ansicht ab. Dies geschieht in folgenden Schritten: (1) Das größte Gut ist, Unrecht zu tun, ohne Strafe zu erleiden. (2) Das größte Übel ist Unrecht zu leiden, ohne sich rächen zu können. (3) Im Unrecht leiden liegt mehr Unglück als im Unrechttun Glück. (4) Von Natur aus leiden die meisten Menschen aus Schwäche Unrecht, ohne sich rächen zu können. (5) Die Mehrheit der Menschen schließt untereinan-

6 Siehe hierzu Annas: *An Introduction to Plato's Republic*, S. 60ff.

der einen Vertrag, der das Unrechttun verbietet. Nachdem der Vertrag abgeschlossen ist, gilt als Gerechtigkeit das, was das Gesetz befiehlt, bzw. Gehorsam gegen das Gesetz.

Diese Position weist gewisse Ähnlichkeiten mit dem früher von Thrasymachos vertretenen Standpunkt auf. Allerdings war nach Thrasymachos Gerechtigkeit der Vorteil des Stärkeren, während nach Glaukon Gerechtigkeit der (relative) Vorteil des Schwächeren ist. Indes sind nach Vertragsabschluss die vorher Schwächeren die Stärkeren, denn die Schwachen führen ja die Gerechtigkeit gerade ein, um sich ihrer Schwäche zu entledigen. Damit wäre die Theorie des Thrasymachos wieder zutreffend.

Die Konzeption der Entstehung von Gerechtigkeit, die Glaukon präsentiert, ist zwar eine Vertragstheorie, die sich jedoch wesentlich von neuzeitlichen Theorien des Staatsvertrages unterscheidet. So wäre nach Hobbes, dem Klassiker der politischen Vertragstheorie, die von Glaukon dargestellte Auffassung inkonsistent. Ihr gemäß soll einerseits Gerechtigkeit erst durch Vertrag entstehen, andererseits ist von Anfang an die Rede von Ungerechtigkeit und Unrechttun. Wo es aber einen Begriff von Unrecht gibt, da gibt es auch einen Begriff von Gerechtigkeit. Außerdem entsteht der Staatsvertrag nach Hobbes nicht dadurch, dass wenige Starke die vielen Schwachen unterdrücken, sondern dadurch, dass im Naturzustand buchstäblich alle Menschen über die gleichen Gewaltkompetenzen verfügen.[7]

Nur teilweise konvergiert die von Glaukon vorgetragene Konzeption mit dem gängigen Rechtsverständnis der Griechen. Mehr oder weniger konventionell war tatsächlich die Prämisse (2), also die Auffassung, dass es das höchste Übel oder zumindest ein sehr großes Übel ist, wehrlos Unrecht hinzunehmen. Nicht Gemeingut aber war die Prämisse (1), die Behauptung, Unrechttun sei ein Gut und sogar das größte.

7 Zu Hobbes' Vertragstheorie siehe Kleemeier: *Grundfragen einer philosophischen Theorie des Krieges*, S. 125ff. Für einen Vergleich Hobbes/Platon vgl. ebenda, S. 301ff.

Hier gaukelt uns Glaukon etwas vor, wenn er behauptet, die allgemeine Ansicht darzustellen. Er ahmt an dieser Stelle, wie überhaupt in seiner Rede, die Provokationen des Thrasymachos nach.

Im zweiten Teil seiner Rede will Glaukon nachweisen, dass selbst gerechte Menschen die Gerechtigkeit nur als notwendiges Übel, nicht etwa als ein Gut betrachten. Dies geschieht mittels eines Gedankenexperiments, das unter dem Titel »Der Ring des Gyges« in die Philosophiegeschichte eingegangen ist. Der Hirte Gyges erhält einen Wunderring, der Unsichtbarkeit bewirken kann. Dadurch kann er jede Menge Unrecht tun, ohne ertappt zu werden. Tatsächlich verführt er die Gattin des Königs von Lydien, tötet den König und wird selbst zum Herrscher von Lydien.

In das Gedankenexperiment gehen tatsächlich stereotype Vorstellungen der Griechen über Gerechtigkeit und Ungerechtigkeit ein. Als paradigmatisch für eine ungerechte Grundhaltung galt die Gier nach mehr, die Pleonexie, wobei man unter ungerechten Handlungen insbesondere solche verstand, die sich auf die Aneignung fremder Güter richteten. Paradebeispiel für einen ungerechten Menschen war jemand, der sich nicht mit dem Seinigen zufrieden geben konnte, eben jemand wie der Hirte Gyges.

Die Pointe der Gyges-Geschichte ist recht klar: Wenn man einmal den Wunderring außer Acht lässt, dann geht es einfach um die Darstellung eines Menschen, der durch keine Instanz kontrolliert wird und der daher in voller Freiheit Unrecht ausüben kann. Glaukons Schlussfolgerung lautet: Jemanden, der in einer Situation wie der geschilderten kein Unrecht beginge, würden alle Menschen für dumm halten, wiewohl sie ihn nach außen hin loben würden.

Im dritten Teil seiner Rede will Glaukon zeigen, dass Gerechtigkeit nicht nur für ein notwendiges Übel gehalten wird, sondern tatsächlich ein solches ist. Zu diesem Zweck kontrastiert er zwei Idealtypen: Verglichen wird der Mensch, der nichts als gerecht ist, mit dem, der nichts als ungerecht ist. Dabei wird im Gedankenexperiment der Ungerechte allen

Scheines der Ungerechtigkeit entkleidet. Dagegen soll dem Gerechten jeder Schein der Gerechtigkeit abgehen. Der Gerechte scheint also ungerecht, während er gerecht ist, und beim Ungerechten verhält es sich umgekehrt. Das Schicksal des armen Gerechten wird dann in sehr schillernden Farben beschrieben: Er wird gefoltert, geblendet, gekreuzigt.[8] Die Moral der Geschichte ist, dass man wirklich nicht sagen kann, ein solcher Gerechter sei glückseliger als der Ungerechte.

Nach Glaukon hält nun auch noch Adeimantos[9] eine lange Rede (vgl. 362d–367e), die sich, die sich nicht so sehr dem Inhalt nach von dem Beitrag Glaukons unterscheidet. Wieder handelt es sich um ein Scheinplädoyer für die Ungerechtigkeit, das im Prinzip auch Thrasymachos hätte halten können (allerdings als echtes Plädoyer). Was neu hinzukommt, bezieht sich eher auf die Art und Weise der Darstellung und auf Perspektiven und Aspekte, die in den Vordergrund rücken. Im Unterschied zur argumentativen Geschlossenheit von Glaukons Rede ist der Stil des Adeimantos lockerer und ungeordneter. In thematischer Hinsicht kommen folgende Punkte hinzu: a) Erziehung (*paideia*); b) die Dichter; c) die Götter.

- Der Komplex ›Erziehung‹ ist im Kontext der ›Politeia‹ enorm wichtig. Der Erziehung der jungen Leute wird geradezu der längste zusammenhängende Teil des ganzen Textes gewidmet. Es wird hierauf noch einzugehen sein.
- Die zahlreichen Bezüge auf Dichter sind höchst aufschlussreich hinsichtlich des griechischen Denkens. Sie sind typisch für eine Kultur, deren Sicht auf die Welt und das Göttliche nicht durch göttliche Offenbarungen oder durch Priestertraditionen geprägt wurde, sondern wesentlich durch die Erzählungen der Dichtkunst. Eine sol-

8 Platon bezieht sich mit diesen Beispielen vermutlich auf Praktiken der persischen Justiz. Das Ausbrennen der Augen und das Kreuzigen war keine unter Griechen übliche Strafmethode.

9 Glaukon und Adeimantos sind Platons Brüder.

che Kultur ist die griechische gewesen, wodurch sie sich zentral etwa von der ägyptischen, aber auch von der späteren christlichen unterschied.

- Mit dem dominanten Einfluss der Dichtkunst hängt es (sehr wahrscheinlich) auch zusammen, dass die Griechen immer im Zweifel darüber waren, ob denn nun die Götter wirklich existierten oder aber Erfindungen der Dichter waren. Man respektierte die Kulte, aber hauptsächlich deswegen, weil sie zur gesellschaftlichen Konvention gehörten. Auf diesem Hintergrund ist auch ein Passus wie 365d/e zu lesen, in dem Adeimantos drei Alternativen erwägt: (1) Die Götter existieren gar nicht. In diesem Fall gibt es für den Ungerechten kein Problem. (2) Die Götter existieren, aber sie kümmern sich nicht um die Menschen. Auch in dieser Konstellation entstehen für den Ungerechten keine Schwierigkeiten. (3) Die Götter existieren und interessieren sich für uns. In diesem Fall sind sie durch religiöse Akte zu gewinnen, insbesondere durch Opfer, wie es die Dichter beschreiben.

Bezeichnend an diesen Erörterungen ist dreierlei: (1) Man konnte die Existenz der Götter bezweifeln. (2) Wenn man an ihre Existenz glaubte, dann stellte man sie sich wie menschliche Personen vor. (3) Wenn man die Götter für existent hielt und sie zu den Menschen Bezug hatten, dann musste man den Dichtern glauben, was diese über deren Wesensart und ihre Erwartungen an die Menschen sagten. An dieser Stelle erscheinen Dichter praktisch als die einzige Informationsquelle über die Götter. Allerdings ist zu bemerken, dass Adeimantos den Glauben an die Dichter unverhohlen ironisiert, was genau in Platons Absicht liegt: Die Philosophie in Griechenland hat sich von Anfang an, schon bei den Vorsokratikern, als Kontrapart zur Dichtung begriffen – Logos gegen Mythos, Wahrheit gegen Fiktion, dies war aus philosophischer Sicht die Alternative. Auf diesem Hintergrund sind auch Platons bzw. Sokrates' heftige Attacken gegen die Dichter zu lesen, wie sie uns bald begegnen werden.

III. Von der gesunden zur aufgeschwemmten Polis

Die Frage nach der Gerechtigkeit ist noch immer ungelöst. Sokrates macht nun den Vorschlag, das Problem zunächst nicht anhand der Einzelseele anzugehen, sondern anhand der Polis. Er entwickelt zunächst eine kleine Theorie über den Ursprung der Polis (vgl. 369a–374c).[10] Ob diese Theorie

10 Hinsichtlich des Ausdrucks *polis* ergibt sich ein weiteres Übersetzungsproblem. Folgende deutsche bzw. eingedeutschte Übertragungsmöglichkeiten stehen zur Verfügung: ›Staat‹ – ›Stadt‹ – ›Stadtstaat‹ – ›Gemeinwesen‹ (›Republik‹); keine dieser Transformationen ist völlig befriedigend. Wählt man den Ausdruck ›Staat‹, so muss man sich dabei von neuzeitlichen oder modernen Staatskonzeptionen weitgehend lösen. Der neuzeitliche Staat ist eine Instanz, die sich von verschiedenen anderen Bereichen abgrenzt, die mit ihr konkurrieren, so etwa Kirche, Gesellschaft, Wirtschaft. Solche Trennungen sind der griechischen Polis unbekannt. So waren etwa die religiösen Kultgemeinschaften gänzlich auf die Polis zugeordnet; einen Priesterstand, der sich als unabhängig von und gleichzeitig konkurrierend mit der Politik begriffen hätte, gab es nicht. Ähnliches gilt für das, was wir heute als ›Gesellschaft‹ klassifizieren: Ein eigenständiger ›gesellschaftlicher‹ Bereich, der sich von dem politischen unterschied, existierte nicht. Stattdessen fielen Politik und Gesellschaft für den griechischen Polis-Bürger zusammen. Hinsichtlich des ökonomischen Bereichs muss man unterscheiden zwischen Problemen, die alle angingen, wie etwa allgemeine Versorgung mit Gütern und bestimmten Verteilungslasten, und dem privatwirtschaftlichen Bereich im engen Sinne: dem individuellen Haushalt, dem *oikos*. Private ökonomische Interessen sollten nach griechischem Selbstverständnis in den eigentlich politischen Bereich nicht eindringen, sondern nur solche Belange, die das Ganze der Polis betrafen – Politik sollte nicht zu dem Zweck betrieben werden, die wirtschaftlichen Interessen von Einzelnen oder auch von ganzen Schichten zu befördern. Um es zugespitzt auszudrücken: Jemand galt als politisch gleichberechtigt, auch wenn er bettelarm war, aber er durfte nicht erwarten, durch die Polis reicher zu werden. Dies unterscheidet sich sehr von unserem modernen Staatsverständnis, erwarten wir doch vom Staat auch, dass er für Sozialversorgung und soziale Chancengleichheit sorgt. Nach griechischem Verständnis wären dies gar keine im eigentlichen Sinne politischen Aufgaben, weil sie primär dazu dienen, partikulare Interessen zu befriedigen. Unter ›politisch‹ verstanden die Griechen also etwas, was sich auf das Ganze der Polis bezog und geradezu seinen Gegensatz im bloß Privaten, im Partikularen, fand. Allerdings ist zwischen grie-

ein abstrakter Modellentwurf ist oder den Charakter eines geschichtsphilosophischen Entwurfs hat oder gar empirisch-historische Wahrheitsansprüche erhebt, ist in der Forschung umstritten. Verschiedene Formulierungen des Textes, wie etwa »Denkentwurf« (vgl. 369a) oder »in Gedanken« (vgl. 369c), sprechen dafür, dass es sich um eine Modellkonstruktion handelt. Es ist aber fraglich, ob eine rigide Trennung zwischen Spekulation und Empirie dem platonischen Denken gerecht wird.[11]

Eine Polis entsteht nach Sokrates, weil der Mensch Bedürfnisse hat, die er allein nicht oder nicht effektiv befriedigen kann, weswegen er sich mit anderen zusammenschließt. Diese

chischem Selbstbild und gängiger Praxis sicher sehr genau zu unterscheiden. Selbst wenn man aber eine absolute Kluft zwischen Theorie und Praxis voraussetzt, so würde sich das griechische Verständnis von Polis grundsätzlich von unserem modernen Staatsverständnis unterscheiden. – Die Übersetzungen von *polis* mit ›Stadt‹ oder ›Stadtstaat‹ sind kaum überzeugender als die Übertragung mit ›Staat‹, wenn auch aus anderen Gründen: Das Wort ›Stadt‹ suggeriert vom modernen Standpunkt aus eine zwar teilweise selbstverwaltete politische Einheit, die aber in wesentlichen Bereichen einem zentralen staatlichen Recht unterworfen ist – auf eine griechische Polis traf dies nicht zu. Der Ausdruck ›Stadtstaat‹ kombiniert aus der Sicht der Verfasserin nur zwei Übel. – Im Text wird aus den genannten Gründen das Wort ›Polis‹ beibehalten. Manchmal wird aus Gründen der terminologischen Abwechslung das Wort ›Gemeinwesen‹ verwendet, obwohl dieses als Beschreibung beliebiger menschlicher Gruppen oder Kollektive dienen kann.

11 Siehe allerdings Gaiser: *Platons ungeschriebene Lehre*, S. 27ff.; S. 283ff.; S. 329ff. Gaiser ist der Meinung, Platon verfüge über ein klar umrissenes Geschichtsbild, das sich auf eine Mixtur von theoretisch-spekulativer Geschichtsphilosophie und empirischem Geschichtsdenken gründe. Menschliche Geschichte werde von Platon als eine stetige Zuspitzung des fundamentalen Gegensatzes zwischen Ordnung und Auflösung verstanden. Nach Gaiser hat Platon sogar Geschichte als Wissenschaft überhaupt erst begründet, wobei sich in seinem Ansatz Wissenschaftlichkeit und Dichtung verschränkten und ergänzten. Die Methode des Thukydides, der gemeinhin als erster ›wissenschaftlicher‹ Historiker gilt, ist Gaiser zufolge Platon durchaus nicht fremd gewesen; vielmehr überbiete Platon das Denken des Thukydides bewusst durch Fragen, die über die empirischen Erscheinungen hinausreichten.

Auffassung besticht zunächst durch ihre Simplizität: Die Polis entsteht ursprünglich aus ökonomischen Sachzwängen. Diese Erklärung ist gänzlich metaphysikfrei und kommt auch ohne Bezugnahme auf Mythen aus. Zu betonen ist allerdings, dass es an dieser Stelle um den Ursprung der Polis geht, nicht um deren *telos*, deren eigentlichen Zweck. Beides sind ganz verschiedene Dinge; so profan die kausale Ableitung der Polis verläuft, so hochphilosophisch ist deren teleologische Einordnung.

Die erste von Sokrates geschilderte Polis ist durch das Prinzip der Arbeitsteilung gekennzeichnet. Jeder verrichtet nur eine Tätigkeit und nicht mehrere, und zwar geht er der Beschäftigung nach, für die er sich von Natur am besten eignet. Innerhalb des ersten Gemeinwesens scheint es dabei zwei Stadien zu geben: Zunächst bildet sich eine Art Minimalpolis heraus, die aus vier bis fünf Menschen besteht, die sich ihre Arbeit teilen (vgl. 369d). Diese Phase geht sehr schnell in ein komplexeres Entwicklungsstadium über, auf das sich die Diskussion dann hauptsächlich bezieht. Diese von Sokrates als »gesund« bezeichnete Polis ist ökonomisch charakterisiert durch Arbeitsteilung, rudimentäre Geldwirtschaft, verschiedene Gewerbe und ein gewisses Maß an Export und Import. Abwesend sind sowohl Armut als auch Reichtum, Krieg, Sklaverei sowie Herrschaft überhaupt. Die Menschen dieses Gemeinwesens halten das rechte Maß, sind physisch gesund und glücklich. Es handelt sich um eine primitive, aber in ihrer Art vollkommene Lebensform. Auffällig ist, dass dieser »gesunden« Polis alle genuin politischen Merkmale wie etwa Institutionen fehlen. Sie stellt eher eine Gemeinschaft zum Zweck der Bedürfnisbefriedigung dar.

Durch das Streben nach Luxus, die Pleonexie, geht die gesunde Polis in die aufgeschwemmte über. Unter Pleonexie fällt dabei nach Platon nicht nur das Bedürfnis nach materiellen Gütern, sondern auch dasjenige nach ›Kulturleistungen‹ wie Dichtung, Schauspiel, Tanz usw. (vgl. 373b/c). Weil das Mehr-Haben-Wollen Geld kostet, führt die Polis zwecks Erwerb von Vermögen Kriege gegen andere Gemeinwesen (vgl. 373d/e). Der Ursprung des Krieges wird somit von Platon, wie auch die Entstehung der Polis, auf durchaus ›materialistische‹ Weise erklärt. Ist erst einmal der Krieg in der Welt, so braucht man ein Heer: Es entsteht der Stand der Wächter (*phylakes*),[12] und die unmittelbar folgenden Teile der ›Politeia‹ befassen sich mit der Formation dieser Schicht.

Wohin soll die Entwicklung der Polis führen? Das Endziel ist die Verwirklichung der vollkommenen Polis, deren Vollkommenheit eben darin besteht, dass sie die wahre menschliche Natur verwirklicht. Hier liegt nun ein oft gesehenes Problem. Die beste Polis ist durch Menschen schlechterdings nicht zu verwirklichen, auch nicht durch jenes gottähnliche Geschlecht der Philosophen, die zwar herrschen sollen, aber immer noch Menschen bleiben und über Menschen herrschen. Wenn von der besten Polis in der ›Politeia‹ die Rede ist, so ist sicher jenes Musterbild gemeint, von dem Sokrates sagt, dass die Wirklichkeit ihm durch Nachahmung nur so nahe wie möglich kommen kann (vgl. 472e/473a/b). Die vollkommene Polis im Sinne dieses Musterbildes ist in den richtigen Worten Cassirers »jenseits von Raum und Zeit«, hat kein »Hier und kein Jetzt«, sondern ist »ein Paradigma, eine Norm und ein Vorbild für menschliche Handlungen«.[13] Mit anderen Worten: Die schlechthin beste Polis ist eine Idee im platonischen Sinne, eine reine Form, die in der empirischen Realität nur mehr oder weniger defizitäre Abbilder hat. Streng genommen müsste man den Ausdruck ›beste Polis‹ für jenes Urbild bzw. jene Idee reservieren und die Formulierung ›zweitbeste Polis‹ zur Kennzeichnung der annähernden Realisierung verwenden. Da diese Terminologie jedoch sehr umständlich ist, soll es in der Folge der Ein-

12 Der Ausdruck *phylakes* wird in der ›Politeia‹ in mehrdeutiger Weise verwendet. Er bezieht sich manchmal ausschließlich auf die Schicht der Krieger im engeren Sinne, teilweise auf den Stand der Philosophenherrscher, häufiger aber auch auf beide Schichten zusammen. Meistens wird aus dem Kontext deutlich, welche Gruppe gemeint ist.

13 Zitiert nach Vretska: »Einleitung«, in: Platon: *Der Staat*. Übersetzt, herausgegeben und eingeleitet von Karl Vretska, S. 76.

sicht des Lesers überlassen bleiben, ob mit dem Terminus ›beste Polis‹ jeweils das Paradigma oder dessen Nachahmung gemeint ist. Auch die von Sokrates explizit vertretene Annahme, das Urbild der besten Polis sei zumindest näherungsweise zu verwirklichen, erweist sich im Kontext der platonischen Ontologie als problematisch. Die Nachahmung der vollkommenen Polis, die zweitbeste Polis, ist zwangsläufig in dieser Welt lokalisiert, und als solche ist sie, wie alles Werdende, dem Untergang geweiht, was von Sokrates auch offen eingestanden wird (vgl. 546a). Das Musterbild aber, die beste Polis, befindet sich im Bereich des Seins, in der Welt der unwandelbaren Ideen, welche mit der Welt des Vergänglichen zu kontrastieren ist. Beide Welten müssen als strikt getrennt begriffen werden, und der Dimension des Werdens kommt dabei gegenüber dem Sein ein minderwertiger Status zu. Diese beiden ontologischen Dimensionen sind so verschieden, dass das Werden kaum das Sein ›nachahmen‹ kann, eben weil ihm der Charakter des Seins fehlt.[14]

Zu diesen Schwierigkeiten kommt hinzu, dass in der ›Politeia‹ über weite Strecken noch nicht einmal von der zweitbesten Polis die Rede ist, sondern von einem langen Transformationsstadium, innerhalb dessen die sogenannte aufgeschwemmte Polis langsam im Sinne des Urbildes umgestaltet wird. Dabei ist nicht immer klar, ob und wo jeweils von dem Urbild, dessen Nachahmung und dem Übergangsstadium gesprochen wird.[15]

14 Zum Problem des platonischen Dualismus siehe Gaiser: *Platons ungeschriebene Lehre*, S. 189ff.; S. 193ff.; S. 198ff. Gaiser will den krassen Kontrast dadurch abschwächen, dass er die platonische Idee mit zwei verschiedenen, sich ergänzenden Aspekten ausstattet: dem Aspekt der in sich ruhenden Form (*paradeigma*) einerseits, demjenigen der wirkenden Kraft, den er auch als »Dynamisaspekt« bezeichnet, andererseits.

15 Siehe hierzu Strauss: *The City and Man*. Anscheinend hat Strauss als Erster die wichtige Beobachtung gemacht, dass es in der ›Politeia‹ zu weiten Teilen um die Beschreibung eines Transformationsstadiums hin zur besten bzw. zweitbesten Polis geht.

IV. Die Erziehung des Wächterstandes

Das Transformationsprogramm von der aufgeschwemmten zur besten bzw. annähernd besten Polis setzt bei der Erziehung des Kriegerstandes an, dem ein langes Teilstück der ›Politeia‹ (vgl. 376d–417b) gewidmet ist. Sokrates teilt zu Beginn die Erziehung (*paideia*) in die gymnastische und die musische ein, wobei sich die Erstere auf den Körper, die Letztere auf die Seele bezieht (vgl. 376e). Das griechische Wort *mousike* ist für uns schwer zu übersetzen, weil damit nicht nur der musikalische Bereich im engeren Sinne gemeint war, sondern auch das gesamte literarische Gebiet. Deswegen kann Sokrates so selbstverständlich davon ausgehen, dass zur musischen Erziehung auch die Erzählungen gehören.

Sokrates beginnt seine Abhandlung über die musischen Künste mit den Erzählungen, die er zunächst in wahre und erdichtete einteilt. Er konzentriert sich dabei auf die erdichteten, da diese seiner Meinung nach in der frühen Erziehung die wichtigsten sind. Sein Paradebeispiel für erdichtete Erzählungen sind die Mythen, im Wesentlichen also Erzählungen von Göttern. Die meisten Mythen sind nach Sokrates schlecht und daher aus dem Erziehungsprogramm zu eliminieren (vgl. 377c). Man erfährt an diesem Punkt, dass es Zensur geben soll; nicht völlig klar ist, ob diese Zensur noch in der vollkommenen Polis selbst nötig ist oder nur in dem Übergangsstadium von der aufgeschwemmten Polis. Auf jeden Fall gibt es auch in der besten Polis bestimmte Dichter. Damit stellt sich die Frage, zu welchem der drei Stände diese gehören sollen. Zu erschließen ist, dass sie nur dem dritten Stand angehören können, denn die Herrscher sollen nicht dichten, und die Krieger sollen sich auf die Kriegführung einstellen. Man sieht, welchen Status selbst die ›guten‹ Dichter in der besten Polis haben sollen. Andererseits ist nicht klar, wie aus dem dritten Stand heraus im platonischen Sinne gute Dichtungen produziert werden können, ohne dass es in diesem Stand gewisse Tugenden gibt, die eigentlich nur den beiden oberen Ständen zugeordnet sind. Wie z. B. kann man dichterisch Tapferkeit vermitteln, ohne selbst tapfer zu sein? Möglich ist allerdings, dass die Herrscher einfach bestimmte Regeln für die Dichtkunst aufstellen, die dann nur noch zu befolgen sind.

Der größte Mangel der Erzählungen über Götter und Heroen besteht nach Sokrates darin, dass sie der Wirklichkeit nicht ähnlich sind (vgl. 377e). Auch die Erfindung soll also an die Wirklichkeit gebunden sein. Wie wir aber wissen können, wie die Götter wirklich sind, lässt Platon offen und setzt stattdessen bestimmte Dinge einfach voraus. Ein Katalog besonders verwerflicher Erzählungen ergibt, dass Götter auf keinen Fall Unrecht begehen oder einander bekriegen und entsprechend auch nicht so dargestellt werden dürfen. Selbst wenn solche Geschichten wahr sein sollten, dürfen sie nach Sokrates nicht oder zumindest nicht an Jugendliche weitergegeben werden (vgl. 378a). Sollten sie dennoch erzählt werden müssen, so dürfen sie nur die wenigsten im Geheimen erfahren, und zwar erst nach dem Opfer eines schwer beschaffbaren Tieres. Das Grundprinzip dieser platonischen Kritik an mythischen Erzählungen und damit am Mythos überhaupt ist durch und durch politisch. Die Dichtung darf keinesfalls den Zwiespalt der Polis fördern, sondern muss zu deren Einheit beitragen, und zu diesem Zweck sind auch Manipulationen im Umgang mit der Wahrheit erlaubt und erforderlich.

Wir wissen nun, was die Dichter nicht dichten dürfen. Was sie tatsächlich produzieren sollen, ist bei Platon eng mit der Frage nach dem Wesen Gottes bzw. des Göttlichen verbunden. Mit ›Gott‹ übersetzt ist der Ausdruck *theos*. Man darf bei diesem Terminus nun nicht an den einen Schöpfergott denken, wie er uns durch die jüdisch-christliche Tradition überliefert ist. Mit *theos* konnte im Griechischen jede Kraft bezeichnet werden, die als ewig galt, insofern sie vor der Geburt eines jeden Menschen existierte und nach dessen Tod andauerte. Sehr viele Kräfte wurden so klassifiziert, z. B. Gewitter, Regen, Sonne, aber auch Krankheit, Liebe, Freundschaft etc. Das Wort *theos* ist als Substantiv verwendbar, hat aber hauptsächlich prädikative Bedeutung wie etwa in ›Die Liebe ist

Gott‹. Meist kann man *theos* im Sinne des Adjektivs *theios* (›göttlich‹) lesen.

Gott bzw. das Göttliche ist nach Sokrates vor allem durch zwei Merkmale gekennzeichnet: (1) Gott bewirkt nur Gutes (vgl. 379b). (2) Gott ist einfach und unwandelbar (vgl. 381c). Aus dem ersten Attribut folgt natürlich, dass Gott niemals Schlechtes bewirken kann. In diesem Zusammenhang äußerst Sokrates lapidar, dass es in dieser Welt viel mehr Schlechtes als Gutes gibt (vgl. 379c), wobei der Ausdruck ›Schlechtes‹ (*kakia*) doppeldeutig ist: Er kann so viel bedeuten wie Krankheit, Verlust, Tod u. Ä., aber auch das, was der Mensch bewirkt, wenn er nicht ethisch handelt, wie er handeln soll. Platon denkt primär an diese zweite Bedeutung, ohne die Erstere ganz auszuschließen. Wer oder was, wenn nicht Gott, ist aber für das viele Schlechte verantwortlich? Was ist die Ursache des Schlechten in der Welt, wenn denn Gott nur Gutes bewirken kann? Der gesamte Text weicht einer Antwort auf diese Frage eher aus bzw. stellt sie gar nicht. Eine platonische Antwort lässt sich allerdings aus Texten wie dem ›Phaidon‹ und dem ›Timaios‹ erschließen: Das Schlechte am Menschen wurzelt in der Körperlichkeit. Die Seele ist in diesem Leben an den Körper gefesselt und dadurch gehindert, frei zu sein und ihrer natürlichen Bestimmung nachzugehen. Allerdings ist diese Auffassung keine sonderlich befriedigende Antwort auf das Problem des Schlechten in der Welt, denn man kann weiter fragen, warum es überhaupt zu dem Zustand der Gefangenschaft der Seele im Körper kommt.[16]

16 Die Frage nach dem Ursprung des Bösen bei Platon findet in der Forschungsliteratur verschiedene Antworten. Siehe z. B. Vlastos: »The disorderly motion in the *Timaeus*«. Dieser Autor vertritt die Position, das Böse stamme aus der Körpergebundenheit der Seele. In eine ähnliche Richtung geht auch Gigon: *Gegenwärtigkeit und Utopie*, S. 208. Andere vertreten, die Herkunft des Bösen sei aus der Beschaffenheit der Seele bzw. aus deren unvernünftigem Element zu erklären. Siehe dazu Wilamowitz-Moellendorf: *Platon*, S. 551f. Vgl. auch Taylor: *A commentary on Plato's ›Timaeus‹*, S. 117. Manche Interpreten meinen, in Platons Werk stünden sich zwei inkohärente Auffassungen des Bösen gegenüber. Siehe

Besonderen Wert muss Platon auf die Eigenschaft der Unwandelbarkeit und Einfachheit Gottes legen: In Gott muss das auch für die Polis leitende Prinzip der Spezialisierung vorgebildet sein, dass jeder eines ist und eines macht. Die Darstellung des Göttlichen als wandelbar und vielgestaltig würde dazu führen, dass auch die Adressaten solcher Geschichten auf die Idee kämen, sich verschiedener Tätigkeiten anzunehmen.

Die Unwandelbarkeit Gottes wird von Sokrates folgendermaßen begründet (vgl. 380d/e–381c):

1) Je vollkommener etwas ist, desto weniger ist es von außen veränderbar.
2) Gott ist schlechthin vollkommen.
3) Also ist Gott nicht von außen veränderbar.

Nun würde noch die Option in Frage kommen, dass Gott sich von sich aus verändert. Diese Möglichkeit wird von Sokrates ebenfalls widerlegt:

1) Es gibt zwei prinzipielle Möglichkeiten der Selbstveränderung von etwas: Entweder etwas ändert sich zum Schlechteren oder zum Besseren.
2) Gott ist schlechthin vollkommen.
3) Gott kann sich nicht zum Besseren verändern.
4) Nichts ändert sich von sich aus zum Schlechteren.
5) Gott ändert sich nicht von sich aus zum Schlechteren.

Eine typisch platonische Grundannahme in dieser Argumentation die Auffassung, dass nichts und niemand sich von sich aus zum Schlechteren wandelt. Dieser Optimismus steht in einem merkwürdigen Spannungsverhältnis zu der von Sokra-

hierzu Sesemann: »Die Ethik Platons und das Problem des Bösen«, S. 180. Auch gibt es den Standpunkt, Platon habe sich, wie der größte Teil der griechischen Philosophen überhaupt, kaum für die Problematik des Bösen interessiert. Vgl. etwa Gigon: *Gegenwärtigkeit und Utopie*, S. 191; S. 207. Einen guten Überblick über die verschiedenen Ansätze gibt Cherniss: »The sources of evil according to Plato«.

tes ausdrücklich anerkannten Tatsache, dass das Schlechte das Gute in dieser Welt bei Weitem überwiegt.

Bisher hat Platon nur gezeigt bzw. zu zeigen versucht, dass Gott tatsächlich unwandelbar ist. Es könnte aber sein, dass er die Menschen diesbezüglich täuscht, indem er ihnen suggeriert, dass er sich wandelt. Auch diese Möglichkeit wird von Sokrates widerlegt (vgl. 381e–382e). Das entsprechende Argument soll zeigen, dass Gott und auch Götter in keiner Weise lügen oder täuschen. Dabei unterscheidet Sokrates zwischen Lügen bzw. Täuschungen, die schädlich und hassenswert sind, und solchen, die nützlich sein können. Zur ersten Sorte zählen die Selbsttäuschungen, jene Lügen, die sich in der Seele selbst festsetzen und diese zerstören (vgl. 382b). Nützlich können Lügen unter folgenden Bedingungen sein: (1) wenn man durch sie Feinden schaden kann; (2) wenn man durch sie ein Unheil verhindern kann, das Freunde anrichten können; (3) wenn man sich durch sie der Wahrheit annähern kann (vgl. 382c/d). Gott kann aus keinem dieser Gründe lügen oder täuschen: Er muss sich der Wahrheit nicht annähern, weil er sie bereits besitzt oder verkörpert. Er braucht sich vor Feinden nicht zu fürchten. Er hat keine wahnsinnigen Freunde. Also ist alles Göttliche frei von Irrtum und Trug.

Im dritten Buch wird die Diskussion über Dichtung fortgesetzt, allerdings auf einer etwas konkreteren Ebene. Es geht nun darum, welche Tugenden durch Dichtung speziell bei den Kriegern befördert werden sollen. Sokrates wendet sich dabei u. a. der Form (*lexis*) von Dichtung und Erzählung zu (vgl. 392c–402a), wobei er drei Gattungen von Dichtung unterscheidet: (1) Unmittelbare Wiedergabe (Tragödie und Komödie); (2) Mittelbare Wiedergabe (Epik); (3) Mischformen (das Lied). Unmittelbare Wiedergabe besteht in reiner Nachahmung: Der Dichter lässt andere Figuren sprechen und handeln. Mittelbare Wiedergabe ist nicht Nachahmung: Hier erzählt der Dichter selbst Ereignisse, ohne andere sprechen zu lassen, wie dies etwa im Epos der Fall ist.

Die platonische Klassifizierung stimmt nur ungefähr mit der moderneren Einteilung in Epik, Lyrik und Dramatik überein. So kommt die Lyrik als eigenständige Gattung in Platons Konzeption gar nicht vor: In 394c nennt Sokrates die Dithyramben als Beispiel. Diese aber waren Chorlieder, die normalerweise zur Flöte gesungen wurden. Tatsächlich geht es nie um das Gedicht als solches, sondern um das Lied (*melos*), das ja immer eine Mischung aus Worten und Tönen ist. Das Fehlen der Lyrik als selbständiger Dichtungsart ist vermutlich daraus zu erklären, dass die Griechen Poesie laut zu lesen pflegten, in der Regel unter Musikbegleitung, so dass aus dem Rezipienten praktisch eine Art Schauspieler wurde.

Fremd ist der modernen Literaturtheorie auch das für Platon zentrale Einteilungskriterium der Nachahmung (*mimesis*). Platon geht selbstverständlich davon aus, dass ein Dramatiker so tut, als sei er die Figur, die er gerade sprechen lässt. Doch wer sagt uns, dass etwa Shakespeare suggerieren wollte er sei Hamlet, dass er Hamlet nachahmen wollte? Umgekehrt meint Platon, dass ein Epiker, insofern er selbst erzählt, authentisch spricht, d.h. niemanden nachahmt. Doch gerade der moderne Roman enthält ganze Passagen, die gezielte stilistische Nachahmungen sind. Man wird Platon allerdings durch die Konfrontation mit neuzeitlichen und modernen literarischen Produkten sowie deren theoretischer Reflexion kaum gerecht: Die Kunst wurde im antiken griechischen Kulturraum grundsätzlich als mimetisch gedacht. Hierdurch erklärt sich wohl auch die große Beliebtheit, der sich unter Griechen das Schauspiel erfreute, kommt doch in diesem der mimetische Charakter besonders deutlich zum Ausdruck.

Stellen wir uns die Frage, welche der drei Arten von Dichtung (Dramatik, Epik, Lied) es in der vollkommenen Polis geben darf und welche nicht. Platons Tendenz ist es, Tragödie und Komödie gänzlich auszuschließen, obwohl dies nicht ausdrücklich gesagt wird – es ergibt sich jedoch aus dem Gesamttenor des Textes. Sokrates will nur die literarische Darstellung von Tugendhaftem zulassen. Aus dieser Forderung ergibt sich eine lange und sicher unvollständige Liste (vgl. 395cf.) von Personen und Tätigkeiten, deren Präsentation untersagt ist: Frauen, die ihre Männer auszanken, gegen die Götter lästern, offenkundig unglücklich sind, Geschlechtsverkehr haben oder gebären; Sklaven bei sklavischer Arbeit; schlechte und feige Männer; wahnsinnige Personen; handwerkliche Tätigkeiten; Laute der Tiere oder der Naturgewalten. Nun sind die Kriterien für Tugendhaftigkeit bekanntlich von Kultur zu Kultur sehr verschieden, doch ganz allgemein gilt, dass kein Drama oder dramenähnliches Kunstwerk nur mit der Darstellung des Tugendhaften auskommt, ohne seinen dramatischen Charakter zu verlieren. Es mag hier die Aufforderung ausreichen, sich einen Faust ohne Mephisto vorzustellen.

Gerade die typische ethische Struktur der griechischen Tragödie steht in diametralem Widerspruch zu Platons Forderungen: Das Tragische an der Tragödie ist die Ausweglosigkeit. Der Held gerät in eine ethische Aporie, in eine Situation, in der jeder Schritt ein falscher ist. So gerät Orest in die Lage, seinen Vater nur rächen zu können, indem er die eigene Mutter erschlägt. Recht steht hier gegen Recht, Tugend gegen Tugend. Die griechische Tragödie ist, zumindest in den Beispielen, die für sie immer wieder als typisch herangezogen werden, eben durch solche Paradoxien gekennzeichnet. Dies ist ein Grund, warum so unterschiedliche Autoren wie Hobbes und Nietzsche diese Form der Kunst liebten. Für Platon kommt es aber gerade darauf an, antinomische Strukturen solcher Art zu eliminieren. Der Tugendkonflikt darf in keiner Weise zum Beispiel werden; zu ihm darf es idealerweise gar nicht erst kommen. Indem Platon die Tragödie aus dem kulturellen Leben der Polis verbannen will, plant er, etwas eminent Griechisches abzuschaffen, auf das schon die Griechen selbst sehr stolz waren.

Das Epos scheint Platon nicht gänzlich eliminieren zu wollen. Es kann allerdings nur in reduzierter Form erhalten bleiben, also nur indem der Dichter hauptsächlich selbst erzählt und indem er ausschließlich tugendhafte Charaktere präsentiert. Als legitim dürften Produkte von der Art moralischer Traktate verbleiben, die zwar an die Philosophie nicht heranreichen, aber dazu dienen können, Personen zu belehren, die zur reinen Wahrheit keinen Zugang haben.

Das Lied gibt es definitiv auch in der vollkommenen Polis; es scheint sich um die am weitesten verbreitete Form der Dichtung zu handeln. Für die Ebene des Wortes gilt hier genau das, was bereits zu Dramatik und Epik gesagt wurde, zur Diskussion stehen also nur noch Rhythmus und Tonart. Sokrates führt aus, dass von vier möglichen Tonarten nur zwei übrig bleiben sollen, nämliche die aufrüttelnde und die milde: Die erste soll die Tapferkeit fördern, die andere die Besonnenheit. Ausgeschlossen werden sollen klagende und weichliche Tonarten.

Wie würde nach Platon ein Dichter in der besten Polis behandelt, der gegen die platonischen Kriterien verstößt? Aus 398a geht hervor, dass man ihm mit Höflichkeit und sogar Verehrung begegnen würde – er würde freundlich aus der Stadt gesalbt werden. Natürlich ist dieser Passus voll der sogenannten sokratischen Ironie. Klar ist aber auch, dass in der ›Politeia‹ eine Zensur, wie sie für diktatorische oder totalitäre Regime üblich ist, nicht anvisiert wird: Ungeliebte Dichter werden nicht umgebracht, nicht eingesperrt und nicht einmal vertrieben. Tatsächlich werden sie regelrecht hinweg gelobt. Die Devise, nach der hier vorgegangen wird, ist also nicht Gewalt, sondern psychologisches Geschick. Die ironische Komponente liegt sicher darin, dass Sokrates auf die so gerügte Eitelkeit der Dichter anspielen will: Wer so selbstverliebt ist wie ein Dichter, den packt man am besten bei seiner Eitelkeit, um ihn loszuwerden.

Der Teil über musische Erziehung endet mit einer Abhandlung über das Schöne (vgl. 402d–403c). Nach Sokrates besteht Schönheit in der Harmonie zwischen Seele und Körper, Äußerem und Innerem. Man hätte in einer Abhandlung über musische Erziehung vielleicht schon eher die ästhetische Kategorie des Schönen erwartet, statt wie bisher primär etwas über Tugendhaftigkeit und politischen Nutzen zu erfahren. Tatsächlich bilden aber aus platonischer Perspektive Ethik, Politik und Ästhetik eine untrennbare Einheit. Ein weinender klagender Mensch bzw. dessen Darstellung ist beispielsweise nicht nur ethisch schlecht, sondern buchstäblich auch hässlich, also ästhetisch unannehmbar: Es gibt keine Ästhetik des Leidens und auch keine des Hässlichen. Das dieser platonischen Auffassung zugrundeliegende Ideal ist dasjenige des philosophischen Weisen. Diesem mag im Leben sehr viel Unbill zustoßen, aber insofern er weise ist, leidet er darunter nicht. Ein leuchtendes Beispiel für diesen Typus des Weisen ist in den platonischen Dialogen (›Apologie‹, ›Kriton‹, ›Phaidon‹) immer wieder die Figur des Sokrates selbst. Dieser überrascht nach seiner Verurteilung zum Tode seine Gesprächspartner dadurch, dass er unter seinem Schicksal eben nicht leidet, sondern einen ›konstruktiven‹ Umgang mit ihm findet. Dieser Sokrates ist nach platonischen Maßstäben nicht nur ein guter Mann, sondern immer auch ein schöner Mann.

Gegen die Auffassung des Sokrates, Schönheit sei eine perfekte Harmonie zwischen Seele und Körper, macht nun Glaukon einen Einwand (vgl. 402d): Er will der Seele einen Primat zukommen lassen. Wenn, so meint er, die Seele fehlerfrei sei, der Körper aber Mängel aufweise, dann könne man den betreffenden Menschen trotzdem lieben. Es folgt eine kleine indiskrete Bemerkung des Sokrates: »Ich verstehe: Du hast oder hattest solche Lieblinge!« – danach signalisiert er sein Einverständnis mit Glaukons Position. Letztlich kommt also der ›schönen Seele‹ der Vorrang zu.

Nun geht es um die Weise, wie man das Schöne lieben soll. Die sokratische Antwort ist, dass man es besonnen und vornehm lieben soll. Die Liebe zum Schönen muss ihrem Objekt entsprechen; so wie das Schöne selbst harmonisch und wohlgeordnet ist, so muss auch die Liebe zu ihm beschaffen sein (vgl. 403a). Dieser Passus wird oft als Beleg für den platonischen Liebesbegriff herangezogen. Worum es hier geht, ist die Liebe eines musisch gebildeten Menschen zu einem wahrhaft schönen Menschen. Die heute so genannte ›breite Masse‹ ist hier gar nicht angesprochen. Tatsächlich sind sowohl der wahrhaft schöne Mensch als auch dessen wahrhaft musisch gebildeter Liebhaber Ausnahmeerscheinungen.

Die Liebe zu einem solchen Menschen schließt, so scheint es zumindest, jede Art von exzessivem Zustand aus, wohl auch die Sinnenlust, die Erotik. Wesentlich ist hier die Passage 403b/c, in der Sokrates sagt, der Liebhaber dürfe seinen Liebling küssen und streicheln wie seinen Sohn, wenn er ihn um des Schönen willen dazu gewinne. Bemerkenswert an diesen Ausführungen sind mehrere Dinge: Erstens dürfen körperliche Berührungen sehr wohl stattfinden. Zweitens darf dies allerdings nur um des Schönen als solchem willen geschehen, was bei Platon immer den Primat der Seele gegenüber dem Körper bedeutet. Drittens herrscht das Prinzip der Freiwilligkeit; der Geliebte muss einverstanden sein. Des Weiteren führt Sokrates aus, dass der Liebhaber mit dem Geliebten ansonsten so leben solle, dass niemals der Schein erweckt werde, als geschehe hierbei mehr als nicht erotischer freundschaftlicher Austausch. Ansonsten werde der Liebhaber den Vorwurf des Mangels an Bildung und Schönheitssinn auf sich laden. Dieser Passus ist interpretationsfähig. Er kann als Verbot jeder sexuellen Intimbeziehung gedeutet werden; man kann ihn aber auch als Aufforderung lesen, lediglich nicht den Schein zu erwecken, als existiere mehr als ein nicht erotisches, rein freundschaftliches Verhältnis, wobei die platonische Begründung hier überaus konventionalistisch erscheint. Es ist generell eine Frage der Platon-Forschung, ob die platonische (Männer-)Liebe jede Form von Intimkontakt ausschließt oder ob es all dies wohl geben darf, sofern es nur den Aufstieg zur eigentlichen Wahrheit fördert oder diesen zumindest nicht behindert.[17]

Es folgt der Teil über gymnastische Erziehung (vgl. 403c–412b), wobei der Titel nach modernen Kriterien täuscht, da

17 Die Thematik männlicher Homosexualität im alten Griechenland behandelt ausführlich Dover: *Greek homosexuality.* Verwiesen seien Leserinnen und Leser in diesem Zusammenhang vor allem auf Platons ›Symposion‹, einen Text, in dem Platon wie in keinem anderen die Beziehungen zwischen männlichen Liebhabern und deren Geliebten zum Gegenstand macht. Die Lektüre dieser Schrift ergibt nach Meinung der Verfasserin eine große Toleranz gegenüber homosexuellen Praktiken, sofern diese dem Aufstieg in die Regionen des wahren Schönen nicht im Wege stehen, sondern diesen eventuell sogar befördern.

man nun Details über sportliche Übungen als solche erwartet. Tatsächlich wird der Leser mit Abhandlungen über Diät, über das Heilwesen, seltsamerweise über Richter konfrontiert. Es geht also um das Verhältnis zum Körper im Allgemeinen. Das Leitprinzip, unter das Platon die Gymnastik stellt, überrascht nicht; es ist dasjenige der Einfachheit. Wesentlich sind hier zum einen die Ausführungen über die Heilkunst, zum anderen diejenigen über die Richter.

Die Heilkunst soll nach Sokrates den Zweck haben, die tatsächlich heilbar Kranken möglichst rasch zu heilen. Im Unterschied dazu sollen sich die Ärzte der unheilbar Kranken nicht annehmen, sondern diese sterben lassen (vgl. 410a). Dabei sind unter heilbar Kranken diejenigen zu verstehen, die im Grundsatz gesund sind, aber vorübergehende Krankheiten haben, unter unheilbar Kranken aber solche, bei denen die Krankheit zum Dauerzustand wird. Die Meinung, man solle die zweite Gruppe von Kranken sterben lassen, wird dadurch begründet, dass es niemals um das Leben als solches geht, sondern grundsätzlich um das gute Leben, und zwar sowohl für den Einzelnen als auch für die Polis. Dabei lassen sich die letzten beiden Aspekte aus platonischer Perspektive nicht trennen. Für den Einzelnen ist es gut, innerhalb der Polis eine bestimmte Aufgabe zu erfüllen, und dies ist gleichzeitig für die Polis gut. Im vollkommenen Gemeinwesen ist jeder an dem Ort, an den er von Natur aus gehört. Kann er diesen Ort nicht mehr ausfüllen, so ist die natürliche Ordnung der Dinge gestört, und dieses ist sowohl für ihn als auch für das politische Ganze schlecht.

Die Entscheidung des einzelnen Individuums über den eigenen Tod spielt bei Platon sicher keine Rolle. Auch solche unheilbar Kranken, die lieber weiterleben wollen, sollen sterben. Hier unterscheidet sich der platonische Ansatz natürlich von heutigen Programmen der Sterbehilfe, die davon ausgehen, dass zumindest entscheidungsfähige Menschen die Wahl zwischen Leben und Tod für sich selbst treffen sollen und können. Allerdings ist zu berücksichtigen, dass der Konflikt zwischen unheilbarer Krankheit und dem Wunsch, dennoch weiterleben zu wollen, zumindest in der vollkommenen Polis nur im dritten Stand vorkommen kann, obwohl dies im Text nicht ausdrücklich gesagt wird. Aus der Gesamtlektüre ergibt sich jedoch, dass die Philosophenherrscher den Tod ohnehin als ein Gut betrachten, weil er die Befreiung der Seele von der Knechtschaft des Körpers bedeutet. Die Krieger halten ihn zumindest für das kleinere Übel, weil Ehre für sie wichtiger ist; wo es gilt, Schande zu vermeiden, sterben sie lieber. Nur bei den Erwerbstätigen, die aufgrund ihrer Ausrichtung auf materielle Güter den Tod als höchstes Übel betrachten, kann dieser Problemfall vorkommen.

V. Die Fundierung von Herrschaft

Ab 412b erklärt Sokrates die Grundsätze für Bildung und Erziehung vorläufig für abgeschlossen. Fortan geht es um die Frage der Herrschaft in der Polis, also darum, wer herrschen soll, welche Kriterien diese Herrscher erfüllen sollen und wie sie ausgewählt werden. Man erfährt, dass die Herrscher aus der Schicht der Krieger stammen, dass sie zu den Älteren gehören und selbstverständlich die besten sein sollen. Drei Kompetenzen müssen sie aufweisen (vgl. 412c): Einsicht, Tatkraft, Verantwortungsgefühl für die Polis. Interessant ist dabei, wie der Begriff der ›Verantwortung‹ bestimmt wird: Verantwortlich fühlt man sich, so Sokrates, hauptsächlich für das, was man liebt. Am meisten aber lieben wir das, womit uns die Gemeinschaft des Vorteils verbindet. Platon argumentiert auch an dieser Stelle völlig konsequentialistisch: Man engagiert sich nur dann für ein Gemeinwesen, wenn man sich davon einen eigenen wie auch immer beschaffenen Nutzen erwartet.

Danach wendet sich Sokrates der praktischen Frage zu, wie man erkennt, dass jemand die Fähigkeiten zum guten Herrscher hat. Wie vor allem erkennt man, dass jemand ein gesteigertes Verantwortungsgefühl für die Polis hat bzw. die Polis über alles liebt? Der Weg zu dieser Qualifizierung ist lang. Die Krieger werden von Kindheit an getestet, und zwar sinngemäß nach den folgenden Beurteilungskriterien: (1) Verhalten in verwirrenden undurchsichtigen Lagen. (2) Verhalten unter Schmerz und Anstrengung. (3) Verhalten in Gefahr und Lust. Wer sich nie in einer dieser Situationen aus dem Gleichgewicht bringen lässt, bringt gute Voraussetzungen für die Ausübung des Herrscheramtes mit. Der Fortgang des Textes wird indes zeigen, dass diese noch nicht ausreichen: An dieser Stelle ignoriert Platon noch die philosophische Ausbildung. Tatsächlich werden dann nur diejenigen Herrscher, die zum Philosophen ausgebildet wurden. Gegenwärtig geht es aber noch nicht um die beste Polis selbst, sondern um das Übergangsstadium, das zur politischen Vollkommenheit führt. Hier kommt es zunächst darauf an, aus der Schicht der Krieger eine Elite herauszufiltern, die noch nicht die eigentlich philosophische Auslese darstellt.

Ab 414b gibt es in Sokrates' Gedankenführung eine überraschende Wendung. Auf einmal greift er das Thema der noblen Lüge wieder auf, das uns bereits begegnet ist: Bestimmte Lügen können von Nutzen sein, wenn sie uns an die Wahrheit heranführen. Eine solche fasst Sokrates hier ins Auge; er will, dass von ihr möglichst auch die Herrscher, jedenfalls aber der Rest des Gemeinwesens, überzeugt werden. Auch dies weist darauf hin, dass wir uns noch nicht auf der Ebene der besten Polis befinden, sondern in einem Transformationsstadium. Die Herrscher der vollendeten Polis sind Philosophen und lassen sich nicht mehr täuschen. Die jetzigen Herrscher sind vermutlich diejenigen, von denen gerade die Rede war, also die Elite der Kriegerschicht.

Die noble Lüge wird mit großem Zaudern eingeführt. Es handelt sich um einen Mythos. Die Krieger, aber auch die anderen Stände hätten ursprünglich unter der Erde gelebt, wo sie bis zur Vervollkommnung herangereift seien. Danach habe die Erde als ihre Mutter sie hinaufgeschickt, damit sie dort für ihr Land wie eben für ihre Mutter sorgten und es gegen Feinde verteidigten. Alle sollten sich als Brüder betrachten, da sie alle der einen Mutter entsprungen seien. Zwar seien also alle verwandt, aber nicht gleich: Der bildende Gott habe den zum

Herrschen bestimmten Brüdern Gold beigegeben, den Gehilfen Silber und den Bauern sowie den übrigen Arbeitern Erz und Eisen. Dieser Gott gebiete besonders den Herrschenden, für nichts so genau Sorge zu tragen wie für ihre Nachkommen, d. h. darauf zu achten, dass aus Gold möglichst wieder Gold gezeugt werde. Falls die Goldenen oder Silbernen doch einmal einen Ehernen zeugten, so sollten sie ihn zu den Bauern und Arbeitern hinaustreiben. Wenn umgekehrt sich unter den Letzteren doch einmal ein Goldener oder Silberner finde, dann sollten ihn die Herrschenden in ihre Kreise oder in die der Gehilfen aufnehmen. Es gebe einen Götterspruch, der besage, dass die Polis dann untergehen werde, wenn Eisen oder Erz in ihr zur Herrschaft kämen.

Mit der mythischen Vorstellung von den Menschen als Erdgeborenen greift Platon auf ältere Traditionen zurück: Die Athener hatten mit diesem Mythos den Anspruch gegen andere griechische Stämme begründet, nicht zugewandert zu sein, sondern aus dem Lande selbst zu stammen.

Von Nutzen ist der Mythos, weil er das höchste Gut der Polis, die Einheit, befördern soll. Offenkundig hat Platon hier seine eigene politische Idee in Form eines Bildes gefasst, weil er der Meinung war, Menschen seien zunächst leichter durch Bilder zu überzeugen als durch rationale Argumentation. Nun ist zwar de facto der Mythos dem rationalen Modell nachgebildet, doch die Mitglieder der Polis sollen über dieses Rangverhältnis nicht Bescheid wissen, sondern von der Umkehrung überzeugt werden. Der Ursprung der politischen Dinge ist nicht mythischer Art, aber offenbar bedürfen sie für eine Zeitlang mythischer Vorstellungen.[18]

Der Mythos vermittelt einigen Aufschluss über das in der ›Politeia‹ skizzierte Verhältnis der drei Stände in der besten Polis zueinander: (1) Alle sind miteinander verwandt, also auch die ersten beiden Stände mit dem dritten. (2) Es gibt eine gewisse soziale Mobilität zwischen den Ständen. Tat-

18 Zur höchst ambivalenten Rolle der Mythen bei Platon vgl. Reinhardt: *Platons Mythen*.

sächlich ist der Erdgeborenenmythos die einzige Stelle des Textes, an der die Zusammengehörigkeit der drei Schichten in dieser Form betont wird.

VI. Die Analogie von Seele und Polis und die Kardinaltugenden

Das vierte Buch beginnt damit, dass Adeimantos an Sokrates die Frage richtet, wie dieser reagieren würde, hielte man ihm vor, er mache die Krieger in der von ihm entworfenen Polis nicht glücklich. Sokrates arbeitet in seiner Antwort mit verschiedenen Vorstellungen von Glück: Zum einen gibt es das persönliche Glück, welches in der Erfüllung individueller Wünsche besteht. Diese Konzeption des Glücks ist nach Sokrates vulgär und kann wahre Glückseligkeit nicht erfassen. Das politische Glück, das Glück der Polis als Ganzer, besteht darin, dass die in ihr vorhandenen Teile ihre jeweilige spezifische Aufgabe auf vollkommene Weise erfüllen. Zu Recht wurde und wird dieses platonische Modell politischer Glückseligkeit oft mit einem gesunden Organismus verglichen, in dem jedes Organ seine besondere Funktion ausübt, ohne auf die Funktionsweise irgendeines anderen Organs verzichten zu können. Die Ganzheit, die ein Organismus darstellt, ist mehr und anderes als die Summe ihrer Teile. Sehr ähnlich muss man sich die platonische Konzeption der Einheit der Polis vorstellen.

Das persönliche Glück steht in einem Verhältnis der Inkonsistenz zum Glück der Polis als Ganzer: Wo sich das Leitbild des individuellen Glücks in einer Gemeinschaft durchsetzt, kann man nach Sokrates buchstäblich nicht von einer Polis reden (vgl. 421b). Das subjektive Glück ist per definitionem unpolitisch und sogar antipolitisch. Dennoch heißt dies nicht, dass eine vollkommene Polis in ihrer Gesamtheit glücklich sein kann, aber ihre Bürger gänzlich oder mehrheitlich unglücklich. Bürger der Polis sind bei Platon eben ausschließlich über ihre Funktion für die Polis definiert. So geht es z. B. nicht um die Krieger als Individuen, sondern um sie als

Krieger. Mit dem Glück der Polis harmoniert es nicht, wenn die Krieger als solche unglücklich wären. In diesem Fall könnten sie ihre spezifische Aufgabe als Krieger nicht erfüllen, und somit wäre auch die Polis unglücklich.

Die beste Polis weist nach Sokrates die folgenden Tugenden auf: Weisheit (*sophia*), Tapferkeit (*andreia*), Besonnenheit (*sophrosyne*), Gerechtigkeit (*dikaiosyne*). Weisheit wird bestimmt als eine Tugend, die sich aus dem Wissen um das Ganze der Polis herleitet – dies ist noch nicht der volle philosophische Begriff der Weisheit, der es mit der Ideenschau zu tun hat. Weisheit ist an dieser Stelle gedacht als eine Fähigkeit des richtigen politischen Entscheidens und Handelns. Diese Kompetenz wird den Regenten zugeordnet, wobei Sokrates klarstellt, dass diese Schicht die kleinste in der Polis ist.

Wesentlich mehr als über Weisheit sagt Sokrates über die Tugend der Tapferkeit.[19] Diese setzt sich aus zwei Merkmalen zusammen: (1) Furchtlosigkeit vor Tod und Wunden im Gefecht; (2) Bewahrung der richtigen und gesetzmäßigen Vorstellung über das Furchtbare. Die Forderung nach Furchtlosigkeit überrascht im Zusammenhang mit Tapferkeit kaum. Irritierend ist eher das zweite Kriterium: Ausgerechnet die Tapfersten sollen den Respekt vor dem Furchtbaren bewahren, sich also in gewisser Weise selbst fürchten. Tatsächlich sind hier zwei verschiedene Arten von Furcht im Spiele. Die eine ist ganz allgemein die Furcht vor irgendeinem Übel, z. B. auch die Angst vor Verwundung. Die andere kann mit dem Ausdruck ›Scham‹ bezeichnet werden:[20] Scham ist die Furcht

19 Siehe zu den folgenden Bemerkungen über Tapferkeit Kleemeier: *Grundfragen einer philosophischen Theorie des Krieges*, S. 94ff.

20 Die Ausführungen über Scham finden sich in der ›Politeia‹ nicht explizit. Wir greifen an dieser Stelle auf Platons Bemerkungen in seinem Spätwerk ›Nomoi‹ zurück, die hier zur Klärung beitragen können: In diesem Text unterscheidet der Gesprächsführer, genannt »der Athener«, zwischen zwei verschiedenen Arten von Furcht (vgl. *Nomoi* 646e–647e). Seine Ausführungen ergeben, dass Tapferkeit im Sinne der Aufrechterhaltung des Respektes vor dem Furchtbaren in der ›Politeia‹ nichts anderes ist als die Bewahrung dessen, was in den ›Nomoi‹ als ›Scham‹ klassifiziert wird.

vor der Meinung anderer, wenn wir etwas Schimpfliches tun, die Furcht vor Schande. Von diesen beiden Sorten der Furcht ist die Scham unbedingt zu fördern, weil sie und nur sie hilft, die Furcht im ersten Sinne zu bekämpfen. So wird nur derjenige seine Feinde nicht fürchten, der sich vor übler Nachrede durch seine Freunde fürchtet. Furchtbar sind dementsprechend alle Handlungen, die dem Schamgefühl und damit den tragenden Werten der Polis widersprechen. Furchtbar ist es etwa für den Krieger, in der Schlacht die Gefangenschaft dem Tod vorzuziehen. Tapferkeit im Sinne der Furchtlosigkeit vor Tod und Wunden setzt demnach Tapferkeit in dem umfassenderen zweiten Sinne voraus. Um es scheinbar paradox zu formulieren: Wer tapfer sein will, muss gelernt haben, sich zu fürchten.

In seiner Gesamtheit weist das platonische Tapferkeitskonzept folgende Merkmale auf: Tapferkeit ist

1) eine politische Tugend. Sie bezieht sich auf ein Gemeinwesen und die in diesem vermittelten Werte. Als solche ist sie scharf zu unterscheiden von jeder Art des individuellen ›Draufgängertums‹.
2) eine im weitesten Sinne ›konservative‹ Tugend, eine Tugend der Bewahrung und Aufrechterhaltung tradierter Überzeugungen. Sie erfüllt eine Stabilisierungsfunktion für das Gemeinwesen. Gewalthandlungen, die auf den Umsturz einer Polis zielen, sind somit nicht tapfer, sondern verbrecherisch.
3) eine intellektbezogene Eigenschaft, kommt ihr doch die Aufgabe zu, die Weisungen der weisen Herrscher in die Tat umzusetzen. Die Tapferkeit ist eine Dienerin des Vernünftigen. Spontane Gemütshandlungen sind somit nicht tapfer.
4) eine konstante und allgegenwärtige Tugend. Tapferkeit ist nicht punktuell und situationsbezogen. Sie gehört vielmehr wie eine künstliche, aber nicht abwaschbare Färbung (vgl. 429e/430a) zur ›zweiten Natur‹ eines Menschen. Deshalb kann sie nicht etwa in bestimmten Lagen

> abgelegt und in anderen aktiviert werden. Die Tapferkeit eines Menschen schlägt sich also nicht nur in Krieg und Gefecht nieder, sondern auch in seinem sonstigen Verhalten, etwa in seiner Haltung gegenüber Schicksalsschlägen. Tapferkeit bezieht sich auf den ganzen Menschen, nicht nur auf den Krieger als solchen.[21]

Die Tugend der Tapferkeit wird im Text zwar primär dem Stand der Krieger zugeordnet, da jedoch die Philosophenherrscher aus eben diesem Stand rekrutiert werden, ergibt sich, dass niemand Herrscher werden kann, ohne tapfer in dem soeben geschilderten Sinne zu sein. Weisheit, die spezifische Tugend der Regenten, setzt Tapferkeit voraus und schließt sie ein. Allerdings, so lässt sich vermuten, wenn man etwa Ausführungen im ›Phaidon‹ hinzuzieht,[22] steht die Tapferkeit der Herrschenden auf einer noch höheren Stufe als diejenige der Krieger: Die Erwerbstätigen sind grundsätzlich nicht tapfer, weil sie den Tod als das größte Übel betrachten. Die Krieger sehen den Tod nicht als das höchste, sondern gegenüber Schande und Unehre als das kleinere Übel an. Die Philosophen und damit die Herrscher der Polis beurteilen den Tod gar nicht als ein Übel, sondern als ein Gut, weil er zur endgültigen Befreiung des Körpers von der Seele führt.

Besonnenheit wird bestimmt als die Übereinkunft der von Natur aus Besseren mit den von Natur aus Schlechteren darüber, wer herrschen soll (vgl. 432a). Diese Tugend ist allen Ständen der Polis zugeordnet. Sie stellt eine Art Konsensprinzip dar, indem sie sicherstellt, dass Herrscher und Beherrschte nicht unterschiedliche Vorstellungen darüber haben, wer herrschen soll. Die vollkommene Polis ist also nicht

21 Eine andere Auffassung als Platon vertrat diesbezüglich Aristoteles. Für Letzteren ist Tapferkeit eingeschränkt auf die Furchtlosigkeit vor Tod und Wunden auf dem Feld der Ehre. Vgl. Aristoteles: *Nikomachische Ethik* 3, 9, 1115a. Zu diesem Unterschied zwischen Platon und Aristoteles siehe auch Gigon: *Gegenwärtigkeit und Utopie*, S. 474.

22 Vgl. *Phaidon* 64a/b; 67e.

als eine Zwangseinrichtung konzipiert. Allerdings wird das zunächst formale Konsensprinzip sofort inhaltlich gefüllt: Herrschen sollen die besten, und man muss sich darüber einig sein, wer diese sind.

Gerechtigkeit schließlich wird bestimmt als das Tun des Seinigen (vgl. 434c); wie die Besonnenheit muss auch sie allen Ständen zukommen: Die Stände sollen das Ihrige tun und sich nicht wechselseitig in ihre Aufgaben einmischen. An dieser Erklärung von Gerechtigkeit ist bei näherer Hinsicht etwas neu. Zunächst hatte man den Eindruck, als könne Gerechtigkeit mit Arbeitsteilung identifiziert werden. Nun heißt es aber sogar ausdrücklich, es sei nicht weiter schlimm, wenn innerhalb des dritten Standes die Erwerbstätigen ihrer Aufgaben tauschen oder einer zwei Aufgaben erledigt (vgl. 434a). Die neue Erläuterung von Gerechtigkeit bezieht sich gar nicht mehr auf Arbeitsteilung im ökonomischen Sinne, sondern wesentlich auf Herrschaft. Der Gedanke der Arbeitsteilung wird damit nicht einfach überflüssig, aber man merkt an dieser Stelle, wozu er gebraucht wurde: So wie es gerecht ist, das Menschen sich überhaupt ihre Beschäftigungen aufteilen, so ist es auch gerecht, dass es eine Aufteilung in Herrschende und Beherrschte gibt und dass beide nicht versuchen, ihre Rollen zu tauschen. Ein ursprünglich einfacher Gedanke, derjenige von der natürlichen Angewiesenheit der Menschen auf Arbeitsteilung, wird also benutzt, um Herrschaft und Hierarchie als etwas ebenso Natürliches darzustellen – Gerechtigkeit ist von einem primär ökonomischen zu einem politischen Begriff geworden. Die Erläuterung der Gerechtigkeit anhand von Arbeitsteilung war demnach nur ein Schattenbild dessen, was Gerechtigkeit eigentlich ist.[23] Die Entökonomisierung der Gerechtigkeit fügt sich demnach nahtlos in das Programm der ›Politeia‹ ein, das von der Methode des Aufstiegs von praktischen zu höheren Kategorien

23 Zu dieser Verschiebung des Gerechtigkeitsbegriffs siehe auch Arends: *Die Einheit der Polis*, S. 34ff., sowie Annas: *An Introduction to Plato's Republic*, S. 118.

geleitet ist. Darüber hinaus wurzelt die Trennung von Politischem und Ökonomischem zutiefst im Selbstverständnis der attischen Polis, dem zufolge der Raum des Politischen als ein Bereich der Freiheit galt, der von dem Reich der ökonomischen Notwendigkeit strikt zu unterscheiden war und Letzterem gegenüber den ethischen Primat genoss.[24]

Die spezifische Funktion der Gerechtigkeit im Vergleich mit den anderen Tugenden ist, dass sie den Letzteren überhaupt erst die Kraft gibt, sich zu entwickeln, und sie dann auch erhält (vgl. 433b). Unter den vier Kardinaltugenden ist die Gerechtigkeit der Ordnungsfaktor par excellence. Dies gilt auch für ihr Verhältnis zur Besonnenheit:[25] Letztere sichert den Konsens über Herrschaftsverhältnisse. Damit es aber solche Übereinstimmung geben kann, müssen zunächst einmal Herrschaftsverhältnisse geschaffen werden, und dies ist eine Aufgabe der Gerechtigkeit. Die Tapferkeit kann, wenn sie falsch verstanden wird, sich in den Dienst des Begehrlichen stellen und bewirkt dann das Gegenteil von Ordnung, nämlich Verwirrung und Streit. Selbst die Weisheit ist als solche kein Ordnungsfaktor, sondern bedarf zu ihrer Umsetzung eines Vermögens, das praktischer ist als sie selbst.

Ab 435a unternimmt Sokrates die Übertragung des Tugendkatalogs auf die Einzelseele: Es gibt den begehrlichen Seelenteil (*epithymetikon*), den eifernden bzw. mutvollen (*thymoeides*), und den vernünftigen Teil (*logistikon*). Das Begehrliche entspricht der Schicht der Erwerbstätigen, das Mutvolle dem Kriegerstand und das Vernünftige der Gruppe der Herrschenden. Dem Vernünftigen ist als Tugend die Weisheit (*sophia*) zugeordnet, dem mutvollen Teil die Tapferkeit (*andreia*); durch Besonnenheit (*sophrosyne*) und Gerechtigkeit (*dikaiosyne*) sollen sich alle drei Seelenteile auszeichnen. Der herrschende Teil der Seele soll das Vernünftige sein.

24 Siehe hierzu Meier: »Das Politische der Griechen«, S. 256f.

25 Zum Verhältnis von Gerechtigkeit und Besonnenheit vgl. Krämer: *Arete bei Platon und Aristoteles*, S. 92ff.

In der Forschungsliteratur zu dem Thema der Analogie von Seele und Polis werden u. a. folgende Probleme diskutiert, die hier herausgegriffen seien:

1) Wie exakt ist die Analogie zwischen politischer und seelischer Ebene? Ist sie überzeugend, oder gibt es Brüche?
2) Gibt es einen Primat der Einzelseele einerseits oder des Politischen andererseits?
3) Ist Platons Konzeption der Seele bzw. der Polis gefühls- und affektfeindlich?

Zu 1): Eine ungewollte Disanalogie scheint sich in Bezug auf das Verhältnis zwischen drittem Seelenteil und drittem Stand zu ergeben. Als Beispiele für die Bedürfnisse des dritten Seelenteils führt Platon an: Hunger, Durst, Sexualität, aber auch Geldgier. Dabei können die ersten drei, notfalls auch unter Einschluss der Sexualität, als biologische Bedürfnisse betrachtet werden, die sich unmittelbar auf den Körper beziehen und zu ihrer Befriedigung rein körperliche Akte erfordern. Die Befriedigung von Geldgier allerdings setzt ein gewisses Maß an Planung und Kalkül voraus, also ein Minimum an Rationalität. Somit scheint der dritte Seelenteil, das Begehrliche, nicht gänzlich unvernünftig sein zu können. Vor allem aber funktioniert die Analogie zwischen der dritten Schicht der Seele und dem dritten Stand der Polis nicht mehr, wenn sie dazu führt, den Erwerbstätigen jede Form von Vernunft abzusprechen. Doch lässt sich dieser Konflikt im Rahmen der platonischen Denkweise auflösen: Das Begehrliche und auch die Aktivitäten des dritten Standes schließen eine Zweck/Mittel-Rationalität ein, die indes nicht zu verwechseln ist mit der spezifischen Vernunft des obersten Seelenteils, des *logistikon*, das für die ganze Seele Sorge trägt. Das Begehrliche dagegen denkt grundsätzlich nur an sich selbst und somit direkt oder indirekt an den Körper, an den es zwangsläufig gebunden ist.

Zu 2): Die Frage, ob in der ›Politeia‹ der Einzelseele oder der Polis eine Priorität zukommt, wird von vielen Autoren zugunsten der Einzelseele beantwortet. Hierfür spricht in der Tat 435e, wo es heißt, dass die Tugenden durch die Bürger in die Polis kommen, nicht etwa umgekehrt. Andererseits ist auffällig, wie durch und durch politisch die Struktur der Seele von Platon bzw. Sokrates beschrieben wird: Die gesamte Polis-Terminologie wird einfach auf den seelischen Bereich übertragen. Das Vernünftige herrscht, das Mutvolle führt Befehle aus, und beide halten gemeinsam den »äußeren Feind« ab (vgl. 442b); verhindert werden muss ein »Aufstand« eines Seelenteils gegen den anderen (vgl. 444b) usw. Die Psyche ist wie ein Herrschaftsverhältnis, wie eine innere Politeia, gestaltet (vgl. 444b). Diese Konzeption weist auf einen Primat des Politischen hin. Die Reihenfolge der Erklärung mag auf einen Vorrang der Einzelseele hindeuten, die sprachliche und begriffliche Kategorisierung nicht.[26]

Zu 3): Die häufige Annahme einer grundsätzlichen Affektfeindlichkeit Platons muss auf der Grundlage der bisherigen Beobachtungen erheblich relativiert werden. Tatsächlich gibt es eine ethische Abwertung jener affektiven Regungen des dritten Seelenteils, nicht jedoch eine Diskriminierung jeder Form von Emotionalität zugunsten einer freischwebenden ›reinen‹ Vernunft. Der mittlere Seelenteil, das *thymoeides*, ist mit seiner Ausrichtung an Ehre und Tapferkeit, als solcher eine zutiefst emotionale Schicht der Seele und eben hierdurch Voraussetzung und Grundlage für die Entwicklung der höheren und eigentlich philosophischen Qualitäten des oberen Seelenteils.[27]

26 Generell ist die Frage umstritten, ob und wie weit Platon überhaupt politisch dachte. Man findet die Auffassung vertreten, Platon sei ein gänzlich apolitischer Philosoph gewesen; siehe etwa Leys: »Was Plato Non-Political?«; vgl. auch Sparshott: »Plato as anti-political thinker«. Beide Autoren behaupten mit jeweils unterschiedlichen Argumenten die These vom unpolitischen Charakter des platonischen Philosophierens. Nach Meinung der Verfasserin legt die ›Politeia‹ eher das Gegenteil nahe.

27 Echte Affekt- und Leidenschaftsfeindlichkeit wird man nicht bei Platon, wohl aber bei Kant finden. Siehe hierzu insbesondere Kant: *Anthropologie in pragmatischer Hinsicht*, bes. S. 608, wo es heißt: »Die Leidenschaften überhaupt aber, so heftig sie auch immer, als sinnliche Triebfedern sein müssen, sind doch in Ansehung dessen, was die Vernunft dem Menschen

VII. Die innere und äußere Beschaffenheit der vollkommenen Polis

Im Mittelpunkt von Sokrates' Ausführungen im 5. Buch stehen zwei Gegenstände: zum einen die für die vollkommene Polis vorgesehene Frauen- und Kindergemeinschaft, zum anderen das Verhalten dieser Polis im Krieg.

(A) Die Frauen- und Kindergemeinschaft

Im Hinblick auf das Geschlechterverhältnis stellt Sokrates die Forderung nach Gleichbehandlung von Männern und Frauen auf (vgl. 451e–457c): Letztere sollen genau die gleichen Tätigkeiten ausüben wie die Männer und dieselbe Ausbildung erhalten, auch in der Kriegskunst (vgl. 452a/466c). Begründet wird diese Forderung zunächst mittels einer Analogie, die in der ›Politeia‹ oft vorkommt – die Krieger werden mit Wachhunden verglichen, die eine Herde zu bewachen haben. Nun verhält es sich bei den Hunden so, dass dort die weiblichen Tiere genau dieselben Aufgaben haben wie die Rüden. Warum sollte es sich unter Menschen anders verhalten? Der Vergleich allein trägt natürlich nicht besonders weit: Man kann die Frage stellen, warum man diese Dinge auf menschliche Zusammenhänge übertragen sollte. Warum ist das Beispiel auch ein Vorbild? Die Begründung findet sich eher versteckt in 451d, wo rhetorisch gefragt wird, warum die Männer sich bei der Sorge um die ›Herde‹ allein abmühen sollten. Es geht also um Entlastung der Männer. Tatsächlich ist die gesamte Polis so strukturiert, dass als frauenspezifische

vorschreibt, lauter Schwächen.« Eine gewisse Toleranz bringt Kant, im Unterschied zu den Leidenschaften, gegenüber den Affekten als kurzfristigen und daher harmloseren Emotionen auf. Unter dem Gesichtspunkt der Vernunft sind auch die Affekte ungut, aber für die Leidenschaften endlich gilt, dass sie nichts als »Krebsschäden für die reine praktische Vernunft« sind (S. 600), »ohne Ausnahme böse« und »moralisch verwerflich« (S. 601). Nach einer solchen Verdammung der emotionalen Anteile der Menschlichkeit wird man bei Platon vergeblich suchen.

Funktion nur noch das Gebären übrigbleibt. Die Erziehung der Kinder wird von deren Geburt an von der Gemeinschaft übernommen, so dass jedes Kind alle Erwachsenen als Eltern betrachten kann. Ein Effekt dieser Organisation ist, dass das weibliche Potential nunmehr in seiner Gesamtheit für die Polis genutzt werden kann. Vor allem soll die Einheit des Politischen hergestellt und gewahrt werden, die ständig gefährdet wäre oder gar nicht erst realisiert werden könnte, würde man eine eigenständige weibliche ›Subkultur‹ zulassen, die dem politischen Bereich ständig Energien entzieht.

Durchgehend gleich scheinen Frauen und Männer bei Platon nun doch nicht zu sein. So werden Frauen im Verhältnis zu Männern als ›schwach‹ (*asthenes*) gekennzeichnet (vgl. 451e). Das Wort *asthenes* bedeutet erst einmal nur so viel wie ›kraftlos‹ und bezieht sich ausschließlich auf den Körper. Manche Passagen des 5. Buchs kann man daher dahingehend deuten, dass Frauen in der Regel einfach körperlich schwächer sind als Männer. Tatsächlich meint Platon wohl mehr, wie 455c zeigt. Dort heißt es, das männliche Geschlecht sei in allen menschlichen Beschäftigungen dem weiblichen überlegen, außer in der Web- und Kochkunst. Hier kann es kaum um eine bloße relative Körperschwäche der Frauen gehen. Die Annahme der Gleichheit der Geschlechter, aus der Sokrates immerhin die Forderung ableitet, auch eine Frau könne zur Schicht der Regenten gehören (vgl. 540c), wird also nicht konsequent durchgehalten.

An dieser Stelle sind einige Bemerkungen zum Begriff der ›Natur‹ sinnvoll, der im gegenwärtigen Zusammenhang eine besondere Rolle spielt: Das griechische Wort, das gemeinhin mit ›Natur‹ übersetzt wird, ist *physis*. Platons Begriff der *physis*, insbesondere der *physis anthropou*,[28] der ›menschlichen Natur‹, hat einige Besonderheiten, die für moderne Leser nicht un-

28 Eine sehr detaillierte philologische Untersuchung zu dieser Problematik findet sich bei Mannsperger: *Physis bei Platon*. Der Autor hat allein 778 Stellen im platonischen Werk gezählt, die sich auf den Begriff der *physis* beziehen.

mittelbar nachvollziehbar sind: Der Ausdruck *physis* bezieht sich nicht ausschließlich auf biologische Gegebenheiten im engen Sinne, sondern bezieht den ganzen Bereich der Seele (*psyche*) mit ein. Auch die menschliche Seele gehört zur *physis*. Umgekehrt bezieht sich auch der Ausdruck *psyche* immer mit auf körperliche Gegebenheiten. Für die menschliche *physis* gibt es nach Platon eine einzige Norm, und diese besteht in dem bereits vorgestellten Seelenmodell. Diese Norm ist für alle Menschen ein und dieselbe; die Unterschiede beziehen sich nur darauf, ob und wie weit Menschen geeignet sind, diese Norm zu erfüllen. Diesbezüglich steht nach Platon fest, dass nur die wenigsten Menschen in der Lage sind, die Norm, nämlich die Herrschaft des vernünftigen Seelenteils, auch nur annähernd zu verwirklichen, und zwar wiederum von ihrer Natur aus: Dem normativen Begriff der Natur steht eine Konzeption der faktischen menschlichen Natur gegenüber, die gegenüber dem Vorbild grundsätzlich defizitär ist. Dieses platonische Modell ist von einem neuzeitlich-modernen, deskriptiven Naturverständnis her kaum zu erfassen. Aus dem platonischen Naturbegriff ergibt sich im Hinblick auf das Geschlechterverhältnis, konsequent gedacht, jedenfalls, dass Frauen und Männer bezüglich der Norm der Natur gleich sind, aber empirisch auch gleich weit von deren Realisierung entfernt.

Wie sieht nun die Frauen- und Kindergemeinschaft aus? Sie ist durch die folgenden Merkmale gekennzeichnet:

- obrigkeitliche Steuerung des Intimverkehrs nach ›Qualitätskriterien‹, die teilweise auf Betrug beruht (vgl. 459d/e/460a);
- anonyme Versorgung der Säuglinge in einem Säugehaus (vgl. 460c);
- »Verbergen« bestimmter Kinder an unbekanntem Ort (vgl. 460c);[29]

29 Bei »Verbergen« dürfte es sich um einen Euphemismus für ›töten‹ oder ›sterben lassen‹ handeln.

- Abtreibung oder Aussetzung von Kindern »zu alter« Eltern (vgl. 461c).

Ergänzt wird diese Frauen- und Kindergemeinschaft durch eine strikte Gütergemeinschaft, welche die absolute materielle Besitzlosigkeit der Wächter vorsieht (vgl. 416d/417a/b): Niemand verfügt über eigenes Vermögen. Die Wohnungen der Krieger sollen jederzeit öffentlich zugänglich sein. Es gibt Gemeinschaftsspeisungen. Ihren Lohn empfangen die Krieger in Form von Naturalien von den Mitgliedern der untersten Schicht, wobei dieser gerade so hoch sein soll, dass keine Not aufkommt, aber so niedrig, dass nichts zum Horten übrigbleibt.

Fasst man dieses Gemeinschaftsmodell, insbesondere das Frauen- und Kinderkollektiv, genauer ins Auge, so sind mehrere Dinge augenfällig: Lüge und Täuschung spielen durchgängig eine zentrale Rolle, wie Sokrates selbst offen kundgibt (vgl. 459c). So soll systematisch verhindert werden, dass eine Mutter ihren eigenen Säugling erkennt. Solche Bemühungen wären wohl kaum notwendig, wenn man nicht davon ausginge, dass die Liebe zum eigenen Kind etwas Naturgegebenes ist. Die Regenten sollen steuern, wer wem geschlechtlich beiwohnt, doch es wird verschwiegen, dass dabei das ›gut/schlecht‹-Kriterium entscheidend ist (vgl. 459d/e). Auch dem liegt die Annahme zugrunde, dass niemand von sich aus einer Klassifizierung als ›schlecht‹ zustimmen würde. Beim Arrangement der Hochzeiten wird ein krasser Betrug ins Auge gefasst (vgl. 460a): Die Partner stehen durch Entscheidung der Herrscher vorher fest, doch werden unechte Verlosungen durchgeführt, so dass die ›Schlechteren‹ bei ihren Verbindungen dem Schicksal, aber nicht den Regenten die Schuld geben. Deutlich wird hieran, dass die postulierte Frauengemeinschaft eine Fiktion ist: Es sind nicht wirklich alle Frauen allen Männern zugänglich, wie man aufgrund der egalitär anmutenden Konzeption vermuten sollte, sondern die Herrschenden führen eine Selektion durch. Somit werden nicht alle Wächter bzw. Krieger gleich behandelt; wohl aber sollen diese denken, dass alle gleich sind. Man muss davon ausgehen, dass Sokrates sich mit seinen Schilderungen hier erneut nicht auf die wirklich vollkommene Polis bezieht, sondern auf jenes Transformationsstadium, das zu ihr oder wenigstens zu ihrem irdischen Abbild führen soll. In dieser Phase allerdings wird die empirische, vorfindliche ›schlechte‹ menschliche Natur zwar nicht mit Gewalt bekämpft, aber auch nicht durch Belehrung aus der Welt geschafft, sondern durch bewusste Irreführung ›überlistet‹. Es ist gerade diese Kombination von Gewaltverzicht und Unterlassung von direkter Aufklärung, die den platonischen ›langen Marsch‹ zur vollkommenen Polis ausmacht.

Sowohl die materielle Besitzgemeinschaft als auch die Frauen- und Kindergemeinschaft sollen als Mittel zur Konstituierung der völligen Einheit der Polis dienen und sind somit Instrumente zur Herstellung und Stabilisierung des (inneren) Friedens. Diese Einheit beruht auf der Unterminierung biologischer Verwandtschaftsbeziehungen und deren Ersetzung durch ein ›soziales‹ Verwandtschaftsmodell. Auf diese Weise soll ein Gemeinwesen entstehen, das einem Körper zu vergleichen ist (vgl. 462c/d/464b). Die Leibanalogie bedeutet in Bezug auf den Einzelnen, das dieser in Absonderung von der Polis zu einem funktionslosen Gebilde wird: Es gibt in der besten Polis nichts, was nicht auf diese selbst bezogen wäre, also nichts, was nicht politisch ist. Grenzen zwischen den Bereichen, die wir heute mittels der Ausdrücke ›privat‹ und ›öffentlich‹ unterscheiden, existieren nicht, sondern werden systematisch zugunsten des Öffentlichen aufgelöst.[30]

30 Siehe zu diesen Zusammenhängen Arendt: *Vita activa oder Vom tätigen Leben*, S. 31ff.

(B) Der Krieg[31]

Als Krieg (*polemos*) gilt in der ›Politeia‹ nicht jeder mit Waffengewalt ausgetragene Konflikt. Vielmehr trifft Sokrates eine begriffliche Differenzierung zwischen innerhellenischen und hellenisch-barbarischen Konflikten (vgl. 469b–471c). In diesem Zusammenhang werden von ihm einige Regeln aufgestellt, die sämtlich die Frage betreffen, wie die vollkommene Polis ihre Gegner behandeln soll, wobei diese Vorschriften nur für Kämpfe zwischen Griechen gelten sollen:

1) Hellenen dürfen keine Hellenen durch Krieg versklaven (vgl. 469b/d).
2) Die toten Krieger der Gegenseite dürfen nicht beraubt werden, außer ihrer Waffen (vgl. 469c).
3) Die Heiligtümer der Gegner dürfen nicht durch Waffen entweiht werden (vgl. 469e/470a).
4) Von Verwüstung und Brandschatzung der Häuser ist abzusehen (vgl. 471a/b).
5) Im Kampf mit Hellenen dürfen immer nur die für den Konflikt Verantwortlichen als Feinde gelten, nicht aber alle Glieder einer Polis (vgl. 471a/b).

Diese Normen können als rudimentäre Elemente eines ius in bello zum Zweck der Begrenzung bewaffneter Konflikte zwischen Griechen gelten.[32] Allerdings soll auf solche Auseinandersetzungen der Ausdruck ›Krieg‹ (*polemos*) nach Sokrates gar nicht angewendet werden, sondern der Ausdruck *stasis* (vgl. 470b/c/d), der so viel bedeutet wie ›Zwist‹ oder ›Zwiespalt‹. Nur Waffengänge zwischen Hellenen und Barbaren sind im eigentlichen Sinne als Kriege zu klassifizieren. Die

31 Zu den folgenden Ausführungen über Begriff und Rolle des Krieges in der ›Politeia‹ vgl. Kleemeier: *Grundfragen einer philosophischen Theorie des Krieges*, S. 109ff. Die hier vorliegenden Bemerkungen stellen eine leicht veränderte Kurzfassung der dortigen Überlegungen dar.

32 So der Tendenz nach auch Barker: *Greek Political Theory*, S. 307ff. Siehe auch Verdroß-Droßberg: *Grundlagen der antiken Rechts- und Staatsphilosophie*, S. 111.

Unterscheidung von *polemos* und *stasis* wird damit begründet, dass Hellenen einander von Natur freund und verwandt seien, Hellenen und Barbaren einander aber von Natur aus (*physei*) feind. Nur relativ versteckt enthalt der Text den entscheidenden Hinweis darauf, dass die Kodizes zur Hegung bewaffneter Konflikte für Kriege gegen Barbaren nicht gelten sollen: Sokrates' Dialogpartner wirft an einer Stelle ein, die Griechen sollten den Barbaren in Zukunft so begegnen wie sie sich zur Zeit untereinander begegneten (vgl. 471b). Barbaren, so muss man folgern, dürfen im Krieg versklavt werden, ihr Land darf verwüstet werden usw. Sokrates schweigt zu Glaukons Bemerkung, ein Schweigen, das Zustimmung signalisieren dürfte. Allgemein wird in der ›Politeia‹ die Forderung nach Frieden und Konfliktbegrenzung innerhalb eines bestimmten politischen Binnenraums entfaltet, aber dies geschieht um den Preis des Postulats der Ausgrenzung der äußeren Feinde von den Regeln der ›Hegung‹ des Krieges. Das in der ›Politeia‹ skizzierte Programm einer Gewaltbegrenzung nach innen erscheint also auch als eines der Entgrenzung von Gewalt nach außen.

Auf der soeben umrissenen politischen Bühne gibt es drei Akteure: die beste Polis, Hellas und die Völkerschaften der Barbaren. Die von Sokrates geforderte Feindschaftsbeziehung zwischen der vollkommenen Polis und den Barbaren kann angemessen mittels der beiden Begriffspaare innen/außen und oben/unten beschrieben werden, die nach Reinhart Koselleck spezifisch für die politische Semantik asymmetrischer Gegenbegriffe sind.[33] Hellas einschließlich der besten Polis soll sich als ein zu schützender politischer Innenraum konstituieren, dem gegenüber die Barbaren als minderwertige Fremde gelten. Es ist nicht ganz klar, ob der hellenische Binnenraum selbst noch einmal einer Feindifferenzierung durch

33 Vgl. Koselleck: »Zur historisch-politischen Semantik asymmetrischer Gegenbegriffe«. Die Lektüre dieses Aufsatzes hat die Verfasserin bei ihren Untersuchungen zum Thema ›Krieg und Feindschaft‹ bei Platon entscheidend beeinflusst.

die Oppositionen innen/außen und oben/unten unterliegt; es finden sich keine deutlichen Hinweise darauf, dass die beste Polis innerhalb Griechenlands eine Art Hegemonialstellung anstreben würde. Die Vision ist zwar der Tendenz nach panhellenisch, zielt aber nicht darauf ab, ein ›Reich‹ unter Führung der vollkommenen Polis zu gründen. Eher liegt das Modell einer Familie von gleichberechtigten Poleis zugrunde. Auf der anderen Seite ist zu vermuten, dass die beste Polis allein durch ihre Existenz ein Vorbild für die anderen hellenischen Gemeinwesen bilden würde.

Die beiden unterschiedlichen Feindkonzepte Griechen/Griechen und Griechen/Barbaren lassen sich folgendermaßen charakterisieren: Der Konflikt unter Griechen, sollte es denn überhaupt zu ihm kommen, hat partielle Ursachen und verfolgt partielle Ziele wie z. B. die Durchsetzung von Ehre und Würde oder den Schutz einer als legitim gedachten Herrschaft. Dagegen geht es im Krieg gegen barbarische Völker um die Existenz, also um das Ganze. Dementsprechend wird der Konflikt mit Hellenen weniger erbittert geführt als der Krieg gegen Barbaren. Ersterer ist nach Platon nicht eigentlich ein Krieg, sondern eher das, was wir heute als ›Polizeiaktion‹ klassifizieren würden. Die Barbaren dagegen werden grundsätzlich als Todfeinde gedacht, die durch ihr pures Anderssein die Existenz von Hellas bedrohen und gegen die deshalb eine begrenzte Kriegführung nicht in Frage kommt.[34]

Bisher haben wir es nur mit der innen-/außen-Differenz zu tun, noch nicht mit dem Kontrast zwischen oben und unten. Es ist zumindest denkbar, dass zwei Kollektive sich gegenseitig als Todfeinde bekämpfen, sich aber dennoch als Gleiche akzeptieren. Die Wahrnehmung von Andersartigkeit und Bedrohlichkeit heißt noch nicht, dass das Fremde auch als min-

34 Nicht in der ›Politeia‹, wohl aber in dem früheren Dialog ›Menexenos‹ formuliert Sokrates die Auffassung, Kriege gegen Barbaren seien bis zur Zerstörung voranzutreiben, Kriege gegen Griechen aber nur bis zum Sieg. Dies bedeutet, dass die Gewalt gegen Barbaren selbst nach errungenem Sieg kein Ende hat, sondern fortgesetzt werden soll.

derwertig eingestuft wird. Tatsächlich ist in der ›Politeia‹ auch nicht ausdrücklich die Rede davon, dass Barbaren gegenüber den Griechen geistig, ethisch, kulturell oder in irgendeiner anderen Hinsicht defizitär sind. Doch implizit gibt es eine entsprechende Abwertung, die mit dem bereits skizzierten platonischen Begriff der menschlichen Natur zu tun hat: Wie gezeigt gibt es zum einen die faktisch vorfindliche und schlechte menschliche Natur, die im begehrlichen Element der Seele liegt und sich in einem starken Hang zur *hybris* niederschlägt. Zum anderen gibt es die Norm der Natur, die wahre, weisheitsliebende, kurz die philosophische Natur. Philosophische Naturen sind generell unter den Menschen selten, aber es gibt bestimmte Völker, in denen sie sich konzentrieren, Völker, in denen die wahre menschliche Natur eher verwirklicht ist als in anderen. So sagt Sokrates, man könne das Wissbegierige besonders »unseren Gegenden« zuordnen (vgl. 435e/436a), womit selbstverständlich die von Hellenen bewohnten Räume gemeint sind. Wir wissen, dass die schlechte begehrliche *physis* zugunsten der besseren philosophischen Natur beherrscht werden muss – das Begehrliche ist buchstäblich ein Feind des Philosophischen. Wenn also Sokrates erklärt, Hellenen seien den Barbaren von Natur aus feind, so liegt auf der Hand, dass hier keine Feindschaft zwischen zwar existentiell fremden, aber prinzipiell ebenbürtigen Naturen angesprochen ist, sondern eine Feindschaft zwischen einer höheren und einer niedrigeren unvollkommenen Natur, wobei der Ersteren ein legitimer Herrschaftsanspruch über die Letztere zusteht.[35] Barbaren sind dazu da, unterwor-

35 Die Lektüre der ›Politeia‹ bestätigt also etwa die folgende Bemerkung des Althistorikers Meier nicht: »Sie [die Griechen] pflegten ihre Feinde – seien sie Griechen oder Nicht-Griechen – nicht als in irgendeiner Weise minderwertig anzusehen; sie sahen sie vielmehr grundsätzlich als auf gleicher Ebene mit sich und scheuten sich vor allem nicht, sie öffentlich so darzustellen.« Meier: »Das Politische der Griechen«, S. 45f. Die These vom agonalen Feindbild der Griechen wird häufiger vertreten, ist aber einseitig. Jene Auffassung wird im Übrigen noch viel deutlicher durch einschlägige Stellen im Werk des Aristoteles widerlegt: Von diesem wird

fen und beherrscht zu werden, wie das Begehrliche von Natur aus dazu da ist, von den beiden anderen Seelenteilen unterworfen und beherrscht zu werden. Die Analogie Begehrliches/Barbarisches findet an einer Textstelle (vgl. 590c/d) eine klare Bestätigung, an der es heißt, die Angehörigen des erwerbstätigen Standes seien in gewisser Weise wie Sklaven (*douloi*) zu behandeln, insofern ihnen aufgrund ihres begehrlichen Charakters keinerlei Selbstbestimmungsrechte hinsichtlich ihres eigenen Lebens zustehen. Der Vergleich zwischen Erwerbstätigen und Sklaven lässt vermuten, dass Barbaren aus ähnlichen Gründen tatsächlich versklavt werden dürfen und sollen, aus denen auch die Erwerbstätigen einen sklavenähnlichen Status haben.[36]

Die Begriffsfigur Hellene/Barbar ist damit zweifellos eine asymmetrische im Sinne Kosellecks. Allerdings ist weiter zu fragen, wie umfassend das auf die Barbaren gerichtete Feindbild ist: Handelt es sich um ein ›totales‹ Feindbild in dem Sinne, dass es auf die vollständige Vernichtung des Fremden und Anderen abzielt oder diese zumindest als Möglichkeit in den

offen behauptet, was aus den platonischen Schriften meist erst erschlossen werden muss. Nach Aristoteles sind Barbaren von Natur aus sklavischer als Griechen (vgl. Aristoteles: *Politik* 3, 14, 1285a); jeder Krieg, der gegen Barbaren geführt wird, ist von daher von Natur aus gerecht (vgl. *Politik* 1, 8, 1256b). Barbaren haben tierähnliche Eigenschaften, weswegen der Krieg gegen sie mit einer Jagd verglichen werden kann (vgl. *Politik* 1, 7, 1255b).

36 Die Frage, ob es in der vollkommenen Polis Sklaven gibt, ist in der Forschung Gegenstand von Kontroversen gewesen. Sie ist nach Meinung der Autorin klar zu bejahen, und zwar in einem doppelten Sinne: Es gibt zum einen Sklaven in einer sehr weiten Bedeutung des Ausdrucks *doulos*, dem gemäß dann auch die Erwerbstätigen wie Sklaven anzusehen sind. Zudem gibt es auch Sklaven, wie das klassische Athen sie kannte und als selbstverständlich hinnahm. Dies geht aus 433d hervor, ein Passus, in dem Sokrates eher beiläufig mit Bezug auf die vollendete Polis die Unterscheidung zwischen Sklaven und Freien einführt. Man muss davon ausgehen, dass es sich bei diesen Sklaven um Barbaren handelt, da ja Hellenen nicht versklavt werden dürfen. Siehe zum Thema ›Sklaverei‹ die folgenden Aufsätze: Vlastos: »Does Slavery exist in Plato's Republic?« sowie Vlastos: »Slavery in Plato's thought«.

Blick rückt? Diese Frage muss negativ beantwortet werden, und zwar aus folgenden Gründen: Wenn die Lebensform der Barbaren dem begehrlichen Seelenteil in uns analog ist, dann lässt sich in übertragener Terminologie sagen, dass das Begehrliche ›das Barbarische in uns‹ ist. Dies jedoch setzt eine partielle Identifizierung mit dem Barbarischen voraus, wenn auch eine mit negativ wertenden Vorzeichen. Mehr noch, vom Begehrlichen gibt es nach Sokrates in jeder Seele am meisten (vgl. 442a). Sokrates wusste also wohl, dass man die Menschen ausrotten müsste, wollte man das Begehrliche und Barbarische vernichten, und so geht es auch beim innerseelischen Kampf gegen das Begehrliche nicht um Ausrottung, sondern um Beherrschung und Kontrolle. Entsprechendes gilt dann auf der Ebene des Gemeinwesens für den Umgang mit der Schicht der Erwerbstätigen: Diese sollen nicht physisch eliminiert werden, sondern stellen vielmehr das ökonomische und unpolitische Fundament der Polis dar. Ohne die Erwerbstätigen könnte auch die beste Polis nicht existieren; die niedere Natur ist Voraussetzung und Grundlage für die Entwicklung der höheren und besseren. So gilt denn auch für die Barbaren, dass die Gewalt gegen sie dort ein Ende hat, wo sie sich endgültig unterwerfen. Der Gedanke, es könnte eine Art von Menschen geben, mit denen Hellenen grundsätzlich nicht die Erde teilen können und die daher aus Prinzip zu eliminieren sind, kommt in der ›Politeia‹ nicht vor. Die Fremden werden in aller Negativität als solche anerkannt, und zwar so, dass der Hellene im Barbaren immer auch die äußere Gestalt des Feindes in sich selbst erkennen kann.

VIII. Die drei Gleichnisse: Sonne, Linie, Höhle

(A) Das Sonnengleichnis

Das Sonnengleichnis (vgl. 506e–509c)[37] erläutert am sinnlichen Beispiel des Sehens empirischer Gegenstände, wie die Vernunft zur Einsicht in Ideen kommt: Die Sonne, so Sokrates, macht durch das Licht, das sie aussendet, die Dinge sichtbar und verleiht dem Auge seine Sehkraft. In ähnlicher Weise macht auch das Gute die Ideen erkennbar und verleiht der Vernunft die Fähigkeit, diese zu schauen. Die Sonne macht nun die Objekte der sinnlichen Welt nicht nur sichtbar, sondern lässt sie überhaupt erst wachsen und bringt sie so ins Dasein. Analog verleiht auch das Gute den Ideen ihr Sein. Dabei ragt es an Macht noch über das Sein selbst hinaus.

Das Sonnengleichnis enthält offensichtlich eine epistemologische, eine ontologische und eine ethische Komponente: Das Gute ist gleichzeitig Erkenntnisgrund und Seinsgrund der Ideen. Es kann diese beiden Funktionen deshalb erfüllen, weil es im absoluten Sinne gut ist. Die ethische Dimension kommt also nicht nur zu den anderen beiden Ebenen hinzu, sondern stellt die zentrale Komponente dar: Der Bereich der ethischen Werte ist grundlegend sowohl für Sein als auch für Erkenntnis. Konstitutiv für die platonische Philosophie ist somit eine Zurückweisung jeder Trennung zwischen Werten und Tatsachen, wie sie für einen großen Teil der modernen Philosophie typisch ist.[38]

Es überrascht nicht, dass die meisten mit dem Sonnengleichnis verbundenen Deutungsproblem sich auf den höchst unbestimmten Begriff des ›Guten‹ beziehen, wobei die kryptische Bemerkung des Sokrates, das Gute reiche über das

37 Zum Sonnengleichnis siehe unter vielen anderen Texten Annas: *An Introduction to Plato's Republic*, S. 242ff. Vgl. auch Krämer: »Die Idee des Guten«.

38 Dieser Punkt ist klar formuliert bei Annas: *An Introduction to Plato's Republic*, S. 246f.

Sein selbst hinaus, besondere Probleme aufwirft. In der Forschungsliteratur gibt es verschiedene Vorschläge, die platonische Konzeption des Guten verständlich zu machen, von denen hier einige exemplarisch skizziert seien:[39]

1) Einige Autoren vertreten eine teleologische Auslegung des Guten:[40] Ihrer Meinung nach ist der hohe Status des Guten aus Platons Auffassung zu erklären, alles sei um des Guten willen da. Das Gute stellt somit das letzte *telos* allen Seins dar und überragt insofern auch das Sein selbst. Wie jedoch Krämer richtig bemerkt, ignoriert dieser Ansatz, dass das Gute in der ›Politeia‹ eben nicht die Rolle einer Zweckursache spielt, sondern diejenige einer letzten Wirkursache.
2) Es gibt Auffassungen, denen zufolge das Wesen des Guten nach Platon mit sprachlichen Mitteln gar nicht oder nur unzureichend zugänglich ist.[41] Diese Interpretation ist natürlich als Erklärungsversuch des Guten nicht besonders attraktiv. Allerdings kann sie den Umstand für sich verbuchen, dass Platon in der ›Politeia‹ das Gute nur in Gleichnissen, also in Bildern, beschreibt. Berufen könnte sie sich auch auf jene Stellen, an denen Sokrates zur Kenntnis gibt, er wisse selbst nicht, was das Gute sei (vgl. 506b–e). Für diese Deutung scheint auch Platons Skepsis gegenüber der Sprache als Darstellungsmittel, die im berühmten siebten Brief zum Ausdruck kommt, zu sprechen. Andererseits ist die These von der ›Unsagbarkeit‹ des Guten nicht vereinbar mit Sokrates' ausdrücklicher Forderung nach einer Begriffsbestimmung des Guten (vgl. 534b): Warum sollte er ein Postulat aufstellen, das er selbst für nicht erfüllbar hielt?

39 Ein detaillierterer Überblick findet sich bei Krämer: »Die Idee des Guten«, S. 186ff.

40 Siehe etwa de Strycker: »L'idée du Bien dans la République de Platon«.

41 Vgl. hierzu Wieland: *Platon und die Formen des Wissens*, bes. S. 13ff. Siehe Krämer: »Die Idee des Guten«, S. 186ff.

3) Eine in vielfacher Hinsicht attraktive und interessante Antwort auf die Frage nach dem platonischen Guten geben Vertreter der sogenannten ungeschriebenen Lehre Platons. Diese gehen davon aus, dass Platon das Wesen des Guten in seiner an der Akademie mündlich gehaltenen Vorlesung ›Über das Gute‹ begrifflich als *Einheit* bestimmt hat.[42] Das Gute erscheint aus dieser Perspektive als ein universelles Ordnungsprinzip, das Struktur in die Vielheit des Seins bringt. Von Vorteil ist, dass diese Interpretation den seinsüberragenden Charakter des Guten erklären kann, indem das Gute auf einen noch generelleren Begriff hin überschritten wird. Demnach ist das Gute nicht einfach ein besonders ausgezeichneter Teil des Seins, sondern etwas, das den Charakter des Seins als ewig und unwandelbar überhaupt erst ermöglicht. Als vorteilhaft erscheint auch, dass man sich nicht auf die eher unbefriedigende Position zurückziehen muss, das Gute sei eben nicht ›sagbar‹. Fraglich ist allerdings, wie viel inhaltliche Klärung durch die Ersetzung von ›das Gute‹ durch ›Einheit‹ gewonnen ist, ob also nicht lediglich ein dunkler Begriff durch einen anderen substituiert wird.

(B) Das Liniengleichnis

Das Liniengleichnis dient dazu, die Unterscheidung zwischen sinnlich wahrnehmbarer und denkbarer Welt zu verdeutlichen und zu vertiefen, wobei gleichzeitig epistemologische und ontologische Aspekte eine Rolle spielen. Vorzustellen ist eine ungleich geteilte Linie, deren unterster Abschnitt Abbilder (*eikones*) von Dingen enthält bzw. repräsentiert, als deren Beispiele Schatten und Spiegelungen von Objekten genannt werden. Diesem Liniensegment entspricht als epistemischer Zustand die Vermutung bzw. Mutmaßung (*eikasia*),

42 Eben dies ist die These von Krämer in: »Die Idee des Guten«, S. 191ff. Siehe auch Krämer: »Über den Zusammenhang von Prinzipienlehre und Dialektik bei Platon«.

wie aus 511d–e hervorgeht. Der folgende Abschnitt der Linie beinhaltet die Originale dieser Bilder, also die abgebildeten Objekte selbst; der zugeordnete mentale Erkenntniszustand ist derjenige der Überzeugung bzw. des Fürwahrhaltens (*pistis*). Im dritten Segment der Linie werden die Gegenstände des zweiten Abschnitts, also die Originale der Abbilder des ersten Abschnitts, vom menschlichen Geist als Bilder benutzt. Repräsentativ für dieses Stadium ist das mathematische Denken, das z. B. von bestimmten empirischen Gestalten auf die Figur des (idealen) Kreises schließt. Der entsprechende Zustand des Geistes ist das Denken (*dinaioa*). Das letzte Segment der Linie stellt eine Phase des Geistes dar, in der dieser nur noch mittels Ideen fortschreitet: In diesem Stadium ist der Geist nicht mehr auf Hypothesen angewiesen, wie etwa auf diejenige, dass gewissen empirisch wahrnehmbaren Figuren eine ideale Gestalt entspricht. Der oberste Abschnitt der Linie repräsentiert vielmehr eine Geistesverfassung, die ausschließlich von Ideen zu Ideen fortschreitet. Jene Verfassung wird als ›Vernunft‹ bzw. ›Intellekt‹ (*noesis*) gekennzeichnet.

Das Liniengleichnis ist sicher eine der dunkelsten Passagen der ›Politeia‹. So verschwimmen die Grenzen zwischen ontologischen und erkenntnistheoretischen Inhalten hier bis zur Unkenntlichkeit; es ist nicht klar, ob und wie weit die Segmente der Linie Entitäten oder mentale Erkenntniszustände repräsentieren sollen. Nicht transparent ist des Weiteren, ob die Linie einen Aufstieg von den niedrigsten zu den höchsten Formen der Erkenntnis veranschaulichen soll. Der dritte Linienabschnitt legt als Beispiel ausschließlich die Methode der Mathematik nahe, noch eingeschränkter sogar, diejenige der Geometrie. Diese Denkweise überträgt sich auf das dritte Liniensegment; man muss annehmen, dass hier endgültig das mathematische Denken sich um sich selbst dreht, sich also von allen empirischen Figuren emanzipiert. Mit Sicherheit ist jedoch die platonische Ideenlehre nicht auf mathematische Ideen beschränkt. Unklar ist auch, welche Rolle genau die Idee des Guten im Liniengleichnis spielt.

(C) Das Höhlengleichnis[43]

Platons bekanntester Text konfrontiert den Leser mit der folgenden fiktiven Situation: Vorzustellen ist eine unterirdische Höhle, die zum Licht hin einen weiten Ausgang hat. In diesem Raum sitzen von Kindheit an mit dem Rücken zum Höhlenausgang Menschen, die an den Beinen und am Hals gefesselt sind. Sie können also ihren Ort nicht verlassen und sind zudem unfähig, ihre Köpfe zu wenden. Hinter ihrem Rücken leuchtet von weit her das Licht eines Feuers. Zwischen diesem Licht und den gefesselten Menschen verläuft eine Mauer, an der entlang Menschen verschiedene künstlich hergestellte Gegenstände tragen, die über die Mauer hinausragen. Teils schweigen die Träger dieser Objekte, teils sprechen sie. Die gefesselten Individuen können in dieser Lage weder ihre eigenen Gestalten noch die transportierten Dinge selbst erkennen, sondern nur deren Schatten, die vom Licht des Feuers auf die Rückwand der Höhle projiziert werden. Jedoch meinen sie zwangsläufig, die Dinge selbst wahrzunehmen, obwohl sie nur deren Abbilder sehen.

Nun könnte es sein, dass einer der Gefangenen von seinen Fesseln befreit und gezwungen würde, den Kopf umzuwenden und direkt in das Licht des Feuers zu blicken. Dieser könnte die Originale der Schatten aufgrund der Blendung durch das Licht nicht wahrnehmen, und deshalb würde er nicht glauben, wenn man ihm sagte, dass er jetzt der Wirklichkeit näher sei als vorher. Vielmehr würde er meinen, die Abbilder seien das Wirkliche. Zwänge man diesen Menschen nun, in das Tageslicht selbst zu sehen, so würde sich ein noch größerer Blendungseffekt ergeben, und er würde die im Licht des Feuers präsentierten Gegenstände für realer halten als die jetzt wahrgenommenen. Nötigte man ihn des Weiteren, die Höhle zu verlassen und in die Sonne selbst zu blicken, so

43 Von den nahezu unüberschaubaren Texten zum Höhlengleichnis seien hier nur zwei erwähnt: Annas: *An Introduction to Plato's Republic*, S. 252ff.; Szlezak: »Das Höhlengleichnis«.

könnte er kein einziges Ding erkennen, das ihm nun als wirklich hingestellt würde. Im Zuge eines langen Gewöhnungsprozesses wäre er zunächst am leichtesten imstande, Schatten und Spiegelbilder zu erkennen, dann die Originale selbst; schließlich wäre er in der Lage, die Sonne selbst anzusehen und ihr Wesen zu erkennen.

Zwänge man einen solchen Menschen nun, wieder in die Höhle hinabzusteigen, würde die Gewöhnung an die Dunkelheit genauso lange Zeit brauchen wie die Gewöhnung an das Licht auf der Oberwelt: Er könnte zunächst einmal die Schatten, die in dieser unterirdischen Welt einzig wahrgenommen werden, nicht identifizieren. Die Folge ist, dass die anderen Menschen in der Höhle ihn der Blindheit bezichtigen und verspotten würden. Sollte er den Versuch unternehmen, sie aus ihrem Gefängnis hinauszuführen, würden sie ihn töten.

Soweit das eigentliche Gleichnis. Unternimmt man eine Übertragung in die Kategorien der platonischen Philosophie, so entspricht der unterirdische Raum der Welt des Sichtbaren, die obere Welt dagegen dem Bereich des Denkbaren. Die in der Höhle wahrgenommenen Schatten repräsentieren jene Objekte, die im Rahmen des Liniengleichnisses im untersten Segment vorkommen. Der entsprechende mentale Zustand aller Gefangenen in der Höhle scheint demnach die Vermutung (*eikasia*) zu sein. Niemand von ihnen dürfte über diesen Geisteszustand hinauskommen, solange er sich dort unten befindet. Den Gegenständen, die in der Höhle die Mauer entlang getragen werden, korrespondieren im Liniengleichnis die Originale der Abbilder, die der zweite Linienabschnitt repräsentiert. Die dazugehörige mentale Verfassung wäre das Fürwahrhalten bzw. die Überzeugung (*pistis*), ein Zustand, der jedoch in der Höhle anscheinend nicht erreicht werden kann. Der einzige, der auf dieses Niveau gelangt, ist der befreite Gefangene, der gezwungen wird, die realen Gegenstände anzusehen. Erst in der oberen Welt kann das Stadium des Denkens (*dianoia*) erzielt werden. Zunächst jedoch kann der Erlöste auch auf der Erde am leichtesten Schatten und Spiegelbilder erkennen. Dabei ist allerdings zu beachten, dass das Medium, durch das er diese hier sieht, das Licht der Sonne selbst ist, nicht dasjenige des Feuers, eines nur sonnenähnlichen Elements. Somit stehen auch die Abbilder, die auf der Erde visuell wahrgenommen werden, auf einer höheren Stufe als die Schattenfiguren der Höhle. Irgendwann ist der Mensch in der Lage, die Dinge selbst zu erkennen. In der Begrifflichkeit des Liniengleichnisses müsste er sich also im Zustand der Überzeugung (*pistis*) befinden. Doch wo käme dann im Höhlengleichnis das dritte Segment der Linie vor, das den Geisteszustand des Denkens repräsentiert, in dem die Originale des zweiten Segments wiederum als Abbilder benutzt werden? Vielleicht ist diese Frage wie folgt zu beantworten: Die Gegenstände, die in der Höhle getragen werden, sind durchweg Artefakte, z. B. Statuen von Menschen etc. Es handelt sich bei ihnen also in gewisser Weise selbst um Abbilder und um Originale nur in Relation zu den Schatten, die von ihnen auf die Mauer projiziert werden. Die Schatten in der Höhle sind somit Abbilder von Abbildern. In der Oberwelt dagegen werden Bilder natürlicher Gegenstände und dann Letztere selbst geschaut. Die Dinge selbst in der Oberwelt zu sehen, hieße dann, zu erkennen, dass die Originale in der Höhle selbst nur Schattenbilder der Dinge waren, die man jetzt in Wirklichkeit vor sich hat. Dies wäre dann der Erkenntniszustand der *dianoia*. Zu dieser Auslegung passt, dass die Oberwelt bildlich den Bereich des Intelligiblen darstellen soll, dem auf der epistemischen Ebene nur die beiden Verfassungen des Denkens und der Vernunfterkenntnis zugeordnet sind. Sie könnte auch erklären, warum Platon so viel Wert darauf legt, dass die in der Unterwelt präsentierten Dinge künstlicher Art sind.

Der Höhepunkt des Aufstiegs ist erreicht, wenn der befreite Mensch die Sonne selbst anblicken und erkennen kann, womit er sich im Zustand der Vernunfterkenntnis (*noesis*) befindet. Hierbei steht die Sonne selbstverständlich als Bild für das Gute.

Die gefesselten Menschen in der Höhle repräsentieren das Schicksal aller Menschen, und zwar sowohl als Einzelseelen als auch in politischer Hinsicht: Wir alle sind Gefangene der Sinnenwelt und werden dies aufgrund unserer Körperlichkeit auch unser ganzes diesseitiges lang Leben bleiben. Der im Gleichnis als möglich hingestellte Aufstieg drückt einen Optimismus aus, der durch das rohe Ende der Geschichte konterkariert wird: Der in die Höhle zurückgeschickte Mensch wird von den dortigen Bewohnern verachtet, verspottet und schließlich umgebracht.

Insbesondere im Hinblick auf die politische Ebene stellt sich die Frage, woher Platon die Zuversicht nimmt, dass zumindest ein Wandel hin zur annähernd vollendeten Polis machbar ist. Das Höhlengleichnis selbst gibt auf diese Frage keine Antwort, vielleicht aber der gesamte Gedankengang der ›Politeia‹. Aus Letzterem ergibt sich, dass der in die Höhle zurückverbannte Mensch, nennen wir ihn den ›ersten Philosophen‹, das ihm im Gleichnis bestimmte Schicksal vermeiden muss und kann. Er wird dies tun, indem er unter den Gefangenen Bundesgenossen für sich gewinnt; hier kommt die Konzeption der ›wahren‹ oder ›noblen‹ Lüge ins Spiel: Er wird sich vorübergehend an die Sichtweise der Gefangenen anpassen, wozu er von seinem Werdegang her besonders geeignet ist. D. h. er wird ihnen eine Geschichte erzählen, die sie glauben können, die aber nur ansatzweise wahr ist. Dabei könnte es sich um den Erdgeborenenmythos handeln, denn dieser ist geeignet, eine Ordnung in das strukturlose und nivellierte Beisammensein der Höhlenbewohner zu bringen. Er ist somit sinnstiftend und kann dazu dienen, die Unterirdischen zu einem Leben oberhalb der Erde zu bewegen. Modern ausgedrückt hat dieser Mythos eine Funktion der ›kollektiven Identitätsstiftung‹, die durch den ›ersten Philosophen‹ gewährleistet wird. Er muss sich dieses Mythos bedienen, wenn er die in gänzlicher Unwahrheit lebenden Menschen an die Wahrheit heranführen will. Tut er es nicht, so wird er das ihm im Gleichnis bestimmte Los erleiden.

Zum Abschluss der Diskussion des Höhlengleichnisses soll versucht werden, die oft gestellte Frage zu beantworten, wer jene Menschen sind, die in der Höhle Gegenstände an der

Mauer entlang tragen bzw. wen diese repräsentieren sollen:[44] Es ist offensichtlich, dass es sich bei diesen um die einzigen Höhlenbewohner handelt, die nicht gefesselt sind, sondern sich körperlich ungehindert bewegen können. Zudem üben sie über die Gefangenen erhebliche Macht aus: Indem sie darüber entscheiden, welche Objekte den Gefesselten wie präsentiert werden, bestimmen sie nahezu deren gesamte Lebenswelt. Tatsächlich werden ausschließlich künstlich hergestellte Dinge gezeigt und auch von diesen nur die Schatten. Diese Menschen sorgen also dafür, dass die übrigen Einwohner der Höhle in einer gänzlich artifiziellen Welt leben; treffenderweise vergleicht Platon sie an einer Stelle mit Gauklern (vgl. 514b), die ihre Künste zur Schau stellen. Es ist zu vermuten, dass sie es auch sind, die das Feuer in der Höhle entfacht haben und wachhalten, sind sie doch als einzige bewegungsfähig. Das Feuer unterscheidet sich dabei erheblich von der Sonne, mit der es von Sokrates verglichen wird: Es ist künstlich hergestellt. Während die Sonne nach Platon sowohl Seins- als auch Erkenntnisgrund der Dinge ist, kommt dem Feuer keinerlei Schaffenskraft zu. Ähnlich wie die Sonne spendet es zwar Licht, aber im Vergleich zu dieser nur in äußerst unvollkommener Form. Der Gesamtkontext der ›Politeia‹ legt es nahe, jene Menschen, die sich des Feuers zu ihren trügerischen Zwecken bedienen, auf philosophischer Ebene mit den Sophisten, auf politischer Ebene mit Tyrannen zu vergleichen: Wie die Sophisten beschäftigen sie den Geist der Menschen durch künstliche Konstruktionen. Eben hierdurch können sie diese wie Tyrannen beherrschen. Sie üben die nach Platon denkbar schlimmste Form der Herrschaft aus, indem sie den menschlichen Intellekt versklaven.

Dezember 2010 Ulrike Kleemeier

44 Hierbei wird kein Anspruch auf Originalität erhoben: Die Verfasserin geht davon aus, dass andere vor ihr ähnliche Gedanken hegten. Möglicherweise haben jene anderen rechtzeitig erkannt, dass die betreffenden Gedanken irrig sind – sie sind jedenfalls nicht mehr als philosophische Spekulation.

Literatur

Annas, Julia: *An Introduction to Plato's Republic*. Oxford 1981.

Arends, Jacob F. M.: *Die Einheit der Polis. Eine Studie über Platons Staat*. Leiden/New York/Kopenhagen/Köln 1988.

Arendt, Hannah: *Vita activa oder Vom tätigen Leben*. München 1981.

Aristoteles: *Nikomachische Ethik*. Übersetzung und Nachwort von Franz Dirlmeier. Stuttgart 1969, ^{3}1983.

Aristoteles: *Politik. Schriften zur Staatstheorie*. Übersetzt und herausgegeben von Franz F. Schwarz. Stuttgart 1989.

Barker, Ernest: *Greek Political Theory*. London/New York 1918, ^{3}1960.

Blundell, M. W.: *Helping friends and harming enemies. A Study in Sophocles and Greek Ethics*. Cambridge 1989.

Cherniss, Harold: »The sources of evil according to Plato«, in: Gregory Vlastos (Hrsg.): *Plato II. Ethics, Politics and Philosophy of Art and Religion. A Collection of Critical Essays*. New York 1971.

Dover, Kenneth James: *Greek homosexuality*. Cambridge/Mass. 1978.

Gaiser, Konrad: *Platons ungeschriebene Lehre. Studien zur systematischen und geschichtlichen Begründung der Wissenschaften in der Platonischen Schule*. Stuttgart 1962.

Gigon, Olof: *Gegenwärtigkeit und Utopie. Eine Interpretation von Platons »Staat«*. Zürich/München 1976.

Höffe, Otfried (Hrsg.): *Platon. Politeia*. Berlin 1997.

Kant, Immanuel: *Anthropologie in pragmatischer Hinsicht. Werke in zwölf Bänden. Bd. XII*. Herausgegeben von Wilhelm Weischedel. Frankfurt a. M. 1968.

Kleemeier, Ulrike: *Grundfragen einer philosophischen Theorie des Krieges. Platon – Hobbes – Clausewitz*. Berlin 2002.

Koselleck, Reinhart: *Vergangene Zukunft. Zur Semantik geschichtlicher Zeiten*. Frankfurt a. M. 1989, ^{2}1992.

Koselleck, Reinhart: »Zur historisch-politischen Semantik asymmetrischer Gegenbegriffe«, in: Koselleck: *Vergangene*

Zukunft. Zur Semantik geschichtlicher Zeiten. Frankfurt a. M. 1989, ^{2}1992.

Krämer, Hans Joachim: *Arete bei Platon und Aristoteles. Zum Wesen und zur Geschichte der platonischen Ontologie.* Heidelberg 1959.

Krämer, Hans Joachim: »Die Idee des Guten. Sonnen- und Liniengleichnis«, in: Otfried Höffe (Hrsg.): *Platon. Politeia.* Berlin 1997.

Krämer, Hans Joachim: »Über den Zusammenhang von Prinzipienlehre und Dialektik bei Platon«, in: Jürgen Wippern: *Das Problem der ungeschriebenen Lehre Platons. Wege der Forschung. Bd. 186.* Darmstadt 1972.

Leys, Wayne A. R.: »Was Plato Non-Political?«, in: Gregory Vlastos (Hrsg.): *Plato II. Ethics, Politics and Philosophy of Art and Religion. A Collection of Critical Essays. Vol. II.* New York 1971.

Mannsperger, Dietrich: *Physis bei Platon.* Berlin 1969.

Meier, Christian: »Das Politische der Griechen. Überblick und Problem«, in: Meier: *Die Entstehung des Politischen bei den Griechen.* Frankfurt a. M. 1983, ^{3}1995.

Meier, Christian: *Die Entstehung des Politischen bei den Griechen.* Frankfurt a. M. 1983, ^{3}1995.

Platon: *Der Staat.* Eingeleitet von Kurt Hildebrandt und übersetzt von August Horneffer. Stuttgart 1973.

Platon: *Der Staat.* Übersetzt, herausgegeben und eingeleitet von Karl Vretska. Stuttgart 1958, durchgesehene, verbesserte und bibliographisch ergänzte Ausgabe 1982.

Platon: *Sämtliche Werke in sieben Bänden in der Übersetzung von Friedrich Schleiermacher.* Hamburg 1957–59.

Platon: *Werke in zehn Bänden. Griechisch/Deutsch. Nach der Übersetzung Friedrich Schleiermachers. Ergänzt durch Übersetzungen von Franz Susemihl und anderen.* Herausgegeben von Karlheinz Hülser. Frankfurt a. M. 1991.

Reinhardt, Karl: *Platons Mythen.* Bonn 1927.

Sesemann, Wilhelm: »Die Ethik Platos und das Problem des Bösen«, in: *Philosophische Abhandlungen Hermann Cohen zum 70sten Geburtstag dargebracht.* Berlin 1912.

Sparshott, Francis Edward: »Plato as anti-political thinker«, in: Gregory Vlastos (Hrsg.): *Plato II. Ethics, Politics and Philosophy of Art and Religion. A Collection of Critical Essays II.* New York 1971.

Strauss, Leo: *The City and Man.* Chicago 1964.

De Strycker: »L'idée du Bien dans la Republique de Platon«, in: *L'antiquite classique 39*, 1970.

Suhr, Martin: *Platon.* Frankfurt a. M./New York 1992.

Szlezak, Thomas A.: »Das Höhlengleichnis«, in: Otfried Höffe (Hrsg.): *Platon. Politeia.* Berlin 1997.

Taylor, Alfred E.: *A commentary on Plato's Timaeus.* Oxford 1928, New York 1987.

Verdroß-Droßberg, Alfred: *Grundlagen der antiken Rechts- und Staatsphilosophie.* Wien 1946, ²1948.

Vlastos, Gregory: »Does Slavery exist in Plato's Republic? [1968]«, in Vlastos: *Platonic Studies.* Princeton 1973.

Vlastos, Gregory (Hrsg.): *Plato II. Ethics, Politics and Philosophy of Art and Religion. A Collection of Critical Essays.* New York 1971.

Vlastos, Gregory: *Platonic Studies.* Princeton 1973.

Vlastos, Gregory: »Slavery in Plato's thought [1941]«, in: Vlastos: *Platonic Studies.* Princeton 1973.

Vlastos, Gregory: »The disorderly motion in the Timaeus«, in: *Classical Quarterly 33*, 1939.

Vretska, Karl: »Einleitung«, in: Platon: *Der Staat.* Übersetzt, herausgegeben und eingeleitet von Karl Vretska. Stuttgart 1958.

Wieland, Wolfgang: *Platon und die Formen des Wissens.* Göttingen 1982.

Wilamowitz-Moellendorf, Ulrich von: *Platon. Bd. 1: Sein Leben und seine Werke.* Berlin 1919, Berlin/Frankfurt a. M. 1948.

Im folgenden Text sind die Kapitel mit römischen Ziffern bezeichnet. Die arabischen Ziffern bedeuten die Seitenzahlen der Ausgabe von Henricus Stephanus, Paris 1578, nach welcher Platon zitiert wird.

Erstes Buch

Ich ging gestern mit Glaukon, Aristons Sohn, nach dem Pi- I
räus. Der Göttin wollte ich mein Gebet verrichten und dem 327a
Festzug zuschauen, der zum erstenmal ihr zu Ehren veranstaltet wird. Der Zug der Einheimischen war herrlich; doch der, den die Thraker ausgerüstet hatten, sah nicht weniger
würdig aus. Wir beteten, betrachteten und machten uns dann b
auf den Heimweg nach der Stadt. Im Fortgehen jedoch sah uns Polemarchos, Kephalos' Sohn, aus der Ferne. Er schickte eilends seinen Sklaven und hieß uns warten. Der Knabe faßte mich hinten am Rock und sagte:

›Polemarchos bittet euch, zu warten.‹

Ich drehte mich um und fragte, wo er denn wäre.

›Dort hinten kommt er; wartet!‹

›Gut; wir warten‹, sagte Glaukon.

Nicht lange, so kamen Polemarchos und Adeimantos, c
Glaukons Bruder, und Nikeratos, Nikias' Sohn, und einige andere, ebenfalls vom Festzug, wie es schien. Polemarchos rief: ›Sokrates, es scheint, ihr geht fort in die Stadt!‹

›Du hast's erraten‹, antwortete ich.

›Du siehst wohl, daß wir in der Überzahl sind.‹

›Freilich sehe ich das.‹

›Entweder überwältigt ihr uns oder ihr bleibt hier!‹

›Gibt es nicht noch ein Drittes? Wir überzeugen euch, daß ihr uns gehen lassen müßt.‹

›Könnt ihr uns überzeugen, wenn wir nicht hören?‹

›O nein‹, sagte Glaukon.

›Wir hören nichts; macht euch darauf gefaßt.‹

Und Adeimantos fiel ein: ›Wißt ihr nicht, daß der Göttin 328a
abends ein Fackellauf zu Pferde gebracht wird?‹

›Zu Pferde?‹ sagte ich; ›das ist neu. Sie machen ein Wettrennen und reichen einander dabei Fackeln zu? Oder wie meinst du?‹

›Ganz so‹, entgegnete Polemarchos. ›Und dann kommt
noch ein Nachtfest, das sehenswert ist. Wenn wir gegessen
haben, gehen wir wieder hin und schauen dem Nachtfest zu.
Wir treffen viele junge Leute dort und wollen uns über phi-
b losophische Dinge unterhalten. Bleibt und kommt mit uns!‹
Glaukon meinte: ›Es scheint, wir müssen bleiben.‹
›Also bleiben wir‹, sagte ich.
II So gingen wir denn mit in Polemarchs Haus. Da fanden
wir Lysias und Euthydemon, Polemarchs Brüder, dann
Thrasymachos aus Chalkedon, Charmantides aus Paiania und
Kleitophon, Aristonymos' Sohn. Auch Polemarchs Vater, Ke-
phalos, war im Zimmer. Recht alt schien er mir geworden;
c ich hatte ihn lange nicht gesehen. Er saß im Lehnstuhl und
war bekränzt, da er gerade im Hofe geopfert hatte. Es standen
einige Stühle herum, und wir setzten uns zu ihm. Kephalos
begrüßte mich, sowie er mich sah, und sagte:
›Sokrates, du besuchst uns selten hier im Piräus und solltest
es doch. Wäre ich noch rüstig genug, den Weg in die Stadt
leicht machen zu können, so hättest du es nicht nötig. Wir
d kämen zu dir. So aber mußt du häufiger kommen. Du weißt,
je schwächer die sinnlichen Genüsse werden, um so stärker
wird mein Verlangen und meine Freude am Gedankenaus-
tausch. Tu uns die Liebe! Nimm dich unserer jungen Leute
an und geh bei uns ein und aus, als deinen besten Freunden
und Vertrauten!‹
›Und ich unterhalte mich so gern mit Greisen, Kephalos!‹
e antwortete ich. ›Sie haben einen Weg hinter sich, den auch
wir vielleicht gehen müssen, und sollen uns Kunde geben,
wie er ist, ob rauh und mühsam oder leicht und frei. Ich
möchte wohl hören, was ein alter Mann wie du von den Re-
densarten der Dichter über die ‘Schwelle des Alters’ hält. Fin-
dest du, daß das Alter der ‘mühselige Teil des Lebens’ ist, oder
wie nennst du es?‹
III ›Ich will dir aufrichtig meine Meinung sagen, Sokrates‹,
329a erwiderte er. ›Wir Greise von gleichem Alter finden uns oft
zusammen, getreu dem Sprichwort. Dann fangen die meisten
an zu klagen; sie haben Sehnsucht nach den Freuden der

Jugend; sie denken an die Liebe zurück, an Trinkgelage
und Gastmähler und an alles, was damit zusammenhängt.
Sie trauern über den Verlust so herrlicher Dinge und sagen:
damals lebten wir in Freuden, heute leben wir gar nicht
mehr. Manche beschweren sich auch über die Kränkungen, b
die alte Leute von ihren Verwandten erfahren. Und so singen
sie ein Klagelied über das Alter, das an allen Leiden schuld
sei. Ich glaube, Sokrates, die Leute irren sich, wenn sie dem
Alter die Schuld geben. Denn läge es am Alter, so müßte
es doch mir und allen Hochbejahrten ebenso ergehen. Ich
habe aber Leute gefunden, die sich anders fühlen. So war
ich einmal bei dem Dichter Sophokles und hörte, wie ihn
jemand fragte: 'Sophokles, wie steht es bei dir mit der Liebe?
Kannst du noch mit Weibern verkehren?' 'Still! sagte jener, c
ich bin glücklich, dem rasenden, trotzigen Tyrannen entron-
nen zu sein.' Das ist ein gutes Wort, dachte ich damals und
denke es noch. Ja, das Alter hat Friede und Freiheit von sol-
chen Dingen. Wenn die Begierden von uns ablassen und uns
nicht mehr zerren und anstacheln, dann wird das Wort des
Sophokles wahr: viel tolle Herren sind wir los. Aber die d
Schuld an dem allen, Sokrates, ebenso wie an den Kränkun-
gen der Verwandten, trägt nicht das Alter, sondern bloß der
Charakter des Menschen. Ist der Mensch mäßig und genüg-
sam, so ist auch das Alter keine schwere Last; ist er es nicht,
Sokrates, so ist auch die Jugend voller Beschwerden.‹

Ich freute mich über seine Worte und wollte ihn gern wei- IV
ter sprechen hören. Um ihn anzuregen, sagte ich:

›Kephalos, ich glaube, die meisten werden nicht einver- e
standen sein. Sie werden sagen, es sei dein großes Vermögen,
das dir das Alter erleichtere, nicht dein Charakter. Die Rei-
chen könnten sich über vieles hinweghelfen.‹

›Das ist richtig; sie sind nicht einverstanden. Ihr Einwand
enthält auch Wahrheit, aber nicht soviel Wahrheit, wie sie
glauben. Es läuft auf das Wort des Themistokles hinaus. Ein
Seriphier schmähte ihn und sagte: sein Ruhm stamme nicht
von ihm, sondern von seiner Vaterstadt. Themistokles ent- 330a
gegnete: als Seriphier hätte er wohl keinen Ruhm erworben,

aber auch jener nicht als Athener. Ebenso ist es mit armen Leuten, die unter dem Alter zu leiden haben. Der Wackere hat es in der Tat schwer, wenn er arm ist; aber wer nicht wacker ist, der ist auch im Reichtum unzufrieden.‹

›Hast du dein Vermögen meist durch Erbschaft oder durch eigene Arbeit erworben, Kephalos?‹

b ›Wieviel ich erworben habe, Sokrates? Als Geschäftsmann halte ich die Mitte zwischen meinem Großvater und meinem Vater. Mein Großvater, der Kephalos hieß, wie ich, erbte ungefähr ebensoviel, wie ich jetzt besitze, und vergrößerte das Vermögen um das Mehrfache; mein Vater Lysanias verringerte es unter den jetzigen Bestand. Ich bin zufrieden, wenn ich meinen Söhnen hier nicht weniger hinterlasse als ich übernommen habe, sondern etwas mehr.‹

›Ich fragte darnach‹, versetzte ich, ›weil ich bei dir keine sonderliche Liebe zum Gelde bemerke. Und das pflegt bei denen der Fall zu sein, die es nicht selber erworben haben.
c Wer es erwirbt, hat in der Regel doppelt so große Liebe zu ihm. Wie die Dichter ihre Gedichte, die Väter ihre Kinder lieben, so hätscheln die Erwerbenden ihr Geld; nicht bloß weil es nützlich, sondern weil es ihr Werk ist. Auch im Umgang werden sie lästig, da sie nichts loben als den Reichtum.‹

›So ist es‹, sagte er.

V d ›Gewiß‹, entgegnete ich. ›Nun sage mir noch eins: was ist das Allerbeste, das du durch deinen Reichtum genossen hast?‹

›Da werden mir nicht viele glauben. Du weißt, Sokrates, wenn man sich dem Tode nahe fühlt, überkommt einen Furcht, und man denkt über andere Dinge nach als früher. Bis dahin lacht man über die Sagen, die von der Unterwelt erzählt werden: wer hier Sünden begangen habe, müsse sie dort büßen. Jetzt aber wird man besorgt, ob sie nicht doch wahr
e sein könnten. Man schaut deutlicher in jene Welt hinüber, sei es weil man altersschwach geworden, sei es weil man ihr nähergekommen ist. Zweifel und Angst erwachen; man sinnt nach, ob man jemandem Böses getan hat. Findet man viel

Übles in seinem Leben, schreckt man, wie die Kinder, oft aus dem Schlafe empor, so lebt man in Furcht und banger Erwartung. Ist einem aber nichts Böses bewußt, so ist man, wie Pin- 331a
dar sagt, beständig umgeben von froher Hoffnung, der lieben Freundin des Alters. Anmutig sind seine Worte, Sokrates. Wer gerecht und fromm gelebt, den

Geleitet, erquickend das Herz, als Freundin,
Süße Hoffnung, die menschlichen Sinns,
Des wankelmütigen, Steuer ist.

Das ist wunderbar schön gesagt. Und hier finde ich den höchsten Wert des Geldbesitzes, nicht für alle Menschen, aber für die wackeren. Daß man Geld hat, trägt nicht wenig b
dazu bei, daß man von hinnen gehen kann, ohne Furcht, jemanden betrogen oder belogen zu haben, auch nicht unabsichtlich, und ohne Furcht, einem Gott ein Opfer, einem Menschen Geld schuldig geblieben zu sein. Das Geld läßt sich auch für vieles andere verwenden; aber, alles recht erwogen, liegt sein größter Wert für einen einsichtigen Menschen eben in dem, was ich sagte.‹

›Du hast vollkommen recht, Kephalos. Wie ist es aber mit c
der Gerechtigkeit selber? Besteht sie wohl ganz einfach in der Wahrhaftigkeit, und ist sie Wiedererstattung dessen, was man erhalten hat? Oder ist dies manchmal gerecht, manchmal ungerecht? Ich meine es so: wenn ein Freund mir Waffen übergibt, dann seine gesunden Sinne verliert und in diesem Zustande sie zurückfordert, so wird jeder zugeben, daß ich ihm die Waffen nicht geben darf, daß ich unrecht handle, wenn ich es tue. Ich darf ihm auch nicht immer die Wahrheit sagen.‹

›Das ist richtig‹, sagte er. d

›So darf man den Begriff Gerechtigkeit nicht erklären als Wahrhaftigkeit und Rückgabe von etwas Entliehenem.‹

›Aber doch, Sokrates!‹ unterbrach Polemarchos. ›Dem Simonides muß man doch wohl glauben.‹

›Ich dächte‹, sagte Kephalos. ›Aber ich überlasse euch das Gespräch. Ich muß nach dem Opfer sehen.‹

›Und Polemarchos soll dich beerben?‹ fragte ich.

›Ja‹, erwiderte er lachend und ging hinaus zum Opfer.

VI e ›Erzähle uns, der du zum Erben der Unterhaltung erklärt
bist‹, begann ich; ›was ist das für ein wahres Wort des Simoni-
des über die Gerechtigkeit, von dem du redest?‹

›Jedem die Schuld bezahlen ist recht. Das ist sein Wort, und
ich halte es für richtig.‹

›Simonides ist ein weiser, ein göttlicher Mann. Es ist keine
Kleinigkeit, ihm den Glauben zu versagen. Du verstehst ja
auch wohl, was er meint, Polemarchos; ich verstehe es nicht.
Offenbar nicht das, wovon wir eben sprachen: man müsse ei-
nem Irrsinnigen wiedergeben, was er einem anvertraut hat.
332a Und doch handelt es sich dabei um eine Schuld, nicht wahr?‹

›Ja.‹

›Man darf sie jedoch nicht bezahlen, wenn ein Geistes-
kranker sie zurückfordert?‹

›Allerdings nicht.‹

›So meint wohl Simonides etwas anderes, wenn er Bezah-
lung der Schuld Gerechtigkeit nennt.‹

›Gewiß etwas anderes! Er meint, die Freunde seien den
Freunden Gutes, den Feinden Böses schuldig.‹

›Ich verstehe‹, sagte ich. ›Wenn Zurückgeben und Zurück-
nehmen, etwa von geliehenem Gelde, Schaden bringt und
b Empfänger und Geber Freunde sind, so ist die Zurückgabe
nicht Bezahlung der Schuld. So, sagst du, meine es Simoni-
des?‹

›Jawohl.‹

›Und die Feinde? Muß man auch ihnen bezahlen, was man
ihnen schuldig geworden ist?‹

›Allerdings; was man ihnen schuldig ist, muß man bezah-
len. Ich glaube, der Feind schuldet dem Feinde Böses; so ge-
bührt es sich.‹

VII ›So hat sich denn Simonides offenbar mit dichterischer
c Dunkelheit über die Gerechtigkeit ausgedrückt. Er wollte sa-
gen: gerecht sei, jedem zu geben, was ihm gebührt. Und das
nannte er ‘Schuld’.‹

›Wie meinst du das?‹

›Nun so, Bester. Wenn ihn jemand fragte: Simonides, wann heißt eine Kunst Heilkunst? Wenn sie was gibt (als das, was sie schuldig ist und was sich gebührt)? Und wenn sie es wem gibt? – Was wird er darauf antworten?‹

›Offenbar: wenn sie dem Körper Heilmittel, Speisen, Getränke gibt.‹

›Wann heißt eine Kunst Kochkunst? Wenn sie was gibt, als ihre Pflicht und Schuldigkeit? Und wenn sie es wem gibt?‹

›Wenn sie den gekochten Speisen Schmackhaftigkeit gibt.‹ d

›Gut. Und welche Kunst heißt Gerechtigkeit? Die wem gibt? Und was gibt?‹

›Soll man aus dem Vorhergehenden folgern, Sokrates –: die den Freunden Gutes, den Feinden Böses gibt.‹

›Er nennt also Gerechtigkeit: den Freunden Gutes, den Feinden Böses tun.‹

›Ja, ich meine.‹

›Wer wird es am besten verstehen, seinen kranken Freunden an ihrer Gesundheit Gutes und seinen Feinden Böses zu tun?

›Der Arzt.‹

›Wer den Schiffern in den Gefahren des Meeres?‹ e

›Der Steuermann.‹

›Und der Gerechte? Worin und wobei wird er am meisten imstande sein, seinen Freunden zu nützen, seinen Feinden zu schaden?‹

›Im Krieg und Waffenbrüderschaft, scheint mir.‹

›Gut. Wer nicht krank ist, lieber Polemarchos, braucht doch keinen Arzt?‹

›Das ist wahr.‹

›Und wer nicht fährt, keinen Steuermann?‹

›Nein.‹

›Wer also nicht in den Krieg zieht, keinen Gerechten?‹

›O doch, meine ich.‹

›So kann man die Gerechtigkeit auch im Frieden brauchen?‹

›Ja.‹ 333a

›Auch den Ackerbau braucht man, nicht wahr?‹

›Ja.‹

›Um die Feldfrüchte zu gewinnen.‹

›Ja.‹

›Auch das Schuhmacherhandwerk?‹

›Ja.‹

›Um Schuhe herzustellen, vermutlich.‹

›Freilich.‹

›Und nun die Gerechtigkeit? Wobei braucht man sie und wozu dient sie deiner Meinung nach in Friedenszeiten?‹

›Beim Handelsverkehr und beim persönlichen Verkehr, Sokrates.‹

›Du meinst, wenn mehrere etwas gemeinsam tun; oder nicht?‹

›Ja, dann.‹

b ›So wäre der Gerechte beim Brettspiel gut zu brauchen? Oder nicht vielmehr der geübte Spieler?‹

›Allerdings der Geübte.‹

›Aber beim Schichten von Steinen und Ziegeln ist der Gerechte besser zu brauchen als der Bauverständige?‹

›Keineswegs.‹

›Und in welcher Beziehung ist er beim Zitherspiel erwünschter, da man doch, wenn es zu spielen gilt, den geübten Spieler vorzieht?‹

›Ich glaube, wenn es sich um Geld handelt.‹

›Ausgenommen wohl, wenn man das Geld brauchen will, Polemarchos, etwa zum Pferdekauf oder -verkauf. Dann
c zieht man doch den Pferdekenner vor, nicht wahr?‹

›Augenscheinlich‹.

›Und beim Schiffskauf den Schiffbauer oder Steuermann.‹

›Es scheint so.‹

›Bei welcher Verwendung des Geldes im Verkehr ist also der Gerechte besser zu verwenden als die übrigen?‹

›Wenn man es sich hinterlegen will, Sokrates.‹

›Wenn es nicht gebraucht wird, sondern liegen soll, meinst du?‹

›Jawohl.‹

›Also, wenn man Geld nicht braucht, dann braucht man d
Gerechtigkeit für das Geld?‹

›So scheint es.‹

›Und wenn man eine Sichel aufbewahren und hüten will, braucht man Gerechtigkeit dazu, gleichviel ob man selber sie aufbewahrt oder einem anderen übergibt. Braucht man sie aber, so bedarf es der Kunst des Weinbaus?‹

›Augenscheinlich.‹

›Ebenso wenn ein Schild, eine Lyra gehütet und nicht gebraucht werden soll, hältst du die Gerechtigkeit für brauchbar; andernfalls aber brauche man Waffenkunde und Musik?‹

›Es ist nicht anders.‹

›Und so ist es mit allem: die Gerechtigkeit ist beim Gebrauch nicht zu brauchen, dagegen beim Nichtgebrauch?‹

›Darauf läuft es hinaus.‹

›Etwas gar so Treffliches ist also die Gerechtigkeit nicht, e VIII
Freund. Beim Nichtgebrauch ist sie zu brauchen! – Laß uns nun auch dies in Erwägung ziehen: Wer im Kampf, sei es Faustkampf oder anderer, ein tüchtiger Angreifer ist, versteht doch auch, sich zu schützen und zu decken?‹

›Jawohl.‹

›Und wer von einer Krankheit sich zu hüten weiß, kann sie auch andern heimlich beibringen?‹

›Ich meine.‹

›Und der wird ein guter Hüter eines Kriegsheeres sein, 334a
der die feindlichen Anschläge und Bewegungen auskundschaften und gleichsam stehlen kann?‹

›Jawohl.‹

›Was einer zu hüten weiß, weiß er auch zu stehlen?‹

›Augenscheinlich.‹

›Und wenn der Gerechte Geld zu hüten versteht, versteht er es auch zu stehlen.‹

›Das ist allerdings die Folgerung.‹

›Also der Gerechte hat sich als Dieb entpuppt! Das hast du
wohl von Homer gelernt? Homer lobt den Großvater des b
Odysseus, Autolykos, und sagt, er habe sich unter allen Menschen durch ‘Trug und Meineid’ hervorgetan. Nach Homer,

Simonides und dir ist die Gerechtigkeit augenscheinlich eine Diebskunst den Freunden zum Nutzen, den Feinden zum Schaden. So meintest du's?‹

›Nein, wahrhaftig nicht, aber ich weiß nicht mehr, was ich meinte. Eines jedoch meine ich noch: daß die Gerechtigkeit den Freunden nütze, den Feinden schade.‹

c ›Nennst du Freunde solche, die uns gutgesinnt scheinen, oder die es sind, auch wenn sie es nicht zeigen? Und umgekehrt: Feinde solche, die es sind, auch ohne es zu zeigen?‹

›Das Natürliche ist, daß man liebt, wen man für gut hält, und haßt, wen man für schlecht hält.‹

›Die Menschen irren sich aber und halten solche für gut, die es nicht sind, und umgekehrt?‹

›Ja, sie irren sich.‹

›Das sind dann Feinde der Guten, Freunde der Bösen?‹

›Allerdings.‹

d ›Die also gerecht handeln, wenn sie den Bösen nützen, den Guten schaden.‹

›Es scheint so.‹

›Und die Guten sind gerecht und tun kein Unrecht.‹

›Richtig.‹

›Nach deinem Satze ist es also gerecht, Leuten, die kein Unrecht tun, Böses zu tun!‹

›Auf keinen Fall, Sokrates! Offenbar taugt der Satz nichts.‹

›Vielmehr ist es gerecht, den Ungerechten zu schaden, den Gerechten zu nützen?‹

›Ja, der Satz scheint besser.‹

›Nun, so ergibt sich, Polemarchos, daß alle, die sich in den
e anderen getäuscht haben, dann gerecht handeln, wenn sie den Freunden schaden, den Feinden nützen; denn jene sind schlecht, diese gut. Damit kehren wir den Ausspruch des Simonides um.‹

›In der Tat ergibt sich das. Aber wir müssen die Begriffe Freund und Feind richtig fassen.‹

›Inwiefern haben wir sie nicht richtig gefaßt, Polemarchos?‹

›Wir sagten: Freund sei, wer gute Gesinnung zeige.‹

›Und wie sollten wir sagen?‹

›Wer sie zeigt und auch hat. Wer sie nur zur Schau trägt, ist 335a
auch nur dem Scheine nach Freund. Entsprechend ist der Begriff Feind zu fassen.‹

›Danach wäre der Freund dasselbe wie der Gute, der Feind dasselbe wie der Schlechte.‹

›Ja.‹

›Unserer anfänglichen Erklärung der Gerechtigkeit müssen wir also etwas hinzufügen. Wir sagten, gerecht sei: dem Freunde Gutes, dem Feinde Böses zu tun. Jetzt muß sie heißen: dem Freunde als dem Guten Gutes, dem Feinde als dem Bösen Böses zu tun.‹

›Jawohl‹, sagte er; ›so ist es richtig ausgedrückt.‹ b

›Soll nun aber ein Gerechter wirklich irgendwelchen IX
Menschen schaden?‹ fuhr ich fort.

›Freilich. Den Schlechten und feindlich Gesinnten soll er schaden.‹

›Wenn man Pferde schädigt, so werden sie tüchtiger oder untüchtiger?‹

›Untüchtiger.‹

›Und zwar verlieren sie ihre Tüchtigkeit als Pferd, nicht etwa die Tüchtigkeit, die ein Hund hat?‹

›Nein, ihre Tüchtigkeit als Pferd.‹

›Und wenn man Hunde schädigt, büßen auch sie ihre Tüchtigkeit als Hund ein, nicht die Tüchtigkeit eines Pferdes?‹

›Unbedingt.‹

›Und Menschen, Freund? Verlieren sie nicht ebenfalls ihre c
Tüchtigkeit als Mensch?‹

›Jawohl.‹

›Die Gerechtigkeit gehört aber zur menschlichen Tüchtigkeit?‹

›Auch das steht fest.‹

›Also steht es fest, Freund, daß die Geschädigten ungerechter werden!‹

›Das leuchtet ein.‹

›Kann nun ein Musiker durch Musik jemanden unmusikalisch machen?‹

›Unmöglich.‹

›Ein Reitlehrer durch die Reitkunst jemanden zum schlechten Reiter?‹

›Undenkbar.‹

›Aber ein Gerechter jemanden durch Gerechtigkeit unge-
d recht? Und überhaupt ein Tugendhafter durch Ausübung seiner Tugend jemanden schlecht?‹

›Nein, unmöglich.‹

›Nicht Wärme kältet, meine ich, sondern Kälte.‹

›Ja.‹

›Nicht Trockenheit näßt, sondern Nässe.‹

›Gewiß.‹

›Nicht der Gute schädigt, sondern der Böse.‹

›Es ist klar.‹

›Der Gerechte ist aber doch gut?‹

›Freilich.‹

›Also, Polemarchos, Schädigen ist nicht Sache des Gerechten, weder Schädigen eines Freundes noch Schädigen irgendeines anderen Menschen; sondern ist Sache des Ungerechten.‹

e ›Du hast vollkommen recht, glaube ich, Sokrates.‹

›Wer also gesagt hat: gerecht ist, jedem die Schuld zu bezahlen, und hat damit sagen wollen: der Gerechte ist den Feinden schuldig, ihnen zu schaden, den Freunden, ihnen zu nützen, – der war nicht weise. Er hat nicht die Wahrheit gesprochen. Wir haben erkannt, daß der Gerechte überhaupt niemandem Schaden zufügt.‹

›Ich stimme zu.‹

›Bestreiten wir beide es also, daß dieser Ausspruch von Simonides oder Bias oder Pittakos oder einem anderen von den Weisen und den ehrwürdigen Männern herstamme.‹

›Ich werde es mit dir gemeinsam bestreiten‹, erwiderte er.

336a ›Weißt du, wem ich dies Wort: gerecht ist, den Freunden zu nützen, den Feinden zu schaden, vielmehr zutraue?‹

›Nun?‹ fragte er.

›Dem Periander oder Perdikkas oder Xerxes oder Ismenias von Theben oder einem andern auf seine Macht pochenden Reichen.‹

›Ganz richtig!‹

›Gut!‹ sagte ich. ›Auch das ist die Gerechtigkeit und das Gerechte nicht, darüber sind wir im klaren. Was mag sie denn nun aber sein?‹

Während dieses Gesprächs war Thrasymachos mehrmals b X
im Begriff, uns das Wort abzuschneiden. Aber seine Nachbarn wollten das Ende abwarten und hielten ihn deshalb zurück. Jetzt, wo wir fertig waren und ich die letzte Frage tat, konnte er sich nicht mehr bezähmen. Er duckte sich wie ein wildes Tier und sprang auf uns los. Polemarchos und ich fuhren erschreckt auseinander; er aber schrie in den Kreis hinein:

›Sokrates, was schwatzt ihr die ganze Zeit für Unsinn? Und c
verbeugt euch voreinander mit einfältigen Reden? Willst du wirklich den Begriff Gerechtigkeit erklären, so frage nicht bloß und bemühe dich dann, die Antworten zu widerlegen, die man dir gibt. Du weißt wohl, daß Fragen leichter ist als Antworten. Antworte selber und sage deine eigene Meinung über das Wesen der Gerechtigkeit! Aber komme mir nicht d
damit, das Gerechte sei die Pflicht oder das Vorteilhafte oder das Gewinnbringende oder das Frommende oder das Nützliche! Was du sagst, sage deutlich und genau; ich lasse dir solch Geschwätz nicht durchgehen.‹

Ich entsetzte mich über seine Worte und schaute ängstlich nach ihm hin. Ja, hätte ich ihn nicht eher angesehen als er mich, so wäre ich durch seinen bösen Blick stumm geworden, glaube ich. Aber ich sah ihn zuerst an, schon als die Wut e
ihn zu packen begann. Darum konnte ich antworten und tat es noch zitternd:

›Thrasymachos, sei uns nicht böse! Wenn Polemarchos und ich bei der Untersuchung Versehen machen, so geschieht es ganz gewiß unfreiwillig. Sieh, wenn wir Gold suchten, so würden wir uns doch nicht gegenseitig Schmeicheleien sagen und darüber das Suchen versäumen. Jetzt su-

chen wir aber die Gerechtigkeit, die noch weit köstlicher ist als Gold! Meinst du also, wir würden so unverständig sein, aus Höflichkeit das geringste zu unterlassen, um sie ans Tageslicht zu bringen? Du weißt vielleicht, Freund, was sie ist; aber
337a wir können sie nicht finden. Mitleid solltet ihr Klugen mit uns haben, aber uns nicht schelten!‹

XI Da lachte er grimmig und sagte: ›Aha, das ist die bekannte Ironie des Sokrates! Ich wußte es, sagte es auch den anderen im voraus, du würdest nicht antworten wollen; du würdest dich unwissend stellen und alles andere eher tun, als Fragen beantworten, die man dir stellt.‹

›Du bist weise, Thrasymachos!‹ entgegnete ich. ›Nimm an, du fragtest jemanden: wieviel ist zwölf? sagtest ihm aber
b gleich im voraus: daß du mir nicht damit kommst, zwölf sei zweimal sechs oder dreimal vier oder sechsmal zwei oder viermal drei! Solch Geschwätz lasse ich dir nicht durchgehen; – du wüßtest doch genau, daß niemand dir auf deine Frage antworten würde. Und was würdest du sagen, wenn dir der Gefragte entgegnete: was willst du denn, Thrasymachos? Darf ich die Antworten nicht geben, die du nanntest? Auch nicht, wenn sie richtig sind, Trefflichster? Sondern soll die Unwahrheit sagen? Oder was willst du?‹

c ›Meinetwegen! Als ob dies mit jenem zu vergleichen wäre!‹

›Oh, dem stände nichts im Wege‹, sagte ich. ›Und wenn auch nicht! Hat der Gefragte eine Meinung, so wird er sie sagen, ob wir es ihm verbieten oder nicht.‹

›Und so wirst du es auch machen? Wirst antworten, was ich verboten habe?‹

›Wenn es sich als richtig erweist, sollte es mich nicht wundern.‹

d ›Wenn ich aber eine andere und bessere Erklärung der Gerechtigkeit weiß als alle die gegebenen? Was tust du dann?‹

›Was dem Unwissenden zukommt; von dem Wissenden zu lernen. Das tue ich dann.‹

›Sehr freundlich bist du. Aber für das Lernen mußt du zahlen.‹

›Doch nur, wenn ich Geld habe?‹

›Du hast welches‹, fiel Glaukon ein. ›Wegen des Geldes sei
unbesorgt, Thrasymachos. Wir alle zahlen für Sokrates.‹

›Jawohl!‹ sagte er, ›damit Sokrates sein altes Spiel beginnt, e
nicht antwortet, aber andere Antworten vornimmt und wi-
derlegt.‹

›Aber Bester, wie soll einer antworten, der erstens nichts
weiß, auch nicht behauptet, etwas zu wissen, und der zwei-
tens nicht sagen darf, was er etwa vermutet, da ein ganz be-
deutender Mann es ihm verboten hat! Du solltest vielmehr
reden. Du sagst, daß du es weißt und daß du reden könntest.
Tu es! Tu mir den Gefallen und sprich deine Antwort aus! 338a
Gönne auch Glaukon und den anderen deine Belehrung!‹

Nun baten ihn auch Glaukon und die anderen, zu reden. XII
Thrasymachos brannte offenbar vor Begier; er glaubte, eine
wundervolle Antwort bereit zu haben und Ehre mit ihr ein-
zulegen. Doch stritt er zum Schein noch ein wenig über
meine Verpflichtung, zu antworten. Schließlich gab er nach.
Er sagte:

›Das ist also Sokrates' Weisheit, daß er nicht andere beleh- b
ren will, sondern umhergeht, lernt und nicht einmal Dank
dafür sagt.‹

›Daß ich von anderen lerne, ist richtig, Thrasymachos‹, er-
widerte ich; ›daß ich mich dafür nicht bedanke, lügst du. Ich
gebe, was ich kann, kann aber nur Lob geben; denn Geld
habe ich nicht. Daß ich gern gebe, wenn ich etwas Gutes
höre, wirst du sofort erfahren, nachdem du gesprochen hast.
Ich bin überzeugt, du wirst gut sprechen.‹

›Höre!‹ sagte er. ›Ich behaupte: das Gerechte ist nichts an- c
deres als der Nutzen des Stärkeren. – Warum lobst du nicht?
Du willst nicht!‹

›Ich muß erst verstehen, was du meinst. Noch weiß ich es
nicht. Der Nutzen des Stärkeren, sagst du, ist das Gerechte.
Wie ist das gemeint, Thrasymachos? Doch nicht so: wenn der
Ringkämpfer Pulydamas stärker als wir und Rindfleisch ihm
von Nutzen ist, sei diese Speise auch für uns Schwächere von d
Nutzen und die rechte Nahrung?‹

›Du bist abscheulich, Sokrates! Nur um meinen Satz zu mißhandeln, deutest du ihn so.‹

›Durchaus nicht, Wertester!‹ sagte ich. ›Erkläre dich deutlicher!‹

›Weißt du nicht, daß manche Staaten Einzelherrschaft, andere Volksherrschaft, andere Adelsherrschaft haben?‹

›Ja natürlich.‹

›Das herrschende Element in jedem Staate aber das Starke ist?‹

›Jawohl.‹

e ›Jeder Herrscher gibt aber die Gesetze zu seinem Nutzen. Das Volk als Herrscher gibt demokratische, der Einzelherrscher gibt monarchische Gesetze, und so auch die übrigen. Diesen ihren Nutzen erklären sie für das Recht, dem die Untertanen sich zu fügen hätten, und bestrafen den Übertreter als einen, der gegen die Gesetze und gegen die Gerechtigkeit sich vergeht. So meine ich es, Bester, wenn ich sage, daß alle Staaten mit der Gerechtigkeit den gleichen Begriff verbin-
339a den, nämlich: Nutzen der bestehenden Staatsgewalt. Diese Staatsgewalt ist das stärkere Element im Staate, und so wird man überall bei rechter Überlegung gerade das, was ich sagte, als das Gerechte finden: den Nutzen des Stärkeren.‹

›Jetzt verstehe ich, was du meinst. Ob es richtig ist oder nicht, will ich auch zu verstehen suchen. – Auch du also, Thrasymachos, nennst das Gerechte einen Nutzen. Und mir hattest du verboten, diese Antwort zu geben. Freilich machst du den Zusatz: des Stärkeren.‹

b ›Vielleicht ein unwesentlicher Zusatz.‹

›Wer weiß, ob nicht ein sehr wesentlicher! Daß wir untersuchen müssen, ob er richtig ist, wissen wir jedenfalls. Ich gebe zu, daß das Gerechte Nutzen schafft, ob aber dem Stärkeren, wie du hinzufügst, ist mir noch nicht klar. Wir müssen es untersuchen!‹

›Untersuche!‹ antwortete er.

XIII ›Ich will es. – Sag': auch das nennst du gerecht, daß man den Herrschenden gehorcht?‹

›Freilich tue ich das.‹

›Sind die Herrscher in jedem Augenblick unfehlbar, oder können sie auch irren?‹ c

›Sie können irren, gewiß.‹

›Wenn sie also Gesetze geben, so sind das richtige und auch unrichtige?‹

›Ich meine.‹

›Richtige heißt aber: ihnen nützliche; unrichtige: ihnen schädliche. Oder nicht?‹

›Doch.‹

›Und die Gesetze, die sie geben, müssen die Untertanen halten; dann sind sie gerecht?‹

›Freilich.‹

›Darnach ist es nicht bloß gerecht, zu tun, was dem Stär- d
keren nützlich ist, sondern auch, was ihm vielmehr schädlich ist.‹

›Was sagst du?‹ fragte er.

›Was du sagst, glaube ich. Machen wir es uns ganz klar. Wir sind übereingekommen, daß die Herrschenden in ihren Geboten manchmal wider das eigene Wohl verstoßen, daß die Beherrschten aber gerecht handeln, wenn sie die Gebote der Herrscher ausführen. Darüber sind wir einig, nicht wahr?‹

›Ich glaube.‹

›So glaube nur, daß wir auch darüber einig sind, daß Hand- e
lungen gegen den Nutzen der Herrschenden und Stärkeren gerecht sind! Denn die Herrschenden erlassen mitunter Gesetze, die ihnen schädlich sind, und jene handeln gerecht, wie du sagst, wenn sie diese Gesetze halten. Ergibt sich daraus nicht mit Notwendigkeit, o weiser Thrasymachos, daß die Gerechtigkeit das Gegenteil von deiner Erklärung ist? Zum Schaden der Stärkeren zu handeln, gebietet das Gesetz den Schwächeren.‹

›Wahrhaftig, Sokrates‹, sagte Polemarchos. ›Es ist klar wie 340a
der Tag.‹

›Zumal wenn auch du beipflichtest‹, warf Kleitophon ein.

›Dessen bedarf es nicht‹, erwiderte jener. ›Thrasymachos selber gibt zu, daß die Herrschenden bisweilen Gesetze zu ihrem Schaden geben, die Beherrschten aber gerecht handeln, wenn sie sie befolgen.‹

›Allerdings, Polemarchos. Die Gebote der Herrschenden zu befolgen, nannte Thrasymachos gerecht.‹

›Und zugleich, Kleitophon, erklärte er den Nutzen des
b Stärkeren für gerecht. Nachdem er diese beiden Sätze aufgestellt hatte, gab er weiter zu, daß die Stärkeren den Schwächeren und Untergebenen mitunter Befehle erteilen, die ihrem eignen Nutzen zuwiderlaufen. Daraus ergibt sich, daß das Gerechte ebensogut der Schaden wie der Nutzen des Stärkeren ist.‹

›Aber‹, entgegnete Kleitophon, ›unter dem Nutzen des Stärkeren verstand er dessen vermeintlichen Nutzen. Nach ihm solle der Schwächere handeln; das sei gerecht.‹

›Nein, davon war nicht die Rede‹, sagte Polemarchos.

c ›Es macht keinen Unterschied, Polemarchos‹, nahm ich
wieder das Wort. ›Wenn Thrasymachos jetzt so sagt, lassen
XIV wir auch das gelten. Sag', Thrasymachos: wolltest du den vermeintlichen Nutzen des Stärkeren für das Gerechte erklären, gleichviel ob er es in Wirklichkeit ist oder nicht?‹

›Keineswegs‹, sagte er. ›Aber meinst du, ich nennte einen Irrenden dann, wenn er irrt, einen Stärkeren?‹

›Ich dachte!‹ erwiderte ich. ›Du gabst doch zu, daß die
d Herrscher nicht unfehlbar seien, sondern auch irrten.‹

›Sokrates, du bist ein Wortverdreher! Nennst du einen Arzt, der in der Krankenbehandlung sich irrt, gerade in bezug auf seinen Irrtum Arzt? Oder einen Rechner, der falsch rechnet, dann, wenn er sich verrechnet und in bezug auf diesen Irrtum Rechner? Man sagt wohl: der Arzt hat sich geirrt, der Rechner, der Schreiber hat sich versehen. Aber eigentlich irren sie niemals, insofern ihnen jener Name zukommt.
e So irrt sich auch kein Baumeister, genau genommen – und du nimmst es ja genau –. Wenn ihn sein Können im Stich läßt, irrt ein Irrender, der in dem Augenblick nicht Baumeister ist. Also der Baumeister, der Weise, der Herrscher irrt in seinem Beruf eigentlich nicht, obwohl jeder sich so ausdrückt. Das ungefähr ist meine Antwort! Genau genommen,

irrt der Herrscher, insofern er Herrscher ist, nicht; er gibt, ohne zu irren, Gesetze zu seinem Besten, und der Beherrschte hat sie zu halten. Ich bleibe daher bei meinem anfänglichen Satze: Gerecht handeln heißt zum Nutzen des Stärkeren handeln.‹ 341a

›Schön, Thrasymachos! Du meinst, ich verdrehte die Worte?‹ XV

›Jawohl.‹

›Du glaubst, ich stelle hinterlistig und in böser Absicht meine Fragen?‹

›Ich weiß es!‹ entgegnete er. ›Aber es wird dir nichts helfen. Ob ich nun die Bosheit merke oder nicht: meinem Satze b kannst du nichts anhaben.‹

›Ich werde es nicht versuchen, Vortrefflichster‹, sagte ich. ›Damit es uns aber nicht noch einmal so ergeht, erkläre uns jetzt, ob du die Begriffe Herrscher und Stärkerer im allgemeinen oder im besonderen Sinne nimmst, wie du es jetzt zuletzt tatest – von wem du also behauptest, daß der Schwächere zu seinem Nutzen handeln muß, um gerecht zu sein.‹

›Ich meine den Herrscher im strengen Sinne. Nun mißhandle und verdrehe, wenn du kannst; ich bin auf alles gefaßt. Aber du wirst nichts ausrichten!‹

›Hältst du mich für so toll, daß ich versuchen sollte, einen c Löwen zu scheren und einen Thrasymachos zu überlisten?‹

›Du hast es doch versucht!‹ sagte er; ›und bist ein so kleiner Mensch!‹

›Genug davon!‹ erwiderte ich. ›Sag': ist jener Arzt im eigentlichen Sinne des Worts, von dem du sprachst, ein Erwerbsmann oder ein Krankenfreund? Denke an den wahrhaften Arzt.‹

›Er ist ein Krankenfreund.‹

›Und der Steuermann? Ist der wahre Steuermann ein Schiffsführer oder ein Seemann?‹

›Ein Schiffsführer.‹ d

›Denn nicht darauf kommt es an, daß er im Schiffe sitzt. Man darf ihn deshalb doch nicht Schiffer nennen. Den Namen Steuermann führt er ja nicht, weil er auf See ist, sondern wegen der Kunst, die er ausübt, und wegen seines Führeramts.‹

›Das ist wahr.‹

›Diese Männer alle erzielen einen gewissen Nutzen?‹

›Jawohl.‹

›Und ihre Kunst ist dazu da, diesen Nutzen zu schaffen und hervorzubringen?‹

›Freilich.‹

›Liegt nun der Nutzen der Kunst selber in etwas anderem als in ihrer eignen Vollendung?‹

e ›Wie meinst du diese Frage?‹

›Etwa so. Wenn du mich fragst, ob der Leib sich selber genug sei oder nicht, so sage ich: nein, er bedarf durchaus gewisser Dinge. So ist denn die ärztliche Kunst erfunden worden, weil der Leib mangelhaft ist und sich selber nicht helfen kann. Um ihm das, was er braucht und was ihm nützlich ist, zu schaffen, ist die ärztliche Kunst ausgebildet worden. Wäre das richtig geantwortet oder nicht?‹

342a ›Richtig.‹

›Weiter! Ist auch die ärztliche Kunst selber bedürftig? Braucht überhaupt eine Kunst eine besondere Kraft, so wie die Augen Sehkraft und die Ohren Hörkraft brauchen, wozu denn eine neue Kunst gehört, die über ihren Nutzen erst belehrt und ihn schafft? Ist eine Kunst selber mangelhaft, und verlangt jede Kunst eine weitere Kunst, um sich über ihren Nutzen erst zu belehren, und diese weitere wieder eine andere, und so bis ins Unendliche? Oder erkennt jede selber,
b was ihr not tut? Oder braucht sie weder sich selber noch eine andere, um ihren Nöten abzuhelfen, weil sie eben keine Nöte hat, weil kein Fehler ihr anhaftet? Weil keine Kunst eine andere Aufgabe hat, als den Nutzen des Gegenstandes zu suchen, für den sie da ist? Sie selber aber wäre ohne Bedürfnisse, ohne Tadel und Makel, solange sie ganz sie selber ist? Denke an den strengen Begriff: Kunst. Ist es richtig?‹

›Ja, augenscheinlich.‹

c ›Also sucht die ärztliche Kunst nicht ihren eignen Nutzen, sondern den Nutzen des kranken Leibes.‹

›Ja.‹

›Und die Kunst des Pferdezüchters nicht den ihren, sondern den Nutzen der Pferde; und jede andere Kunst ebenfalls nicht ihren eignen Nutzen, denn sie bedarf dessen nicht, sondern den Nutzen des Gegenstandes, für den sie da ist.‹

›So scheint es.‹

›Aber Thrasymachos, die Künste herrschen und gebieten doch über das, wofür sie da sind.‹

Er gab es mit Mühe zu.

›Also hat keine Kunst den Nutzen des Herrschenden und Stärkeren im Auge, sondern den des Schwächeren und ihr d
Untergebenen.‹

Er versuchte Widerstand zu leisten, gab am Ende aber auch dies zu. Ich fuhr fort:

›Keineswegs hat also ein Arzt, insofern er Arzt ist, seinen eignen Nutzen im Auge, sondern den des Kranken! Wir hatten uns ja geeinigt, daß der Arzt im strengen Sinne Versorger der Kranken und nicht Erwerbsmann ist? Nicht wahr?‹

Er bejahte.

›Und der Steuermann im strengen Sinne Vorgesetzter der Schiffsleute, nicht selber Schiffer?‹

›Darüber waren wir einig.‹ e

›Ein solcher Steuermann und Vorgesetzter wird also nicht seinen eignen Nutzen im Auge haben und zu seinem Nutzen Befehle erteilen, sondern zum Nutzen der Schiffer und Untergebenen.‹

Er bejahte mit Not.

›Nun, Thrasymachos‹, sagte ich, ›so hat auch kein anderer Herrschender, insofern er Herrscher ist, seinen Nutzen im Auge, sobald er ein Gebot erläßt, vielmehr den Nutzen seines Untertanen und seines Geschöpfes. Auf sie und was ihnen nützt und zukommt, zielt alles, was er spricht und tut.‹

Als wir an diesem Punkt angelangt waren und alle deut- XVI
lich sahen, daß der Satz vom Gerechten sich in sein Gegen- 343a
teil verwandelt hatte, fragte Thrasymachos, statt zu antworten:

›Sokrates, hast du eine Amme?‹

›Wieso?‹ entgegnete ich. ›Tätest du nicht besser, zu antworten, als solche Frage zu stellen?‹

›Du hast den Schnupfen und erkennst nicht Schaf noch Hirt. Aber die Amme läßt dich ausgehen und wischt dir nicht die Nase.‹

›Warum denn nur?‹

b ›Du meinst, die Schaf- und Rinderhirten hätten das Wohl
der Schafe und Rinder im Auge! Sie mästeten und hüteten
sie aus einem anderen Grunde als um ihrer Herren und ihres
eignen Vorteils willen! Und glaubst, die Herrscher über ei-
nen Staat, die wirklichen Herrscher, dächten anders über ihre
Untertanen als ein Hirt über seine Schafe und sinnten Tag
und Nacht auf etwas anderes als auf ihren eignen Nutzen!
c Und tappst so im Dunkeln über Recht und Gerechtigkeit,
Unrecht und Ungerechtigkeit, daß du nicht weißt: Gerecht-
sein kommt in Wahrheit den anderen zugute, ist Nutzen des
Stärkeren und Herrschenden, bringt dem Gehorchenden
und Untergebenen selber dagegen Schaden! Umgekehrt ist
es mit der Ungerechtigkeit. Sie herrscht über die wahrhaft
Einfältigen und Gerechten; und die Beherrschten tun, was
jenem Stärkeren Nutzen bringt. Sie machen ihn durch ihren
d Gehorsam glücklich, sich selber aber nicht im geringsten. So
muß man sich denn klar darüber werden, mein einfältiger
Sokrates, daß der Gerechte überall hinter dem Ungerechten
zurücksteht. Einmal im Geschäftsleben: wenn zwei Teilhaber
ihre Gemeinschaft lösen, wirst du nie finden, daß der Ge-
rechte besser fährt, sondern umgekehrt, der Ungerechte. Fer-
ner im Staatsleben: wo es sich um Abgaben handelt, wird der
Gerechte bei gleichem Vermögen mehr zahlen als der Unge-
e rechte, und wenn um staatliche Unterstützung, wird jener
nichts, dieser viel bekommen. Und wenn der Gerechte ein
obrigkeitliches Amt hat, wird er wenigstens durch Vernach-
lässigung seiner Privatangelegenheiten sich schädigen; aus
den Staatseinkünften wird er keinen Vorteil ziehen, das ver-
bietet seine Gerechtigkeit. Außerdem wird er sich bei seinen
Freunden und Verwandten unbeliebt machen, wenn er ihnen
nicht widerrechtliche Vorteile zuwendet.

Bei dem Ungerechten ist alles entgegengesetzt. Ich meine aber und meinte auch soeben einen, der Kraft genug hat, sich emporzuarbeiten. Ihn stelle dir vor, wenn du ermessen willst, 344a
wieviel vorteilhafter es im Leben ist, ungerecht zu sein als gerecht. Am klarsten aber wirst du es einsehen, wenn du oben auf den Gipfel der Ungerechtigkeit steigst! Da ist der Ungerechte der glückseligste Mensch; der aber, der das Unrecht erleidet oder es nicht mitmachen will, der unglücklichste. Das ist die Tyrannengewalt. Der Tyrann reißt das fremde Gut, geistliches und weltliches, privates und staatliches, nicht im kleinen an sich, sei es nun heimlich oder mit Gewalt; sondern alles auf einmal. Eignet man es sich einzeln an und wird dabei b
ertappt, so folgt Strafe und große Schande. Man heißt Tempelräuber, Sklavenhändler, Einbrecher, Spitzbube, Dieb. Wer aber die Staatsgelder raubt und die ganze Bürgerschaft zu Sklaven macht, der erhält statt jener Schmähtitel die Ehrennamen: der Glückliche, der Allverehrte; und dies nicht bloß von diesen Bürgern, sondern auch von Ausländern, wenn man ihnen erzählt, daß er seine Verbrechen im großen begangen habe. Man schmäht eben die Ungerechtigkeit nicht, weil man c
sich davor fürchtet, sie zu begehen, sondern sie zu erleiden. So zeigt sich klar genug, Sokrates, daß die Ungerechtigkeit stärker, freier, herrschaftlicher ist als die Gerechtigkeit. Das Gerechte ist, wie ich zu Anfang sagte, der Nutzen des Stärkeren; das Ungerechte aber ist sich selber Gewinn und Nutzen!‹

Mit diesen Worten wollte Thrasymachos davongehen, d XVII
nachdem er uns seine ganze lange Rede über die Ohren gegossen hatte wie der Bader das Wasser. Aber man ließ ihn nicht fort. Er mußte bleiben und Rede stehen. Auch ich bat ihn dringend und sagte:

›Schrecklicher Thrasymachos! Solche Rede hast du uns hingeworfen, und nun willst du gehen, ohne sie uns erklärt zu haben und ohne dich vergewissert zu haben, ob deine Behauptungen richtig sind oder nicht! Es ist doch keine Klei- e
nigkeit, über die wir uns hier beraten! Es ist die gewinnbringendste Lebensführung von uns allen.‹

›Das weiß ich wohl nicht?‹ rief Thrasymachos aus.

›O, du hast keine Teilnahme für uns! Du fragst nicht darnach, ob wir glücklicher leben oder unglücklicher, ohne
345a deine Rede zu verstehen. Erkläre sie uns, Bester! Deine Güte soll uns allen unvergessen bleiben. Offen gestanden, ich kann nicht glauben, daß Ungerechtigkeit vorteilhafter ist als Gerechtigkeit; auch dann nicht, wenn man ihr völlig freie Hand läßt. Wenn ich mir einen Ungerechten denke, der seine Ungerechtigkeit voll betätigen kann, sei es im Verborgenen, sei es im offenen Kampf, so glaube ich trotzdem nicht, Bester,
b daß er es weiter bringt als der Gerechte. Vielleicht geht es auch anderen unter uns so, nicht bloß mir. Überzeuge uns, Verehrtester, daß wir im Irrtum sind, wenn wir die Gerechtigkeit der Ungerechtigkeit vorziehen!‹

›Wie denn?‹ fragte Thrasymachos. ›Wenn dich meine Rede nicht überzeugt hat, was soll ich weiter tun? Soll ich meine Worte nehmen und in deine Seele einpflanzen?‹

›Nein, nein! – Aber vor allen Dingen sollst du an dem Begriff festhalten, so wie du ihn erklärt hast. Oder wenn du ihn
c abänderst, so tu es offen und hintergeh' uns nicht. Du siehst doch ein, Thrasymachos, um auf das Obengesagte zurückzugreifen, daß du vorher den Begriff des wahren Arztes erklärt hast, dich aber dann bei dem Begriff des wahren Hirten nicht mehr genau daran gehalten hast. Du hast angenommen, der Hirt, der diesen Namen mit Recht führt, mache wohl seine Schafe fett, habe aber nicht ihr Bestes im Auge, sondern denke an den guten Schmaus, den sie abgeben, wie der Esser und der Gastgeber, oder denke an ihre Verkäuflichkeit wie
d der Händler. Die Tätigkeit des Hirten hat aber kein anderes Ziel als das Wohlbefinden seiner anvertrauten Herde. Der Hirt als Hirt bedarf durchaus keiner Fürsorge, solange er diesem Begriff wirklich entspricht. So mußten wir, dachte ich, darüber einer Meinung sein, daß jede herrscherartige Tätigkeit, solange sie ihrem Wesen treu bleibt, nur das Wohl des Untergebenen und Pflegebefohlenen im Auge hat, sei es nun eine Tätigkeit im Staate oder im persönlichen Lehen.
e Glaubst du, daß die wirklichen echten Herrscher eines Staates ihr Amt freiwillig führen?‹

›Gewiß, das weiß ich sogar!‹

›Aber, Thrasymachos, vergißt du, daß andere Ämter von XVIII
niemandem freiwillig übernommen werden? Daß man Lohn fordert, da die amtliche Tätigkeit selber nicht dem Inhaber, sondern den Untergebenen zugute käme? – Sage mir nur das: 346a
wir unterscheiden die Künste doch nach dem Inhalte ihrer Tätigkeit? Antworte nicht gegen deine Überzeugung, Verehrtester, damit wir zum Ziele kommen!‹

›Ja, darnach unterscheiden wir sie.‹

›Und jede bringt ihre besondere Art von Nutzen hervor, nicht bloß Nutzen im allgemeinen. So gibt die ärztliche Kunst Gesundheit, die Steuerkunst sichere Fahrt und so auch die andern?‹

›Jawohl.‹

›Und die Erwerbskunst gibt Erwerb? Das ist doch der In- b
halt ihres Bestrebens. Denn nicht wahr, Heilkunst und Steuerkunst sind nicht dasselbe? Oder, um den Unterschied genau auszudrücken, wie du ja wolltest: wenn ein Steuermann durch die Seefahrten gesund wird, sagst du trotzdem nicht, Steuerkunst sei Heilkunst?‹

›O nein.‹ c

›Auch nicht: Erwerbskunst sei Heilkunst, wenn einer beim Gelderwerben gesund wird?‹

›O nein.‹

›Nun aber: sagst du, wenn die Heiltätigkeit jemandem Geld einbringt, ärztliche Kunst sei Erwerbskunst?‹

›Nein.‹

›Also wir sind einig, daß jede Kunst ihren besonderen Nutzen hervorbringt?‹

›Ja, meinetwegen.‹

›Da nun sämtliche Baumeister einen gewissen Nutzen für sich erzielen, so ist klar, daß ihnen ein Mittel dazu verhilft, das sie neben ihrer Kunst in Anwendung bringen.‹

›So scheint es.‹

›Der Nutzen, den die Baumeister haben, nämlich daß sie Geld erwerben, erwächst ihnen aber daraus, daß sie die Erwerbskunst nebenher betreiben; so werden wir sagen.‹

Er bejahte mit Widerstreben.

d ›Nicht aus seiner eigentlichen Kunst entspringt dem Aus-
übenden der Nutzen, den er hat, nämlich der Gelderwerb.
Genau genommen gibt die Heilkunst Gesundheit, die Er-
werbskunst Erwerb, die Baukunst Häuser; die Erwerbskunst,
neben ihr hergehend, Erwerb, ebenso alle anderen Künste.
Jede tut das Ihrige und bringt den Nutzen hervor, der in ih-
rem Wesen liegt. Kommt nicht der Gelderwerb hinzu, so hat
zum Beispiel der Baumeister keinen Nutzen von seiner Tä-
tigkeit?‹

›Es scheint nicht.‹

e ›Bringt er aber nichts Nützliches hervor, wenn er umsonst
arbeitet?‹

›Ich meine doch.‹

›Also, Thrasymachos, soviel ist nun klar, daß keine Kunst
oder herrschende Tätigkeit sich selber nützt. Vielmehr ar-
beitet sie und sorgt sie, wie wir schon lange sagten, für den
Nutzen der Untergebenen; sie hat ihren, der Schwächeren,
Nutzen im Auge, nicht den Nutzen des Stärkeren. Darum
sagte ich auch vorher, mein lieber Thrasymachos, daß nie-
mand freiwillig ein obrigkeitliches Amt übernähme und sich
bereit fände, fremde Not zu lindern, sondern Lohn fordere.
347a Denn er handelt und schaltet, wenn er sein Amt kunstgemäß
verwaltet, niemals zu seinem eignen Besten, sondern immer
zum Besten der Untergebenen. Darum muß denn auch ein
Lohn in Aussicht gestellt werden, damit die Leute ein Amt
gern übernehmen, sei dies nun Geld oder Ehre, und ebenso
eine Strafe, falls sie sich weigern.‹

XIX ›Wie meinst du dies letzte, Sokrates?‹ fragte Glaukon. ›Die
beiden Arten Lohn kenne ich; aber was du mit der Strafe
meinst, die du mit dem Lohn in eine Reihe setzest, verstehe
ich nicht.‹

›Du kennst nicht den Lohn, nach dem die Edelsten stre-
b ben, wenn sie ein Amt übernehmen? Weißt du nicht, daß
Ehrgeiz und Habsucht für schändlich gelten und schändlich
sind?‹

›Doch, ich weiß.‹

›Also dem Gelde zuliebe oder der Ehre zuliebe herrschen
die Edlen nicht. Sie wollen nicht Lohnarbeiter heißen,
weil sie offen Bezahlung für ihr Amt annähmen, noch Die-
be, weil sie sich heimlich bereicherten. Ebenso wenig tun
sie es der Ehre wegen; denn sie sind nicht ehrgeizig. Zwin-
gen also muß man sie und ihnen Strafe androhen, damit c
sie sich zum Herrschen bereit finden; und darum gilt es
auch wohl als schimpflich, sich freiwillig zu einem Amt zu
melden und nicht die Nötigung abzuwarten. Die größte
Strafe ist, daß der Schlechtere herrscht, wenn man selber
nicht herrschen will. Davor fürchten sich, scheint mir, die
Edlen, wenn sie sich zur Übernahme eines obrigkeitlichen
Amtes entschließen. Sie erwarten aber keinen Vorteil, keine
Annehmlichkeit von demselben, sondern übernehmen es
notgedrungen, weil sie keinen Besseren oder Ebenbürtigen d
wissen, dem sie es überlassen könnten. Wenn es einen Staat
von edlen Männern gäbe, so würde man in ihm gewiß um
die Amtlosigkeit kämpfen, so wie jetzt um die Ämter. Da
würde es recht klar werden, daß der wahre Herrscher nicht
dazu da ist, seinen eignen Nutzen wahrzunehmen, sondern
den des Untergebenen. Daher jeder, der dies begriffe, lieber
aus der Mühwaltung anderer Nutzen ziehen, als anderen
nützend sich abmühen würde. Ich gebe es also Thrasy- e
machos durchaus nicht zu, daß das Gerechte der Nutzen
des Stärkeren sei. Doch wollen wir später hierauf zurück-
kommen.

Viel bedeutender scheint mir, was Thrasymachos zuletzt
sagte: das Leben des Ungerechten sei dem des Gerechten
vorzuziehen. Was meinst du dazu, Glaukon? Wofür entschei-
dest du dich?‹

›Ich meine, ein gerechtes Leben ist gewinnbringender‹,
antwortete er.

›Hast du gehört, wieviel Gutes Thrasymachos vom Leben 348a
des Ungerechten erzählt hat?‹

›Ich habe es gehört, glaube aber nicht daran‹.

›Sollen wir versuchen, seinen Irrtum herauszufinden und
ihm begreiflich zu machen?‹

›O ja, das wollen wir.‹

›Wenn wir gegen seine Rede eine andere Rede halten und
unsererseits die Vorteile des gerechten Lebens aufzählen,
dann er wieder die des ungerechten, und so fort, so müssen
b wir schließlich die Vorzüge abzählen und messen, die wir
beide anzuführen haben, und brauchen Schiedsrichter, die
den Urteilsspruch fällen. Wenn wir uns aber, wie vorher,
durch eine Untersuchung zu einigen suchen, sind wir zu-
gleich Richter und Partei.‹

›Ja gewiß.‹

›Wie machen wir es also?‹

›Auf die letztere Art.‹

XX ›Komm, Thrasymachos‹, begann ich. ›Antworte uns von
vorn an! Du sagst: vollkommene Ungerechtigkeit ist gewinn-
bringender als vollkommene Gerechtigkeit?‹

c ›Allerdings sage ich es und habe auch die Gründe ge-
nannt.‹

›Wie denkst du nun hierüber? Die eine nennst du doch eine Tugend, die andere ein Laster?‹

›Natürlich.‹

›Und zwar die Gerechtigkeit eine Tugend, die Ungerechtigkeit ein Laster?‹

›Sehr schön, Teuerster! Darum sage ich wohl auch, die Ungerechtigkeit sei etwas Gutes, die Gerechtigkeit nicht?‹

›Aber wie denn sonst?‹

›Umgekehrt!‹

›Die Gerechtigkeit ein Laster?‹

›Nein, gutmütige Einfalt.‹

d ›Aber die Ungerechtigkeit doch etwas Verwerfliches?‹

›Nein, Klugheit.‹

›Und der Ungerechte scheint dir verständig und tüchtig, Thrasymachos?‹

›Wenn er vollendet ungerecht ist, Staaten und Völker sich Untertan zu machen weiß, allerdings! Du meinst wohl, ich redete von Spitzbuben? Auch Spitzbüberei hat ihre Vorteile‹, setzte er hinzu, ›wenn man nicht ertappt wird. Aber von solchen Kleinigkeiten wollen wir nicht reden.‹

›Ich verstehe wohl, was du meinst, bin aber erstaunt, daß e
du die Ungerechtigkeit mit Tugend und Weisheit, die Gerechtigkeit mit dem Gegenteil zusammenstellst.‹

›Das gerade tue ich.‹

›Das ist etwas stark. Man kann nicht gut weiter darüber verhandeln. Ja, wenn du nur behauptetest, Ungerechtigkeit bringe Vorteile, gäbest aber zu, daß sie etwas Verwerfliches und Verächtliches sei, so wie es auch andere tun, dann ließe sich an der Hand allgemeiner Annahmen manches erwidern. Du behauptest aber offen, sie sei etwas Gutes, sei Stärke, und legst ihr alles bei, was man der Gerechtigkeit beizu- 349a
legen pflegt. Du führst sie sogar als Tugend und Weisheit auf!‹

›Du errätst ganz meine Meinung.‹

›Trotzdem wollen wir tapfer an die Untersuchung herangehen; das heißt solange wir annehmen dürfen, daß du deine wahre Meinung sagst. Nicht wahr, Thrasymachos, du hast uns jetzt nicht zum besten, sondern sagst, was du wirklich glaubst?‹

›Was macht es aus, ob ich es glaube oder nicht? Halte dich nur an die Behauptung.‹

›Nein, es macht nichts aus‹, versetzte ich. – ›Nun denn: ver- b
suche, mir folgende Fragen zu beantworten. Will ein Gerechter einen anderen Gerechten übervorteilen?‹

›Keineswegs; dann wäre er ja nicht gutherzig und einfältig.‹

›Aber will er eine gerechte Handlung überbieten?‹

›Auch nicht.‹

›Aber einem Ungerechten will er es zuvortun und hält dies für gerecht. Oder nicht?‹

›Doch; er billigt dies und wünscht es, kann es aber nicht.‹

›Darnach frage ich nicht. Ich frage nur, ob der Gerechte es dem Ungerechten zuvortun möchte, aber nicht dem Ge- c
rechten?‹

›Ja, es ist richtig so.‹

›Weiter! Will es der Ungerechte dem Gerechten und der gerechten Handlung zuvortun?‹

›Natürlich; er will ja alle übervorteilen.‹

›Also auch den Ungerechten und die ungerechte Handlung will er überbieten. Er strebt danach, möglichst alles in seine Hände zu bekommen?‹

›So ist es.‹

XXI ›Drücken wir es so aus‹, fuhr ich fort. ›Der Gerechte überbietet nicht seinesgleichen, sondern nur den anders Gearteten; der Ungerechte aber sowohl seinesgleichen wie nicht seinesgleichen.‹

d ›Das ist vortrefflich ausgedrückt.‹

›Der Ungerechte aber ist verständig und tüchtig, der Gerechte ist weder das eine noch das andere?‹

›Auch das ist richtig.‹

›Also gleicht der Ungerechte dem Verständigen und Tüchtigen; der Gerechte gleicht ihnen nicht?‹

›Selbstverständlich gleicht man dem, dessen Eigenschaft man hat.‹

›Schön! Jeder von ihnen ist so, wie der, dem er gleicht.‹

›Ja, natürlich.‹

›Gut, Thrasymachos! – Wir unterscheiden doch musikalische und unmusikalische Menschen?‹

e ›Ja.‹

›Welche von beiden sind musikverständig und welche nicht musikverständig?‹

›Der musikalisch Gebildete ist der Verständige, der Ungebildete der Unverständige.‹

›Und insofern verständig, auch tüchtig? Insofern unverständig, untüchtig?‹

›Ja.‹

›Ebenso beim Arzt, nicht wahr?‹

›Ebenso.‹

›Will nun ein Musikverständiger, wenn er die Lyra stimmt, das Anziehen und Nachlassen der Saiten besser machen als ein anderer Musikverständiger? Will er ihn darin überbieten?‹

›Ich meine nicht.‹

›Aber besser als ein Unmusikalischer will er es machen?‹

›Unbedingt.‹

›Und der Arzt? Will er, wenn er Vorschriften über Essen und Trinken gibt, einen anderen Arzt oder eine ärztliche Anordnung überbieten?‹ 350a

›O nein.‹

›Aber den Laien?‹

›Ja.‹

›Und frage dich, ob jemals ein Fachmann, auf welchem Gebiet es sei, besser zu reden oder zu handeln wünscht als ein anderer Fachmann? Ob er nicht bei gleicher Sachlage immer nur das gleiche will?‹

›Es muß wohl so sein.‹

›Hingegen der Unkundige? Will er nicht den Fachkundigen ebenso überbieten wie den Unkundigen?‹

›Doch wohl.‹ b

›Der Kundige aber ist der Wissende?‹

›Das meine ich.‹

›Der Wissende der Tüchtige?‹

›Das meine ich.‹

›Der Tüchtige und Weise also will seinesgleichen nicht überbieten, aber den anders Gearteten und Entgegengesetzten.‹

›Es scheint so.‹

›Der Untüchtige und Unwissende aber sowohl seinesgleichen als seinen Gegensatz?‹

›Es hat den Anschein.‹

›Und, Thrasymachos, der Ungerechte war es doch, der den anders Gearteten wie den Gleichen überbieten will? Sagtest du nicht so?‹

›Allerdings.‹

›Der Gerechte aber nicht seinesgleichen, sondern nur den anders Gearteten?‹ c

›Ja.‹

›So gleicht der Gerechte dem Weisen und Tüchtigen, der Ungerechte dem Untüchtigen und Unwissenden.‹

›Es läuft darauf hinaus.‹

›Wir einigten uns aber darüber, daß jeder so wäre wie der, dem er gliche.‹

›Ja, darüber einigten wir uns.‹

›Also hat sich der Gerechte als tüchtig und weise, der Ungerechte als unwissend und untüchtig erwiesen.‹

XXII Thrasymachos gab alles zu, jedoch nicht so leicht, wie
d ich es jetzt erzähle, sondern mit Not und Widerstreben. Er
schwitzte gewaltig – es war Sommer; und zum erstenmal sah
ich den Thrasymachos rot werden. Als wir einig waren,
daß die Gerechtigkeit Tüchtigkeit und Weisheit, die Ungerechtigkeit Untüchtigkeit und Unwissenheit sei, fuhr ich
fort:

›Schön! Dies ist in Ordnung. Du nanntest aber die Ungerechtigkeit auch: Stärke. Erinnerst du dich nicht, Thrasymachos?‹

›Ich erinnere mich‹, sagte er. ›Aber mit der letzten Untersuchung bin ich nicht einverstanden und hätte manches zu
e sagen. Tue ich es aber, so sagst du sicherlich, ich hielte eine
Rede. Laß mich doch sprechen, soviel ich mag! Oder meinetwegen frage auch. Ich werde dir wie den alten Frauen,
wenn sie Märchen erzählen, schon gut! zurufen und durch
Kopfnicken und Kopfschütteln meine Meinung sagen.‹

›Aber deine wirkliche Meinung!‹

›Ganz nach Wunsch, da du mich doch nicht reden läßt.
Was willst du mehr?‹

›Nichts, gar nichts! Handle nur darnach. Ich werde fragen.‹

›Frage!‹

›Ich frage, um lückenlos fortzuschreiten, von neuem nach
351a dem Verhältnis von Gerechtigkeit und Ungerechtigkeit. Behauptet wird, daß der Ungerechte leistungsfähiger und stärker sei als der Gerechte. Da aber der letztere tüchtig und weise ist, wird er leicht auch als leistungsfähiger zu erweisen sein.
Denn der Ungerechte ist ja unwissend. Darüber ist wohl jeder im klaren. – Trotzdem will ich es nicht einfach annehmen, Thrasymachos, sondern den folgenden Beweis versu-
b chen. Es gibt doch ungerechte Staaten, die darauf ausgehen,
andere Staaten wider Recht und Billigkeit zu unterjochen,
oder dies bereits getan haben und sie unter ihrer Botmäßigkeit halten?‹

›Natürlich. Gerade der tüchtigste und vollendete ungerechte Staat tut das.‹

›Ich verstehe; so lautete dein Satz. Doch frage ich in folgender Absicht. Kann der überwindende Staat seine Macht ohne Gerechtigkeit aufrechterhalten, oder ist Gerechtigkeit dazu nötig?‹

›Nach deinem Satze: Gerechtigkeit ist Weisheit, braucht c
er Gerechtigkeit. Nach meinem Satze braucht er Ungerechtigkeit.‹

›Ich freue mich sehr, Thrasymachos, daß du nicht bloß mit dem Kopfe nickst und ihn schüttelst, sondern so schön antwortest.‹

›Dir zu Gefallen!‹

›Daran tust du wohl. Sage auch dies mir zu Gefallen. XXIII
Glaubst du, daß ein Staat, ein Heer, ein Haufe von Räubern oder Dieben oder anderen Menschen, die gemeinsam auf Verbrechen ausgehen, etwas ausrichten kann, wenn die Mitglieder auch gegeneinander unrecht handeln?‹

›O nein.‹ d

›Wenn sie es nicht tun, dann eher?‹

›Jawohl.‹

›Aus der Ungerechtigkeit nämlich erwächst Zwist, Thrasymachos, und Haß, und sie geraten miteinander in Streit. Handeln sie redlich gegeneinander, so herrscht Eintracht und Freundschaft, nicht wahr?‹

›Meinetwegen. Um dir nicht zu widersprechen!‹

›Daran tust du recht, Bester. Sage weiter: wenn es im Wesen der Ungerechtigkeit liegt, Haß zu säen, wo sie auftritt, werden dann nicht sämtliche Menschen, die ungerecht sind, Freie so gut wie Sklaven, sich gegenseitig hassen? Werden sie nicht zwieträchtig werden und außerstande, ein gemeinsames Unternehmen durchzuführen?‹

›Jawohl.‹ e

›Und wenn es zwei Menschen sind, bei denen Ungerechtigkeit herrscht, – werden sie sich nicht entzweien, einander hassen, einander und den Gerechten feind werden?‹

›Allerdings.‹

›Und wenn es ein einziger Mensch ist, o wunderbarer Thrasymachos, – wird sie dann ihr Wesen verleugnen und ihre Wirkung nicht ausüben?‹

›Nein; mag sie auch da ihre Wirkung behalten!‹

›Und ihre Wirkung ist überall, wo sie auftritt: im Staate, in
der Familie, im Heere und wo immer, erstens die, daß sie ent-
zweit und also unfähig zum Handeln macht, zweitens die,
daß sie Feindschaft gegen die Mitglieder, gegen jeden Geg-
352a ner, den Gerechten sät. Oder nicht?‹

›Jawohl.‹

›Auch bei dem einzelnen wird sie wohl all dieselben Wirkungen haben, die in ihrem Wesen liegen. Sie wird ihn erstens unfähig zum Handeln machen, weil er in innerem Aufruhr und mit sich selber zerfallen ist, und wird ihn zweitens zu seinem eigenen und zum Feind des Gerechten machen; nicht wahr?‹

›Ja.‹

›Aber auch die Götter sind gerecht, Freund?‹

b ›Mögen sie es sein.‹

›Und der Ungerechte wird ihr Feind sein, Thrasymachos; der Gerechte ist ein Freund der Götter!‹

›Schwelge nur in deinem Siege! Ich will dir nichts in den Weg legen, damit die Anwesenden mir nicht böse werden.‹

›Komm!‹ sagte ich. ›Mache mir den Sieg vollkommen und
antworte wie zuletzt! Daß die Gerechten weiser, besser, kräf-
c tiger im Handeln sind, daß die Ungerechten miteinander
nichts zustande bringen können – man hat nämlich durchaus
unrecht, von Verbrechern zu sprechen, die gemeinsame Un-
ternehmungen mit Kraft durchgeführt hätten: wären sie
vollkommen ungerecht, so würde auch einer den anderen
antasten; offenbar besaßen sie ein wenig gerechten Sinn, und
der verhinderte, daß sie gegeneinander ebenso verfuhren wie
gegen ihre Feinde; er also verhalf ihnen zum Erfolg ihres Un-
ternehmens, an das sie als nicht ganz Verworfene und Unge-
rechte herangingen; völlig Verworfene und völlig Ungerech-
d te sind auch völlig unfähig zu handeln – –; daß dies alles rich-

tig ist und nicht jenes, was du anfangs behauptetest, sehe ich wohl ein. Ob aber die Gerechten auch ein schöneres Leben haben und glücklicher sind als die Ungerechten, was wir als zweiten Punkt untersuchen wollten, daran müssen wir jetzt gehen. Nach dem bisherigen Ergebnis ist es augenscheinlich der Fall. Trotzdem muß es genauer untersucht werden. Es handelt sich hier ja nicht um Kleinigkeiten, sondern um die rechte Führung des Lebens.‹

›Untersuche!‹

›Ich will es. – Sag': das Pferd hat doch eine Tätigkeit?‹

›Ja.‹ e

›Verstehst du unter Tätigkeit des Pferdes oder eines anderen Gegenstandes das, was man mit seiner Hilfe allein oder am besten verrichten kann?‹

›Ich verstehe dich nicht.‹

›Nun denn: siehst du mit etwas anderem als mit den Augen?‹

›O nein.‹

›Und hörst mit etwas anderem als mit den Ohren?‹

›Keineswegs.‹

›Wir nennen dies also nicht mit Unrecht die Tätigkeiten dieser Organe?‹

›Jawohl.‹

›Weiter! Du kannst die Reben mit dem Dolch, mit dem 353a
Messer und mit vielen anderen Instrumenten schneiden?‹

›Selbstverständlich.‹

›Aber mit keinem so gut wie mit der Weinsichel, die zu diesem Zwecke gearbeitet wird.‹

›Das ist wahr.‹

›Werden wir es daher nicht ihre Tätigkeit nennen?‹

›Das werden wir tun.‹

Jetzt wirst du meine vorherige Frage eher verstehen. Ob XXIV
nicht Tätigkeit eines Gegenstandes das ist, was mit seiner Hilfe allein oder am besten verrichtet wird?‹

›Ja, ich verstehe, und ich halte die Bezeichnung für richtig.‹ b

›Weiter! Meinst du nicht, daß jeder Gegenstand, der eine Tätigkeit zu verrichten hat, auch eine Kraft besitzt? Nehmen wir dieselben Beispiele wie vorher. Die Augen haben eine Fähigkeit?‹

›Ja.‹

›Auch eine Kraft?‹

›Ja, auch eine Kraft.‹

›Die Ohren haben ebenfalls eine Tätigkeit?‹

›Ja.‹

›Und haben auch eine Kraft?‹

›Ja, auch eine Kraft.‹

›Und ist es mit allen anderen Gegenständen nicht das gleiche?‹

›Freilich, es ist das gleiche.‹

›Nun gib acht! Können die Augen ihre Tätigkeit gut verc richten, wenn sie ihre eigentümliche Kraft nicht besitzen, also ohne diese Kraft sind?‹

›Wie sollten sie! Du meinst wohl, wenn sie blind sind, nicht sehend?‹

›Wie nun ihre Kraft heißen mag, darnach frage ich nicht. Ich frage bloß, ob mit Hilfe der betreffenden Kraft die Tätigkeit gut, ohne dieselbe schlecht verrichtet wird.‹

›Du hast recht.‹

›Auch die Ohren verrichten ihre Tätigkeit schlecht, wenn sie ihrer Kraft beraubt sind?‹

›Jawohl.‹

d ›Und dasselbe gilt von allen andern Gegenständen?‹

›Ich meine.‹

›Nun weiter! Hat auch die Seele ihre Tätigkeit, die kein anderes Organ verrichten kann? Walten, Herrschen, Ratschläge erteilen und alle dergleichen Tätigkeiten sind doch ausschließlich Sache der Seele und ihre eigentliche Aufgabe?‹

›Ja, das sind sie.‹

›Und das Leben, kann man es Tätigkeit der Seele nennen?‹

›Ganz gewiß.‹

›So werden wir auch von einer Kraft der Seele sprechen können?‹

›Ja.‹

›Und kann die Seele ihre Tätigkeit gut ausüben, Thrasymachos, wenn sie ihrer eigentümlichen Kraft beraubt ist? Oder ist das unmöglich?‹ e

›Unmöglich.‹

›Eine Seele herrscht und waltet ohne ihre Kraft notwendig schlecht, mit ihrer Kraft macht sie alles wohl.‹

›Notwendig.‹

›Und wir sind einig darüber, daß die Gerechtigkeit eine Kraft der Seele ist, Ungerechtigkeit Unkraft der Seele?‹

›Ja, wir einigten uns darüber.‹

›Die gerechte Seele und der gerechte Mensch führt also ein gedeihliches Leben und befindet sich wohl.‹

›Nach dieser Untersuchung augenscheinlich.‹

›Wer aber sich wohlbefindet, der ist glücklich und 354a
wunschlos, wer sich nicht wohlbefindet, ist unglücklich.‹

›Natürlich.‹

›Nämlich der Gerechte ist glücklich, der Ungerechte ist unglücklich.‹

›Meinetwegen.‹

›Unglücklich sein bringt aber niemandem Gewinn; glücklich sein bringt Gewinn.‹

›Allerdings.‹

›Niemals also, mein glückseliger Thrasymachos, bringt es mehr Gewinn, ungerecht zu sein, als gerecht!‹

›Das sei dein Festmahl, Sokrates, am heutigen Festtage der Bendideen!‹

›Von dir bereitet, Thrasymachos, nachdem du sanft geworden und dein Zorn sich gelegt hat! – Und doch war das Mahl nicht gut, aber durch meine, nicht durch deine Schuld.
Ich habe es gemacht wie die Leckermäuler, die gierig von je- b
der neuen Speise kosten, bevor sie die vorige recht genossen haben. Die erste Frage war die nach dem Wesen der Gerechtigkeit. Bevor wir sie beantwortet hatten, habe ich sie fallen lassen und mich auf die zweite gestürzt, ob die Gerechtigkeit Untüchtigkeit und Unwissenheit ist oder Weisheit und Tüchtigkeit. Als dann die Behauptung ausgesprochen wurde, Ungerechtigkeit sei vorteilhafter als Gerechtigkeit, konnte

ich es nicht lassen, mich auch daran zu versuchen. Das Er-
c gebnis des Gespräches ist, daß ich gar nichts weiß. Denn wenn ich das Wesen der Gerechtigkeit nicht kenne, werde ich schwerlich herausbringen, ob es eine Tugend ist oder nicht, ob ihr Besitz glücklich macht oder nicht.‹

Zweites Buch

Hiermit, glaubte ich, hätte unsere Untersuchung ihr Ende I
erreicht. Aber das bisherige war augenscheinlich nur eine 357a
Vorrede. Der immer und überall tapfere Glaukon nämlich gab sich mit dem Rückzug des Thrasymachos keineswegs zufrieden. Er sagte:

›Sokrates, willst du dir bloß einbilden, uns von dem absolut höheren Wert der Gerechtigkeit überzeugt zu haben, oder willst du uns wirklich davon überzeugen?‹

›Ich möchte es wirklich tun, wenn ich kann‹, erwiderte ich. b

›Dann tust du nicht, was du möchtest‹, entgegnete er. – ›Höre! Gibt es Güter, die wir nicht um ihrer Folgen willen erstreben, sondern die wir an und für sich liebhaben? Die Freude zum Beispiel und die unschuldigen Vergnügen haben doch keinerlei Folgen für die Zukunft. Man freut sich, wenn man darin ist.‹

›So ist es.‹ c

›Und zweitens andere Güter, die wir sowohl um ihretwillen als auch um ihrer Folgen willen lieben? Zum Beispiel den Verstand, das Gesicht, die Gesundheit lieben wir doch aus beiden Gründen?‹

›Ja‹, sagte ich.

›Es gibt noch eine dritte Art von Gütern. Die Leibesübungen gehören dazu, auch die Krankenpflege, die ärztliche Tätigkeit und andere Berufsgeschäfte, nicht wahr? Sie sind lästig,
aber nutzbringend. Wir wünschen sie selber nicht, sondern d
wünschen den Geldverdienst und andere Folgen, die sie haben.‹

›Richtig; das ist die dritte Art.‹

›Zu welcher Art rechnest du nun die Gerechtigkeit?‹

›Ich denke, zu der schönsten, die man sowohl an sich als 358a
auch um ihrer Folgen willen lieben muß, wenn man glücklich sein will.‹

›So denken die meisten nicht‹, erwiderte er. ›Sie rechnen sie zu den Gütern der unangenehmen Art, die man zwar erstreben müsse, des Lohnes und des guten Rufes wegen, die aber an sich lästig und unerwünscht seien.‹

II ›Ich weiß, daß man so denkt‹, sagte ich. ›Thrasymachos hat ihr ja schon längst diesen Vorwurf gemacht. Aber ich bin ein ungelehriger Schüler, wie es scheint.‹

b ›Nun denn! Höre meinen Vorschlag und prüfe ihn. Mir scheint, Thrasymachos hat sich zu schnell von dir einfangen und wie eine Schlange bezaubern lassen. Die Beweisführung war nicht nach meinem Sinn. Ich möchte wissen, was diese beiden Eigenschaften, die Gerechtigkeit und die Ungerechtigkeit, an und für sich sind und was sie aus der menschlichen Seele machen. Die Vorteile, die sie einbringen, und die äußeren Folgen, die sie haben, wollen wir beiseite lassen. Wenn es dir recht ist, werde ich folgenden Weg einschlagen. Ich neh-
c me die Behauptung des Thrasymachos wieder auf und bestimme zuerst Wesen und Herkunft der Gerechtigkeit im Sinne dieser Behauptung. Zweitens weise ich nach, daß alle Menschen mit Widerwillen nach ihr streben, als nach einem notwendigen Übel. Drittens zeige ich, daß sie dies mit Recht tun; denn das Leben des Ungerechten ist viel glücklicher als das des Gerechten. So sagen die Leute! Ich bin nicht dieser Ansicht, Sokrates. Jedoch, ich weiß mir nicht zu helfen; meine Ohren sind voll von den Reden des Thrasymachos und
d tausend ähnlichen Reden. Die Sache der Gerechtigkeit gegen die Ungerechtigkeit aber habe ich noch niemals so führen hören, wie ich es wünschte. Ich möchte die Gerechtigkeit als solche preisen hören und erwarte dies am ehesten von dir. So werde ich denn jetzt eine Lobrede auf das Leben des Ungerechten halten und dir auf diese Weise an die Hand geben, wie ich die Ungerechtigkeit getadelt, die Gerechtigkeit gelobt wissen möchte. Ist es dir so recht?‹

›Vollkommen!‹ erwiderte ich. ›Worüber möchte denn ein
e Einsichtiger lieber sprechen und sprechen hören!‹

›Du hast völlig recht. Also höre den ersten Punkt: Wesen und Ursprung der Gerechtigkeit. Es heißt: Unrechttun sei

von Natur ein Gut, Unrechtleiden ein Übel; aber dieses sei ein viel größeres Übel, als jenes ein Gut. Nachdem man beides genügend ausgekostet, hätten daher solche Menschen, 359a
die keine Wahl zwischen beiden gehabt, in einem Vertrage ihr Heil gesucht: es dürfe niemand mehr Unrecht tun, und es brauche niemand mehr Unrecht zu leiden. Nun habe man angefangen, Gesetze auszuarbeiten und sich miteinander zu einigen; den Verordnungen, die auf diese Weise entstanden seien, habe man den Namen Gesetz und Recht gegeben. Das sei Ursprung und Wesen der Gerechtigkeit, dieses Mitteldinges zwischen dem größten Gut: Unrecht tun zu dürfen, ohne Unrecht leiden zu müssen, und dem größten Übel: Unrecht leiden zu müssen ohne die Macht, es vergelten zu können. Man liebe also nicht die Gerechtigkeit an sich, als etwas Gutes, sondern liebe sie gleichsam aus Ohnmacht, ungerecht b
sein zu dürfen. Der Starke, der wahre Mann werde niemals jenen Vertrag eingehen: sowohl das Unrechttun wie das Unrechtleiden abzuschaffen. Er wäre ja wahnsinnig. – Das etwa, Sokrates, ist die gewöhnliche Anschauung vom Wesen der Gerechtigkeit und von ihrem Ursprunge.

Daß auch die Gerechten nur aus Ohnmacht zum Un- III
rechttun, also wider Willen gerecht sind, kann man an folgendem Beispiel am besten erkennen. Wir denken uns, sie c
beide, der Gerechte und der Ungerechte, hätten Freiheit, zu tun, was sie wollen, und beobachten dann, wohin die Triebe sie führen. Wir werden den einen auf dem gleichen Wege zur Macht ertappen wie den anderen; denn jedes Wesen strebt von Natur nach Macht als nach etwas Gutem; doch wird es durch die Gesetze gezwungen, bei der Gleichheit haltzumachen. Eine derartige Freiheit hätten sie am vollständigsten, wenn ihnen die Gabe jenes alten Lydiers Gyges zuteil würde. Dieser Gyges soll als Hirt im Dienste des damaligen Königs d
von Lydien gestanden haben. Eines Tages, so erzählt die Sage, war ein gewaltiges Unwetter und Erdbeben; die Erde barst grade an der Stelle, wo er weidete, und es entstand ein Spalt. Er sah es, wunderte sich und stieg hinab. Unten fand er, heißt es weiter, allerhand wunderbare Dinge, darunter ein hohles

Pferd aus Erz mit einer Öffnung, durch die man hineinschau-
en konnte. Er sah einen Leichnam von übermenschlichem
Wuchs – so kam es ihm vor – drinnen liegen. Die Leiche hat-
e te nichts weiter an sich als einen goldenen Ring am Finger.
Gyges zog ihn ab und stieg wieder hinauf. Die Hirten hatten
darauf ihre Zusammenkunft, um dem Könige den monatli-
chen Bericht über ihre Herden abzustatten, und Gyges nahm
den Ring mit. Als er mit den anderen dasaß, drehte er von
ungefähr den Stein des Ringes herum, nach der Handfläche
360a zu. Sofort wurde er den Umsitzenden unsichtbar; sie spra-
chen von ihm, als ob er fortgegangen sei. Er wunderte sich,
faßte den Ring und drehte den Stein wieder nach außen.
Nun ward er sichtbar. Als er diese Entdeckung gemacht hatte,
erprobte er, ob der Ring wirklich solche Kraft habe; und in
der Tat wurde er jedesmal, wenn er den Ring nach innen
drehte, unsichtbar, nach außen, wieder sichtbar. Hierauf ge-
lang es ihm schnell, unter die königlichen Boten aufgenom-
b men zu werden. Er näherte sich der Königin, verführte sie,
machte mit ihr einen Anschlag gegen den König, tötete ihn
und bestieg selber den Thron. – Wenn es zwei solche Ringe
gäbe und den einen der Gerechte, den anderen der Unge-
rechte am Finger hätte – ich glaube, so wird kein Gerechter
jemals von so unbeugsamer Festigkeit sein, daß er gerecht
bleibt und daß er es über sich gewinnt, seine Hand von frem-
c dem Gute zu lassen. Er kann doch auf dem Markt wegneh-
men, was er will; er kann in die Häuser gehn und jede Frau
verführen, die ihm gefällt; er kann morden und aus dem Ge-
fängnis befreien, wen er will; kurz, er kann wie ein höheres
Wesen unter den Menschen leben. Wenn er so handelt, tut er
aber nichts anderes, als der Ungerechte tun würde. Sie beide
gehen einen Weg. Das ist doch wohl ein gewichtiges Zeugnis
dafür, daß man nicht freiwillig, sondern nur aus Zwang ge-
recht handelt, weil eben die Gerechtigkeit als solche kein Gut
ist. Denn wo man sich stark genug fühlt zur Ungerechtigkeit,
d da ist man ungerecht. An sich ist die Ungerechtigkeit viel
vorteilhafter als die Gerechtigkeit, das hält jeder für unbe-
streitbar. Denn wer in die Lage kommt und doch kein Un-

recht tut, fremdes Gut nicht anrührt, der gilt allgemein für
ganz jämmerlich und schwachsinnig. Vor der Welt lobt man
ihn jedoch und belügt einander, weil man Furcht hat, Un-
recht leiden zu müssen. Soviel über diesen Punkt.

Über die Vorzüge des gerechten und des ungerechten Le- e IV
bens werden wir nur dann ein Urteil abgeben können, wenn
wir den gerechtesten Menschen dem ungerechtesten gegen-
überstellen. Wie erhalten wir diese Gegensätze? Wir geben
dem Ungerechten alles, was zur Ungerechtigkeit gehört,
dem Gerechten alles, was zur Gerechtigkeit gehört, und den-
ken sie uns beide in ihrer Weise vollkommen. Zunächst der
Ungerechte! Er soll einem tüchtigen Fachmann gleichen,
etwa einem vorzüglichen Steuermann oder Arzt. Ein solcher
weiß auseinanderzuhalten, was in seiner Kunst erreichbar
und was unerreichbar ist. Jenes erstrebt er, dies läßt er fah- 361a
ren. Wenn er strauchelt, ist er stark genug, sich wieder auf-
zurichten. So muß der Ungerechte, wenn er seine Kunst
verstehen will, geschickt vorgehen und darf sich nicht er-
tappen lassen. Der Ertappte gelte uns als Stümper. Der höch-
ste Grad von Ungerechtigkeit ist erheuchelte Gerechtigkeit.
Geben wir unserem Ungerechten also diese vollkommene
Ungerechtigkeit; entziehen wir ihm nichts, was dazu ge-
hört; lassen wir ihn mit seinem verbrecherischen Tun den
Ruf höchster Rechtlichkeit gewinnen; lassen wir ihn wie-
der in die Höhe kommen, wenn er strauchelt; schenken wir b
ihm Überredungskunst, wenn eines seiner Verbrechen an
den Tag kommt; geben wir ihm Macht, wo Macht nottut, sei
es in Gestalt von Mut und Stärke oder von Freundes- und
Geldhilfe. – Neben diesen Mann wollen wir nun den Ge-
rechten stellen, einen schlichten, edlen Charakter, der, nach
Aischylos, ‘nicht gut nur scheinen’ will, sondern sein. Den
Schein müssen wir ihm nehmen. Denn wenn er im Rufe der c
Rechtlichkeit steht, fallen ihm Ehren und Geschenke zu,
und man kann nicht erkennen, ob er sich um der Gerechtig-
keit willen oder um der Geschenke und Ehren willen ge-
recht zeigt. Also nehmen wir ihm alles, nur nicht die Ge-
rechtigkeit; versetzen wir ihn in die umgekehrte Lage wie

jenen. Ohne Unrecht zu tun, stehe er im Rufe höchster Un-
gerechtigkeit, damit seine Gerechtigkeit die Probe bestehe,
ob sie durch üblen Ruf und dessen Folgen erschüttert wird.
d Unwandelbar gehe er durchs Leben, bis zum Tode gerecht,
aber im Rufe der Ungerechtigkeit! – Und nun kann das Ur-
teil darüber gesprochen werden, wer von beiden ein glück-
licheres Leben führt: jener auf dem Gipfel der Ungerechtig-
keit, dieser auf dem Gipfel der Gerechtigkeit.‹

V ›O weh, mein lieber Glaukon!‹ sagte ich. ›Wie kräftig hast
du die beiden Gegensätze hingestellt! Recht wie der Bild-
hauer eine Figur für die Kunstrichter!‹

›So gut ich kann‹, erwiderte er. ›Jetzt ist es nicht mehr
schwer, denke ich, das Leben, das den beiden beschieden ist,
e zu beschreiben. Ich will es tun; wenn es aber etwas roh
klingt, Sokrates, so denke daran, daß nicht ich der Sprecher
bin. Die Anwälte der Ungerechtigkeit gegen die Gerechtig-
keit sind es. Sie sagen: der Gerechte, wie wir ihn geschildert
haben, wird geschlagen, gefoltert, gebunden, des Augenlichts
beraubt und am Ende aller dieser Martern gekreuzigt wer-
362a den. Da wird er denn einsehen, daß man streben muß,
gerecht zu scheinen, nicht zu sein. Das erwähnte Wort des
Aischylos aber gilt viel eher von dem Ungerechten. In der
Tat, so sagt man, liegt im Streben des Ungerechten Wahrhaf-
tigkeit. Er lebt nicht für den Schein; er will nicht ungerecht
scheinen, sondern es sein:

Aus tiefen Furchen erntend seiner treuen Brust,
Draus ihm hervorsprießt viel bewährten Rates Frucht.

b Erstens kommt er im Staate zur Macht, zweitens hat er die
Wahl unter allen Frauen, kann seine Töchter verheiraten,
an wen er will, kann geschäftlichen und persönlichen Ver-
kehr suchen, der ihm behagt; und zu dem allen kann er sich
unerlaubte Vorteile verschaffen, da ihm Unredlichkeit nichts
ausmacht. Im Wettbewerb, staatlichen und persönlichen,
besiegt er die Feinde und überbietet sie. Er wird reich, dient
seinen Freunden, schadet seinen Feinden. Er opfert hinrei-
chend den Göttern und stiftet prachtvolle Weihgeschenke.

Ja, er dient den Göttern und den Menschen, an denen
ihm gelegen ist, weit besser als der Gerechte, wofür ihm die c
Götter natürlich auch geneigter sein müssen als jenem. Und
so, sagt die Welt, wird dem Ungerechten von Göttern und
Menschen ein schöneres Leben bereitet als dem Gerech-
ten.‹

Ich wollte auf Glaukons Worte etwas erwidern; aber sein d VI
Bruder Adeimantos kam mir zuvor und sagte:

›Nicht wahr, Sokrates, seine Darlegung ist unzureichend?‹

›Aber wieso?‹ fragte ich.

›Das Wichtigste hat er nicht gesagt.‹

›Nun‹, entgegnete ich, ›das Sprichwort sagt: ein Bruder
helfe dem andern. Hilf ihm aus, wenn er etwas ausgelassen
hat. Freilich reicht das Gesagte schon hin, mich zu schlagen
und die Verteidigung der Gerechtigkeit aussichtslos zu ma-
chen.‹

Und jener: ›O nein! Aber höre vorerst auch mich! Wir e
müssen auch die andere Seite in Betracht ziehen, also anfüh-
ren, was die Leute zum Lobe der Gerechtigkeit, zum Tadel
der Ungerechtigkeit zu sagen wissen. Dann wird Glaukons
Absicht erst recht deutlich werden. – Väter ermahnen ihre
Söhne, Vormünder ihre Mündel, rechtlich zu handeln. Sie 363a
preisen aber nicht die Rechtlichkeit als solche, sondern ihre
Früchte für den guten Namen. Wer im Rufe der Gerechtig-
keit stehe, gewinne Ansehen, vornehme Verschwägerung
und was Glaukon sonst noch als Folgen des guten Rufes an-
geführt und dem Ungerechten zugewiesen hat. Sie gehen
noch weiter. Den Segen der Götter verheißen sie und zählen
Wohltaten im Überfluß auf, die der Fromme von den Göt-
tern empfinge. So lesen wir es bei dem guten Hesiod und
dem guten Homer. Jener sagt: die Götter hätten den Gerech-
ten die Eichen geschenkt,

> Eicheln zu bergen im Gipfel und Bienen unten im Stamme; b
> Schafe, reif zur Schur, voll dichter zottiger Wolle,

und nennt allerhand ähnliche gute Dinge. In gleichem Sinne
äußert sich der andere:

Wie ein trefflicher Fürst, der die Götter ehrt –
Ordnung wahrt er und Recht; da trägt die schwärzliche Erde
c Weizen und Gerste genug, und Früchte belasten die Bäume,
Fleißig lammen die Schafe, das Meer gibt Fische in Fülle.

Musaios und sein Sohn verheißen den Gerechten noch herrlichere Gaben der Götter. Sie führen die Frommen in die Unterwelt, laden sie ein, Platz zu nehmen, tragen ihnen ein Festmahl auf und lassen sie, mit Kränzen geschmückt, in alle
d Ewigkeit hineinzechen. Ewige Trunkenheit halten sie nämlich für den edelsten Lohn der Tugend. Andere dehnen die göttlichen Belohnungen noch weiter aus: Nachkommenschaft und Geschlecht des Frommen und Treuen, sagen sie, stürbe niemals aus. So und ähnlich singt man von der Gerechtigkeit. Die Ruchlosen und Ungerechten aber versenken sie in einen Sumpf, drunten in der Unterwelt, und heißen sie mit einem Sieb Wasser schöpfen. Für die Lebenszeit dichten
e sie ihnen schlechten Ruf an und all die üblen Dinge, die Glaukon von dem Gerechten sagte, der im Rufe der Ungerechtigkeit steht. Das ist alles, was sie wissen; und so stehen denn Lob und Tadel einander gegenüber.

VII Nun gibt es aber noch andere Urteile über die Gerechtigkeit und Ungerechtigkeit, Sokrates. Man hört sie mündlich
364a aussprechen und liest sie auch bei den Dichtern. Alle singen wie aus einem Munde von der Besonnenheit und der Gerechtigkeit, wie schön sie sei, aber auch wie beschwerlich und unangenehm; von der Zügellosigkeit und Ungerechtigkeit dagegen, wie süß und bequem sie sei, bloß durch das Herkommen und die Gesetze verpönt. Trotzdem sei in der Regel Ungerechtigkeit vorteilhafter als Gerechtigkeit. Schurken, die reich sind oder sonst Macht haben, preist man glücklich und ist gleich bereit, ihnen von Staats wegen oder persönlich Ehrfurcht zu erweisen. Die Schwachen und Armen dagegen
b verachtet man und sieht auf sie herab, obwohl man zugibt, daß es bessere Menschen sind als jene. Am wunderlichsten sind dabei die Vorstellungen von den Göttern und von der Tugend, die man hat. Man meint, die Götter schickten vielen Tugendhaften Unglück und gäben ihnen ein elendes Leben;

den Bösen gäben sie ein glückliches! Priester und Wahrsager klopfen an die Türen der Reichen und spiegeln ihnen vor, sie hätten durch Opfer und Gebete von den Göttern die Kraft, Verbrechen zu sühnen, die sie oder ihre Väter begangen hät- c
ten, und zwar mit Hilfe von Festlichkeiten und Umzügen. Für wenig Geld könnten sie ihren Feind ins Unglück bringen, gleichviel ob es ein rechtschaffener oder nicht rechtschaffener Mann sei. Sie verständen es eben, sich die Götter durch Beschwörungen und Zauberkünste zu Willen zu machen. Für alle solche Redensarten rufen sie das Zeugnis der Dichter an. Die Annehmlichkeit des Bösen wird mit den Versen begründet:

Von der Schlechtigkeit kannst du ein volles Maß dir gewinnen,
Leicht; denn der Weg ist glatt und nahe der Ort, wo sie wohnet. d
Doch vor die Tugend stellten den Schweiß die ewigen Götter

und schufen einen langen steilen Weg zu ihr hinauf. Für die Lenksamkeit der Götter durch die Menschen wird Homer als Zeuge angeführt, weil er gesagt hat: die Götter sogar

sind ja bewegbar.
Bittend kann sie der Mensch, wenn sündigend einer gefehlt hat,
Wieder geneigt sich machen durch Opfer, genehme Gelübde,
Ihnen gespendeten Wein und Duft verbrennenden Fettes. e

Von Musaios und Orpheus, den Abkommen der Selene und der Musen, wie es heißt, haben sie eine Menge Bücher zur Hand, auf Grund derer sie Opfer veranstalten und nicht nur den einzelnen Menschen, sondern ganzen Staaten weismachen: durch Opfer und kindische Feste werde man seiner 365a
Sünden los und ledig, sowohl bei Lebzeiten als auch nach dem Tode. Im letzteren Falle sind es die sogenannten Teletai, die uns von den Strafen im Jenseits freimachen sollen. Wer sie nicht darbringe, habe Schlimmes zu gewärtigen, Sokrates, VIII
wenn junge Leute alle diese und ähnliche Märchen über die Tugend und die Schlechtigkeit anhören und über die Schät-

zung, die beide bei Göttern und Menschen genießen, – welche Wirkung mögen sie wohl in ihrer Seele hervorbringen? Ich denke an wohlbegabte Jünglinge, die aus all den Äuße-
b rungen im Fluge ihre Schlüsse zu ziehen wissen, ob diese Lebensart die beste, ob jenes Lebensziel das rechte sei. Natürlich fragt sich dann mancher mit Pindar:

Steig' ich mit Recht oder krummer List
Auf die Mauer und leb' als mein eigner Beschützer?

Rechtschaffen zu sein, aber nicht im Rufe der Rechtschaffenheit zu stehen, bringt mir keinen Vorteil, nur Mühen und offenen Schimpf. Doch wer unredlich ist, sich aber den Ruf der Redlichkeit verschafft hat, führt ein göttergleiches Leben.
c So höre ich sagen. Wenn daher der Schein, wie die Weisen verkünden, 'der Wahrheit Meister und der Herr des Glückes' ist, nun, so muß ich mich ihm ergeben. Ich muß vor meine Tür und umher im Kreise das Wort Tugend hinmalen, muß hinter mir her aber den schlauen Betrüger, den Fuchs des weisen Archilochos ziehen. – Aber es ist nicht leicht, seine
d Verworfenheit dauernd zu verbergen! Freilich, alles Große ist schwer. Aber wir müssen doch, wenn wir das Glück erlangen wollen, in den Spuren jener Lehren wandeln. Wir verschwören und verbrüdern uns, um vor Entdeckung sicher zu sein; wir gehen zu den Meistern der Redekunst, damit sie uns Geschicklichkeit vor dem Volke und vor Gericht lehren und wir uns bald durch Überredungskünste, bald durch Gewalt emporschwingen können, ohne dem Gerichte zu verfallen. – Aber die Götter lassen sich nicht zwingen und nicht täuschen! Nun, wenn es keine Götter gibt oder sie sich um uns
e nicht kümmern, so soll uns auch nicht kümmern, ob sie uns durchschauen. Gibt es aber Götter und sie sorgen für uns, so wissen und hören wir von ihnen doch nur durch die erwähnten Überlieferungen und epischen Dichtungen. Und grade diese sagen, man könnte die Götter durch Opfer, genehme Gelübde und Weihgeschenke umstimmen und lenken. Wir müssen den Dichtern entweder beides oder nichts glauben. Glauben wir ihnen, so gilt es, unredlich zu leben und vom

Ertrage der Unredlichkeit Opfer zu bringen. Denn wenn wir rechtschaffen leben, gehen wir zwar straflos aus, berauben uns aber der Vorteile der Unrechtschaffenheit. Leben wir nicht rechtschaffen, so haben wir einerseits die Vorteile, andererseits bestimmen wir durch unsere Gebete die Götter, unsere Übertretungen und Verbrechen ungestraft zu lassen. – Aber in der Unterwelt müssen wir für unsre Vergehen büßen, wir selber oder unsere Kinder und Enkel! Nein, die Teletai und die Sühnegötter waschen uns rein und legen Fürsprache ein; das bestätigen die Gebräuche großer Staaten und die Göttersöhne, die als Dichter und als Propheten des göttlichen Willens hiervon Kunde gegeben haben. Und welchen anderen Grund kann es geben, die Rechtlichkeit der ärgsten Unrechtlichkeit vorzuziehen? Wenn wir die letztere mit schönem Firnis überziehen, lassen uns ja Götter und Menschen, im Leben und im Tode, alles nach Wunsch gehen. Das bezeugen die meisten und die Größten. 366a b IX

Wie käme nach all diesem noch jemand dazu, die Gerechtigkeit hochzuhalten, Sokrates? Jeder, der mächtig ist durch seinen Geist, durch seinen Reichtum, durch seine gesunden Glieder, durch seine Familie, muß doch lachen, sobald das Lob der Gerechtigkeit verkündet wird. Selbst wenn jemand die Fehlerhaftigkeit unserer Darstellung nachweisen kann und hinreichend eingesehen hat, daß Gerechtigkeit doch das Beste ist, wird er große Nachsicht haben und die Ungerechten nicht verdammen. Er weiß, daß nur wenige, durch ihre Veranlagung Begnadete einen Widerwillen gegen die Unredlichkeit haben und wenige, durch Kenntnisse klug gewordene sich von ihr fernhalten. Wer von den übrigen gerecht lebt, der tut es aus Feigheit, aus Altersschwäche oder aus sonstiger Schwäche. Er tadelt die Ungerechtigkeit, weil er unvermögend zu ihr ist. Ganz offenbar! Denn der erste, der zur Macht kommt, ist der erste, der sie ausübt, soviel er nur kann. c d

Und worin liegt die Ursache von alledem? Lediglich in dem, was den Ausgangspunkt von meiner und meines Bruders Rede gegen dich bildete, Sokrates. Von euch allen, du Wunderlicher, die ihr euch Lobredner der Gerechtigkeit e

nennt, angefangen von den alten Helden, deren Aussprüche überliefert sind, bis hin zu unseren Zeitgenossen, hat keiner je die Ungerechtigkeit als solche getadelt, die Gerechtigkeit als solche gelobt, sondern immer nur den Ruf, die Ehren, die Geschenke, die sich als ihre Folgen einstellen. Noch niemand hat klar genug beschrieben, weder in Poesie noch in einfacher Rede, wie diese beiden Eigenschaften aus eigner Kraft in der Seele wirken, verborgen vor Göttern und Menschen, jene als das größte Übel, das die Seele in sich birgt, diese als
367a das höchste Gut. Hättet ihr alle so von jeher gesprochen und uns von Jugend auf diese Überzeugung beigebracht, so brauchten wir nicht vor gegenseitiger Unredlichkeit auf der Hut zu sein; sondern jeder wäre sein eigner Wächter und hütete sich vor dem Unrechten als dem schlimmsten Gast in seiner Seele.

Dies und noch mehr, Sokrates, könnten Thrasymachos und andere über Gerechtigkeit und Ungerechtigkeit sagen und damit das wahre Wesen beider auf den Kopf stellen, wie
b ich wenigstens überzeugt bin. Aber ich habe – um dir nichts zu verheimlichen – ihre Sache darum so ausführlich vertreten, weil ich von dir das Entgegengesetzte zu hören wünsche. Also zeige uns nicht bloß die größere Macht der Gerechtigkeit, sondern zeige uns, welche Wirkung beide Eigenschaften als solche auf ihren Besitzer haben, weshalb also die eine ein Gut, die andere ein Übel ist. Das Ansehen vor der Welt laß beiseite, wie schon Glaukon verlangte. Wenn du nicht beiden den Ruf, der der Wahrheit entspricht, nimmst und den fal-
c schen Ruf gibst, so werden wir sagen, du lobtest nicht die Gerechtigkeit, sondern ihren Anschein, und tadeltest nicht die Ungerechtigkeit, sondern ihren Anschein, und rietest zur Unredlichkeit im geheimen und stimmtest Thrasymachos zu: die gerechte Handlungsweise komme den anderen zugute, Gerechtigkeit sei Nutzen des Stärkeren, Ungerechtigkeit aber bringe einem selber Nutzen und Vorteil und dem Schwächeren Nachteil. Da du anerkannt hast, daß die Gerechtigkeit zu jenen höchsten Gütern gehört, die man nicht nur wegen ihrer Folgen zu besitzen wünscht, sondern vor al-

lem um ihrer selbst willen, ebenso wie das Sehen, das Hören,
das Denken, die Gesundheit und was es sonst noch für Güter d
gibt, die aus sich selber, nicht aus dem Schein ihre Kraft ziehen,
so preise die Gerechtigkeit eben mit dieser Begründung:
daß sie an sich ihrem Besitzer nützt und Ungerechtigkeit ihm
schadet. Lohn und Schein zu preisen, magst du anderen überlassen.
Von den anderen ertrage ich es auch, wenn sie aus solchen
äußeren Gründen die Gerechtigkeit loben, die Ungerechtigkeit
tadeln, also wenn sie auf die gute Meinung der
Leute und auf die Belohnungen hinweisen; aber von dir ertrage
ich es nicht, du müßtest es denn selber verlangen. Du e
hast ja dein Leben lang nach nichts anderem geforscht als
hiernach. Also zeige uns nicht nur, daß die Gerechtigkeit der
Ungerechtigkeit an Kraft überlegen ist, sondern zeige, welche
Wirkung beide Eigenschaften an und für sich auf ihren
Besitzer ausüben (gleichviel ob er sie im geheimen oder offen
vor aller Welt hat), weshalb also die eine ein Gut, die andere
ein Übel ist.‹

Ich hörte mit großer Freude zu, wie ich denn schon X
immer Glaukons und Adeimantos' Fähigkeiten bewundert 368a
habe.

›Ihr echten Söhne eures Vaters!‹ sagte ich. ›Nicht ohne
Grund hat Glaukons Liebhaber auf eure Kriegstaten bei Megara
den Anfang jener Elegie gedichtet:

Söhne Aristons, göttliche Sprossen des hohen Vaters!

So ist es in der Tat, Freunde! Etwas Göttliches ist in euch,
wenn ihr die Ungerechtigkeit nicht für begehrenswerter haltet
als die Gerechtigkeit und doch so für sie sprechen könnt!
Und ihr haltet die Ungerechtigkeit wirklich nicht für das b
Bessere. Ich schließe das aus eurem Charakter überhaupt;
denn nach eurer Rede sollte ich zweifeln. – Aber je fester ich
mich auf euch verlasse, um so weniger weiß ich, was ich tun
soll. Ich sehe keine Hilfe für die Gerechtigkeit, ich bin zu
schwach, ihr zu helfen. Gegen Thrasymachos habe ich ja versucht,
den höheren Wert der Gerechtigkeit zu beweisen; aber
ihr lehnt den Beweis ab! Andererseits bleibt mir doch auch

c nichts übrig, als mich für die Gerechtigkeit einzusetzen. Es
ist gottlos, fürchte ich, wenn sie vor unsern Augen geschmäht
wird, sie im Stich zu lassen, solange man Leben und Atem
hat. Das beste ist, ich kämpfe für sie, soweit meine Kraft
reicht.‹

Glaukon und die andern baten mich, doch ja nach Kräften zu helfen und die Untersuchung nicht fallen zu lassen. Ich müßte die Wahrheit über Wesen und Nutzen der beiden Dinge herausbringen! Ich sagte nun, was ich für das richtige hielt:

›Die Untersuchung, die wir beginnen, erfordert ohne
d Zweifel scharfe, nicht schwache Augen. Da wir keine schar-
fen Augen haben, wird es das beste sein, wir machen es wie
die Kurzsichtigen, denen man kleine Buchstaben aus der
Ferne zu lesen vorlegt. Es fällt ihnen ein, daß die Buchstaben
anderswo größer und an einer größeren Tafel geschrieben
stehen, und sie sind klug genug, zunächst die größeren zu le-
sen und dann die kleinen mit ihnen zu vergleichen.‹

›Ganz recht!‹ erwiderte Adeimantos. ›Aber was hat unsere
e Untersuchung über die Gerechtigkeit damit zu tun?‹

›Ich will es dir sagen. Die Gerechtigkeit findet sich im einzelnen Menschen; findet sie sich nicht auch im ganzen Staate?‹

›Jawohl.‹

›Und ein Staat ist etwas Größeres als ein einzelner Mensch?‹

›Ja freilich.‹

›Vielleicht ist auch seine Gerechtigkeit größer und leichter
369a zu erkennen. Wenn es euch recht ist, suchen wir zunächst die
Gerechtigkeit im Staate und mit ihrer Hilfe dann die des ein-
zelnen Menschen, indem wir die Vergleichspunkte zwischen
dieser kleineren Gerechtigkeit und der größeren des um-
fänglicheren Staates hervorsuchen.‹

›Ich glaube, das ist das richtige.‹

›Ob wir, wenn wir im Geiste einen Staat entstehen sähen, auch die Entstehung seiner Gerechtigkeit und Ungerechtigkeit beobachten könnten?‹

›Doch wohl.‹

›Und wir dürfen hoffen, wenn diese Entstehung sich vollzogen hat, den Zweck unserer Untersuchung leichter zu erreichen?‹

›Viel leichter.‹ b

›Wollen wir uns hineinwagen? Es wird keine leichte Arbeit sein. Überlegt es wohl!‹

›Wir haben es überlegt‹, sagte Adeimantos, ›geht nur ans Werk.‹

›Ein Staat bildet sich meiner Meinung nach aus dem Grunde, XI
weil kein Mensch sich selber genug ist. Wir alle haben einander nötig. Oder meinst du, die Entstehung des Staats habe andere Gründe?‹

›Nein, ich glaube nicht.‹

›Also wir nahmen einander für diese oder jene Hilfelei- c
stung in Anspruch, und so sammelte sich an einem Platze eine Menge (es sind viele nötig) von Genossen und Gehilfen. Diese Ansiedlung erhielt dann den Namen Staat. Nicht wahr?‹

›Jawohl.‹

›Einer gibt dem andern, falls er eben gibt; und wer das Empfangen vorzieht, empfängt.‹

›Ganz recht.‹

›Nun gut! Beschreiben wir die Entstehung eines solchen Staates! Unser Bedürfnis ist offenbar die Ursache seiner Entstehung.‹

›Ohne Frage.‹

›Das erste und stärkste Bedürfnis ist die Beschaffung von d
Nahrungsmitteln, damit man leben und bestehen kann.‹

›Durchaus.‹

›Das zweite ist die Herstellung einer Wohnung, das dritte die Herstellung der Kleider und ähnlicher Dinge.‹

›So ist es.‹

›Nun sag', wie schafft der Staat das alles herbei? Doch so, daß der eine das Land beackert, der zweite Häuser baut, der dritte webt? Wir können wohl auch einen Schuhmacher hinzufügen oder wer sonst für den Körper sorgt.‹

›O ja.‹

›So besteht denn der notdürftigste Staat aus vier bis fünf Menschen.‹

e ›Augenscheinlich.‹

›Weiter! Muß nun jeder seine Arbeit für alle tun? Also muß der eine Ackerbauer für vier Menschen Nahrung schaffen, die vierfache Zeit und Arbeit daran wenden und den andern ihren Anteil geben? Oder soll er sich um die andern nicht kümmern und nur für sich allein ein Viertel davon in
370a der Viertelszeit schaffen, die übrige Zeit aber auf den Bau seines Hauses, auf die Herstellung seiner Kleidung, seines Schuhwerks verwenden? Also soll er alles selber tun und sich um die andern keine Sorgen machen?‹

Und Adeimantos sagte: ›Das erstere ist wohl bequemer als das letztere, Sokrates.‹

›Ei freilich! Und es ist auch ganz natürlich! Während du
b sprichst, fällt mir nämlich ein, daß die Anlagen der Menschen nicht gleich sind, sondern verschieden, daß also der eine für diese, der andere für jene Arbeit sich eignet. Oder meinst du nicht?‹

›Doch.‹

›Ferner: leistet ein Mensch mehr, wenn er vielerlei tut oder wenn er nur eines tut?‹

›Wenn er eines tut.‹

›Weiter ist klar, meine ich, daß eine Arbeit verloren ist, wenn man den richtigen Zeitpunkt verpaßt.‹

›Freilich ist das klar.‹

›Denn die Arbeit wartet in der Regel nicht, bis der Arbeiter Zeit hat, sondern der Arbeiter muß ihr beständig seine Aufmerksamkeit zuwenden.‹

c ›Das muß er.‹

›Nur dadurch gedeiht alles, wird schöner und kostet weniger Mühe, daß jeder eine einzige Aufgabe hat, die seiner Anlage entspricht und der er sich zur rechten Zeit und ungestört durch andere Arbeiten widmet.‹

›Ganz richtig.‹

›Um jene erwähnten Bedürfnisse zu befriedigen, Adeimantos, sind nun aber mehr Bürger nötig als vier. Der Land-

mann kann sich einen ordentlichen Pflug wohl kaum selber machen, auch nicht den Karst und die anderen landwirtschaftlichen Geräte. Ebensowenig der Baumeister die man- d
nigfachen Werkzeuge, die er braucht. Ähnlich ist es mit dem Weber und dem Schuhmacher.‹

›Du hast recht.‹

›Zimmerleute, Schmiede und viele andere Handwerker werden Mitglieder unseres kleinen Staates und bevölkern ihn.‹

›Jawohl.‹

›Nun, groß ist er noch nicht, auch dann nicht, wenn wir Rinderhirten, Schafhirten und andere Hirten in ihn aufnehmen. Denn die Landleute müssen doch Ochsen zum Pflügen e
haben; die Baumeister und ebenso die Landleute brauchen Zugtiere zur Beförderung von Lasten, und die Weber brauchen Wolle, die Schuhmacher Leder.‹

›Aber klein ist er auch nicht mehr, wenn er all das umfaßt.‹

›Ferner wird es kaum möglich sein, den Staat an einem Orte zu gründen, wo er keine Einfuhr braucht.‹

›Allerdings ist das unmöglich.‹

›Es sind also Leute nötig, die aus anderen Staaten die Gegenstände einführen, die ihm fehlen.‹

›Die sind nötig.‹

›Und wenn ein Bote in dem anderen Staat leer ankommt
und nicht mitbringt, was jene Leute, von denen er Waren 371a
eintauschen soll, brauchen, so muß er auch leer umkehren. Nicht wahr?‹

›Das denke ich.‹

›Also haben sie zu Hause nicht bloß für sich selber zu sorgen, sondern müssen auch die Dinge beschaffen, die der ausführende Staat braucht, und auch in der nötigen Menge.‹

›Freilich müssen sie das.‹

›Unser Staat hat also mehr Landwirte und Handwerker nötig.‹

›Ja, mehr.‹

›Hat auch Leute nötig, die die Einfuhr und Ausfuhr besorgen. Das sind die Kaufleute, nicht wahr?‹

›Ja.‹

›Wir brauchen also Kaufleute.‹

›Allerdings.‹

›Und ist der Handel überseeisch, so brauchen wir noch
b eine Menge von Leuten, die sich auf die Schiffahrt verste-
hen.‹

›In der Tat, eine Menge.‹

XII ›Weiter! Wie ist es innerhalb des Staates? Wie wird die Verteilung der Arbeitserträgnisse vor sich gehen? Zu diesem Zweck hatten wir die Leute doch zusammengeführt und den Staat gegründet?‹

›Offenbar geschieht es durch Kauf und Verkauf‹, sagte er. ›So erhalten wir einen Markt und eine Münze zur Erleichterung des Verkehrs.‹

›Jawohl.‹

c ›Und wenn der Landwirt oder der Handwerker seine Waren auf den Markt bringt, findet aber nicht gleich Abnehmer und Käufer, wird er dann seine anderen Arbeiten im Stich lassen und auf dem Markte sitzen bleiben?‹

›Keineswegs‹, erwiderte er. ›Es werden sich Zuschauer finden, die ihm diesen Dienst abnehmen. In richtig verwalteten Staaten pflegen es die körperlich Schwächsten und zu anderer Arbeit Untauglichen zu sein. Ihr Gewerbe ist, sich auf
d dem Markte aufzuhalten, Waren von den Produzenten einzukaufen und sie wieder an die Kauflustigen abzugeben.‹

›Hieraus erwächst der Stand der Krämer in unserem Staate. Wir nennen doch diese Leute Krämer, die still auf dem Markt sitzen, um Waren zu kaufen und zu verkaufen? Solche dagegen, die von Staat zu Staat reisen, nennen wir Kaufleute?‹

›Jawohl.‹

›Es gibt noch andere dienende Gewerbe, glaube ich. Man-
e che Menschen sind durch ihren Verstand keine wünschenswerten Mitglieder eines Staates; aber ihr Körper ist arbeitsfähig. Sie verkaufen ihre Körperkraft und heißen Lohnarbeiter, glaube ich, weil man den Preis, der für die Körperkraft bezahlt wird, Lohn nennt. Nicht wahr?‹

›Jawohl.‹

›Zu einem vollständigen Staate gehören wohl auch Lohnarbeiter.‹

›Ich meine.‹

›Und jetzt, Adeimantos, ist unser Staat so angewachsen, daß ihm gar nichts mehr fehlt?‹

›Vielleicht.‹

›Wo ist in ihm nun die Gerechtigkeit und wo die Ungerechtigkeit? Bei welcher Gelegenheit sind sie entstanden?‹

›Ich kann es nicht erkennen, Sokrates, falls sie nicht auf dem 372a
Bedürfnis beruht, das diese Menschen zueinander treibt.‹

›Vielleicht hast du es getroffen. Forschen wir weiter und lassen wir nicht ab! – Zunächst ist zu fragen, wie sich das Leben der Bürger unter diesen Verhältnissen gestaltet. Sie werden doch wohl Brot backen und Wein keltern, Kleider und Schuhe anfertigen, Häuser bauen und werden im Sommer meist nackt und barfuß arbeiten, im Winter genügend bekleidet und beschuht. Ihr Nahrungsmittel wird Mehl sein, b
das sie aus Gerste oder Weizen bereiten; das Gerstenmehl kochen sie dann, das Weizenmehl backen sie, legen die prächtigen Kuchen und Brote auf Binsen und reines Laub, lagern sich selber auf einer Streu von Taxus und Myrten und halten mit ihren Kindern ein gutes Mahl. Dazu trinken sie Wein, bekränzen sich und loben die Götter; sie freuen sich ihres Beisammenseins, zeugen nicht mehr Kinder, als sie ernähren c
können und hüten sich vor Armut und Krieg.‹

Und Glaukon unterbrach: ›Du läßt die Leute wohl ohne XIII
Zukost schmausen.‹

›Du hast recht! Ich vergaß, daß sie auch Zukost haben; Salz ohne Zweifel, auch Oliven und Käse; auch Zwiebeln und anderes Gemüse, überhaupt was auf dem Felde Eßbares wächst, werden sie sich zubereiten. Wir setzen ihnen auch einen Nachtisch vor: Feigen, Erbsen, Bohnen. Myrten und Eicheln rösten sie am Feuer, trinken auch ein wenig dazu. So d
leben sie in Frieden und Gesundheit, werden gewiß recht alt und hinterlassen, wenn sie sterben, ihren Nachkommen ein gleiches Los.‹

Und jener: ›Wenn du einen Staat von Schweinen gründetest, Sokrates –, würdest du sie anders füttern?‹

›Aber wie soll es sonst sein?‹

›Wie es sich gehört!‹ sagte er. ›Sie sollen auf Polstern liegen, sonst sind sie traurig daran; und sollen von Tischen essen und Zukost und Nachtisch haben, wie wir sie heute haben.‹

e ›Wohl, ich verstehe! Wir untersuchen nicht bloß die Entstehung eines Staates, sondern die eines üppigen Staates! Am Ende ist das nicht ungünstig; grade daran sehen wir vielleicht die Gerechtigkeit und Ungerechtigkeit im Staate erwachsen. Der wahre, sozusagen gesunde Staat ist meiner Meinung nach der, den wir beschrieben haben. Wollt ihr auch den aus-
373a schweifenden sehn, so steht nichts im Wege. Manchem wird ja wohl jener nicht genügen, auch jene Lebensweise nicht. So finden sich denn Polster ein und Tische und anderer Hausrat; ferner Zukost, Salben, Räucherwerk, Freudenmädchen, feines Backwerk und allerhand ähnliche Dinge. Von dem Notwendigen, das wir zuerst aufzählten: Häuser, Kleider, Schuhe, dürfen wir nicht mehr reden. Die Malerei müssen wir herbeiholen; Gold, Elfenbein und all dergleichen wird eingeführt. Nicht wahr?‹

b ›Ja.‹

Und wieder müssen wir den Staat vergrößern! Jener gesunde ist doch nicht mehr groß genug. Mit einem ganzen Troß von Leuten müssen wir ihn füllen, die nicht mehr der Notdurft des Lebens dienen. Es kommen Jäger aller Gattungen herein, ferner die nachahmenden Künstler, also viele von den zeichnenden und malenden, viele auch von den redenden, nämlich die Dichter mit ihren Gehilfen: den Rhapsoden, Schauspielern, Tänzern, Theaterunternehmern, ferner
c die gewerblichen Künstler, namentlich solche, die weiblichen Schmuck herstellen. Auch mehr Dienende brauchen wir. Meinst du nicht, daß Hauslehrer, Ammen, Wärterinnen, Mägde, Barbiere, daß auch Bäcker und Köche nötig werden? Auch Schweinehirten brauchen wir jetzt. In dem ursprünglichen Staate gab es keine; man brauchte sie nicht. Aber jetzt

müssen wir Schweine halten, auch anderes Schlachtvieh,
nicht wahr?‹

›Freilich.‹

›Auch Ärzte tun uns bei dieser Lebensweise viel mehr not d
als bei der früheren.‹

›Viel mehr.‹

›Und das Land, das damals alle ernähren konnte, ist jetzt zu XIV
klein. Oder meinst du nicht?‹

›Doch.‹

›So müssen wir das Nachbarland beschneiden, um genügend Weide- und Ackerland zu haben. Das gleiche müssen aber unsere Nachbarn tun, falls auch sie die Schranken der Notdurft überschritten und sich der schrankenlosen Besitzlust ergeben haben.‹

›Unbedingt müssen sie es, Sokrates.‹ e

›Und dann kommt es zum Kriege, Glaukon? Oder wie?‹

›Jawohl.‹

›Fragen wir noch nicht, ob der Krieg etwas Gutes oder etwas Schlimmes ist! Stellen wir nur fest, daß wir die Entstehung des Krieges gefunden haben, der in der Regel über die einzelnen wie auch über die Gesamtheit des Staates Unheil bringt, falls eben er es ist, der dies Unheil bringt.‹

›Gewiß.‹

›Und dann muß der Staat sich noch wieder vergrößern,
und nicht etwa um eine Kleinigkeit, sondern um das ganze 374a
Heer, das hinauszieht und für Hab und Gut und alles, was wir beschrieben haben, gegen den Feind kämpft.‹

›Aber können die Bürger das nicht selber tun?‹

›Nein, falls du und wir alle bei der Gründung des Staates richtigen Grundsätzen gefolgt sind. Wir einigten uns, wenn du dich erinnerst, daß ein Mensch unmöglich viele Künste beherrschen kann.‹

›Das ist wahr.‹

›Und ist die Kriegsführung keine Kunst?‹ b

›Ohne Frage.‹

›Und erfordert das Schuhmacherhandwerk mehr Sorgfalt als die Kriegskunst?‹

›Keinesfalls.‹

›Und doch verboten wir dem Schuhmacher, auch noch Landwirt, Weber, Baumeister zu sein, damit er seinen Beruf gut ausfüllen kann. Auch die anderen ließen wir nur ein Handwerk lernen, jeden das, wofür er Anlage hatte. Das
c sollte er treiben, ungestört durch sonstige Aufgaben; er sollte sein Leben lang dabei bleiben, stets den richtigen Zeitpunkt wahrnehmen und seine Sache recht machen. Und ist es nicht besonders wichtig, daß gerade die Kriegskunst gut geübt wird? Oder ist sie so leicht, daß man zugleich Landwirt, Schuhmacher, überhaupt Handwerker und auch Krieger sein kann? Während es sogar ein Brettspieler oder Würfelspieler niemals zu etwas bringt, wenn er seine Kunst nicht von Kindheit an, sondern nur dann und wann treibt?
d Steht denn einer im Hoplitenkampf oder in anderem Kampf gleich heute seinen Mann, wenn er einen Schild oder überhaupt eine Waffe in die Hand nimmt? Wenn man ein anderes Werkzeug ergreift, ist man doch keineswegs schon ein Handwerker oder ein Athlet; vielmehr ist es wertlos, solange man seinen Gebrauch nicht kennt und sich nicht gehörig geübt hat.‹

›Da wären auch die Werkzeuge etwas Rechtes!‹

XV ›Je wichtiger also das Amt derer ist, die den Staat bewachen
e sollen, um so freier müssen sie von andren Arbeiten sein, und um so größere Kunst und Sorgfalt verlangt es.‹

›Ja ich meine.‹

›Und verlangt es nicht auch eine besondere Begabung?‹

›Ohne Zweifel.‹

›Und unser Amt wäre wohl jetzt, Naturen, deren Anlagen sich zur Bewachung unseres Staates eignen, auszusuchen, gesetzt, daß wir es können.‹

›Ja, das ist unser Amt.‹

›Wahrhaftig, da haben wir uns keine leichte Aufgabe aufgeladen! Doch gehen wir mutig daran, soweit unsere Kraft reicht!‹

375a ›Gewiß, es wird schon gehen.‹

›Glaubst du, daß die angeborene Gabe eines klugen Hundes zum Wachen von der Anlage eins edlen Jünglings verschieden ist?‹

›Inwiefern meinst du?‹

›Beide müssen scharf aufpassen, müssen flink verfolgen, was sie bemerken, und müssen es kräftig packen, wenn es zum Kampf kommt.‹

›Das alles ist nötig.‹

›Und wer gut kämpfen will, muß tapfer sein?‹

›Natürlich.‹

›Ist ein Geschöpf tapfer, das keinen Mut hat, gleichviel ob b
ein Pferd oder ein Hund oder ein anderes Tier? Du hast es doch gewiß erfahren, daß der Mut unangreifbar und unbesiegbar ist, daß er jede Seele, von der er Besitz nimmt, furchtlos und unüberwindlich macht?‹

›Freilich habe ich es erfahren.‹

›Wie der Körper eines Wächters sein muß, ist an sich klar.‹

›Ja.‹

›Und nun auch, wie seine Seele sein muß: nämlich mutig.‹

›Auch das ist sicher.‹

›Wie machen wir es aber, Glaukon‹, fuhr ich fort, ›daß die Wächter bei ihrer Naturanlage Frieden untereinander halten und auch ihre Mitbürger nicht roh behandeln?‹

›Das ist allerdings nichts Leichtes.‹

›Gegen die Ihrigen müssen sie doch friedlich und gegen c
die Feinde grimmig sein. Sonst werden sie nicht abwarten, daß die Feinde ihnen auf den Leib rücken; sie tun es gegenseitig.‹

›Du hast recht.‹

›Was tun wir? Wo finden wir eine friedliche und doch kriegerische Gemütsart? Sanftmut und Mut sind Gegensätze.‹

›Es liegt auf der Hand.‹

›Aber nimmt man ihnen eins von beiden, so sind sie keine ordentlichen Wächter. Beides scheint unmöglich. Also wäre ein tüchtiger Wächter eine Unmöglichkeit.‹

›Es scheint so.‹ d

Ich sah keinen Ausweg, überdachte dann aber das Vorhergehende und sprach: ›Es geschieht uns recht, Freund, daß wir in Verlegenheit sind. Wir haben unser Gleichnis verlassen.‹

›Wie sagst du?‹

›Wir haben nicht daran gedacht, daß es Geschöpfe mit solchen Gegensätzen wirklich gibt, woran wir zweifelten.‹

›Wo denn?‹

›Man kann es auch an andern Tieren beobachten, am besten aber bei dem 'Wächter', den wir als Beispiel nahmen.
e Du weißt doch, daß alle Hunde ganz zutraulich gegen bekannte und gewohnte Menschen sind, gegen Unbekannte dagegen böse.‹

›Ich weiß.‹

›Also ist solche Vereinigung möglich und daß wir von unseren Wächtern Ähnliches verlangen, nicht wider die Natur.‹

›Es scheint nicht.‹

XVI ›Glaubst du nun, daß der künftige Wächter in seiner Natur außer dem Mut auch etwas Philosophisches haben muß?‹

376a ›Wieso? Ich sehe es nicht ein.‹

›Auch das kannst du bei den Hunden sehen, obwohl es beim Tier recht wunderbar ist.‹

›Was?‹

›Wenn er einen Unbekannten sieht, knurrt er, ohne daß ihm jener etwas Böses getan hat. Einen Bekannten begrüßt er freundlich, auch wenn er niemals etwas Gutes von ihm erfahren hat. Hast du dich noch nicht darüber gewundert?‹

›Ich habe nicht darauf geachtet. Richtig ist es ohne Frage.‹

›Dies Benehmen deutet aber auf eine feine Naturanlage und hat etwas Philosophisches.‹

b ›Inwiefern?‹

›Insofern er Freund und Feind bloß nach geistigen Gesichtspunkten unterscheidet. Liegt nicht Liebe zur Erkenntnis darin, wenn man Vertrautes und Fremdes durch Wissen und Nichtwissen auseinanderhält?‹

›Auf jeden Fall.‹

›Aber Liebe zur Erkenntnis ist das gleiche wie Philosophie?‹

›Ja, das gleiche.‹

›Wir sagen also getrost, daß auch der Mensch, wenn er mit c
seinen Freunden und seinesgleichen Frieden halten soll, in seiner Natur etwas Philosophisches und Liebe zur Bildung haben muß?‹

›Ja, wir können es getrost sagen.‹

›Also wer philosophisch, wer mutig, wer flink und stark ist, der wird ein tüchtiger Wächter des Staates werden?‹

›Vollkommen!‹

›Das wäre in Ordnung. Wie wird man nun so veranlagte Naturen erziehen und unterrichten? Ob uns die Beschreibung ihrer Erziehung bei der Lösung unserer eigentlichen
Aufgabe: die Entstehung der Gerechtigkeit und Ungerech- d
tigkeit im Staate zu beobachten, fördern wird? Wir wollen nichts übergehen, was dazu dienen kann, wollen uns aber auch nicht unnötig aufhalten.‹

Und Glaukons Bruder sagte: ›Ich glaube sicher, daß diese Beschreibung uns zustatten kommen wird.‹

›Dann dürfen wir sie entschieden nicht übergehen, lieber Adeimantos, auch nicht, wenn sie sehr lang wird.‹

›Nein.‹

›Gut! Als ob wir Märchen erzählten und uns viel Zeit dabei ließen, wollen wir die Männer im Geiste erziehen!‹

›Ja, es muß sein.‹ e

›Welche Erziehung wählen wir? Wir werden schwerlich eine XVII
bessere finden, als die, welche im Laufe der Zeiten sich von selber entwickelt hat. Das heißt: gymnastische Erziehung des Körpers, musische Erziehung der Seele.‹

›So ist es.‹

›Werden wir mit der musischen nicht eher beginnen als mit der gymnastischen?‹

›Freilich.‹

›Zu den Gegenständen der musischen Bildung rechnet man auch Geschichten und Überlieferungen, oder nicht?‹

›Doch.‹

›Nun gibt es doch zwei Arten von Geschichten: wahre und erfundene?‹

›Ja.‹

377a ›Beide soll man zur Erziehung verwenden, zuerst die erfundenen?‹

›Ich verstehe nicht, wie du das meinst.‹

›Du verstehst nicht, daß wir den Kindern zuerst Märchen erzählen? Märchen sind aber erfundene Geschichten, die freilich auch Wahres enthalten. Und wir beginnen doch bei den Kindern eher mit Märchen als mit körperlichen Übungen.‹

›Ganz recht.‹

›So meinte ich es, wenn ich sagte, die musische Bildung müsse der gymnastischen vorangehen.‹

›Es ist richtig.‹

›Nun weißt du, daß der Anfang überall das wichtigste
b ist, zumal bei jungen, zarten Geschöpfen. In der Kindheit wird die Form umrissen und eingedrückt, die sie haben sollen.‹

›Allerdings.‹

›Können wir es daher ohne weiteres zulassen, daß die Kinder beliebige Geschichten von beliebigen Märchendichtern zu hören bekommen? Auf die Gefahr hin, daß sie die entgegengesetzten Anschauungen in ihre Seele aufnehmen, als wir bei den Erwachsenen zu finden wünschen?‹

›Ganz und gar nicht können wir das zulassen.‹

›Wir müssen die Dichter also beaufsichtigen, müssen die
c guten Geschichten auswählen, die schlechten ausscheiden. Die ausgewählten geben wir den Ammen und Müttern und legen ihnen ans Herz, sie ihren Kindern zu erzählen und dadurch weit mehr für die Pflege ihrer Seele zu tun, als sie mit ihren Händen für die leibliche Pflege tun. Von den Geschichten, die man heute erzählt, müssen wir die meisten verbieten.‹

›Welche denn?‹

›Die größeren werden uns die kleineren deutlich machen. Denn in den kleineren muß doch derselbe Sinn liegen, und

sie müssen dieselbe Wirkung haben wie jene. Oder meinst d
du nicht?‹

›Doch. Aber ich sehe nicht, welche du unter den größeren verstehst.‹

›Nun die, welche Hesiod und Homer und die anderen Dichter uns erzählt haben. Sie haben doch Mythen gedichtet und den Menschen erzählt. Sie tun es noch.‹

›Was für welche? Und was tadelst du an ihnen?‹

›Was man zuerst und am schärfsten tadeln muß, zumal wenn die Mythen dann auch noch falsch erfunden sind.‹

›Was heißt das?‹ e

›Wenn der Dichter die Götter und Helden falsch darstellt, also ein unähnliches Bild von ihnen zeichnet wie ein schlechter Porträtmaler.‹

›Es ist richtig, dergleichen zu tadeln. Aber wie und wovon gilt denn das?‹

›Gleich bei der bedeutendsten Erfindung, die uns die bedeutendsten Ereignisse erzählt, hat der Erzähler falsch berichtet, nämlich Hesiod in seinem Mythos von der Tat des
Uranos und von der Rache, die Kronos an ihm nahm. Die 378a
Taten des Kronos aber, die dann folgen, und die Greuel, die sein Sohn an ihm verübt hat, dürfte man vor unverständigen Kindern meiner Meinung nach selbst dann nicht erzählen, wenn diese Dinge wahr wären. Man sollte lieber über sie schweigen. Wäre es aber unvermeidlich, von ihnen zu sprechen, so geschähe es am besten in der Stille, vor ganz wenigen Zuhörern, die vorher ein Opfer bringen müßten, und zwar ein großes, umständliches, kein gewöhnliches. So werden sich recht wenige Hörer finden.‹

›Ja, es sind arge Geschichten!‹

›Und sie sind in unserem Staat verboten, Adeimantos! Man b
darf jungen Leuten nicht einreden, daß der ruchloseste Verbrecher nichts Verwunderliches tue, auch der nicht, wer seinen Vater auf jede Weise mißhandelt, wenn ihn dieser kränkt. Denn damit tue er nur, was die ältesten und höchsten Götter getan haben.‹

›In der Tat, diese Dinge passen nicht für die Jugend.‹

›Überhaupt, daß Götter einander bekriegen, verfolgen
c und gegeneinander fechten! Es ist ja auch nicht wahr! Die
künftigen Wächter des Staates sollen es doch als größte
Schande ansehen, leicht miteinander in Streit zu geraten. Die
Gigantenschlacht also darf man ihnen auf keinen Fall erzäh-
len und ausmalen, ebensowenig die verschiedenen anderen
Götterkämpfe und Heroenkämpfe zwischen den nächsten
Angehörigen. Die Kinder sollen doch glauben, daß sich nie
ein Bürger mit einem anderen verfeindet hat und daß dies
auch verboten ist. Das müssen die Greise und Greisinnen und
d überhaupt die Älteren daher von Hause aus betonen, und die
Dichter müssen gezwungen werden, ihre Mythen dement-
sprechend zu dichten. Heras Fesselung durch ihren Sohn,
Hephaistos' Sturz aus dem Himmel durch seinen Vater, als er
seiner mißhandelten Mutter beistehen wollte, ebenso die
Götterschlachten, die Homer gedichtet hat, werden in unse-
rem Staate nicht zugelassen, ob sie nun sinnbildlich gemeint
sind oder nicht. Der Knabe kann nicht unterscheiden, was
sinnbildlich ist und was nicht, sondern was er in diesen Jahren
e aufnimmt, das pflegt unauslöschlich und unverrückbar in
ihm zu haften. Darum ist es doch wohl von höchster Wich-
tigkeit, daß es möglichst gute Dichtungen sind, die er zu
allererst hört.‹

XVIII ›Das hat Sinn. Aber wenn man uns nun fragt, was für Dich-
tungen es seien, die wir gut nennten?‹

379a Ich erwiderte: ›Adeimantos, du und ich, wir sind jetzt kei-
ne Dichter, sondern Gründer eines Staates. Die Gründer
müssen über die Grundsätze im klaren sein, nach denen die
Dichter zu verfahren haben und von denen keine Abwei-
chung gestattet ist. Aber sie brauchen nicht selber zu dich-
ten.‹

›Gut. Aber welches sind diese Grundsätze für die Götter-
mythen?‹

›Etwa folgende. Der Gott muß stets so dargestellt werden, wie er in Wirklichkeit ist, ob man ihn nun im Epos oder in der Tragödie auftreten läßt.‹

›Ja, das ist nötig.‹

›Und Gott ist gut, muß also als gut dargestellt werden?‹ b

›Ohne Zweifel.‹

›Aber kein Wesen, das gut ist, ist unheilvoll, nicht wahr?‹

›Ich meine nicht.‹

›Und wenn es nicht unheilvoll ist, verfolgt es niemanden?‹

›Keinesfalls.‹

›Und wenn es niemanden verfolgt, tut es niemandem Böses?‹

›Auch das nicht.‹

›Und wenn es nichts Böses tut, verursacht es auch nichts Böses?‹

›Unmöglich.‹

›Dagegen: ein Wesen, das gut ist, ist hilfreich?‹

›Ja.‹

›Verursacht also Wohlergehen?‹

›Ja.‹

›So ist ein gutes Wesen nicht Ursache aller Dinge, sondern c nur Ursache des Guten, nicht des Bösen.‹

›Vollkommen richtig.‹

›Daher ist Gott, weil er gut ist, nicht Ursache aller Schicksale, die den Menschen treffen, wie die Menge meint, sondern nur weniger Schicksale. An den meisten ist er unschuldig; denn wir erleben viel weniger Gutes als Böses. Alles Guten Ursache ist allein Gott, aber für das Böse muß man andere Ursachen suchen, nicht ihn.‹

›Du hast ganz recht, glaube ich.‹

›Es ist also Irrtum und Unverstand, den wir nicht gelten d lassen dürfen, weder von Homer noch von einem anderen Dichter, wenn der erstere sagt:

> Zween Gefäße, gefüllt mit Gaben, die sie verleihen,
> Stehn an der Schwelle des Zeus; die enthalten das Glück und das Unglück;

und wem Zeus aus allen beiden gibt,

> Dem ist Wechsel von Leid und Lust zu erleben beschieden;

wem aber allein aus dem einen,

den macht er zuschanden:
Über die heilige Erde, verfolgt von Hunger und Elend, –

e Ähnlich die andere Stelle: Zeus sei uns gesetzt als ‘Walter des
XIX Guten und Bösen’. Und wenn es so dargestellt wird, ob der
Bruch der Schwüre und Verträge, den Pandaros begeht,
durch Athena und Zeus veranlaßt worden sei, so ist auch das
nicht zu billigen. Ebensowenig der Zwist der Götter und
380a dessen Schlichtung durch Themis und Zeus. Auch dürfen
unsere Jünglinge nicht Worte hören, wie sie Aischylos gesprochen hat:

Die Schuld, sie kommt den Sterblichen von Gott,
Wenn er ein Haus zerstören will bis auf den Grund.

Behandelt man die Leiden der Niobe, worin diese Verse vorkommen, oder die Leiden der Pelopiden, oder die trojanischen Kämpfe in einem Gedicht, so darf man entweder nicht Gott als Urheber der Leiden bezeichnen, oder aber man muß
es in unserem Sinne tun, also sagen, daß Gott aus Gerechtig-
b keit und Güte strafte und den Leidenden die Strafe zum Segen wurde. Daß die Strafe sie ins Unglück brachte und daß Gott diese Strafe verhängte, dürfen sie nicht sagen; dagegen können sie es so wenden, daß jene Verfolgten böse und durch ihre Bosheit unglücklich waren, infolgedessen Strafe nötig hatten und der strafende Gott ihnen eine Wohltat erwiesen hat. Dem guten Gott Schuld an irgendeiner Bosheit zu geben, müssen wir durchaus verbieten! Soll in einem Staat gute Ordnung herrschen, so darf niemand dergleichen behaupten,
c niemand dergleichen anhören, sei er nun jung oder alt, sei es in Versen oder in Prosa vorgetragen. Denn es ist unschicklich, schadet uns und widerspricht sich selber.‹

›Für ein solches Gesetz stimme ich ebenfalls und erkenne es an.‹

›So wäre dies das eine Gesetz und der eine Grundsatz für die Göttermythen, nach dem die Erzähler und Dichter sich zu richten haben: Gott nicht Ursache aller Dinge, sondern nur Ursache des Guten.‹

›Der Grundsatz erfüllt seinen Zweck völlig.‹

›Welches ist der zweite Grundsatz? Glaubst du, daß Gott ein Gaukler ist und sich aus bösen Absichten in verschiedene Gestalten verwandelt, gleichviel ob diese Verheimlichung seiner wahren Gestalt durch allerhand Gaukeleien wirklich erfolgt oder ob sie nur eine scheinbare ist? Ist Gott nicht vielmehr einfacher Natur und verändert unter keinen Umständen sein Wesen?‹ d

›Darauf kann ich nicht gleich Antwort geben.‹

›Nun denn: wenn ein Wesen seine Gestalt aufgibt, muß doch entweder dies Wesen selber oder ein anderes Wesen die Verwandlung bewirken?‹ e

›Unbedingt.‹

›Aber Dinge, die fehlerlos sind, sind doch der Veränderung durch äußere Einflüsse am wenigsten ausgesetzt? Der Körper zum Beispiel wird durch Speise, Trank, Arbeit, jedes Geschöpf überhaupt durch Sonne, Wind und ähnliche Einflüsse dann am wenigsten verändert, wenn es am gesündesten und 381a
stärksten ist?‹

›Ja, gewiß.‹

›Und die tapferste und verständigste Seele läßt sich durch äußere Einwirkungen ebenfalls am wenigsten erschüttern und beeinflussen?‹

›Ja.‹

›Auch den Gerätschaften und Gebäuden kann die Zeit und können andere Einflüsse am wenigsten anhaben, wenn sie gut gearbeitet und gut imstande sind.‹

›So ist es.‹

›Alles, was vollkommen ist, sei es von Natur oder durch b
Kunst oder durch beides, läßt sich durch andere Dinge nicht aus seiner Verfassung bringen.‹

›Augenscheinlich.‹

›Gott aber und seine Natur ist in jeder Hinsicht vollkommen.‹

›Ohne Frage.‹

›So erleidet er am allerwenigsten Veränderungen.‹

›Am allerwenigsten.‹

XX ›Aber vielleicht wandelt und verändert er sich selber?‹

›Wenn es überhaupt geschieht, tut er es offenbar.‹

›Verändert er sich ins Edlere und Schönere, oder ins Geringere und Häßlichere?‹

›Notwendig ins Geringere und Häßlichere, falls es geschieht.
c Wir können doch nicht sagen, daß es Gott an Schönheit und Hoheit fehle.‹

›Ganz richtig! Aber, Adeimantos, wird sich jemand aus freien Stücken erniedrigen, gleichviel ob ein Gott oder ein Mensch?‹

›Unmöglich.‹

›Also denkt Gott unmöglich daran, sich zu verwandeln. Jeder Herrlichste und Vollkommenste verharrt, wenn er kann, ewig in seiner Gestalt.‹

›Meiner Meinung nach unbedingt.‹

d ›Kein Dichter erzähle uns also, Bester, daß

auch Götter durchziehen gleich fernher kommenden Wandrern
Wechselnd, in jeder Gestalt, die Länder und Städte;

keiner lüge uns vor, daß Proteus und Thetis sich verwandelt hätten. Keiner lasse in Tragödien und andern Gedichten Hera in Gestalt einer Priesterin auftreten, wie sie Gaben sammelt für des

Inachosstromes in Argos reichtumspendende Söhne.

Und die vielen ähnlichen Lügen unterlasse man ebenfalls.
e Die Mütter sollten an solche Dinge nicht glauben und dürften ihre Kinder nicht mit dem albernen Märchen in Schrekken setzen: manche Götter wanderten nachts in allerhand unheimlichen Gestalten umher. Das ist Gotteslästerung und macht die Kinder überdies furchtsam.‹

›Nein, man sollte es nicht tun.‹

›Wenn nun aber die Götter sich auch nicht wirklich verwandeln, so betrügen sie uns doch am Ende und gaukeln uns die verschiedenen Gestalten vor?‹

›Vielleicht.‹

›Wie? Meinst du, Gott belügt uns durch Vorspiegelungen, 382a
seien dies Taten oder Worte?‹

›Ich weiß nicht.‹

›Du weißt nicht, daß alle Götter und Menschen die wahre Täuschung, wenn man so sagen könnte, verabscheuen?‹

›Wie meinst du das?‹

›Ich meine, daß niemand in seinem Innersten und über sein Innerstes absichtlich lügt, daß er vielmehr die größte Furcht davor hat, hier die Lüge zu beherbergen.‹

›Ich verstehe noch nicht.‹

›Du denkst, ich sagte etwas Besonderes. Ich sage nur, daß b
kein Mensch sich selber betrügen und über die Wahrheit belogen werden und über die Wahrheit im unklaren sein will, daß er also die Lüge in seiner Seele aufs höchste verabscheut.‹

›Allerdings aufs höchste.‹

›Und diese wirkliche Unbekanntschaft mit der Wahrheit in der Seele eines Belogenen wird man doch mit vollem Recht wahre Täuschung nennen, wie ich es eben tat. Denn Worte sind ja nur die Nachbildung eines seelischen Zustandes und eine späte Spiegelung; sind nicht unmittelbare Täuschung. Oder ist es nicht so?‹ c

›Doch.‹

›Die wahre Lüge also wird nicht bloß von den Göttern, XXI
sondern auch von den Menschen verabscheut.‹

›Ich meine.‹

›Wann kann man nun aber von der Lüge in Worten Gebrauch machen, und wer kann es? Wann ist die Lüge in Worten nicht verabscheuungswürdig? Kann man sie vielleicht einem Feinde gegenüber anwenden und solchen Freunden gegenüber, die im Wahnsinn oder aus Unbesonnenheit ein Unglück anrichten wollen? Also als Abwehrmaßregel, wie ein ärztliches Heilmittel? Im Grunde machen wir es ja mit den Mythen ähnlich, von denen wir sprachen. Wir wissen d
nicht, wie diese alten Dinge sich in Wahrheit zugetragen haben; darum erfinden wir Geschichten, die der Wahrheit möglichst nahe kommen; wir ziehen also aus Täuschungen Nutzen.‹

›Ja, genau so ist es.‹

›Hat Gott das Lügen ebenfalls aus diesen Gründen nötig? Erfindet er Geschichten, die sich der Wahrheit nähern, weil er über die Ereignisse der Vorzeit nicht unterrichtet ist?‹

›Das ist lächerlich.‹

›Ein Dichter, der lügen muß, steckt nicht in Gott.‹

›Ich glaube nicht.‹

e ›Oder lügt er aus Furcht vor Feinden?‹

›Weit entfernt.‹

›Oder weil ein Freund von ihm wahnsinnig oder unbesonnen ist?‹

›Kein Unbesonnener oder Wahnsinniger ist ein Freund der Götter.‹

›Also hat Gott keinen Grund zu lügen?‹

›Nein.‹

›Überirdische und göttliche Wesen sind völlig truglos.‹

›Völlig.‹

›Gott ist einfach, ist wahr in Tat und Wort. Er verwandelt sich nicht und betrügt niemanden, nicht durch Stimmen und nicht durch Zeichen, die er schickt, nicht im Wachen und nicht im Traume.‹

383a ›Jetzt, wo du es aussprichst, wird es auch mir ganz klar.‹

›Du bist also mit folgendem zweiten Grundsatz für die Göttermythen und Dichtungen einverstanden: die Götter sind keine Gaukler; sie verwandeln sich nicht und führen uns nicht irre durch Lügen in Wort und Tat?‹

›Ich bin einverstanden.‹

›Wir loben vieles am Homer; aber daß Zeus dem Agamemnon jenen Traum schickt, loben wir nicht. Und am Aischylos loben wir es nicht, wenn Thetis erzählt, Apollon habe bei ihrer Hochzeit gesungen:

b Liebe Kinder schenke er den Sterblichen
Und langes Leben, das von aller Krankheit frei.
Von Gottes Leitung meiner Tage klang sein Lied,
Und pries mich laut, erfreut' und tröstete mein Herz.
Ich glaubte ihm, und truglos, hofft' ich, sei sein Mund
Und wahr, des Sehers, dessen Weisheit grenzenlos.

Doch ach, der sang, der mit uns selbst zu Tische saß,
Der Seher Phöbus selbst erschlug mir jetzt den Sohn.

Wenn jemand derartig von den Göttern spricht, werden wir c zornig. Wir geben ihm keinen Chor zur Aufführung seines Stückes und verwehren den Lehrern, es beim Knabenunterricht zu verwenden. Denn unsere Wächter sollen gottesfürchtig und gottähnlich werden, soweit es Menschen überhaupt möglich ist.‹

›Ich bin mit den beiden Grundsätzen einverstanden und würde ihnen Gesetzeskraft geben.‹

Drittes Buch

1 ›In dieser Weise sollen also unsere Jünglinge von Kindheit an
386a über die Götter sprechen hören und nicht sprechen hören, damit sie Götter und Eltern ehren lernen und die Freundschaft mit ihren Genossen hochhalten.‹

›Ich glaube, wir haben das Rechte gefunden.‹

›Nun weiter! Da sie tapfer werden sollen, müssen die Erzählungen, die man ihnen vorträgt, doch dahin zielen, sie von
b Todesfurcht möglichst frei zu machen? Oder meinst du, man sei tapfer, wenn man diese Angst in der Seele hat?‹

›Gewiß nicht.‹

›Und kann man die Angst vor dem Tode los werden und sich in der Schlacht lieber für den Tod entscheiden als für Unterwerfung und Knechtschaft, wenn man an die Sagen von der Unterwelt und ihren Schrecken glaubt?‹

›Keinesfalls.‹

›So müssen wir wohl den Dichtern, die sich an die Unterwelt heranwagen, ebenfalls Anweisungen geben. Wir müssen sie ersuchen, die Zustände dort nicht einfach zu verfluchen,
c vielmehr sie zu loben. Denn sonst sind ihre Dichtungen nicht bloß erlogen, sondern schaden auch unseren heranwachsenden Kriegern.‹

›Das müssen wir tun.‹

›Wir werden also alle derartigen Stellen aus den Dichtern herausstreichen, angefangen mit den Versen:

Lieber noch ständ' ich im Dienst als Ackerknecht beim geringsten
Mindest begüterten Mann –
Als ich wäre der Herr der sämtlichen nichtigen Toten.

Ferner folgende:

d Sichtbar werde den Menschen und Ewigen droben sein grauser
Modergefüllter Palast, den sogar die Götter verabscheuen,

ferner

Ha, so weiß ich es nun, auch im Hades haben ein Dasein
Seele und Schattengestalt trotz fehlendem Odem des Lebens,

ferner

Ihm nur allein gewährt im Tode noch Persephoneia
Sinn und Verstand; denn die anderen sind nur flatternde
Schatten,

ferner

Ihren Organen entflogen befand sich im Hades die Seele,
Schmerzlich beklagend ihr Los, den Verlust der Jugend und
Mannheit,

ferner 387a

Unfaßlich
Schwand in die Erde hinweg wie Rauch die schwirrende
Seele,

ferner

Führend schwang er den Stab, und die Seelen folgten ihm
schwirrend.
Ähnlich wie Fledermäus' in der Tiefe schauriger Höhle,
Wo sie zusammengekrallt an der Felsenwölbung gehangen,
Flattern mit feinem Geschwirr; wann eine heruntergefallen,
Surrte von dannen ihr Schwarm.

Homer und die anderen Dichter mögen uns nicht böse b
sein, wenn wir diese und alle ähnlichen Stellen wegstreichen, nicht weil sie undichterisch wären und die Menge dergleichen nicht gern hörte, sondern weil sie sich, je dichterischer sie sind, desto weniger für Knaben und Männer eignen, die frei sein und die Knechtschaft mehr als den Tod fürchten sollen.‹

›Ja, durchaus.‹

›Auch alle die schrecklichen und fürchterlichen Namen II
für die Dinge in der Unterwelt müssen verbannt werden:
also Kokytos und Styx, Unterirdische und Schatten und c

lauter solche Ausdrücke, die bei allen Hörern den größten Schauder erwecken. In anderer Hinsicht mag das gut sein; aber unsere Wächter möchten wir gern vor solchen Gefühlen des Schauders bewahren. Sie machen sie aufgeregt und verweichlichen sie.‹

›Mit Recht wünschen wir das.‹

›Also diese Dinge müssen beseitigt werden.‹

›Ja.‹

›Und die Geschichten und Dichtungen müssen umgekehrt lauten?‹

›Offenbar.‹

d ›Dann werden wir auch nicht dulden, daß die alten großen Helden weinen und jammern?‹

›Auch das unbedingt nicht!‹

›Frage dich, ob wir damit im Recht sind! Wir behaupten, es hat für einen rechten Mann nichts Schreckliches, wenn sein Kamerad fällt.‹

›Das können wir behaupten.‹

›Er klagt also nicht und jammert erstens nicht über das Schicksal, das jenen getroffen habe.‹

›Nein.‹

›Zweitens trägt er doch vor allem sein Glück in sich selber. Er hängt von anderen Menschen lange nicht so sehr ab wie gewöhnliche Menschen.‹

e ›Das ist wahr.‹

›Also ist es ihm viel weniger schmerzlich, einen Sohn, einen Bruder oder auch Geld und andere Dinge zu verlieren.‹

›Allerdings, viel weniger.‹

›Darum klagt er auch viel weniger und trägt solche Verluste ganz leicht.‹

›Sicherlich.‹

›Wir tilgen also mit Recht die Klagegesänge der alten Helden und überlassen sie teils den Weibern, und nicht einmal
388a den kräftigen Weibern, teils den feigen Männern. So werden die Jünglinge, die wir zur Bewachung des Landes erziehen, sich schämen, es ihnen gleichzutun.‹

›Wir tilgen sie mit Recht.‹

›Und Homer und die anderen Dichter ersuchen wir also, von Achilleus, dem Sohn einer Göttin, nicht zu sagen:

Rastlos warf er sich bald auf die Seite, bald auf den Rücken,
Bald aufs Angesicht. Dann wieder stand er vom Lager
Auf und schweifte verstört am Strande der See;

auch nicht zu erzählen, daß er mit beiden Händen 'rußigen Staub vom Boden raffte' und über sein Haupt streute und was er sonst noch vom Jammern und Heulen des Achilleus berichtet. Ebensowenig soll er von Priamos, dem Gottentsprossenen, erzählen: b

Im Schmutze wälzte sich jammernd der Greis,
beschwor sie alle mit Bitten,
Jeden einzelnen Mann beim Namen nennend –

Noch dringender bitten wir, doch wenigstens die Götter nicht klagen zu lassen, also nicht zu dichten:

Weh mir, wie elend bin ich! c
Zu schlimmstem Geschicke geboren hab' ich den Besten.

Und wenn die Götter, so sollten sie doch nicht wagen, auch von dem höchsten Gotte eine so falsche Vorstellung zu geben, daß sie ihn sagen lassen:

Ach was muß da mein Auge gewahren! Verfolgt um die Mauer
Sieht's nun dort einen teuren Mann, und es rührt mir Bedauern
Hektors wegen das Herz.

Und

Wehe mir, wenn es verhängt dem Sarpedon ist, meinem Liebling,
Durch den Menoitiossohn Patroklos erschlagen zu werden! d

Wenn unsere Jünglinge solche Dinge ernst nehmen, Adeimantos, und nicht über die unwürdige Darstellung lachen, so werden sie Ähnliches auch nicht unter ihrer Würde halten, da sie doch nur Menschen sind. Mancher wird sich nicht III schelten, wenn es ihm einfällt, ebenso zu sprechen und sich ebenso zu gebärden. Nein, er wird bei geringen Anlässen schamlos und würdelos lange Klage- und Trauerlieder anstimmen.‹

e ›Du hast ganz recht.‹

›Er darf es aber nicht! So hat unsere Untersuchung dargetan; und wir müssen ihr folgen, bis eine bessere die unsrige widerlegt.‹

›Nein, er darf es nicht.‹

›Aber unsere Jünglinge dürfen auch nicht gern lachen. Wenn jemand unmäßig lacht, pflegt auch der Rückschlag heftig zu sein.‹

›Ich denke.‹

›Es ist also verwerflich, verehrungswürdige Menschen von

389a Lachen überwältigt darzustellen, erst recht nicht Götter.‹

›Sie erst recht nicht.‹

›Wir lassen es uns also nicht gefallen, wenn Homer etwa sagt:

Unauslöschliches Lachen erregt es den Seligen, keuchend
Rund um den Saal den Hephäst als Schenken watscheln zu sehen.

Nach deiner Untersuchung ist dergleichen nicht zulässig.‹

b ›Wenn du sie als die meine bezeichnen willst! Nein, es darf nicht sein.‹

›Ferner müssen unsere Zöglinge nun auch die Wahrheit in Ehren halten. Wir sagten oben, die Götter brauchten die Lüge ganz und gar nicht, und die Menschen brauchten sie als eine Art Medizin. War das richtig, so ist klar, daß ihre Anwendung Ärzten obliegt und Laien sich nicht damit befassen dürfen.‹

›Ja, das ist klar.‹

›Also den Herrschern des Staates kommt es zu, wenn überhaupt jemandem, Lügen in Anwendung zu bringen, und zwar zum Nutzen des Staates nach außen oder nach innen. Belügt

c ein Untertan aber seine Vorgesetzten, so ist das als ein ebenso großes Vergehen anzusehen, als wenn ein Kranker seinem

Arzt oder ein Übender seinem Ringlehrer über sein körperliches Befinden nicht die Wahrheit sagt, oder auch wenn ein Matrose den Steuermann über den Zustand des Schiffes und über sich und die übrige Bemannung in die Irre führt.‹

›Vollkommen richtig.‹

›Trifft also der Herrscher andere Glieder des Staates beim Lügen, also einen Handwerker, d

> Seher, kundige Ärzte, den bauverständigen Zimmrer,

so wird er ihn bestrafen, weil er in den Staat wie in ein Schiff Dinge einführt, die ihn zerstören und ins Unglück bringen.‹

›Wenn nämlich Taten vollenden, was das Wort begonnen hat.‹

›Weiter! Unsere Jünglinge brauchen doch auch Selbstbeherrschung.‹

›Freilich.‹

›Das Volk im ganzen braucht wohl Selbstbeherrschung hauptsächlich in folgendem Sinne: es soll den Herrschern gehorchen und es soll sich bei den Freuden des Trinkens, e
des Essens und der Liebe beherrschen können.‹

›So scheint es mir.‹

›Wir werden also Worte, wie sie Diomedes bei Homer sagt, billigen:

> Stumm zwar schritten voran, doch Kampfmut atmend die Griechen
> – ehrfurchtsvoll, gehorsam und schweigend;

ebenso alle ähnlichen Stellen.‹

›Wir werden sie billigen.‹

›Dagegen solche Worte:

> Trunkener, der du vom Hunde die Augen, vom Hirsche das Herz hast,

und wie es dann weiter heißt –, sind die auch zu billigen?
Überhaupt all die übermütigen Reden, die Untergebene ih- 390a
ren Herrschern gegenüber führen –, soll man dergleichen erzählen und in Verse bringen?‹

›Nein, nicht.‹

›Die Besonnenheit der Jünglinge gewinnt nicht dabei, wenn sie dergleichen hören. Daß es ihnen aber Vergnügen macht, ist kein Wunder. Oder meinst du?‹

›O nein.‹

IV ›Und weiter: gewinnt die Selbstbeherrschung eines Jünglings, wenn er bei dem Dichter liest, daß der weiseste Mann sagt: er wüßte kein erwünschteres Glück, als wenn

b die Tische gefüllt mit Backwerk stehen und Braten
Auch, das Labegetränk der Urne entschöpfend, der Weinschenk
Rings in die Runde geht, um vollzugießen die Becher?

Oder gewinnt sie durch die Worte:

Das aber ist das grausamste Los, zu Tode zu hungern?

Oder wenn Zeus alle Entschlüsse, die er, allein wachend unter den schlafenden Göttern und Menschen, gefaßt hat, sehr schnell vergißt sowie das Liebesverlangen über ihn kommt;
c wenn ihn Heras Anblick so erregt, daß er nicht einmal ins Schlafgemach mit ihr gehen will, sondern sich gleich dort auf der Erde zu ihr gesellen möchte; denn seine Begierde sei so groß, wie selbst damals nicht, als sie sich zuerst trafen: ‘heimlich vor den lieben Eltern’? Ebenso unpassend ist die Geschichte von der Fesselung des Ares und der Aphrodite durch Hephaistos.‹

›Wahrhaftig, solche Geschichten eignen sich nicht.‹

d ›Dagegen, wenn die Dichter von der Standhaftigkeit erzählen, die die großen Männer in allen Lagen bewiesen hätten, dann sollen die Jünglinge hinhören, und wo Standhaftigkeit geübt wird, sollen sie hinschauen. Derart sind etwa die Verse:

Doch er schlug sich die Brust und also schalt er sein Herze:
Halte noch aus, mein Herz! Noch hündischer war’s, was du weiland aushieltest – ‹

›Freilich.‹

›Dagegen dürfen sie wieder nicht erzählen, daß jene Helden bestechlich und habsüchtig sind.‹

›Auf keinen Fall.‹ e

›Wir dürfen den Jünglingen nicht vorsingen:

Gaben erweichen die Götter, gewinnen die edelen Fürsten.

Wir dürfen den Erzieher des Achilleus, Phönix, nicht wegen seines Rates loben, den er jenem gab: wenn er Geschenke bekäme, solle er wieder am Kampfe teilnehmen, wenn nicht, solle er seinen Groll behalten. Und wenn es von Achilleus selber heißt, er sei so habsüchtig gewesen, von Agamemnon Geschenke anzunehmen und die Auslieferung des toten Hektor davon abhängig zu machen, daß er ein Lösegeld bekäme, so glauben wir auch das nicht und verwerfen es.‹

›Nein, es ist unrecht, dergleichen zu billigen.‹ 391a

›Nur um Homers willen enthalte ich mich, zu sagen: es ist geradezu Sünde, dergleichen von Achilleus zu erzählen oder sich erzählen zu lassen! Ebenso auch, wenn Achilleus zu Apollon gesagt haben soll:

Allverderblichster Gott, Ferntreffer, du hast mich betrüglich
Fort nach hier von den Mauern gelockt! –
Fehlte mir nur nicht die Macht, fürwahr, ich vergält' es dir gerne!

Und wenn er dem Strom, der doch ein Gott ist, nicht gehorcht und sogar mit ihm kämpfen will. Auch daß er von seinem Haupthaar, das dem Flußgott Spercheios geweiht worden war, gesagt haben soll: er möchte es gern dem Helden Patroklos mit ins Grab geben, und dies dann auch ausgeführt haben soll, darf man nicht glauben. Und wenn Homer weiter erzählt, daß Achilleus Hektors Leichnam um den Grabhügel des Patroklos geschleift und die Gefangenen auf dem Scheiterhaufen geschlachtet habe und was der Grausamkeiten mehr sind, so halten wir auch das für irrtümlich. Unsere Bürger dürfen es nicht glauben, daß Achilleus, der Sohn einer Göttin und des besonnenen Zeusenkels Peleus und der Zögling des weisen Cheiron, ein so verworrenes Inneres gehabt habe, daß er an zwei entgegengesetzten Krankheiten litt: an niedriger Habsucht und an Überhebung über Götter und Menschen.‹

›Du hast recht.‹

V ›So glauben wir ferner nicht daran und verbieten es zu er-
d zählen: daß Theseus, Poseidons Sohn, und Peirithoos, Zeus' Sohn, fürchterliche Raubzüge unternommen hätten, überhaupt daß Göttersöhne und Heroen sich furchtbare und ruchlose Taten zuschulden hätten kommen lassen, wie man jetzt von ihnen fabelt. Wir zwingen die Dichter, ihnen entweder solche Verbrechen oder aber die göttliche Herkunft abzusprechen. Beides zusammen dürfen sie nicht sagen. Sie dürfen unseren Jünglingen nicht weismachen, daß die Götter verworfene Kinder zeugen und daß die Heroen nicht besser
e sind als die Menschen. Wir sagten schon vorher, daß dies gottlos und unwahr sei. Denn von den Göttern kann nichts Böses kommen, wie wir bewiesen haben.‹

›Ja freilich.‹

›Und für die Zuhörer sind diese Dinge verderblich. Jeder wird sich die eignen Fehler vergeben, wenn er überzeugt ist, daß ähnliche begangen würden und begangen worden wären von den Sprößlingen der Götter

nah' dem Zeus, für die noch in des Ida Gau
In heitrer Luft steht ein Altar des Ahnen Zeus,
In deren Adern rinnt noch immer göttlich Blut.

392a Darum muß man solchen Fabeleien ein Ende machen. Denn sie eröffnen den Jünglingen einen bequemen Zugang zum Bösen.‹

›Freilich.‹

›Welche Gattung von Erzählungen und Dichtungen hätten wir nun noch vorzunehmen, um die zulässigen und unzulässigen zu scheiden? Wie die Götter darzustellen sind, die überirdischen Wesen und die Heroen, ebenso wie von der Unterwelt gesprochen werden muß, haben wir klargelegt.‹

›Jawohl.‹

›So bleibt noch die Darstellung der Menschen übrig?‹

›Offenbar.‹

›Nun, Freund, hierüber können wir gegenwärtig noch nichts sagen.‹

›Wieso?‹

›Wir werden gewiß finden, daß die Dichter und Fabelerzähler auch über die Menschen in der Hauptsache falsch urteilen. Sie erzählen uns von vielen Ungerechten, die glück- b
lich sind, und von vielen Gerechten, die unglücklich sind. Sie stellen die Unredlichkeit, wenn sie unentdeckt bleibt, als vorteilhaft hin, nennen die Gerechtigkeit ein Gut für andere, einen Nachteil für den Gerechten selber. Und wir werden ihnen verbieten, die Dinge so darzustellen, und sie auffordern, ihre Gesänge und Geschichten nach dem entgegengesetzten Grundsatz zu dichten. Oder meinst du nicht?‹

›Ich weiß es sogar, daß wir zu diesem Ergebnis kommen werden.‹

›Wenn du das sagst, darf ich behaupten, daß du über den eigentlichen Gegenstand unserer Untersuchung mit mir einer Meinung bist.‹

›Deine Vermutung ist richtig.‹

›Also daß die Menschen in dieser Weise geschildert wer- c
den müssen, werden wir dann feststellen, wenn wir das Wesen der Gerechtigkeit gefunden haben und uns klar darüber geworden sind, daß sie an sich ihrem Besitzer vorteilhaft ist, gleichviel ob sie sichtbar ist oder nicht.‹

›Ganz recht.‹

›So schließen wir jetzt die Untersuchung über den Inhalt VI
der Dichtungen und müssen nun auf ihre Form eingehen. Dann ist vollkommen klargestellt, was unseren Jünglingen vorgetragen werden soll und wie es vorgetragen werden soll.‹

Und Adeimantos sagte: ›Ich verstehe nicht, was du damit meinst.‹

›Das sollst du aber‹, erwiderte ich. ›Vielleicht wird es dir so d
deutlicher: behandelt nicht alles, was Dichter und Mythenerzähler berichten, entweder Ereignisse der Vergangenheit oder der Gegenwart oder der Zukunft?‹

›Natürlich.‹

›Und tragen sie dieselben nicht entweder als einfache Erzählung vor oder als Erzählung, die durch Nachahmung zustande kommt, oder auf beide Arten zugleich?‹

›Auch das möchte ich deutlicher verstehn.‹

›Ich scheine ein lächerlicher und unklarer Lehrer zu sein.
So will ich wie Leute, die sich nicht auszudrücken wissen, an
e einem Beispiel klarmachen, was ich im ganzen nicht klarma-
chen kann. Sag': du kennst doch den Anfang der Ilias? Der
Dichter erzählt: Chryses habe Agamemnon um Herausgabe
seiner Tochter gebeten; Agamemnon aber sei zornig ge-
393a worden. Da habe jener, weil seine Bitte unerfüllt blieb, die
Achaier bei dem Gotte verklagt.‹

›Ja, ich weiß.‹

›Nun weißt du, daß bis zu den Worten:

und richtet an alle Achaier
Aber zunächst an die Führer des Heers, die Atriden, die Bitte,

der Dichter selber erzählt. Er sucht nicht die Vorstellung zu
erwecken, als spräche jemand anders. Dann aber spricht er, als
b ob er Chryses selbst sei. Er möchte uns auf jede Weise glau-
ben machen, der Sprecher sei nicht Homer, sondern der grei-
se Priester. Fast die ganze Darstellung der Ereignisse vor Ilion,
ebenso der Ereignisse in Ithaka und überhaupt in der Odys-
see hat er in dieser Weise gegeben.‹

›Jawohl.‹

›Und unter Darstellung verstehen wir doch eben die jedesmaligen Reden, die er mitteilt, und das, was diese Reden verbindet?‹

›Ohne Zweifel.‹

›Wenn er aber im Sinne der einzelnen Personen spricht, so nähert er sich doch immer der Redeweise derjenigen möglichst an, die er als sprechende ankündigt?‹

›Ja gewiß.‹

c ›Und sich jemandem annähern, in Stimme oder in Hal-
tung, heißt ihn nachahmen?‹

›Freilich.‹

›Also bedienen sich er und andere Dichter in solchen Fällen zur Darstellung der Nachahmung.‹

›Jawohl.‹

›Versteckt sich der Dichter dagegen niemals, so verläuft sein ganzes Gedicht und seine ganze Darstellung ohne Nachahmung. Damit du nicht wieder sagst, du verständest d
nicht, wie dies geschähe, will ich ein Beispiel geben. Wenn Homer erzählte: Chryses kam, brachte Lösegeld für seine Tochter, flehte die Achaier an, zumal die Könige, – nun aber nicht fortführe, als sei er Chryses geworden, sondern als bliebe er Homer, so ergäbe das, wie du siehst, eine einfache Darstellung, keine Nachahmung. Es würde etwa so lauten (ich sage es nicht in Versen, denn ich bin kein Dichter): der Priester kam und betete zu den Göttern, sie möchten den e
Achaiern die Eroberung Trojas und glückliche Heimkehr gewähren; die Achaier aber bat er, sie möchten die Götter fürchten und ihm seine Tochter gegen Lösegeld zurückgeben. Darauf waren alle gottesfürchtig und stimmten ihm zu. Nur Agamemnon fuhr ihn an, er solle sich fortmachen; sein Priesterstab und seine Priesterbinde schützten ihn nicht. Ehe er die Tochter freigäbe, solle sie bei ihm in Argos alt werden. Er wies ihn fort und warnte ihn, seinen Zorn zu reizen. Sonst käme er nicht heil nach Hause. Der Alte hörte seine Worte voller Furcht an und ging still davon. Als er aber 394a
das Heerlager hinter sich gelassen hatte, betete er inständig zu Apollon, rief ihn bei seinen Beinamen, erinnerte ihn an die Tempelbauten und Opfer, die er ihm gewidmet habe und beschwor ihn, zum Dank dafür jetzt seine Tränen an den Achaiern durch seine Geschosse zu rächen. – So, Freund, sieht eine einfache Erzählung ohne Nachahmung aus.‹

›Ich verstehe.‹ b

›Und du verstehst auch, daß die Darstellung gerade entge- VII
gengesetzt ist, wenn die Mitteilungen des Dichters zwischen den Reden fortfallen und nur das Wechselgespräch stehenbleibt?‹

›Ich verstehe auch das. In den Tragödien ist es der Fall.‹

›Ganz richtig! Nun habe ich wohl erklärt, was ich vorher nicht klarmachen konnte. Es gibt drei Arten von Gedichten und Erzählungen. Die erste ist ganz Nachahmung; das ist die
c Tragödie und Komödie, wie du sagst. Die zweite ist ein einfacher Bericht des Dichters; dergleichen findet sich hauptsächlich in den Dithyramben. Die dritte endlich vereinigt beides; du findest sie in den Epen und sonst noch vielfach, wenn ich dir verständlich geworden bin.‹

›Ja, ich verstehe jetzt wohl, was du vorher meintest.‹

›Nun denke an das, was wir noch vordem sagten: der Inhalt der Dichtungen sei besprochen worden; nun käme die Form an die Reihe.‹

›Ich erinnere mich wohl.‹

d ›Ich meinte gerade das damit. Wir müssen uns einigen, ob wir nachahmende Dichtungen bei uns zulassen wollen, oder ob wir die nachahmende Darstellung nur für einige Fälle zulassen wollen, und für welche dann und für welche nicht, oder schließlich ob wir jede Nachahmung verwerfen sollen.‹

›Ich vermute, du untersuchst die Frage, ob wir die Tragödie und Komödie in unsern Staat aufnehmen sollen oder nicht.‹

›Vielleicht. Vielleicht eine noch größere Frage. Ich weiß es noch nicht. Wir müssen gehen, wohin uns der Wind der Untersuchung treibt.‹

›Du hast recht.‹

e ›Frage dich also, Adeimantos, ob sich unsere Wächter auf Nachahmung verstehen müssen? Entscheidet sich das nicht durch unsern Grundsatz: jeder könne nur in einem einzigen Beruf Tüchtiges leisten und wenn er sich in vielen versuchte, brächte er es in keinem zu etwas?‹

›Entschieden.‹

›Der Grundsatz hat wohl sogar für die Nachahmungskunst selber Geltung? Ein einzelner kann nicht gut verschiedene Dinge nachahmen.‹

›Nein.‹

395a ›Man wird also erst recht nicht einen Beruf ausfüllen und daneben noch ein vielseitiger Nachahmungskünstler sein können. Denn nicht einmal zwei Formen der nachahmenden Kunst, die nahe verwandt scheinen, werden von einem Menschen beherrscht. So ist es z. B. mit den Tragödiendichtern und den Komödiendichtern. Beide Dichtungsarten nanntest du Nachahmungen?‹

›Ja. Du hast auch recht, daß ein Dichter nicht beide beherrscht.‹

›Auch Rhapsode und Schauspieler kann man nicht zugleich sein.‹

›Das ist wahr.‹

›Selbst die Schauspieler für die Komödie sind nicht die b
gleichen wie für die Tragödie. Und doch handelt es sich immer um mimische Kunst, nicht wahr?‹

›Freilich; um mimische Kunst.‹

›Ja, die Einseitigkeit der menschlichen Begabung geht noch weiter, Adeimantos. Der Mensch ist unfähig, ein vielseitiger Nachahmer zu sein und zugleich auch zu verwirklichen, was er da nachahmt.‹

›Vollkommen wahr.‹

›Wenn wir daher unsern Satz aufrecht erhalten, daß die VIII
Wächter von allen Berufen befreit sein müssen, um in ihrem c
einzigen Beruf: die Freiheit des Staates zu wahren, Meister zu sein, wenn es dabei bleibt, daß sie sich lediglich um das kümmern sollen, was diesem Zweck dient, so dürfen sie eben nichts anderes treiben und dürfen nichts anderes nachahmen. Wenn sie etwas nachahmen, so müssen es die Eigenschaften sein, die sie brauchen. Männer, die diese Eigenschaften haben, sollen sie von Kindheit an nachahmen, also tapfere, besonnene, gottesfürchtige, freie und wer ihnen verwandt ist. Knechtssinn dürfen sie weder haben noch dürfen sie verstehen, ihn darzustellen, überhaupt nichts Niedriges. Sonst folgt
dem Nachahmen das Haben. Hast du nicht bemerkt, daß ei- d
nem zur Gewohnheit und zur Natur wird, was man von Kindheit an beständig nachmacht, sei dies nun Körperhaltung oder sei es die Stimme oder seien es Gedanken?‹

›Ja, freilich.‹

›Die Jünglinge, die uns am Herzen liegen und die zu tüchtigen Männern werden sollen, erhalten also auch nicht die

Erlaubnis, Frauen darzustellen (denn sie sind ja Männer);
mögen es jüngere oder ältere Frauen sein, mögen sie mit ih-
rem Mann zanken oder mit den Göttern hadern und sich
e im Gefühl des Glückes überheben, oder mögen sie durch
Schicksale, durch Kummer und Jammer gebeugt sein. Noch
weniger dürfen sie eine kranke oder eine liebende oder eine
gebärende Frau darstellen.‹

›Ganz gewiß nicht.‹

›Auch Sklavinnen nicht und Sklaven, die Sklavenwerk tun.‹

›Nein, auch das nicht.‹

›Auch verächtliche Männer offenbar nicht, die feig sind
und das Gegenteil von dem tun, was wir eben als vorbildlich
bezeichneten, die also einander schelten, verspotten und be-
396a schimpfen, in trunkenem oder nüchternem Zustande, und
wie sich solche Leute sonst noch gegeneinander und gegen
andere aufführen. Auch sollen sie sich nicht gewöhnen,
Irrsinnige in Worten oder Handlungen nachzuahmen. Sie
sollen Männer und Frauen, die irrsinnig oder die verächtlich
sind, wohl kennen; aber sie sollen nicht handeln wie sie
und ihr Tun und Treiben nicht darstellen.‹

›Vollkommen wahr.‹

›Ferner: sollen sie Schmiede oder andere Handwerker,
b sollen sie Ruderer oder Bootsmänner oder dergleichen dar-
stellen?‹

›Warum denn! Sie sollen mit all diesen Dingen doch nichts
zu tun haben.‹

›Weiter! Machen sie es wiehernden Rossen, brüllenden
Stieren, rauschenden Strömen, oder dem tosenden Meere,
dem Donner und ähnlichen Dingen nach?‹

›Nein. Wir hatten ihnen verboten, rasend zu sein oder sich
rasend zu gebärden.‹

›Wenn ich dich recht verstehe, gibt es zwei Arten von Aus-
drucksweise und von dichterischer Darstellung. Der einen
c bedient sich der rechte und wackere Mann, wenn er etwas
mitteilt; an die zweite, entgegengesetzte hält sich stets der-
jenige, der jenem durch Natur und Erziehung entgegenge-
setzt ist.‹

›Was sind das für Arten?‹

›Wenn die Darstellung Worten oder Taten eines edlen
Mannes gilt, wird ein Dichter von ordentlicher Gesinnung
meiner Meinung nach geneigt sein, in dessen Sinn zu spre-
chen, und wird sich der Nachahmung nicht schämen, na-
mentlich dann nicht, wenn jener Edle fest und einsichtig
handelt, eher schon, wenn er durch Krankheit oder Leiden- d
schaft, durch Trunkenheit oder einen ähnlichen Fehltritt zu
Fall gebracht erscheint. Ist aber von einem Unwürdigen die
Rede, so wird der Dichter sich nicht die Mühe geben, zu
diesem Geringeren herabzusteigen, höchstens für die kurze
Zeit, wo er etwas Gutes tut; im übrigen wird er sich schämen,
ihn nachzuahmen. Denn einmal ist er nicht geschickt zur
Nachahmung solcher Leute, zweitens ist es ihm zuwider,
sich in geringere Formen menschlichen Seins hineinzufin-
den und hineinzubegeben. Seine Seele weist das von sich, e
falls es nicht im Scherz geschieht.‹

›Ja, man sollte meinen.‹

›Seine Darstellung wird also derartig sein, wie wir sie so- IX
eben an den Epen Homers erläuterten. Sein Vortrag wird
beides enthalten, Nachahmung und einfache Erzählung. Die
Nachahmung wird aber nur einen geringen Teil seines Ge-
dichts ausmachen. Oder habe ich nicht recht?‹

›Doch. Der Vortrag eines solchen Dichters muß dergestalt
sein.‹

›Ein Dichter der zweiten Art dagegen wird alles nachah- 397a
men; je weniger er taugt, desto mehr. Er wird nichts unter
seiner Würde finden, also alles mögliche und vor großem
Zuhörerkreis mimisch darstellen, auch das, was wir vorher
nannten: Donner, Getöse der Winde, des Hagels, der Wagen-
räder, der Walzen; den Ton der Trompeten, Flöten, Pfeifen
und aller anderen Instrumente; auch die Stimmen der Hun-
de, Schafe, Vögel. Sein Vortrag wird ganz aus Nachahmung b
von Tönen und Gestalten bestehen und höchstens ein klein
wenig Erzählung enthalten.‹

›Auch das ist unbedingt richtig.‹

›So meinte ich es mit den beiden Arten des Vortrages.‹

›Es ist entschieden so.‹

›Und der Vortrag der ersten Art wird doch nur geringe Abwechslung in Stil und Versmaß haben; und fügt man passende Melodien und Rhythmen hinzu, so werden sich die Melodien vernünftigerweise in einer einzigen Tonart halten
c (der Text ist ja nicht sehr verschiedenartig) und ebenso in einem entsprechenden Rhythmus.‹

›Ohne Zweifel.‹

›Und wie ist es mit der zweiten Art? Verlangen Dichtungen dieser Gattung nicht sämtliche Tonarten und sämtliche Rhythmen, wenn man sie den mannigfaltigen Abwechslungen entsprechend vortragen will, die sie enthalten?‹

›Sicherlich.‹

›Und alle Dichter, überhaupt alle, die etwas vorzutragen haben, bedienen sich entweder der ersten Vortragsweise oder der zweiten, oder sie verbinden beide?‹

›Unbedingt.‹

d ›Was werden wir nun tun? Dulden wir alle drei Vortragsweisen in unserem Staate? Oder nur eine von den beiden ersten? Oder die, welche beides verbindet?‹

›Wenn ich zu bestimmen habe, gestatten wir nur die, welche bloß das Nachahmungswürdige nachahmt.‹

›Aber Adeimantos, auch die, welches beides verbindet, hat große Reize. Den allergrößten Reiz für Knaben, auch für deren Lehrer und für das große Volk, hat aber die, welche der von dir bevorzugten entgegengesetzt ist.‹

›Allerdings hat sie den größten Reiz.‹

e ›Doch meinst du vermutlich, daß sie in unsern Staat nicht gehört. Denn bei uns gibt es keine doppelten und vielfachen Menschen. Jeder hat nur einen einzigen Beruf.‹

›Nein, sie gehört nicht dahin.‹

›Lediglich in unserem Staate ist daher ein Schuhmacher ausschließlich Schuhmacher, nicht nebenher Steuermann, der Landwirt ausschließlich Landwirt, nicht nebenher Richter, der Soldat ausschließlich Soldat, nicht nebenher Erwerbsmann, und ebenso finden wir es in sämtlichen Berufen.‹

398a ›Ja, entschieden.‹

›Und käme einmal ein Mann in unsern Staat, von so großer Geschicklichkeit, daß er alle Gestalten annehmen und alle Gegenstände in der Welt nachahmen könnte, und dieser weise Mann wollte uns seine Künste zeigen und seine Gedichte vortragen, so würden wir ihn anbeten als einen Heiligen, der Bewunderung verdient und zu bezaubern vermag. Trotzdem aber würden wir ihm zu verstehen geben, daß es Männer von solcher Art in unserem Staate nicht gäbe und ihre Ansiedlung in ihm nicht gestattet sei. Wir würden sein Haupt salben und mit Wolle kränzen und ihn dann in einen anderen Staat weiterschicken. Wir bleiben bei unseren reizloseren und herberen Dichtern und Mythenerzählern, weil
wir Nutzen von ihnen haben; bei denen also, welche sich b
mit der Nachahmung wackerer Männer begnügen und den Grundsätzen folgen, die wir zu Anfang aufstellten, als wir uns an die Erziehung der Krieger begaben.‹

›Freilich. Wenn wir freie Hand hätten, würden wir es so machen.‹

›Und jetzt, Freund, haben wir wohl den Teil der musischen Bildung, der die gesprochenen Dichtungen und Überlieferungen betrifft, völlig durchgesprochen. Wir haben über ihren Inhalt wie über ihre Form verhandelt.‹

›Ja, ich meine auch.‹

›Es bleibt uns also noch der Teil, der von den gesungenen c X
Dichtungen und überhaupt von der Musik handelt?‹

›Ohne Zweifel.‹

›Jeder wird doch wohl von selber finden, wie wir uns über diesen Punkt entscheiden müssen, um mit dem Vorhergehenden in Einklang zu bleiben?‹

Da lachte Glaukon und sagte: ›Es scheint, ich bin keiner von allen, Sokrates. Ich kann es noch nicht klar erkennen, wie es mit der Musik sein soll. Vermutungen habe ich freilich.‹

›Nun, jedenfalls kannst du wohl klar erkennen, daß ein d
Lied sich aus drei Stücken zusammensetzt, aus Text, Melodie und Rhythmus.‹

›Ja, das kann ich.‹

›Was den Text anlangt, so besteht kein Unterschied zwischen ihm und den gesprochenen Dichtungen. Für ihn gelten ebenfalls die Bestimmungen, die wir soeben gegeben haben.‹

›Richtig.‹

›Und Melodie und Rhythmus müssen sich doch nach dem Text richten.‹

›Natürlich.‹

›Wir sagten: Gedichte klagenden und traurigen Inhalts hätten wir nicht nötig?‹

›Nein.‹

e ›In welchen Tonarten stehen denn nun klagende Melodien? Sag' du es; du bist Musiker.‹

›In der mixolydischen, der syntonolydischen und ähnlichen.‹

›Sie sind also auszuschließen. Für Frauen sogar, die tüchtig sein sollen, sind sie ungeeignet; erst recht also für Männer.‹

›Jawohl.‹

›Ferner ist Trunkenheit für einen Wächter etwas höchst Unschickliches; ebenso Weichlichkeit und Trägheit.‹

›Freilich.‹

›Welche Tonarten sind weichlich und eignen sich zu Trinkliedern?‹

›Die ionische und die lydische. Man heißt sie die schlaffen.‹

399a ›Haben sie für Kriegsmänner irgendwelchen Wert, Freund?‹

›Nein, keinen‹, entgegnete er. ›So bleiben anscheinend nur die dorische und die phrygische übrig.‹

›Ich kenne die Tonarten nicht. Laß die Tonart übrig, die dem Ton und der Ausdrucksweise des tapferen Mannes entspricht, wenn dieser im Kriege ist oder sonst Gewalt braucht
b und ebenso wenn er ins Unglück gerät, wenn Wunden und Tod ihm drohen oder andere Schicksale ihn treffen; er aber bleibt standhaft und erwehrt sich des Unheils.

Und eine zweite Tonart laß übrig, die ihn im Frieden zeigt, willig und milde, wie er überredet und wie er bittet, die

Götter durch Flehen, die Menschen durch Lehre und Er-
mahnung; auch umgekehrt, wie er einer Bitte Gehör gibt,
wie er Lehren und Reden beherzigt, folgsam, nicht hochfah-
rend ist, sondern stets besonnen und gemessen, zufrieden mit c
dem, was kommt. Diese beiden Tonarten laß übrig; die ge-
walttätige und die milde, die, welche Unglück und die,
welche Glück, welche Selbstbeherrschung und welche Tap-
ferkeit am schönsten wiedergibt.‹

›Es sind die beiden genannten, die ich übriglassen soll.‹

›Für unsere Lieder und Gesänge brauchen wir dann auch
nicht viele Saiten und nicht Instrumente, die alle Tonarten
enthalten?‹

›Ich meine nicht.‹

›Wir unterhalten also nicht die Instrumentenmacher, die d
das Trigonon, die Pektis und all die anderen vielsaitigen und
enharmonischen Instrumente bauen?‹

›Gewiß nicht.‹

›Aber Flötenmacher und Flötenbläser? Wirst du sie in un-
seren Staat aufnehmen? Die Flöte ist doch das vielseitigste
Instrument und jene enharmonischen ahmen nur die Flöte
nach.‹

›Offenbar.‹

›So bleiben uns nur die Lyra und die Kithara als brauchbar
übrig. Und die Hirten auf dem Felde können die Syrinx
blasen.‹

›So tut wenigstens unsere Untersuchung dar.‹

›Wir bringen keine Neuigkeit, Freund! Wir geben nur e
dem Apollon und seinen Instrumenten den Vorzug vor Mar-
syas und den seinigen.‹

›Wahrhaftig, du hast recht.‹

›Und wahrhaftig, wir haben, ohne es zu merken, unseren
Staat wieder gereinigt, der doch ausschweifend war, wie wir
oben schilderten!‹

›Ja, wir sind besonnen geblieben!‹

›Komm, reinigen wir ihn ganz! Auf die Melodien folgen XI
die Rhythmen. Auch hier dürfen wir nicht nach Mannigfal-
tigkeit und nach Taktwechsel streben. Wir müssen uns an die

Rhythmen halten, in denen ein geordnetes und mannhaftes
Leben dahinfließt. Haben wir diese gefunden, so muß der
entsprechende Text die Führung über Melodie und Takt ha-
400a ben. Takt und Melodie dürfen nicht den Text bestimmen.
Wie bei den Tonarten, ist es jetzt deine Aufgabe, die Rhyth-
men anzugeben.‹

›Das kann ich wirklich nicht. Ich will gern sagen, daß die
Taktarten sich aus drei Grundformen entwickeln, ebenso wie
sich alle Tonarten aus vier Tönen entwickeln; das habe ich
beobachtet. Welchen Lebensweisen aber diese Taktformen
entsprechen, kann ich nicht sagen.‹

b ›So wollen wir uns hiermit an Damon wenden. Mit ihm
zusammen wollen wir untersuchen, welche Taktarten zu
knechtischem Wesen, welche zum Hochmut, zur Tollheit
und zu anderen verwerflichen Eigenschaften passen, und
welche zu den umgekehrten, welche also erhalten werden
sollen. Ich habe undeutlich in der Erinnerung, daß er von ei-
nem zusammengesetzten Enhoplios, einem Daktylos und
Heroos sprach, die er, ich weiß nicht wie, anordnete und den
vorderen mit dem hinteren Teil vertauschte, so daß sie kurz
oder lang endigten. Auch nannte er eine Taktart, glaube ich,
Jambos, eine andere Trochaios und fügte ihnen Längen und
c Kürzen hinzu. Bei einigen tadelte und lobte er, glaube ich,
nicht weniger die Zusammensetzung des Versfußes als die
Maße selber oder auch beides zugleich; ich kann es nicht
sagen. Also dies bleibt für Damon aufgehoben! Hier die Aus-
wahl zu treffen, ist Sache einer langwierigen Untersuchung.
Oder meinst du nicht?‹

›Doch, ganz entschieden.‹

›Aber du siehst wohl, daß rhythmisches Ebenmaß schickli-
ches Betragen, Mangel an Rhythmus schlechtes Betragen
nach sich zieht?‹

›Gewiß.‹

d ›Dies rhythmische Ebenmaß aber ergibt sich aus einem
guten Texte, denn beides ist verwandt; und Mangel an
Rhythmus aus einem schlechten Texte. Auch melodische
Schönheit und Mangel daran ergibt sich aus dem entspre-

chenden Text. Wir sagten ja schon, daß der Text die Führung über Melodie und Takt hat, nicht umgekehrt.‹

›Ja, so ist es in der Ordnung.‹

›Aber die Dichtung selber, also der Text? Er ergibt sich doch aus der Seelenverfassung?‹

›Ohne Frage.‹

›Und aus dem Texte ergab sich das andere?‹

›Ja.‹

›Nun, so ist gute Dichtung, gute Melodie, gutes Betragen, e
guter Rhythmus eine Folge der gutartigen Seelenverfassung; das Wort gutartig nicht, wie wir es tun, als mildernder Ausdruck für töricht verstanden, sondern als wahrhaft gut und schön geartet.‹

›Vollkommen.‹

›Und diese Dinge müssen sich also die Jünglinge zu erwerben suchen, wenn sie ihre Pflicht erfüllen wollen?‹

›Das müssen sie.‹

›Sie finden sich aber überall: in der Malerei und den ver- 401a
wandten Künsten, in der Webekunst, der Buntfärberei, der Baukunst sowie jeder handwerklichen Tätigkeit; ferner auch im Bau der Tiere und überhaupt der Lebewesen. Überall gibt es schickliche Gestaltung und unschickliche Gestaltung. Und Unschicklichkeit, unrhythmisches Wesen und unharmonisches Wesen sind undichterischem Wesen und unedler Seelenverfassung verschwistert; ebenso das Umgekehrte der besonnenen und edlen Seelenverfassung verschwistert und Abbilder von ihr.‹

›Ja, durchaus.‹

›Es genügt daher wohl nicht, die Dichter zu beaufsichtigen b XII
und sie zu nötigen, ihren Gedichten das Bild des guten Charakters aufzuprägen, andernfalls das Dichten in unserem Staate zu unterlassen? Wir müssen sämtliche Künstler und Handwerker beaufsichtigen und sie hindern, ihren Darstellungen lebender Wesen, ihren Bauwerken oder irgendwelchen anderen Werken ihrer Hände einen schlechten Charakter, etwas Zügelloses, Knechtisches, Unschickliches aufzuprägen. Können sie sich dem nicht fügen, so müssen wir die

Ausübung ihrer Kunst in unserem Staate verbieten. Denn
unsere Wächter sollen nicht mit Bildern verwerflicher Art
c großgezogen werden, sollen nicht wie Rinder, die auf einer
schlechten Weide grasen, Tag für Tag ein wenig von dem
Vielen, was sie umgibt, in sich aufnehmen und so unver-
merkt eine einzige große Krankheit in ihrer Seele aufrichten.
Vielmehr müssen wir solche Künstler suchen, die Charakter
haben und also auch das Schöne und das Würdige auszu-
drücken verstehen. Dann werden unsere Jünglinge in einem
gesunden Lande wohnen und alles wird ihnen zum Segen
werden, was von den schönen Werken zum Auge und zum
Ohre hinweht, wie ein Lufthauch, der von guten Gefilden
d Gesundheit herüberträgt. Er wird sie von Kind an unver-
merkt einem schönen Gedichte ähnlich machen und ihnen
Liebe zu einem solchen und Harmonie mit ihm geben.‹

›Ja, das wäre die herrlichste Art der Erziehung.‹

›Und darum ist die Musik auch der wichtigste Teil der Er-
ziehung, Glaukon. Rhythmen und Töne dringen am tiefsten
in die Seele und erschüttern sie am gewaltigsten. Sie haben
gutes Betragen im Gefolge und machen bei richtiger Erzie-
e hung den Menschen gut, andernfalls schlecht. Wer aber so,
wie es nottut, erzogen ist, hat auch die schärfsten Sinne für
das Unzulängliche, für schlechte Erzeugnisse der Kunst und
der Natur. Er verwirft sie mit Recht und lobt dagegen die
schönen Schöpfungen, nimmt sie mit Freuden in seine Seele
auf, bildet sich durch sie und wird ein wahrer tüchtiger
Mann. Die häßlichen tadelt er mit Recht und verabscheut
402a sie, schon als Kind, wo er die Gründe dafür noch nicht kennt.
Kommt ihm später die Vernunft, so freut er sich dessen; denn
er sieht ihre Verwandtschaft mit seiner eigenen, richtig erzo-
genen Seele.‹

›Allerdings. Und deswegen ruht die ganze Erziehung auf der Musik.‹

›Es verhält sich mit der Erziehung ähnlich wie mit den Buchstaben. Wir sind erst dann über sie Herr, wenn von diesen wenigen Zeichen uns keins entgeht, wo es auch steht. Wir wenden ihnen im kleinen wie im großen stets unsere

Aufmerksamkeit zu, denken nie, es käme nicht darauf an, ge- b
nau hinzusehen, sondern geben uns überall Mühe, sie auseinander zu halten, weil wir eben nicht eher lesen können, als bis wir dies erreicht haben.‹

›Ganz recht.‹

›Und die Bilder von Buchstaben, die man im Wasser sieht oder im Spiegel, können wir doch nicht eher unterscheiden als die Buchstaben selber? Beides lernt und übt man zugleich.‹

›Entschieden.‹

›Ganz ebenso, sage ich, haben wir wahre Bildung erst dann,
wir und auch die Wächter, deren Erziehung uns beschäftigt –, c
wenn wir das Wesen der Besonnenheit, der Tapferkeit, der Freiheit, des Hochsinnes und der Eigenschaften, die diesen verwandt, und derer, die ihnen entgegengesetzt sind, empfinden, wo sie sich auch zeigen, wenn wir ihr Vorhandensein, überall wo sie wirklich vorhanden sind, bemerken, und zwar das Vorhandensein der wirklichen Eigenschaften wie auch ihrer künstlerischen Darstellungen; wenn wir im kleinen wie im großen auf sie achthaben und überzeugt sind, daß man das Verständnis für die Urbilder wie für die Abbilder zugleich lernt und übt.‹

›Ganz unbedingt.‹

›Und nicht wahr, wenn bei einem Menschen ein schöner d
Charakter sich vereinigt mit entsprechenden Schönheiten seiner äußeren Gestalt, die das gleiche Gepräge haben –, so ist das der herrlichste Anblick für jeden, der die Kraft hat, ihn zu sehen?‹

›Bei weitem der herrlichste.‹

›Der herrlichste, das heißt aber der begehrenswerteste.‹

›Freilich.‹

›Wer im Besitze wahrer Bildung ist, wird also die Menschen lieben, die sich solcher Vollkommenheit annähern. Menschen aber, die nicht in Harmonie sind, wird er nicht lieben.‹

›Nein, wenigstens wenn sie in der Seele fehlt. Hat nur der Leib Fehler, so wird er darüber hinwegsehen und trotzdem zu lieben suchen.‹

e ›Ich merke, du hast oder hattest geliebte Knaben von dieser Art. Es mag sein. Aber sage: vertragen sich ausschweifende Lust und Besonnenheit?‹

›Wie sollten sie! Solche Lust macht besinnungslos, nicht minder als der Schmerz.‹

›Aber verträgt sich ausschweifende Lust mit den anderen Tugenden?‹

403a ›Keineswegs.‹

›Dagegen mit Hochmut und Unenthaltsamkeit?‹

›Ja, durchaus.‹

›Kannst du mir aber eine stärkere und heftigere Art der Lust nennen als das Lustgefühl beim Liebesgenuß?‹

›Nein, auch keine rasendere.‹

›Nun besteht aber das Wesen der echten Liebe darin, daß sie mit besonnenem und wahrhaft erzogenem Sinne das Geordnete und das Schöne liebt?‹

›Jawohl.‹

›Also darf sich mit der echten Liebe keine Raserei oder Unenthaltsamkeit verbinden?‹

›Nein, nicht.‹

b ›Also auch keine sinnliche Lust. Weder der Liebende noch der geliebte Knabe darf mit ihr etwas gemein haben, falls die Liebe echt ist, mit der jener liebt und dieser geliebt wird!‹

›Wahrhaftig nicht, Sokrates! Sie dürfen es nicht.‹

›Darum wirst du in unserem Staat folgendes weitere Gesetz erlassen: der Liebende liebe den Knaben, den er sich zugetan gemacht hat, wie einen Sohn; er verkehre und lebe mit
c ihm nur um der Schönheit willen. Darüber hinaus darf der Zweck seiner Bemühungen um ihn niemals gehen. Andernfalls treffe ihn der Vorwurf der Unbildung und der Unkunde der Schönheit.‹

›Ja, das Gesetz werde ich erlassen.‹

›Und jetzt hat wohl unsere Untersuchung über die musische Bildung ihr Ende erreicht. Meinst du nicht? Wo die Bildung enden muß, haben wir geendet. Mit der Liebe zur Schönheit muß sie enden.‹

›Ich bin deiner Meinung.‹

›Nach der musischen Bildung sollen die Jünglinge gym- XIII
nastische Bildung empfangen.‹

›Ohne Frage.‹

›Auch sie muß von Kindheit an und das Leben hindurch
mit Sorgfalt gepflegt werden. Doch verhält es sich mit ihr so d
– gib acht, ob ich recht habe –: ein leistungsfähiger Körper
macht durch seine Tüchtigkeit nicht die Seele ebenfalls
leistungsfähig; dagegen vervollkommnet eine kräftige Seele
durch ihre Tüchtigkeit auch den Körper aufs schönste. Was
ist deine Meinung?‹

›Ich stimme dir bei.‹

›Es ist also richtig, wenn wir uns vor allem um die Ent-
wicklung der Einsicht bemühen. Sie wird dann die körperli-
che Bildung im einzelnen regeln. Und wir begnügen uns e
jetzt, um nicht weitschweifig zu werden, mit der Feststellung
der allgemeinen Grundsätze.‹

›Ja.‹

›Die Jünglinge sollen sich vor dem Übermaß im Trinken hüten, sagten wir. Bei jedem anderen geht es eher an als beim Wächter, daß er trunken ist und nicht weiß, wo er ist.‹

›Ja, es ist lächerlich, wenn der Wächter einen Wächter braucht.‹

›Wie ist es mit dem Essen? Diese Männer sind Ringer, und ihr Ringen gilt dem Höchsten, nicht wahr?‹

›Ja.‹

›Ob also die Lebensweise der Athleten für sie paßt, die sich 404a
für die Wettkämpfe schulen?‹

›Doch wohl.‹

›Aber sie macht schläfrig und schwankend in der Gesundheit. Siehst du nicht, wie diese Ringkämpfer ihr ganzes Leben verschlafen und schwere Krankheiten bekommen, sowie sie ein wenig von ihrer Diät abweichen?‹

›Ja, ich sehe es.‹

›Unsere Kriegsringkämpfer brauchen eine sorgfältigere
Schulung für ihren Beruf. Sie müssen doch wachsam sein
wie Hunde, sie müssen möglichst scharf sehen und fein hö-
ren und müssen auch im Kriege bei allem Wechsel von b

Trank und Speise, von Hitze und Kälte eine feste Gesundheit bewahren.‹

›Das ist klar.‹

›Nun ist doch wohl die geeignetste gymnastische Bildung mit der von uns beschriebenen seelischen Bildung eng verwandt?‹

›Wie meinst du das?‹

›Sie ist einfach und kräftig, zumal soweit sie sich auf den Krieg bezieht.‹

›In welcher Weise?‹

›Man kann das auch aus dem Homer lernen. Du weißt, daß er den Helden bei ihren Mahlzeiten im Kriege keine Fische
c vorsetzt, obwohl sie am Hellespont lagern, also dem Meere nahe sind. Auch kein gekochtes Fleisch, sondern bloß am Spieß gebratenes, was für Soldaten am leichtesten zu bereiten ist. Es ist ja überall bequemer, gewissermaßen das Feuer selber zu benutzen als Geschirr mit sich herumzutragen.‹

›Ja, viel.‹

›Auch Gewürze erwähnt Homer, glaube ich, niemals. Alle Ringkämpfer wissen ja, daß man dergleichen meiden muß, um seinen Körper frisch zu erhalten.‹

›Und es ist gut, daß sie das wissen und danach handeln.‹

d ›Wenn du das für gut hältst, Freund, so bist du, wie es scheint, kein Freund der syrakusischen Tafel und des sizilischen Überflusses an Gerichten?‹

›Allerdings nicht.‹

›Und auch kein Freund davon, daß Männer, die einen leistungsfähigen Körper haben wollen, sich korinthische Mädchen zu Freundinnen halten?‹

›Durchaus nicht.‹

›Und auch kein Freund der attischen Backwaren, soweit diese offenbar Leckereien sind?‹

›Unbedingt nicht.‹

e ›Ich glaube, wir können diese ganze Art der Ernährung und Lebensführung mit jenem Stil in der Musik und im Gesang vergleichen, der alle Tonarten und alle Taktarten zugleich verwendet.‹

›Ohne Frage.‹

›Die Mannigfaltigkeit dort hat Zügellosigkeit im Gefolge, die Mannigfaltigkeit hier Krankheit. Einfachheit in der Musik macht die Seele vernünftig. Einfachheit in der Ernährung des Körpers macht ihn gesund.‹

›Vollkommen wahr.‹

›Nehmen aber in einem Staate Zügellosigkeit und Krankheit überhand, so tun sich viele Gerichtshöfe und viele Kran- 405a
kenhäuser auf. Rechtskunde und Heilkunde kommen zu Ehren, namentlich wenn sich auch die Freien in großer Zahl diesen Berufen widmen.‹

›Sicherlich.‹

›Kannst du mir aber einen besseren Beweis für den er- XIV
bärmlichen Zustand der Erziehung in einem Staate nennen, als wenn das Verlangen nach großen Ärzten und bedeutenden Richtern laut wird? Und nicht nur von seiten der geringen, arbeitenden Stände, sondern auch von seiten derer, die
sich rühmen, als Freigeborene erzogen zu sein? Oder ist es b
etwa nicht schimpflich und nicht ein vollgültiger Beweis von Unerzogenheit, wenn man sich von anderen Menschen, von Fürsten oder Richtern, Gerechtigkeit herbeiholen und diese dann in Anwendung bringen muß, weil man selber keine Gerechtigkeit besitzt?‹

›Es gibt nichts Schimpflicheres.‹

›Doch, es gibt etwas noch Schimpflicheres; wenn man nämlich den besten Teil des Lebens auf dem Gericht verbringt, bald als Angeklagter, bald als Ankläger; ja, wenn man aller Schönheit so bar ist, daß man schön tut mit der Ge-
schicklichkeit im Verbrechen, in der Verdrehung des Rechts, c
mit der Kunst, sich zu winden und pfiffig durch jedes Loch zu entschlüpfen, um die Bestrafung zu vermeiden; und dies alles um nichtigen Tandes willen, ohne eine Ahnung davon zu haben, wieviel schöner und würdiger man sich das Leben macht, wenn man keinen verschlafenen Richter braucht.‹

›Allerdings, das ist noch schimpflicher.‹

›Und auch das ist schimpflich, daß man die ärztliche Kunst braucht nicht zur Heilung einer Wunde oder einer Krank-

heit, wie sie der Wechsel der Jahreszeiten mit sich bringt,
d sondern weil man durch Trägheit und durch üppiges Leben
von Flüssen und Winden voll geworden ist wie ein überlau-
fender See. Und dann finden sich die gezierten Asklepiosjün-
ger veranlaßt, solchen Zuständen Namen zu geben, wie
Blähungen und Katarrh.‹

›Ja freilich. Und es sind neue und wunderliche Namen für
Krankheiten.‹

›Zur Zeit des Asklepios gab es dergleichen gewiß nicht.
e Beweis dafür sind seine Söhne vor Troja. Dem verwundeten
Eurypylos gab die Dienerin Pramneischen Wein zu trinken,
nachdem sie viel Gerstenmehl darüber gestreut und Käse
406a darüber geschabt hatte, was doch wohl eine Entzündung her-
beiführt. Die Söhne des Asklepios aber tadelten dies nicht,
machten auch dem Patroklos, der es anordnete, keinen Vor-
wurf.‹

›Für einen solchen Kranken ist das allerdings ein ungeeig-
neter Trank.‹

›Nein, nicht wenn du bedenkst, daß die Asklepiosjünger
früher (vor Herodikos, sagt man) die Kranken nicht auf
die heutige Art behandelten. Heute ist die Heilkunst eine
Züchtung der Krankheiten. Dieser Herodikos war Lehrer
b der Ringkunst, wurde dann kränklich und vermengte die
gymnastische Kunst mit der ärztlichen Kunst. So quälte er
zuerst namentlich sich selber, später auch viele andere Men-
schen.‹

›Auf welche Weise?‹

›Er machte sich das Sterben lang. Seiner unheilbaren
Krankheit ging er zwar nach, konnte sie aber nicht heilen. So
brachte er sein Leben mit Heilversuchen zu, ohne irgendeine
andere Tätigkeit zu haben, litt, wenn er von seiner gewohn-
ten Lebensweise abwich, und erreichte ein hohes Alter, da
sein Wissen dem Tode Widerstand leistete.‹

›Also machte ihm seine Kunst ein schönes Geschenk!‹

c ›Das war natürlich. Er wußte eben nicht, daß Asklepios
eine solche Heilkunst seinen Nachkommen nicht aus Un-
wissenheit vorenthalten hat. Asklepios sah wohl ein, daß je-

der Bürger in einem gut verwalteten Staate gewisse Arbeiten zu leisten verpflichtet ist, die geleistet werden müssen. Niemand hat Zeit, sein Leben mit Heilversuchen und Kränklichkeit zu verbringen. Bei den arbeitenden Ständen begreifen wir das lächerlicherweise, aber bei den wohlhabenden und für glücklich gehaltenen nicht.‹

›Wieso?‹

›Wenn ein Zimmermann krank ist, verlangt er vom Arzt d XV
eine Arznei, um die Krankheit auszubrechen. Oder er will durch Abführmittel, durch Brennen oder Schneiden seine Krankheit loswerden. Gibt ihm der Arzt aber ausführliche Diätvorschriften, heißt er ihn einen Hut aufsetzen und andere Dinge mehr, so sagt ihm der Kranke bald, er habe keine Zeit, krank zu sein, und brächte nichts vor sich, wenn er an sein Leiden denken müßte und nicht arbeiten dürfte. Er sagt e
ihm also Lebewohl, kehrt zur gewohnten Lebensweise zurück, wird gesund und lebt seiner Arbeit. Kann sein Körper aber nicht mit der Krankheit fertig werden, so stirbt er und ist der Sorgen ledig.‹

›Ja, für einen Mann seines Standes ist das die rechte Art, mit der ärztlichen Kunst umzugehen.‹

›Und zwar, weil er eine Arbeit zu leisten hat, die ihm das 407a
Leben allein erträglich macht!‹

›Offenbar.‹

›Der Reiche aber, so meint man, hat keine Pflichten, von deren Erfüllung sein Leben abhängt?‹

›Nein, man ist nicht der Meinung.‹

›Und auf den Spruch des Phokylides hörst du nicht, wer zu leben hat, muß um die Tugend ringen.‹

›Ich glaube, auch wer noch nicht zu leben hat.‹

›Streiten wir nicht darüber. Belehren wir uns vielmehr, ob der Reiche die Pflicht hat, nach Vervollkommnung zu streben, und ob sein Leben verloren ist, wenn er es nicht tut. b
Oder hielte das sorgliche Nähren von Krankheiten zwar den Zimmermann und andere Berufsmenschen von der Erfüllung ihrer Pflicht ab, widerspräche aber der Mahnung des Phokylides durchaus nicht?‹

›Entschieden ist diese übertriebene Sorge um das leibliche Wohl in allen Fällen hinderlich. Wenn man sein Haus verwaltet, wenn man in den Krieg zieht, wenn man ein ruhiges Staatsamt hat, überall ist sie von Übel.‹

›Ja, und das wichtigste ist, daß sie sich auch allen Arten wis-
c senschaftlicher Betätigung, dem Nachdenken und geistigen Arbeiten, widersetzt. Beständig argwöhnt sie und spricht es auch aus, daß philosophisches Streben Erschöpfung und Schwindel nach sich ziehe. Mit allen Mitteln wehrt sie sich dagegen, daß man um die Tugend ringt und sich durch Leistungen auszeichnet. Denn sie erhält einen stets in der Angst, daß man krank sei, und läßt einem keine Ruhe vor körperlichen Beschwerden.‹

›So scheint es, gewiß.‹

›Und ich meine, Asklepios hat das wohl gewußt. Er hat seine Heilkunst für die Fälle bestimmt, wo der Kranke von Haus
d aus gesund ist und vernünftig lebt, aber von einer bestimmten Krankheit befallen wird. Diese Krankheit soll entfernt werden, durch Arzneien und Operationen, und dann soll der Geheilte seine gewohnte Lebensweise fortsetzen, damit die Allgemeinheit nicht geschädigt wird. Er hat aber nicht die Absicht gehabt, Leute, die durch und durch krank sind, zu behandeln, durch Diätvorschriften hier ein wenig wegzunehmen, dort ein wenig anzusetzen, und ihnen so ein langes trauriges Leben zu verschaffen, ihnen auch zu ermöglichen, eine gewiß ähnliche Nachkommenschaft in die Welt zu setzen. Nein, sich der Menschen anzunehmen, die in diesem
e Leben nicht lebensfähig sind, hat er nicht für seine Pflicht gehalten. Denn sie selber haben nichts von ihrem Leben und der Staat auch nicht.‹

›Da hältst du Asklepios für einen Staatsmann.‹

›Offenbar war er es. Und weil er es war, darum waren doch
408a auch seine Söhne vor Troja wackere Kriegsmänner und übten ihren ärztlichen Beruf so aus, wie ich es eben schildere. Erinnerst du dich nicht? Aus des Menelaos Wunde, die ihm Pandaros beigebracht hatte:

Sog er das Blut aus und verband sie kundig mit Balsam.

Was Menelaos nachher trinken oder essen sollte, schrieben
sie ihm ebensowenig vor wie dem Eurypylos. Die Arznei ge-
nügte, um Männer zu heilen, die vor der Verwundung ge-
sund und mäßig gelebt hatten. Ja, sie konnten gleich nachher b
jenen Mischtrank genießen. Dagegen, meinten sie, hätten die
von Natur Kranken und Zügellosen nichts von ihrem Leben,
noch hätten die andren etwas davon. Für sie sei die Kunst
nicht da. Sie verdienten selbst dann keine ärztliche Behand-
lung, wenn sie reicher als Midas seien.‹

›Als kluge Leute schilderst du die Söhne des Asklepios!‹

›So ziemt es sich. Freilich widersprechen uns die Tragö- XVI
diendichter und Pindar. Sie nennen Asklepios einen Sohn
Apollons, erzählen aber, daß er sich durch Gold habe bereden
lassen, einen reichen Mann zu heilen, der schon im Sterben c
lag. Dafür habe ihn der Blitz erschlagen. Unseren Ergebnissen
zufolge glauben wir ihnen aber nur eins von beiden. Entwe-
der war er eines Gottes Sohn, und dann war er nicht schmut-
zig habgierig. Oder er war habgierig, und dann war er nicht
eines Gottes Sohn.‹

›Das ist ganz richtig. – Aber was sagst du zu folgendem, So-
krates? Muß unser Staat nicht tüchtige Ärzte besitzen? Und d
tüchtig sind doch vornehmlich die, welche recht viele Ge-
sunde kennengelernt und recht viele Kranke behandelt ha-
ben? Ebenso sind diejenigen Menschen tüchtige Richter,
die mit allen möglichen Naturen in Berührung gekommen
sind.‹

›Freilich sind das die tüchtigen. Aber weißt du, was für
welche es sind?‹

›Wenn du es sagst.‹

›Ich will es versuchen. Deine Frage aber enthielt zwei ver-
schiedene Dinge.‹

›Wieso?‹

›Zu einem tüchtigen Arzt wird man, wenn man erstens
von Kindheit an Unterricht erhält und dann so viele Men-
schen und so kranke Menschen wie möglich kennenlernt,
auch selber sämtliche Krankheiten durchmacht und keine e
starke Gesundheit hat. Der Körper wird ja nicht mit dem

Körper geheilt, sonst dürfte er freilich nicht krank sein oder werden; sondern er wird mit der Seele geheilt. Sie kann natürlich nicht gut heilen, wenn sie krank wird oder ist.‹

›Das ist richtig.‹

›Dagegen ein Richter, Freund, hat mit Seelen zu tun, die er
409a mit seiner Seele richtet. Seine Seele darf daher nicht von Kind an unter kranken Seelen gelebt und gelernt haben. Sie darf nicht alle Verbrechen selber durchlaufen haben, um die fremden Verbrechen besser beurteilen zu können, wie es der Arzt mit den Krankheiten kann. Seine Seele muß in der Jugend unerfahren sein und ohne Berührung mit der Verworfenheit. Nur so kann sie in Schönheit und Tüchtigkeit über das, was gerecht ist, urteilen. So kommt es auch, daß edle Charaktere in ihrer Jugend einen einfältigen Eindruck machen und von Unredlichen leicht hintergangen werden. Sie haben Regungen, die ihnen zum Verständnis der niedrigen Naturen verhelfen könnten, nicht in sich.‹

b ›Ganz so ergeht es ihnen.‹

›Darum wird nicht der Jüngling, sondern der Greis ein guter Richter sein. Er hat erst spät erfahren, was Ungerechtigkeit ist. Als Eigentum in seiner Seele hat er sie nicht gefunden, sondern lange sich bemüht, sie an anderen, also in fremden Seelen zu beobachten und ihre Verwerflichkeit einzusehen. Kenntnisse, nicht Erfahrungen an sich selber haben ihm dazu verholfen.‹

c ›Ja, solch ein Richter hat die edelste Gesinnung.‹

›Und ist auch tüchtig, wonach du fragtest. Wer eine tugendhafte Seele hat, ist tüchtig. Der Kluge und Mißtrauische, der sich oft vergangen hat und alles zu können und zu wissen glaubt, ist wohl seinesgleichen gegenüber klug, weil er auf der Hut ist und die anderen nach sich selber beurteilen kann. Aber
d er macht sich lächerlich, wenn er mit edlen und schon bejahrteren Männern zu tun hat. Er ist zur Unzeit mißtrauisch, weil er einen unverdorbenen Charakter von sich aus nicht beurteilen kann. Weil er aber mehr Schurken als ehrliche Leute trifft, kommt er sich und anderen eher weise als töricht vor.‹

›Vollkommen wahr.‹

›Den tüchtigen Richter darf man also in einem Menschen seiner Art nicht suchen, vielmehr in dem vorher Beschriebenen. Der Schlechte kommt niemals zur Erkenntnis des Guten noch zur Selbsterkenntnis. Wenn der edel Veranlagte dagegen die rechte Erziehung erhält, lernt er allmählich nicht nur sich selber verstehen, sondern auch den Schlechten. Er wird weise, der Schlechte nicht.‹ XVII e

›Das meine ich auch.‹

›Derart ist also die richterliche Kunst, wie du sie, gemeinsam mit der besprochenen ärztlichen, unserem Staate anbefiehlst. Für beide lautet das Gesetz: sie sollen sich nur der an Leib und Seele wohlgearteten Bürger annehmen. Die körperlich ungeratenen sollen sie sterben lassen, die seelisch ungeratenen und unheilbaren sollen sie töten.‹ 410a

›Ohne Zweifel ist es so das beste, sowohl für die Betroffenen wie für den Staat.‹

›Es ist klar daß sich unsere Jünglinge hüten werden, die Richter in Anspruch zu nehmen. Die musische Erziehung von jener einfachen Art, die sie genießen, macht sie ja vernünftig.‹

›Gewiß.‹

›Und wer sich so bildet und in gleichem Sinne die gymnastische Bildung pflegt, der wird es doch dahin bringen können, daß er auch die Ärzte nur im Notfall in Anspruch nimmt?‹ b

›Ich meine.‹

›Bei seinen Ringübungen und anderen körperlichen Anstrengungen selber wird er hauptsächlich den Willen im Auge haben und ihn anzuspornen suchen, nicht die Körperkraft. Die Ringkämpfer denken dagegen bei ihrer Diät und ihren Übungen nur an die Erziehung von Muskelkraft.‹

›Ganz richtig.‹

›Und wer musische und gymnastische Bildung als Erziehungsmittel vorschreibt, Glaukon, verfolgt damit wohl nicht den Zweck, den einige annehmen, nämlich daß durch die erstere die Seele, durch die zweite der Körper gebildet werden soll.‹ c

›Sondern?‹

›Beide scheinen vornehmlich auf die Seele zu zielen.‹

›Wieso?‹

›Hast du nicht bemerkt, wie es mit dem Seelenzustand eines Menschen bestellt ist, der sein Leben lang bloß Gymnastik treibt und keine geistige Bildung sucht? Ebenso, wenn er es umgekehrt macht?‹

d ›In welcher Beziehung meinst du?‹

›Ich meine, wie es mit seiner Roheit und Unfeinheit oder Schlaffheit und Sanftmut steht.‹

›Wer sich ausschließlich körperlich bildet, wird allzu roh, wer sich auf musische Bildung beschränkt, wird weichlicher, als ihm gut ist.‹

›Nun entwickelt sich aus der Roheit doch Willenskraft. Sie ist, bei richtiger Erziehung, nichts anderes als die Tapferkeit. Läßt man ihr aber allzu freien Lauf, so wird sie zur Wildheit und zum Ungestüm.‹

›Ja, das ist wohl richtig.‹

e ›Und die Milde? Liegt sie nicht im Wesen des geistig gerichteten Menschen? Nimmt sie aber überhand, so wird sie gar zu weichlich. Bei richtiger Erziehung ist sie nur Sanftmut und Mäßigkeit.‹

›Allerdings.‹

›Beide Eigenschaften aber sollen unsere Wächter besitzen.‹

›Ja, sie sollen es.‹

›So muß man sie in Harmonie miteinander bringen?‹

›Freilich.‹

›Und wer diese Harmonie erreicht hat, dessen Seele ist dann sowohl besonnen als tapfer?‹

411a ›Ja.‹

›Und bei wem sie nicht in Harmonie sind, der ist zugleich feig und roh.‹

›Ja.‹

XVIII ›Überläßt sich jemand der Musik, läßt er sich von ihr jene süßen, weichen, klagenden Weisen durch die Ohren wie durch einen Trichter in die Seele hineinflöten und hinein-

gießen, verbringt er sein ganzes Leben unter dem niederdrückenden und erhebenden Einfluß der Töne, so wird der Wille, den er vielleicht hat, zunächst biegsam wie Stahl. Er b
verliert seine Starrheit und wird dem Menschen dienstbar Fährt er aber unablässig fort, ihn so zu erweichen, so schmilzt der Wille schließlich und zerfließt. Ja, endlich wird er völlig zu Wasser; die Sehnen seiner Seele sind herausgeschnitten und er ist ein 'schwächlicher Streiter' geworden.‹

›In der Tat.‹

›Hatte er schon von Hause aus keinen festen Willen, so ist das bald getan. Hatte er aber Willen, so wird durch die beständige Schwächung Reizbarkeit daraus. Die Erregung flammt c
bei geringen Anlässen schnell auf und verraucht auch wieder. Er ist jähzornig, zänkisch, gallig geworden, aber nicht willensstark.‹

›Ja, sicherlich.‹

›Umgekehrt, wenn er viel Gymnastik treibt und recht in ihr schwelgt, Musik und Philosophie dagegen ganz beiseite läßt, so ist doch sein Körper wohlauf, und Mut und Willen beseelen ihn. Er wird zunächst männlicher als er war.‹

›Entschieden.‹

›Aber dann? Wenn er sich mit nichts anderem beschäftigt und mit keiner Muse Umgang pflegt, wird doch der Wissens- d
trieb, den er vielleicht hat, kraftlos werden, erlahmen und erblinden. Ihm wird kein Wissensstoff, kein Denkstoff zugeführt, er bleibt wissenschaftlichen Untersuchungen und anderen seelischen Tätigkeiten fern, wird also nicht geweckt, nicht genährt, und was er aufnimmt, wird nicht gereinigt.‹

›So ist es.‹

›Solch ein Mensch wird ein Feind des Denkens und ein Feind der Bildung; er überzeugt und begründet nicht mehr, sondern wendet überall Gewalt und rohe Kraft an wie ein e
wildes Tier. Er lebt in Unwissenheit und Unbeholfenheit dahin, ohne Rhythmus, ohne Anmut.‹

›Ganz so ist es.‹

›Also hat der Gott die beiden Dinge, die musische und die gymnastische Bildung, den Menschen geradezu zur Ent-

wicklung einerseits ihres geistigen Strebens, andererseits ihres Willens gegeben, nicht aber jene zur Bildung der Seele, diese zur Bildung des Körpers, oder dies doch nur nebenher.
412a Geistige und Willenstätigkeit sollen in rechtem Maße unterstützt und gedämpft werden und so zur Harmonie gelangen.‹

›Augenscheinlich.‹

›Und wer die gymnastische Bildung am schönsten mit der musischen zu vereinigen weiß, wer mit der ersteren im richtigsten Maße seine Seele zu bilden weiß, der verdient mit größerem Rechte den Namen eines vollkommenen Künstlers und Musikers als der, welcher die Saiten richtig stimmen kann.‹

›Man sollte meinen, Sokrates.‹

›Und in unserem Staate wird ein Mann von solcher Art beständig die Leitung haben müssen, Glaukon, damit die Verfassung unangetastet bleibt.‹

b ›Wir werden ihn dringend nötig haben.‹

XIX ›Das sind die Grundsätze für den Unterricht und die Erziehung. Von den Tänzen unserer Jünglinge, von ihren Jagden und Pirschgängen, Wettkämpfen und Wettrennen werden wir ja wohl nicht zu sprechen brauchen. Sie müssen zu dem, was wir besprochen haben, stimmen. Ihr Charakter ist also nicht schwer kenntlich.‹

›Wohl nicht schwer.‹

›Gut!‹ sagte ich. ›Was haben wir wohl ferner festzustellen? Ich dächte, wer unter unseren Wächtern denn nun das Herrscheramt hat.‹

c ›Ohne Frage.‹

›Es ist klar, daß die Älteren herrschen, die Jüngeren gehorchen.‹

›Ja, das ist klar.‹

›Und zwar die Tüchtigsten unter jenen.‹

›Auch das ist klar.‹

›Nun sind doch die tüchtigsten Landwirte die, welche vorzugsweise Landwirte sind?‹

›Ja.‹

›Also die tüchtigsten Wächter über einen Staat wären die, welche am vollkommensten wachen?‹

›Ja.‹

›Also müssen sie umsichtig in ihrem Beruf sein und befähigt dazu, ferner müssen sie sich für den Staat verantwortlich fühlen.‹

›So ist es.‹ d

›Dies Gefühl hat man aber am meisten für etwas, das man liebt.‹

›Unbedingt.‹

›Und lieben wird man am meisten das, dessen Vorteil der eigne Vorteil zu sein scheint, dessen Wohlergehen man mit dem eignen Wohlergehen gleichsetzt. Ebenso umgekehrt.‹

›Ja.‹

›So müssen wir diejenigen Wächter auswählen, bei denen wir beobachten, daß sie ihr Leben lang zu allen Dienstleistungen, die dem Staat von Nutzen scheinen, äußerst bereitwillig sind, sich aber heftig gegen Dienste wehren, die dem e
Staate zum Schaden gereichen.‹

›Das sind die rechten.‹

›Wir müssen ihnen in allen Lebensaltern nachspüren und fragen, ob sie der Überzeugung treu bleiben, daß ihre Tätigkeit dem Besten des Staates gelten muß. Um diese Überzeugung dürfen sie sich nicht bringen lassen, weder durch Betrug noch durch Zwang, weder sie vergessen noch sie freiwillig preisgeben.‹

›Wie meinst du dies preisgeben?‹

›Ich will es dir sagen. Eine Überzeugung verläßt uns doch mit oder ohne unsern Willen. Mit unserem Willen verläßt uns die irrige, wenn wir eines Besseren belehrt werden; ohne unseren Willen jede wahre.‹

›Das erste verstehe ich; aber wie es ohne unseren Willen 413a
geschieht, ist mir noch unklar.‹

›Nun denn; auch du glaubst doch, daß man sich des Guten unfreiwillig, des Schlechten freiwillig entäußert. Und es ist doch nichts Gutes, um die Wahrheit betrogen zu sein; dagegen etwas Gutes, sie zu besitzen. Und du sagst doch: ich habe die Wahrheit, wenn deine Überzeugung mit der Wirklichkeit übereinstimmt?‹

›Du hast recht. Allerdings gibt man die Wahrheit gegen seinen Willen preis.‹

b ›Und dies geschieht, wenn man entweder bestohlen oder betrogen oder vergewaltigt wird?‹

›Auch das verstehe ich nicht.‹

›Ich spreche, scheint es, wie ein tragischer Dichter. Bestohlen um seine Meinung nenne ich einen, der sich umstimmen läßt oder sie vergißt. Im ersten Falle haben ihn Worte, im zweiten die Zeit um seine Meinung gebracht, ohne daß er es merkte. Jetzt verstehst du?‹

›Ja.‹

›Vergewaltigt nenne ich einen, den ein Schmerz oder ein Weh veranlaßt, von seiner Meinung abzustehen.‹

›Auch das verstehe ich. Es ist richtig.‹

c ›Und als einen Betrogenen wirst auch du gewiß den Menschen bezeichnen, den verlockende Lust oder verscheuchende Furcht seiner Meinung untreu macht.‹

›Augenscheinlich wird man betrogen, wenn einem etwas Falsches vorgespiegelt wird.‹

XX ›Ich sagte also, wir müssen Umschau nach Männern halten, die ihre Überzeugung am besten zu hüten wissen, die Überzeugung nämlich, daß ihre gesamte Tätigkeit dem Besten des Staates gelten muß. Wir müssen gleich die Kinder beobachten, müssen Aufgaben stellen, bei denen man einer solchen Überzeugung am leichtesten untreu wird, indem man sie vergißt oder sich täuschen läßt. Wer sich ihrer stets erinnert
d und sich schwer täuschen läßt, muß ausgewählt, die anderen müssen ausgeschieden werden. Nicht wahr?‹

›Ja.‹

›Ferner müssen wir ihnen schwere Arbeiten geben, sie Schmerzen ertragen lassen, Kämpfe durchfechten lassen und immer unser Augenmerk auf denselben Punkt richten.‹

›Ja.‹

›Drittens müssen wir auch auf den Betrug hin gemeinschaftliche Proben anstellen und ihnen zuschauen. Wie man

die Füllen in Lärm und Getöse führt, um zu prüfen, ob sie furchtsam sind, so müssen die Jünglinge in schreckliche Lagen gebracht werden, dann wieder in verführerische Lagen. Man muß sie härter auf die Probe stellen als das Gold im Feu- e
er und muß ergründen, wer sich schwer betrügen läßt und überall standhaft bleibt, wer über sich selber zu wachen weiß sowie über die Erziehung, die er empfangen hat, wer den Rhythmus und die Harmonie in allen Lebenslagen bewahrt, kurz, wer sich so bewährt, wie es ihm selber und dem Staate zum höchsten Gewinn gereicht. Hat sich einer als Kind, als Jüngling und als Mann bewährt und ist ohne Tadel befunden worden, so muß er zum Herrscher und Wächter über den 414a
Staat erhoben werden. Solange er lebt, muß ihm Ehre erwiesen werden, und ist er tot, so muß er das würdigste Begräbnis und die anderen Gedenkzeichen aufs würdigste erhalten. Wer sich aber nicht bewährt, muß ausgeschieden werden. – So erfolgt meiner Meinung nach die Auslese und die Einsetzung der Herrscher und Wächter, Glaukon, wenn man nur die Grundsätze angeben, nicht das einzelne ausführen will.‹

›Meiner Meinung nach ebenfalls.‹

›Und es wird das richtigste sein, diese Männer als Wächter b
im eigentlichen Sinne zu bezeichnen. Sie wachen aufs vollkommenste, sowohl über die Feinde draußen, wie über die Freunde drinnen. Jene sollen nicht die Macht haben, Böses anzustiften, diese nicht den Willen. Die Jünglinge dagegen, die wir bisher Wächter nannten, wird man am richtigsten Gehilfen und Vollstrecker der Absichten jener Herrscher nennen.‹

›Ich denke.‹

›Nun müßten wir eine schöne Lüge einführen, eine von XXI
jenen notwendigen Lügen, die wir vorher besprachen. Wie bringen wir es fertig, daß zunächst die Herrscher, und wenn c
sie nicht, so doch das Volk an sie glaubt?‹

›Was für eine Lüge?‹

›Ich meine keine neue, sondern jene phönikische, die früher vielfach geglaubt wurde, wie die Dichter erzählen und wie wir nicht bezweifeln können. Heute glaubt man nicht mehr an sie, vielleicht auch in Zukunft nicht wieder; denn es gehört viel dazu, sie glaubhaft zu machen.‹

›Du scheinst zu zaudern.‹

›Mit gutem Grunde, wirst du sagen, wenn ich sie erzählt habe.‹

›Tu es und hab' keine Furcht!‹

d ›Ich tue es. Und doch weiß ich nicht, woher ich den Mut
und woher ich die Worte nehmen soll. Ich möchte also ver-
suchen, zunächst den Herrschern selbst und den Kriegern,
dann auch dem anderen Volk folgendes einzureden. Von der
ganzen Bildung und Erziehung, die wir ihnen jetzt haben an-
gedeihen lassen, hätten sie bloß geträumt; das alles sei wie ein
Traum gewesen. In Wirklichkeit seien sie unter der Erde ge-
wesen und dort aufgezogen und geformt worden, ebenso
e auch ihre Waffen und sämtlichen Werkzeuge. Und als alles
fertig gewesen, habe die Mutter Erde sie heraufgeschickt, und
jetzt müßten sie über das Land, in dem sie lebten, walten und
müßten es schützen und hüten; denn es sei ja ihre Mutter
und ihre Pflegerin. Ebenso müßten sie über die anderen Bür-
ger wachen; denn es seien ihre Brüder und gleichfalls Kinder
der Erde.‹

›Du hast dich nicht umsonst geschämt, uns ein solches Märchen zu erzählen.‹

415a ›Nein, mit Grund. Aber höre erst den Schluß der Fabel!
Ihr alle im Staate seid Brüder, so erzählen wir Mythendichter
ihnen. Aber als der Gott euch formte, hat er den künftigen
Herrschern Gold mitgegeben; darum sind sie die Ehrwür-
digsten. Den Gehilfen hat er Silber mitgegeben; den Land-
wirten und den übrigen Arbeitern Eisen und Erz. Und da ihr
alle eines Geschlechts seid, so zeugt ihr meist Kinder, die
b euch gleich sind. Es kommt aber auch vor, daß von einem
Goldenen ein silbernes Kind und von einem Silbernen ein
goldenes Kind gezeugt wird; ebenso ist es mit den übrigen.
Und der Gott befiehlt zuerst und zumeist den Herrschern,
über nichts so gut zu walten und über nichts so scharf zu wa-
chen wie über ihre Kinder, damit sie erkennen, was sie in sich
c haben. Hat ihr Kind Erz oder Eisen in sich, so dürfen sie kein

Erbarmen mit ihm haben; sie müssen ihm die Ehre geben, die seinem Wesen gebührt, und es fortstoßen zu den Arbeitern und Landleuten. Andererseits wenn von diesen ein Kind geboren wird, das Gold oder Silber in sich hat, so sollen die Herrscher es ehren und emporheben, jenes zu den Wächtern, dieses zu den Gehilfen. Denn ein Orakel sagt, daß der Staat zugrundegeht, wenn Eisen und Erz über ihn wachen. – Siehst du eine Möglichkeit, wie man die Menschen dazu bringen kann, an diesen Mythos zu glauben?‹

›Keine. Wenigstens die Bürger selber nicht. Eher schon d
ihre Nachkommen und die fernere Menschheit.‹

›Auch das wäre gut. Man wird dann wenigstens später mehr für den Staat und füreinander tun. Ich verstehe wohl, wie du
es meinst. – Nun, dies wird gehen, wie der Götter Wille es XXII
lenkt! Wir aber wollen jetzt unsere Erdgeborenen waffnen und heraufführen, an ihrer Spitze die Führer. Sind sie oben angekommen, so heißt es, einen Platz im Staate zu suchen, der
am besten zum Lager taugt. Es ist der, von dem aus sie ihr Volk e
am besten in Schranken halten und zur Beobachtung der Gesetze zwingen können und von dem aus sie die feindlichen Nachbarn abwehren können, wenn sie daherkommen wie der Wolf zur Herde. Und nachdem sie ihr Lager aufgeschlagen haben, müssen sie die vorgeschriebenen Opfer darbringen und dann sich Ruhestätten einrichten. Oder wie?‹

›Freilich.‹

›Und zwar solche, die im Winter Schutz gewähren und im Sommer das Nötigste bieten?‹

›Natürlich. Du sprichst von Häusern, wie es scheint.‹

›Ja, aber von Soldatenhäusern, nicht von Bürgerhäusern.‹

›Welchen Unterschied machst du zwischen diesen und je- 416a
nen?‹

›Ich will versuchen, es dir zu sagen. Für einen Hirten ist doch nichts schlimmer und schimpflicher, als wenn er seine Hunde, die Gehilfen bei Bewachung seiner Herde, so schlecht erzieht, daß sie selber die Schafe anfallen, sei es aus Unart, sei es aus Hunger oder aus übler Angewohnheit, daß sie also mehr Wölfe sind als Hunde.‹

›Das ist arg; natürlich.‹

b ›Müssen wir nun nicht mit allen Mitteln verhüten, daß unsere Gehilfen es mit ihren Mitbürgern ebenso machen, – sie sind ja die Stärkeren, – daß sie also mehr harte Tyrannen als treue Freunde sind?‹

›Das müssen wir allerdings verhüten.‹

›Die hauptsächlichste Vorsichtsmaßregel besteht gewiß darin, daß man sie wirklich gut erzieht.‹

›Und wir haben sie gut erzogen!‹

Ich erwiderte: ›Es ist nicht gut, dies so fest zu behaupten,
c lieber Glaukon. Bleiben wir nur dabei stehen, daß sie die richtige Erziehung erhalten müssen (wie diese nun beschaffen sein mag), damit das Wichtigste für die Stärkung ihrer friedlichen Gesinnung untereinander und gegen ihre Schutzbefohlenen getan sei.‹

›Das ist richtig.‹

›Nun müssen sie aber, wird ein Einsichtiger sagen, außer einer solchen Erziehung auch eine solche Wohnung und ein solches Verhältnis zum Eigentum haben, daß die Tüchtigkeit in ihrem Beruf nicht darunter leidet und sie nicht verleitet
d werden, sich an den Bürgern zu vergreifen.‹

›Gewiß wird er das sagen.‹

›Frage dich, ob sie nicht ungefähr in folgender Weise leben und wohnen müssen, um ihrem Beruf treu zu bleiben. Erstens darf niemand Privateigentum besitzen; ausgenommen sind die Fälle, wo es unumgänglich nötig ist. Zweitens darf niemand einen Wohnraum und einen Vorratsraum haben, zu dem nicht jeder freien Zutritt hat. Alles, was mäßige tapfere Kriegsmänner brauchen, wird abgeschätzt und von den Bür-
e gern geliefert, als Lohn für ihre Dienste, und zwar jährlich und in der Höhe, daß sie nichts zurücklegen können und auch nicht Mangel leiden. Sie nehmen ihre Mahlzeiten gemeinschaftlich ein und leben zusammen wie im Feldlager. Gold und Silber haben sie (so lehrt man sie) dauernd in ihrer Seele, göttliches und gottgeschenktes, sie brauchen also das menschliche nicht, vergehen sich auch gegen die Götter, wenn sie das göttliche und das menschliche Gold miteinan-

der in Berührung kommen lassen; denn mit dem gemünzten 417a
Gold ist schon viel Arges geschehen, das ihrige ist unbefleckt. Ihnen, jedoch nicht den anderen Bürgern, ist die Berührung von Gold und Silber verboten; sie dürfen nicht unter einem Dache mit ihm wohnen, dürfen es nicht umhängen, noch daraus trinken. Auf diese Weise werden sie sich selber rein erhalten und werden auch den Staat rein erhalten. Erwerben sie dagegen Land, Häuser, Reichtümer, so bleiben sie nicht Wächter, sondern werden Verwalter und Landwirte. Sie sind nicht Verbündete der Bürger, sondern werden feindliche
Despoten. Ihr ganzes Leben hindurch hassen sie und werden b
gehaßt, verfolgen sie und werden verfolgt. Ihre Furcht vor ihren Mitbürgern wird unvermeidlich weit größer als vor den äußeren Feinden. Damit aber sind sie auf dem geraden Wege ins Verderben, sie selber sowie der ganze Staat. Nicht wahr, um dies alles zu verhüten, muß Wohnung und Leben der Wächter so gestaltet werden, wie ich es eben beschrieben habe? Wollen wir das zum Gesetz erheben?‹

›Jawohl‹, erwiderte Glaukon.

Viertes Buch

I Adeimantos unterbrach uns und sagte: ›Was kannst du sagen,
419a Sokrates, wenn jemand dir den Vorwurf macht, das Leben deiner Krieger sei nicht gerade sehr glücklich? Und doch hängt dies von ihnen ab; denn der Staat ist doch eigentlich in ihren Händen. Sie genießen nichts von den Vorteilen des Staates. Während die anderen Bürger Land besitzen, sich schöne große Häuser bauen und dieselben würdig ausstatten, während sie aus eignen Mitteln den Göttern opfern, Freunde zu Gast haben, auch Gold und Silber haben, wie du zuletzt sagtest, und überhaupt alles, was nach der allgemeinen Anschauung zum Glück gehört, scheinen die Krieger nicht an-
420a ders als eine gemietete Söldnertruppe im Staate zu liegen und eben bloß den Wachdienst zu versehen.‹

›Ja‹, sagte ich. ›Und überdies bekommen sie bloß Kost, nicht einmal Sold wie andere Soldaten. Sie können also nicht einmal eine Reise machen, wenn sie es auf eigne Hand tun wollen, sie können den Freudenmädchen nichts geben, auch keine anderen Ausgaben machen, wie sie Leute machen, die man glücklich nennt. Das und vieles andere hast du bei deinem Vorwurf nicht mit erwähnt.‹

›Gut; so sei das noch hinzugefügt!‹

b ›Du fragst, was wir dagegen sagen können?‹

›Ja.‹

›Nun, wenn wir unseren Weg fortgehen, wird sich wohl unsere Antwort von selber ergeben. Sie wird so lauten: es sollte uns nicht wundern, wenn unsere Krieger auch so die glücklichsten Menschen wären. Jedoch haben wir unsern Staat gar nicht in der Absicht gegründet, daß ein einzelner Stand sich besonders glücklich fühlen sollte. Wir haben das Glück der Gesamtheit im Auge gehabt. In solchem glücklichen Staate hofften wir nämlich die Gerechtigkeit zu finden, wie umgekehrt in dem schlechtest verwalteten die Unge-

rechtigkeit. Die Beobachtung beider sollte dann zur Lösung c
unseres eigentlichen Problems führen. Jetzt sind wir noch bei
der Ausgestaltung des glücklichen Staates, wie wir ihn uns
denken; wir greifen nicht einen Teil des Staates heraus und
beglücken ihn, sondern wir machen den gesamten glücklich.
Nachher kommen wir zur Darstellung des entgegengesetz-
ten. Denke dir, wir bemalten Bildsäulen, und jemand käme
und tadelte es, daß wir auf die schönsten Teile der Gestalt
nicht auch die schönsten Farben setzten, also z. B. die Augen,
das Schönste am Menschen, nicht mit Purpur, sondern mit
Schwarz überzögen. Folgende Antwort wäre doch eine aus-
reichende Rechtfertigung: Wunderlicher! Wir dürfen doch d
die Augen nicht so schön machen, daß sie keine Augen mehr
sind; ebensowenig die anderen Teile. Gib nur acht, ob wir sie
passend und kenntlich bemalen und dadurch die ganze Ge-
stalt schön machen. Und so dürfen wir auch den Wächtern
nicht ein Glück verschaffen, das sie zu allem andern machen
würde, aber nicht zu Wächtern. O wir verständen uns recht
gut darauf, auch die Landwirte glücklich zu machen, ihnen
lange Gewänder anzuziehen, Gold umzuhängen und die Be- e
stellung des Landes ihrem Gutdünken zu überlassen; ebenso
die Töpfer einzuladen, am Feuer Platz zu nehmen, zu essen
und zu trinken, daneben die Töpferscheibe, falls sie zur Arbeit
Lust haben. So könnten wir sämtliche Stände glücklich ma-
chen, d. h. also den ganzen Staat. Aber mute uns das nicht zu!
Wenn wir es auf eine Weise machen, ist der Landwirt nicht 421a
mehr Landwirt, der Töpfer nicht mehr Töpfer; kein Stand hat
mehr seine Eigentümlichkeit, aus deren Zusammenfügung
doch der Staat entsteht. Freilich ist ja an den anderen Berufen
weniger gelegen. Wenn die Flickschuster nichts mehr taugen
und nur noch dem Namen nach Flickschuster sind, so läuft
der Staat noch keine Gefahr. Wenn aber die Wächter nur
scheinbar über die Gesetze und über den Staat wachen, so
richten sie ihn doch augenscheinlich völlig zugrunde. Ande-
rerseits haben sie allein es in der Hand, daß er gut regiert und
glücklich ist. Wir also machen sie zu wirklichen Wächtern,
die dem Staat nicht im mindesten gefährlich werden. Macht b

sie unser Ankläger zu Landwirten und zu glücklichen Gastgebern, als ob wir von einem Volksfest, nicht von einem Staate sprächen, so redet er eben von etwas anderem als wir. Wir müssen uns entscheiden: entweder haben wir bei der Lebensgestaltung der Wächter ihr eignes vollkommenes Glück im Auge, oder wir denken an den Staat im ganzen und suchen ihm dies Glück zu verschaffen; die Wächter und ihre
c Gehilfen aber nötigen und überreden wir, nach möglichster Vervollkommnung in ihrem Gewerbe zu trachten, ebenso alle übrigen Stände. Wächst der Staat auf diese Weise und wird recht verwaltet, so erhält jeder Stand von selber seinen Anteil am Glücke, und damit müssen wir es bewenden lassen.‹

II ›Ich meine, deine Antwort ist richtig.‹

›Und folgendes gehört ebenfalls dahin. Bist du auch damit einverstanden?‹

›Was denn?‹

d ›Denke an die anderen Berufe. Verlieren sie ihre Tüchtigkeit nicht durch dieselben Dinge?‹

›Durch welche?‹

›Durch Reichtum und Armut.‹

›Inwiefern?‹

›Nun, glaubst du, daß ein reicher Töpfer noch Lust zu seinem Gewerbe hat?‹

›Keineswegs.‹

›Er wird träge und nachlässig, mehr als er es früher war.‹

›Weit mehr.‹

›Er wird ein schlechterer Töpfer!‹

›Ja, ein weit schlechterer.‹

e ›Umgekehrt wird er auch dann schlechter arbeiten, wenn er verarmt und sich die Werkzeuge und was er sonst braucht, nicht mehr anschaffen kann. Er wird auch seine Söhne und andern Lehrlinge zu schlechteren Handwerkern heranbilden.‹

›Natürlich.‹

›Also werden durch beides, durch Armut und durch Reichtum, sowohl die Leistungen als auch die Arbeiter selber verschlechtert.‹

›Augenscheinlich.‹

›So haben wir wieder eine Aufgabe für die Wächter gefunden. Sie müssen aufs genaueste achtgeben, daß es nicht heimlich in den Staat eindringt.‹

›Was?‹

›Nun, Reichtum und Armut. Reichtum erzeugt Verschwendung, Trägheit, Neuerungssucht; Armut knechtischen Sinn, schlechte Leistungen und ebenfalls Neuerungssucht.‹ 422a

›Jawohl‹, sagte er. – ›Überlege aber, Sokrates, wie unser Staat Krieg führen soll, wenn er kein Geld hat, zumal wenn es gegen einen großen, reichen Staat geht.‹

›Gegen einen solchen haben sie es allerdings schwerer, aber gegen zwei haben sie es leichter.‹

›Was sagst du?‹ b

›Erstens haben es doch unsere geübten Krieger mit reichen Leuten zu tun, wenn es zur Schlacht kommt?‹

›Ja freilich.‹

›Aber Adeimantos, schon ein vorzüglicher Faustkämpfer hat doch einen leichten Kampf mit zwei Gegnern, die zwar reich und fett, aber nicht im Faustkampf gebildet sind?‹

›Wohl nicht mit beiden zugleich.‹

›Aber doch abwechselnd. Er flieht scheinbar, schlägt zu, sowie einer herankommt und sich umwendet, und wiederholt c
das oft, in brennender Sonne. Kann er nicht mit noch mehreren fertig werden?‹

›Es wäre kein Wunder.‹

›Reiche Leute verstehen sich aber doch noch eher auf den Faustkampf als auf den wirklichen Krieg?‹

›Allerdings.‹

›Nun, so werden unsere Krieger es leicht mit einer doppelten und dreifachen Übermacht aufnehmen können.‹

›Ich will es zugeben. Du magst recht haben.‹

›Und dann! Denke dir, sie schickten dem anderen Staate d
eine Gesandtschaft und ließen ihm der Wahrheit gemäß sagen: wir verwenden kein Gold und Silber und dürfen es nicht; wohl aber ihr. Verbündet euch mit uns; ihr sollt die Reichtümer der Feinde haben. – Glaubst du, daraufhin wür-

de jener andere Staat lieber gegen straffe, magere Hunde zie-
hen, als mit ihrer Hilfe gegen fette, zarte Schafe?‹

›Ich glaube nicht. Wenn nur der Reichtum anderer Staa-
e ten, der sich so in dem einen aufhäuft, unserem armen Staate
nicht gefährlich wird!‹

›Wie unschuldig du bist, daß du andere Staaten überhaupt des Namens Staat für würdig hältst!‹

›Aber welchen Namen verdienen sie denn?‹

›Man muß ihnen einen weit umfassenderen geben. Jeder
von ihnen sind nämlich sehr viele Staaten, nicht ein Staat, wie
man im Scherz sagen könnte. Mindestens sind es zwei einan-
423a der feindliche, einer der Reichen und einer der Armen; in
beiden sind noch wieder sehr viele enthalten. Nimmst du alle
diese Staaten als einen einzigen, so triffst du es nirgends; be-
handelst du sie aber als verschiedene und läßt du einem jeden
seine Verschiedenheit, entweder in Hinsicht auf den Besitz
oder in Hinsicht auf Macht oder in Hinsicht auf die Person
selber, so hast du immer viele Freunde und wenig Feinde. So-
lange dein Staat so vernünftig, wie wir ihn eingerichtet ha-
ben, verwaltet wird, ist er der größte Staat, ich meine nicht an
Ansehen, aber in Wirklichkeit, sollte er auch nur tausend
b Krieger zählen. Einen Staat, der einheitlich und dadurch
groß ist, findet man nicht so leicht, weder unter den helleni-
schen noch unter den ausländischen Staaten. Staaten, die
groß scheinen, vielmal größer als er, dagegen gibt es viele.
Oder bist du anderer Meinung?‹

›Nein, gewiß nicht.‹

III ›So müssen unsere Herrscher diese Grenze innehalten,
wenn sie die Größe des Staates festlegen und das Land für ihn
abteilen. Was jenseits derselben liegt, bleibt unbebaut.‹

›Welche Grenze?‹

›Ich würde sie so bestimmen: Ein Staat darf wachsen, solange er dabei seine Einheitlichkeit wahrt; darüber hinaus nicht.‹

c ›Richtig.‹

›Und wir geben unseren Wächtern also den weiteren Auf-
trag: sie sollen aufs genaueste achtgeben, daß unser Staat die

rechte Größe hat und einheitlich ist, nicht aber daß er klein oder groß erscheint.‹

›Das ist ein unscheinbarer Auftrag, den wir ihnen da geben.‹

›Ja, und der oben erwähnte war noch unscheinbarer, nämlich daß sie ein minderwertiges Kind eines Wächters den anderen Ständen überlassen und ein wohlgeratenes Kind dieser d
Stände in den Wächterstand aufnehmen sollten. Der Zweck dieser Bestimmung war, alle, auch die anderen Bürger zu einem einzigen, und zwar dem ihrer Natur entsprechenden Beruf anzuhalten und dadurch jeden zu einem einheitlichen Menschen zu machen, nicht zu einem vielfachen; dadurch sollte auch der gesamte Staat einheitlich werden, nicht eine Summe von vielen Staaten.‹

›Freilich, dieser Auftrag ist noch geringer als jener.‹

›Mein guter Adeimantos, wir geben ihnen nicht jene vielen und langen Gesetzesvorschriften, wie man wohl erwarten mag, sondern ganz einfache Anweisungen. Die Hauptsache e
ist, daß sie jene eine große in Ehren halten, die wir besprochen haben, oder vielmehr nicht große, sondern bloß zweckentsprechende.‹

›Welche ist das?‹

›Die Anweisung über Unterricht und Erziehung. Wenn sie durch die rechte Erziehung zu gesetzten Männern herangebildet werden, so werden sie leicht über alle diese Dinge klar werden, auch über die, welche wir unerwähnt lassen, also über die Wahl einer Gattin, über die Ehe, die Kindererzeugung, nämlich daß in diesen Beziehungen unter Freunden 424a
möglichste Gemeinschaft sein soll, wie das Sprichwort sagt.‹

›Das wäre wohl das richtigste.‹

›Und wenn ein Staat einmal auf gutem Wege ist, geht es im Kreislauf mit ihm vorwärts. Die Erziehung und Lehre, die rein erhalten wird, bringt entsprechend veranlagte Nachkommen hervor, und diese Nachkommen werden, da sie die gleiche Erziehung genießen, noch wiederum tüchtiger als ihre Vorfahren; namentlich zeugen sie noch tüchtigere Kin- b
der, ähnlich wie bei den übrigen Lebewesen.‹

›Man sollte meinen.‹

›Also kurz gesagt, die Verwalter des Staates müssen daran festhalten, daß sie sich keine Verderbnis entgehen lassen dürfen; vor allem müssen sie das Eindringen ungeregelter Neuerungen in die Erziehung verhüten und müssen sie möglichst unverändert bewahren. Es besteht nämlich die Gefahr, daß jener Ausspruch des Dichters, daß

bei den Leuten in Ruf und Begehr am meisten das Lied steht,
Welches dem Hörer erzählt, was aus neuester Zeit ihm vertraut ist,

c von manchen Leuten nicht auf neue Gesänge, sondern auf eine neue Gesangsweise bezogen wird und daß sie solche Neuerungen infolgedessen loben. Sie sind aber nicht zu loben, und die Verse sind auch nicht so zu verstehen. Vor Neuerungen in der Musik muß man sich in acht nehmen; denn dadurch kommt alles in Gefahr. Damon behauptet, – und ich glaube es ihm: nirgends wird an den Gesetzen der Musik gerüttelt, ohne daß auch die höchsten Gesetze des Staates ins Wanken geraten.‹

›Auch ich gehöre zu denen, die dies glauben‹, sagte Adeimantos.

IV d ›Dort müssen also die Wächter ihr Wachhaus bauen, in der Nähe der Musik!‹

›Ja, Gesetzlosigkeit dringt leicht in die Musik ein, ohne daß man es gewahr wird.‹

›Freilich, sie scheint dort bloß Spiel zu sein und ohne üble Wirkung zu bleiben.‹

›Sie hat ja auch keine andere Wirkung‹, erwiderte er, ›als daß sie sich allmählich festsetzt und heimlich auf den Charakter und die Fähigkeit überträgt, dann weiter und offener
e um sich greift und das bürgerliche Leben vergiftet, dann mit großer Frechheit die Gesetze und die Verfassung angreift, bis sie schließlich alles zerstört, das ganze Leben des einzelnen sowohl wie der Gesamtheit.‹

›Gut; das ist die Wahrheit?‹

›Meiner Meinung nach ja.‹

›Nun, so müssen gleich die Kinder eine geregeltere Beschäftigung erhalten, wie wir schon zu Anfang sagten. Ist das Tun der Kinder gesetzlos und sind sie selber gesetzlos, so 425a
können sie unmöglich zu gesetzlichen tüchtigen Männern heranwachsen.‹

›Natürlich.‹

›Machen die Kinder mit ihren Spielen einen richtigen Anfang und fahren sie in der musischen Erziehung fort, Gesetzmäßigkeit in sich aufzunehmen, so begleitet sie dieselbe in allen Lagen (im Gegensatz zu jenen anderen), stärkt sie und erweckt auch im Staate zu neuem Leben, was etwa darniederlag.‹

›Das ist wahr.‹

›Und solche Männer erneuern auch die Regeln des Anstands, die so nebensächlich zu sein scheinen und die ihre Vorfahren völlig beseitigt haben.‹

›Welche?‹

›Nun, zum Beispiel über das bescheidene Schweigen der b
Jüngeren in Gegenwart der Älteren, über die Rangfolge bei Tische, über das Aufstehen, ferner über die Ehrfurcht der Kinder vor ihren Eltern, auch über die Haartracht, den Zuschnitt der Kleider, das Schuhwerk und die gesamte körperliche Erscheinung und was dergleichen mehr ist. Oder meinst du nicht?‹

›Doch.‹

›Gesetze darüber zu erlassen, halte ich für einfältig. Denn erstens gelingt es nicht, dergleichen in Worte zu fassen und als Gesetz aufzuschreiben, und zweitens erhält es dadurch keine dauernde Geltung.‹

›Wie sollte es auch!‹

›Jedenfalls hält sich das weitere Leben in den Bahnen, die c
die Erziehung weist, Adeimantos. Denn Gleiches zieht überall Gleiches nach sich.‹

›Freilich.‹

›Und das schließliche Ergebnis ist dann Einheit, Ganzheit und Stärke, sei es im Guten, sei es im Bösen, nicht wahr?‹

›Sicherlich.‹

›Ich will deshalb nicht den Versuch machen, Gesetze über derartige Dinge zu geben.‹

›Mit Recht.‹

›Wie steht es nun aber mit der Regelung des geschäft-
d lichen Verkehrs auf dem Markt? Ferner auch mit der des gewerblichen Handels, wenn du willst? Wie steht es mit der Sühne von Beleidigungen und Beschimpfungen, mit der Ordnung der Rechtspflege und der Einsetzung von Richtern? Wie steht es mit der Erhebung und Eintreibung von Zöllen auf den Märkten und in den Häfen, falls dergleichen nötig ist? Überhaupt, wie steht es mit dem gesamten Marktrecht, Stadtrecht, Hafenrecht usw.? Werden wir uns entschließen, Bestimmungen über all diese Dinge zu geben?‹

›Nein; wackeren Männern macht man keine Vorschriften über dergleichen. Soweit diese Angelegenheiten gesetzlicher Regelung bedürfen, werden unsere Bürger leicht selber damit zustande kommen.‹

e ›Ja, Freund‹, sagte ich: ›nämlich in dem Falle, daß ihnen durch eines Gottes Gnade die Gesetze erhalten bleiben, die wir vorher durchgesprochen haben.‹

›Und wenn das nicht geschieht‹, entgegnete er, ›werden sie unaufhörlich Einzelgesetze erlassen und wieder erneuern, in dem Wahne, mit ihnen das Glück zu finden.‹

›Du meinst, sie werden es machen, wie jene Kranken, die zu zügellos sind, um sich zur Änderung ihrer falschen Lebensweise entschließen zu können.‹

›Jawohl.‹

426a ›Und wie angenehm leben diese Leute! Mit ihrer Heilung kommt es nie zum Ziel. Sie machen ihre Leiden nur zahlreicher und größer und hoffen von jedem neuen Mittel, das ihnen jemand anrät, es würde sie gesund machen.‹

›In der Tat, so geht es derartigen Kranken.‹

›Und wie schön es von ihnen ist, daß sie Leute, die ihnen die Wahrheit sagen, für ihre schlimmsten Feinde halten! Die Wahrheit ist nämlich, daß ihnen keine Arznei, kein Brennen, Schneiden, Besprechen, kein Amulett und was dergleichen

mehr ist, helfen wird, solange sie nicht dem Trunk, der Völ- b
lerei, den Liebesfreuden und dem Müßiggang entsagen.‹

›Oh, das ist nicht schön von ihnen. Einem, der es gut meint, böse zu sein, ist nichts Schönes.‹

›Du liebst solche Leute nicht, wie es scheint?‹

›Wahrhaftig nicht.‹

›Und wenn ein ganzer Staat es ebenso macht, wie wir vor- V
her sagten, wirst du auch damit nicht einverstanden sein? Die
Staaten machen es aber doch ebenso, wenn sie trotz ihrer c
schlechten Einrichtungen den Bürgern verbieten, an der Gesamtverfassung zu rütteln, und den Täter mit dem Tode bedrohen. Dagegen ist man ein edler und hochweiser Mann und genießt hohe Ehren, wenn man dem Staat, mit dessen Verfassung es so übel bestellt ist, Schmeicheleien sagt und Liebesdienst tut, seine Wünsche im voraus errät und sie auch zu erfüllen versteht.‹

›Es ist dasselbe. Ich finde es ebenso verwerflich.‹

›Aber du bewunderst doch den Mut und die Geschick- d
lichkeit solcher willigen und eifrigen Diener des Staates?‹

›O ja; nur die Leute bewundere ich nicht, die sich solche Schmeicheleien vorsagen und gefallen lassen, die sich für wirkliche Staatsmänner halten, weil sie beim großen Haufen Anerkennung finden.‹

›Wie? Hast du keine Nachsicht mit ihnen? Wenn einer
von vielen Leuten hört, er sei vier Ellen groß, und kann sel- e
ber nicht nachmessen, so glaubt er es doch wohl?‹

›Allerdings wird er es tun.‹

›Also sei ihnen nicht böse. Es sind ja auch so gute Leute! Sie geben immerfort Gesetze über die erwähnten Dinge und frischen sie wieder auf. Sie hoffen, der Unredlichkeit im Handel und was ich sonst aufzählte, ein Ziel setzen zu können, merken aber nicht, daß sie in Wahrheit einer Hydra die Köpfe abschneiden.‹

›Sie tun wirklich nichts anderes.‹ 427a

›Ich bin also der Meinung, daß der wahre Gesetzgeber dies Gebiet der Verfassung und der Gesetzgebung unberücksichtigt lassen soll, in einem schlecht wie in einem gut verwalteten

Staate; in jenem, weil dergleichen Bestimmungen vergeblich sind und nichts nützen, in diesem, weil sie einesteils der einzelne sich selber gibt und weil sie andernteils die natürliche Folge der allgemeinen Gesinnungen und Tätigkeiten sind.‹

b ›Was bleibt denn nun unserer Gesetzgebertätigkeit noch übrig?‹

Ich sagte: ›Uns nichts mehr. Aber Apollon in Delphi hat noch die höchsten und herrlichsten und grundlegenden Gesetze zu geben.‹

›Was für welche?‹

›Über den Bau von Tempeln, über die Opfer und die sonstige Verehrung der Götter, Dämonen und Heroen, ferner über die Bestattung der Toten und die Dienste, die wir den Abgeschiedenen leisten müssen, um sie uns gnädig zu erhalten. Wir verstehen von diesen Dingen nichts, vertrauen sie auch bei Gründung unseres Staates, wenn wir vernünftig
c sind, keinem anderen an, bedienen uns keines anderen Auslegers derselben als des von den Vätern her verehrten Gottes. Denn er ist von unseren Vorfahren als Ausleger dieser Dinge für alle Menschen überliefert. Inmitten der Erde an ihrem Nabel sitzt er und legt sie aus.‹

›Du hast recht. So muß es geschehen.‹

VI d ›Gegründet ist dein Staat, Sohn Aristons! Nun laß uns weitergehen! Bring Licht herbei; rufe auch deinen Bruder und Polemarchos und die anderen zu Hilfe, und laßt uns suchen, wo denn nun die Gerechtigkeit und die Ungerechtigkeit im Staate ist, worin sie sich voneinander unterscheiden und welche von beiden man besitzen muß, um glücklich zu sein, mag man sie nun heimlich haben oder offen vor allen Göttern und Menschen!‹

e ›O nein‹, sagte Glaukon. ›Du hast versprochen, selber die Untersuchung zu führen. Es sei gottlos, sagtest du, sich nicht mit allen Kräften für die Gerechtigkeit einzusetzen.‹

›Du hast es richtig behalten; ich muß es wohl tun. Aber ihr müßt mir helfen!‹

›Wir wollen es!‹ entgegnete er.

›Ich hoffe, das Gesuchte auf folgende Weise zu finden. Wenn unser Staat richtig eingerichtet ist, so ist er doch vollkommen gut.‹

›Unbedingt.‹

›Das heißt er ist erstens weise, zweitens tapfer, drittens besonnen, viertens gerecht.‹

›Offenbar.‹

›Und wenn wir die einen von diesen Eigenschaften in ihm nachgewiesen haben, so sind die, welche er außerdem noch hat, gleich den noch nachzuweisenden?‹

›Freilich.‹ 428a

›Es ist so wie mit vier anderen Eigenschaften irgendeines Gegenstandes. Suchen wir eine von ihnen, so sind wir befriedigt, wenn wir sie gleich zuerst finden. Finden wir aber die drei anderen vor ihr, so ist damit auch die gesuchte gefunden. Offenbar ist es die, welche der Gegenstand außer den dreien noch hat.‹

›Du hast recht.‹

›Also auch bei unseren vier Eigenschaften müssen wir so vorgehn?‹

›Offenbar.‹

›Die Eigenschaft, die man zuerst bemerkt, ist wohl die Weisheit. Dabei zeigt sich etwas Sonderbares.‹

›Was?‹ b

›Der von uns entworfene Staat ist doch wahrhaft weise. Er leitet sich klug.‹

›Ja.‹

›Und diese Fähigkeit, sich zu leiten, beruht doch auf Wissen. Der Wissende, nicht der Unwissende versteht sich zu leiten.‹

›Offenbar.‹

›Nun gibt es viele und verschiedenartige Wissensgebiete im Staate.‹

›Freilich.‹

›Kann ein Staat wegen der Kenntnisse, die ein Zimmermann von seinem Handwerk hat, weise heißen und fähig, sich zu leiten?‹ c

›Nein, ihretwegen nicht; höchstens kann man ihn deshalb im Zimmerhandwerk erfahren nennen.‹

›Auch nicht wegen der Kentnisse im Tischlerhandwerk, also wenn er darüber Bescheid weiß, wie man Tischlerarbeiten am besten ausführt.‹

›Nein.‹

›Und wenn er über Erzarbeiten und dergleichen unterrichtet ist?‹

›Ist es auch nicht anders.‹

›Aber auch nicht, wenn er über die Gewinnung der Feldfrüchte unterrichtet ist. Er heißt dann erfahren im Landbau.‹

›Ich meine.‹

›Ja, gibt es denn bei den Bürgern unseres eben gegründe-
ten Staates eine Art des Wissens, die nicht einzelnen Teilen
d des Staates dient, sondern dem Staat im ganzen? Die ihn über
das richtige Verhalten der Bürger untereinander und des
Staates gegenüber anderen Staaten unterrichtet?‹

›O ja.‹

›Was für ein Wissen ist das? Und wer hat es?‹

›Es ist das Wissen von der Staatsverwaltung. Jene Herrscher haben es, die wir im eigentlichen Sinne Wächter nannten.‹

›Und um dieses Wissens willen nennst du den Staat –?‹

›Fähig, sich zu leiten, und wirklich weise.‹

e ›Meinst du nun, daß unser Staat mehr Schmiede haben
wird oder mehr solche Wächter?‹

›Weit mehr Schmiede.‹

›Unter allen Berufen überhaupt, die nach dem besonderen Wissen, das ein jeder verlangt, heißen, hat keiner so wenig Vertreter wie er.‹

›Lange nicht so wenig.‹

›Also der kleinste Stand und Teil des Staates, nämlich der
leitende und herrschende, macht durch sein Wissen den ge-
429a samten naturgemäß gegründeten Staat weise. Und sehr be-
schränkt an Zahl ist von Natur die Gattung Mensch, die das
Wissen zu erwerben berufen ist, das unter allen Arten von
Wissen allein den Namen Weisheit verdient.‹

›Vollkommen richtig.‹

›So hätten wir denn die eine der vier Eigenschaften, ich weiß nicht wie, gefunden, ebenso auch ihre Stelle im Staate.‹

›Mir scheint, wir haben uns hinreichend über sie erklärt.‹

›Was nun zweitens die Tapferkeit ist und wo sie ihre Stelle VII
im Staate hat, also welcher Stand dem Staate den Namen eines tapferen verschafft, das ist nicht gar so schwer zu sehen.‹

›Wieso?‹

›Wer wird einen Staat feige oder tapfer nennen, wenn b
nicht im Hinblick auf den Stand, der für ihn kämpft und ins Feld zieht?‹

›Wohl niemand.‹

›Denn ob die anderen Bürger feige oder tapfer sind, ist doch für den Charakter des Staates im ganzen nicht bestimmend.‹

›Nein.‹

›Also ist auch der Staat tapfer durch einen einzelnen Stand,
weil er nämlich in diesem Stande die Kraft besitzt, beständig c
an dem Begriff des Furchtbaren festzuhalten, wie ihn der Gesetzgeber durch die Erziehung festgelegt hat. Das nennt man doch Tapferkeit?‹

›Ich habe nicht recht verstanden. Wiederhole, bitte, was du sagtest.‹

›Ich nenne die Tapferkeit ein Festhalten.‹

›Festhalten woran?‹

›An dem Begriff des Furchtbaren, wie er von Gesetz wegen durch die Erziehung eingeprägt worden ist. An ihm, meinte ich, müsse man in allen Lebenslagen und Stimmun-
gen festhalten, also in Leid und Lust, im Begehren und Flie- d
hen, und dürfe ihn nie preisgeben. Ich will durch einen Vergleich deutlich machen, was ich meine, wenn es dir recht ist.‹

›Gewiß ist es mir recht.‹

›Wenn die Färber die Wolle purpurn färben wollen, so wählen sie, wie du weißt, unter allen Sorten Wolle zunächst die weiße aus, bereiten diese dann durch sorgfältigste Bear-
beitung auf eine möglichst gute Annahme des Farbstoffs vor e
und schreiten erst dann zum Färben. Was so gefärbt ist, behält die Farbe; kein Waschen mit oder ohne Lauge kann ihm den

Glanz nehmen. Wie es im anderen Falle geht, weißt du; ich meine, wenn man ohne solche Bearbeitung färbt, sei es nun purpurn oder anders.‹

›Ich weiß, das Tuch ist nicht waschecht und sieht lächerlich aus.‹

›Ähnlich haben wir es nun mit unseren Kriegern gemacht. Wir haben die Geeigneten ausgelesen und sie dann mit musi-
430a scher und gymnastischer Bildung aufgezogen. Das haben wir in keiner anderen Absicht getan, als um sie fähig zu machen, die Gesetze aus Überzeugung aufs vollkommenste in sich aufzunehmen, wie die Wolle die Farbe annimmt. Ihre Begriffe sollen farbehaltig werden, sowohl der Begriff von den Dingen, die zu fürchten sind, wie auch von den anderen Dingen; das geschieht aber durch ihre Naturanlage und durch die rechte Erziehung, die sie erhalten. Jene Lauge, die so kräftig spült, kann nun ihre Farbe nicht fortwaschen, ich meine die
b Lust, die kräftiger ist als alles Erdsalz und aller Sand; ebensowenig das Leid, das Begehren, der Abscheu, die kräftigere Waschmittel sind als alle Seifen. Diese Kraft und dies unbedingte Festhalten an dem richtigen gesetzlichen Begriff von den Gegenständen, die zu fürchten sind und die nicht zu fürchten sind, bezeichne und bestimme ich als Tapferkeit, wenn du nicht anderer Meinung bist.‹

›Durchaus nicht‹, antwortete er. ›Wer den richtigen Begriff von diesen Gegenständen ohne vorhergegangene Erziehung hat, also etwa Tiere und Sklaven, dessen Eigenschaft scheinst du nicht als etwas Gesetzmäßiges anzuerkennen und ihr nicht den Namen Tapferkeit zu geben.‹

c ›Nein, du hast ganz recht.‹

›Nun, ich lasse deine Erklärung der Tapferkeit gelten.‹

›Wenigstens für die Tapferkeit in Hinsicht auf den Staat laß sie gelten; du wirst recht daran tun. Jedoch werden wir, wenn du willst, ein andermal genauer über sie sprechen. Jetzt untersuchen wir ja nicht den Begriff der Tapferkeit, sondern den der Gerechtigkeit; und dafür ist das Gesagte wohl hinreichend.‹

›Das ist richtig.‹

›Nun sind noch zwei Eigenschaften übrig, die wir in dem d VIII
Staate nachweisen müssen: die Besonnenheit und das Ziel unserer Untersuchung, die Gerechtigkeit.‹

›Jawohl.‹

›Wie könnten wir die Gerechtigkeit finden, ohne uns mit der Besonnenheit aufzuhalten?‹

›Das weiß ich nicht. Ich möchte auch nicht, daß jene zum Vorschein käme, bevor wir die Besonnenheit untersucht haben. Wenn du mir einen Gefallen tun willst, untersuche erst die Besonnenheit.‹

›Ich werde es tun. Hoffentlich begehe ich damit keinen e
Fehler.‹

›Untersuche nur!‹

›Es soll geschehen. Aus der Ferne gesehen ist die Besonnenheit eine Art Einheitlichkeit und Harmonie, was die anderen Eigenschaften nicht in dem Grade waren.‹

›Wieso das?‹

›Die Besonnenheit ist Ordnung der Seele und Herrschaft über Lüste und Triebe, so sagt man. Der Besonnene sei in irgendeinem Sinne stärker als er selber. So ungefähr lauten die Erklärungen dieses Begriffes, nicht wahr?‹

›Ja, das sind die hauptsächlichsten.‹

›Nun ist doch der Ausdruck: stärker als er selber, unsinnig.
Denn wer stärker, ist ja auch schwächer als er selber, und wer 431a
schwächer, auch stärker als er selber. Es ist ja immer von demselben die Rede.‹

›Gewiß.‹

›Doch ist mit dem Ausdruck wohl gemeint, daß es in der menschlichen Seele einen höheren und einen niederen Teil gibt. Ist der seiner Natur nach höhere des niederen Herr, so sagt man, der Mensch ist stärker als er selber, und lobt ihn. Wird aber durch schlechte Erziehung oder durch schlechten Umgang der niedere und größere über den höheren und kleineren Herr, so tadelt man es, nennt es verächtlich b
und nennt den Menschen: schwächer als er selbst und zügellos.‹

›Augenscheinlich.‹

›Richte nun den Blick auf unseren jungen Staat! Eins von beidem muß in ihm der Fall sein. Wenn man überall, wo ein höherer Teil über einen niederen herrscht, von Besonnenheit spricht und von ‘stärker als er selber’, so muß man es auch bei ihm tun.‹

›Du hast recht.‹

c ›Begierden, Lust- und Schmerzgefühle von vielfachster Art wirst du vornehmlich bei den Kindern, Weibern und Sklaven finden, auch bei der geringwertigsten Masse der sogenannten Freien.‹

›Jawohl.‹

›Gefühle einfacher und mäßiger Art dagegen, die durch die Vernunft geleitet werden und mit Einsicht und richtigen Grundsätzen verknüpft sind, wirst du bei wenigen finden, und zwar bei den durch Natur und Erziehung Bevorzugten.‹

›Das ist wahr.‹

d ›Auch solche gibt es in deinem Staat, und du siehst wohl, daß die Triebe und Erwägungen dieser Wenigen und Bevorzugten über die Begierden der Vielen und Geringen die Obermacht haben.‹

›Ich sehe es.‹

IX ›Kann man also von einem Staate sagen, daß er stärker als Lüste und Begierden, stärker als er selber sei, so muß man es von unserem Staat sagen.‹

›Durchaus.‹

›Und darum muß er auch besonnen heißen?‹

›Gewiß.‹

›Und dasselbe wird überhaupt mit jedem Staat der Fall
e sein, in dem Regierende und Regierte die Frage, wer herrschen soll, ebenso beantworten. Oder meinst du nicht?‹

›Freilich.‹

›Welche Mitglieder des Staates sind es dann, die das Beiwort besonnen verdienen, die Regierenden oder die Regierten?‹

›Beide!‹

›Siehst du, wie richtig unsere Vermutung war: Besonnenheit sei eine Art Harmonie!‹

›Inwiefern?‹

›Insofern es anders mit ihr ist als mit der Tapferkeit und der Weisheit. Der Staat hieß weise und tapfer, weil Teile desselben diese Eigenschaften hatten. Die Besonnenheit aber erstreckt sich über den ganzen Staat und vereinigt sämtliche Glieder zu einem einzigen Akkord, die Ohnmächtigsten, die Mächtigsten und die zwischen beiden Stehenden, sei es nun Macht durch Einsicht oder meinetwegen auch durch Körperkraft oder durch Reichtum oder Besitztümer oder was es sonst sei. Diese Einmütigkeit nennen wir mit vollem Recht Besonnenheit; das heißt die Übereinstimmung geringerer und edlerer Teile darin, welche die Leitung haben müssen, sowohl im Staate wie im einzelnen Menschen.‹ 432a

›Ich bin völlig deiner Meinung.‹ b

›Gut! Die drei Eigenschaften haben wir in unserem Staate nachgewiesen, wie sie sich wenigstens uns darstellen. Wie steht es nun mit der vierten, die die Tugenden des Staates vollzählig macht? Offenbar ist das die Gerechtigkeit.‹

›Offenbar.‹

›Jetzt gilt es aufzupassen, Glaukon, wie die Jäger, die ein Gebüsch umstellen. Die Gerechtigkeit darf uns nicht entwischen und auf und davon gehen. Sie muß ja hier irgendwo stecken. Schärfe deine Augen; vielleicht siehst du sie eher und kannst sie mir zeigen.‹

›Das möchte ich gern; aber es ist doch besser, du läßt mich hinter dir gehen und zeigst mir, was du siehst. Der Platz wird für mich der richtige sein.‹ c

›Bete mit mir und komm!‹

›Ja, ja; aber geh' du voran!‹

›Das Gelände ist in der Tat schwierig und sehr schattenreich. Man ist im Dunkel und kann es schwer absuchen. Gleichviel, vorwärts!‹

›Vorwärts!‹ d

Ich schaute vor mich hin und rief: ›Glaukon, Glaukon! Wir sind ihr auf der Spur! Sie soll uns nicht entkommen!‹

›Gute Botschaft!‹ sagte er.

›O welche Dummheit von uns!‹

›Was denn?‹

›Sie liegt ja von Anfang an vor unseren Füßen, Wertester!
Und wir sahen nichts und ließen uns auslachen, wie Leute,
die etwas suchen, was sie in der Hand haben. Wir haben nicht
e in die Nähe gesehen, sondern in die Ferne gespäht. Dadurch
ist sie uns entgangen.‹

›Wie meinst du?‹

›Ich meine, daß wir schon lange von der Gerechtigkeit reden und hören, aber nicht merken, daß sie es ist.‹

›Eine lange Vorrede für den Ungeduldigen!‹

X ›Höre nur, ob ich recht habe. Ich glaube, das, was wir bei
433a Gründung unseres Staates gleich zuerst als Gesetz aufstellten,
das oder ungefähr das ist die Gerechtigkeit. Dies oft von uns
wiederholte Gesetz lautete, wenn du dich erinnerst: jeder
dürfe als Mitglied des Staates nur einen einzigen Beruf haben,
nämlich den, der seiner Anlage am meisten entspricht.‹

›Allerdings haben wir davon gesprochen.‹

›Nun haben wir aber oft sagen hören und es auch selber gesagt, Gerechtigkeit sei das, daß jeder das Seine tue und sich nicht überall zu schaffen mache.‹

b ›Das haben wir getan.‹

›In der Tat scheint die Gerechtigkeit darauf zu beruhen, Freund, daß man in einem gewissen Sinne wirklich das Seine tut. Weißt du, woraus ich dies schließe?‹

›Nein, sage es.‹

›Die Eigenschaft des Staates, die übrigbleibt, nachdem Be-
sonnenheit, Tapferkeit, Einsicht gefunden sind, ist meiner
Meinung nach die, welche diesen Tugenden erst die Mög-
lichkeit gegeben hat, sich zu bilden und dann sich unwandel-
c bar zu erhalten, solange sie da sind. Andererseits muß doch
die vierte Eigenschaft, die übrigbleibt, eben die Gerechtig-
keit sein.‹

›Allerdings.‹

›Wenn man sich nun freilich entscheiden müßte, welche der vier Eigenschaften das Hauptverdienst an der Tugend unseres Staates hat, so wäre die Wahl schwer. Ist es jene Einmütigkeit von Regierenden und Regierten, oder ist es das

Festhalten an jenen Vorstellungen von der Gefahr bei dem Kriegerstande oder die Einsicht und wachsende Tugend der d
Herrscher, oder ist es endlich dieser Zustand des Staates, daß jeder, Kind und Weib, Sklave und Freier, Arbeiter, Herrscher und Untergebener, ein einheitlicher Mensch ist und als solcher sein Werk tut, sich aber nicht überall zu schaffen macht?‹

›Das ist freilich schwer zu entscheiden.‹

›Mit der Weisheit, der Besonnenheit, der Tapferkeit liegt diese Kraft, daß jedes Mitglied das Seine tut, im Wettkampf um den Anteil an der Vollkommenheit des Staates.‹

›Ja, durchaus.‹

›Und es war doch die Gerechtigkeit, die mit eben jenen drei Eigenschaften um den Anteil an der Vollkommenheit des Staates ringt?‹

›In der Tat, sie war es.‹ e

›So laß uns weiter fragen! Du wirst den Herrschern im Staate die Rechtsprechung übertragen?‹

›Ohne Zweifel.‹

›Wird das Ziel ihrer Rechtsprechung ein anderes sein, als daß niemand im Besitz von fremdem Eigentum ist, des seinigen aber nicht verlustig geht?‹

›Nein, dies ist ihr Ziel.‹

›Und zwar, weil das ‘Gerechtigkeit’ sei.‹

›Ja.‹

›Auch hiermit wird es als Gerechtigkeit anerkannt, daß 434a
man das Seine hat und das Gehörige tut.‹

›So ist es.‹

›Gibst du mir wohl auch das Folgende zu? Wenn ein Zimmermann Schuhmacherarbeiten oder ein Schuhmacher Zimmerarbeiten machen will, oder wenn sie ihre Werkzeuge oder ihre Stellung miteinander teilen wollen, oder wenn einer beide Handwerke nebeneinander treiben will –, glaubst du, daß alle solche Vertauschungen dem Staate sehr schaden?‹

›Nicht sehr.‹

›Wenn aber einer seiner Natur nach Handwerker oder sonst ein Geschäftsmann ist, dann reich wird und sein Ge- b
schäft ausdehnt, oder wenn er sich durch Körperkraft oder

Ähnliches hervortut und infolgedessen Anspruch macht, in den Kriegerstand aufgenommen zu werden, ebenso wenn ein Krieger in den Stand der Herrscher und Wächter aufsteigen möchte, ohne dessen würdig zu sein, wenn diese Stände ihre Werkzeuge oder ihre Stellung miteinander teilen wollen oder einer die Aufgaben aller zugleich erfüllen möchte –, so ist doch solche Verwirrung der Stände und solche Vielgeschäftigkeit gewiß ein Verderb für den Staat?‹

›Ja, ein vollständiger.‹

›Diese Vielgeschäftigkeit und dies Vertauschen der drei Stände miteinander ist dem Staate nicht nur höchst schädlich,
c sondern verdient auch im höchsten Grade den Namen Verbrechen.‹

›Allerdings.‹

›Das größte Verbrechen am eignen Staat wird man aber Ungerechtigkeit nennen?‹

›Natürlich.‹

XI ›Nun, dies ist also die Ungerechtigkeit. Umgekehrt können wir sagen: das Festhalten der drei Stände, des gewerblichen, des Gehilfen- und des Wächterstandes, an ihren Aufgaben, so daß jeder die seinigen erfüllt, ist Gerechtigkeit. In diesem Zustande ist der Staat gerecht.‹

d ›Das ist auch meine Meinung.‹

›Erklären wir uns noch nicht ganz bestimmt! Erst wenn dieser Zustand sich auch beim einzelnen Menschen als Gerechtigkeit erweist, wollen wir es mit Sicherheit behaupten. Was könnten wir dann auch anderes tun? Ist es nicht der Fall, so müssen wir die Untersuchung von neuem beginnen. Jetzt wollen wir erst unsere alte zu Ende führen. Wir hatten angenommen, wir würden die Gerechtigkeit beim einzelnen Menschen besser erkennen, wenn wir diese Eigenschaft zunächst an einem größeren Gegenstande zu beobachten suchten. Der Staat schien uns dieser größere Gegenstand
e zu sein. Wir gründeten daher einen möglichst vollkommenen; denn in ihm mußte ja die Gerechtigkeit enthalten sein. Was wir in ihm gefunden haben, wollen wir nun auf den einzelnen Menschen übertragen. Finden wir dort dasselbe,

so ist alles in Ordnung. Stellt sich aber bei dem einzelnen etwas anderes heraus, so kehren wir zum Staate zurück und prüfen es an ihm. Wenn wir so beide nebeneinander halten 435a
und aneinander reiben, bringen wir es vielleicht dahin, daß die Gerechtigkeit aufflammt wie das Feuer durch das Reiben der Feuerhölzer. Die gefundene befestigen wir dann bei uns selber.‹

›Das ist der rechte Weg; so müssen wir es machen.‹

›Wenn man einen kleineren Gegenstand mit einem größeren vergleicht, so sind sie doch in dem Vergleichspunkte einander ähnlich?‹

›Gewiß.‹

›So wird sich ein gerechter Mensch von einem gerechten b
Staat gerade in bezug auf diese Eigenschaft nicht unterscheiden, sondern wird ihm in diesem Punkte ähnlich sein?‹

›Ja, ähnlich.‹

›Nun war ein Staat dadurch gerecht, daß jede der drei Menschenarten, die er enthält, das ihrige tat. Besonnen, tapfer, weise machten ihn andere Zustände und ein anderes Verhalten dieser Menschenarten.‹

›Richtig.‹

›Wir werden daher verlangen, daß der einzelne Mensch dieselben drei Arten in seiner Seele hat. Die entsprechenden c
Zustände dieser Arten müssen dann ebenso benannt werden wie beim Staat.‹

›Ganz unbedingt.‹

›Da geraten wir wieder in eine recht mühelose Untersuchung hinein; über die Seele nämlich, ob sie diese drei Teile enthält oder nicht!‹

›Nicht gar so mühelos, dünkt mich! Vielleicht bestätigt sich das Sprichwort, Sokrates: schwer ist das Schöne!‹

›Es scheint so. Und weißt du, Glaukon, völlig genau wer- d
den wir diese Frage bei der Methode, wie wir sie jetzt eben angewendet haben, nicht beantworten können. Dazu wäre ein anderer, längerer und weiterer Weg der Untersuchung erforderlich. Aber doch wohl ebenso genau wie die bisher behandelten Fragen.‹

›Müssen wir damit nicht zufrieden sein? Mir soll das für diesmal genügen.‹

›Auch ich werde mich völlig damit begnügen.‹

›Also ermatte nicht und untersuche!‹

e ›Wir müssen doch wohl unbedingt anerkennen, daß sich in uns allen dieselben Teile und Eigenschaften befinden wie im Staate. Denn wie sollten sie sonst in den Staat gekommen sein? Es wäre doch eine törichte Einbildung, wenn man die Willenskraft in den Staaten nicht auf die einzelnen Männer zurückführte, von denen sie herstammt, also z. B. auf die Thrakier und Skythen und überhaupt auf die Nordländer; auf andere Naturen wieder die wissenschaftlichen Neigungen – man wird die Entstehung derselben in unseren Gegenden suchen –; auf andere den Erwerbssinn, – den man hauptsächlich bei den Phöniziern und Ägyptern findet.‹

436a

›Allerdings.‹

›Das ist so und läßt sich leicht einsehen.‹

›O ja.‹

XII ›Das aber ist schwieriger, ob die seelischen Tätigkeiten mit einem einzigen oder mit drei verschiedenen Vermögen ausgeübt werden. Entweder haben wir ein Vermögen für die geistige Tätigkeit, ein zweites für die Willenstätigkeit, ein drittes für die Triebe (nach Nahrung, nach Fortpflanzung b und allem damit Verwandten), oder es ist bei allen seelischen Regungen jedesmal die ganze Seele in Tätigkeit. Sich dies so klarzumachen, wie es die Sache erfordert, wird schwer sein.‹

›Ich meine auch.‹

›Versuchen wir, auf folgende Weise festzustellen, ob es sich jedesmal um dasselbe oder um etwas Verschiedenes handelt.‹

›Auf welche Weise?‹

›Ein Gegenstand tut oder leidet offenbar nicht zu gleicher Zeit und in gleicher Lage und Beziehung das Entgegengesetzte. Tritt dies bei den seelischen Tätigkeiten ein, so wissen c wir, daß hier nicht ein Vermögen, sondern mehrere vorliegen.‹

›Zugegeben!‹

›Nun gib weiter acht!‹

›Sprich!‹

›Ist es also möglich, daß ein Gegenstand zu gleicher Zeit und in gleichem Sinne ruht und sich bewegt?‹

›Keinesfalls.‹

›Einigen wir uns noch genauer darüber, damit es nachher keinen Streit gibt! Wenn jemand von einem Menschen, der steht, aber Hände und Kopf bewegt, sagt, er sei zugleich in Ruhe und in Bewegung, so halten wir das doch nicht für zulässig. Er muß sagen: einige Teile des Menschen sind in Ruhe, d andere sind in Bewegung, nicht wahr?‹

›Freilich.‹

›Und treibt er die spitzfindige Neckerei noch weiter und führt die Kreisel an, die doch zugleich in völliger Ruhe und in völliger Bewegung seien, wenn sie sich, mit der Spitze auf einem Fleck, herumdrehen, oder führt er andere Gegenstände an, die eine Drehbewegung auf derselben Stelle ausführen, so weisen wir auch das zurück. Denn es sind nicht die glei- e chen Teile, die ruhen und die sich bewegen. Einige Teile stehen aufrecht, andere drehen sich; mit den ersten halten sie sich gerade, sie neigen sich nach keiner Richtung hin; mit den anderen führen sie die Kreisbewegung aus. Neigen sich die aufrechtstehenden Teile nach rechts oder nach links, nach vorn oder nach hinten, während zugleich die Drehung stattfindet, so wäre der Gegenstand in keinem Sinne in Ruhe.‹

›Richtig.‹

›Solche Einwände schrecken uns also nicht und überzeugen uns nicht davon, daß ein Gegenstand jemals zu gleicher 437a Zeit und in gleicher Lage und Beziehung das Entgegengesetzte litte oder täte.‹

›Mich nicht.‹

›Um jedoch alle diese Einwände nicht einzeln vornehmen und ihre Fehlerhaftigkeit nachweisen zu müssen, was uns zu lange aufhalten würde, wollen wir annehmen, daß die Sache so wäre, und wollen weitergehn. Stellt sich dann heraus, daß es sich anders damit verhält, so soll alles daraus Abgeleitete hinfällig sein.‹

›Das ist das richtige.‹

XIII b ›Nun sind doch seelische Vorgänge wie der des Bejahens und der des Verneinens, der des Verlangens und der des Abweisens, der des Anziehens und der des Abstoßens usw. einander entgegengesetzt? Gleichviel ob dies passive oder aktive Vorgänge sind, was hier keinen Unterschied macht.‹

›Ja, sie sind entgegengesetzt.‹

›Ferner fallen doch Hunger und Durst, überhaupt die Begierden, ebenso die Willensregungen unter die eben genann-
c ten Vorgänge? Also von der Seele des Begehrenden z. B. sagen wir, sie hat Verlangen nach dem Gegenstand ihrer Begierde, von der des Wollenden, sie zieht an sich, was sie will; ebenso auch von der, die einen Wunsch hat, sie bejaht, indem sie den Besitz eines Gegenstandes wünscht, diesen Gegenstand wie eine Frage.‹

›O ja.‹

›Umgekehrt fallen die negativen Begierden und Willensregungen unter die seelischen Zustände des Abweisens und Abstoßens, überhaupt also unter die entgegengesetzten.‹

d ›Natürlich.‹

›Weiter! Wir reden doch von Begierden und nennen Durst und Hunger die heftigsten unter diesen Begierden?‹

›Das tun wir.‹

›Jener ist Begierde nach Getränk, dieser nach Speise?‹

›Ja.‹

›Richtet sich nun der Zustand des Begehrens, in dem sich die Seele des Durstigen befindet, lediglich auf das Getränk als auf einen Gegenstand? Also ist der Durst noch mehr, nämlich Begierde nach einem warmen oder nach einem kalten Getränk, nach einer großen oder kleinen Menge, kurz nach ei-
e nem näher bestimmten Getränk? Oder muß Wärme außer dem Durst vorhanden sein, damit die Begierde sich auch auf sie erstreckt, und Kälte, damit sie sich auf das Kalte erstreckt? Wird ebenso der Durst groß, weil viel Flüssigkeit bereitsteht, und zieht er erst dann die Begierde nach einer großen Menge von Flüssigkeit nach sich, umgekehrt die Begierde nach einer geringen Menge? An sich aber wäre der Durst niemals eine Begierde nach etwas außerhalb seines natürlichen Ge-

genstandes, d. h. einfach des Trankes, Gelegenem, ebenso der Hunger nach etwas anderem als einfach nach Speise.‹

›Hiernach ist jede Begierde als solche bloß Begierde nach ihrem natürlichen Gegenstand und wird erst durch Hinzutreten gewisser Umstände Begierde nach einem näher bestimmten Gegenstand.‹

›Und niemand soll uns mit dem Einwand irremachen, daß 438a
man doch nicht einfach zu trinken, sondern etwas Gutes zu trinken begehre, und nicht einfach zu essen, sondern etwas Gutes zu essen. Die Begierde aller richtet sich auf das Gute, und wenn der Durst Begierde ist, so ist er allerdings Begierde nach etwas Gutem, ob nun nach gutem Getränk oder nach etwas anderem, ebenso auch die übrigen Begierden.‹

›Vielleicht ist der Einwand von Bedeutung.‹

›Aber bei allen Gegenständen, die sich auf andere beziehen,
bezieht sich das irgendwie Bestimmte auf das Bestimmte, b
die Gegenstände als solche stets nur auf die anderen als solche.‹

›Ich habe dich nicht verstanden.‹

›Du verstehst nicht, daß ein größerer Gegenstand in Beziehung auf einen anderen größer ist?‹

›Doch.‹

›Auf den kleineren.‹

›Ja.‹

›Und der viel größere auf den viel kleineren?‹

›Ja.‹

›Auch der manchmal größere auf den manchmal kleineren, der größer werdende auf den kleiner werdenden?‹

›Ja, freilich.‹

›Auch das Zahlreichere verhält sich ebenso zum weniger c
Zahlreichen, das Doppelte zum Halben usw.; andererseits auch das Schwerere zum Leichteren, das Schnellere zum Langsameren, weiter auch das Warme zum Kalten und alles Entsprechende.‹

›Jawohl.‹

›Und die Zweige des Wissens? Ist es mit ihnen nicht das gleiche? Wissen als solches ist einfach Wissen des Lernbaren,

oder wie man den Gegenstand alles Wissens bezeichnen soll; ein bestimmtes Wissen ist aber Wissen eines bestimmten Ge-
d genstandes. Ich meine folgendes: Wenn ein Wissen sich auf den Bau von Häusern richtet, so unterscheidet es sich nunmehr von anderen Zweigen des Wissens und erhält den Namen Baukunde.‹

›Ohne Zweifel.‹

›Und zwar weil es ein bestimmtes Wissen ist, wie keines von den anderen?‹

›Ja.‹

›Also weil es sich auf etwas Bestimmtes bezieht, darum ist es selber ein Bestimmtes geworden? Und ebenso die anderen Handwerke und Wissenschaften?‹

›So ist es.‹

XIV ›Dies war es, was ich meinte; vielleicht verstehst du es jetzt: alle Gegenstände, die sich auf einen anderen beziehen, gehören als solche bloß dem anderen als solchem an, das
e Bestimmte an ihnen aber dem Bestimmten an jenem. Ich sage also nicht, daß sie so sind wie der Gegenstand, auf den sie sich beziehen, also daß die Wissenschaft von der Gesundheit und Krankheit selber gesund und krank ist und die vom Guten und Bösen selber gut und böse ist. Sondern nachdem diese Wissenschaft ein Wissen nicht von den Gegenständen des Wissens im allgemeinen, sondern von einem bestimmten, nämlich von der Gesundheit und Krankheit geworden ist, ist sie selber eine bestimmte geworden. So kommt es, daß sie nicht mehr einfach Wissen heißt, sondern mit Rücksicht auf das Bestimmte, auf das sie sich bezieht, Heilkunde.‹

›Ich verstehe und bin deiner Meinung.‹

439a ›Nun ist aber doch auch der Durst das, was er ist, in Beziehung auf einen anderen Gegenstand? Es gibt doch Durst?‹

›Ja, gewiß; er ist es in Beziehung auf ein Getränk.‹

›So ist denn ein bestimmter Durst auf ein bestimmtes Getränk gerichtet; Durst als solcher aber ist nicht Durst nach einem bestimmten Trank, nicht nach einer großen oder geringen Menge, nicht nach gutem oder schlechtem Getränk, sondern Durst als solcher ist seiner Natur nach bloß Durst nach Trank als solchem.‹

›Ja, vollkommen.‹

›Des Durstigen Seele will nichts anderes als trinken, insofern sie durstig ist. Das ist ihr Verlangen, das sie zu befriedigen sucht.‹

›Offenbar.‹ b

›Wird nun diese durstige Seele in eine andere Richtung gedrängt, so muß dies durch einen anderen Trieb als den Durst veranlaßt sein. Denn der Durst zieht sie zum Trinken wie ein Tier. Und wir stellten fest, daß ein Gegenstand nicht mit denselben Teilen in derselben Zeit und Beziehung das Entgegengesetzte ausführen kann.‹

›Nein, er kann es nicht.‹

›Es ist z. B. auch nicht richtig, vom Bogenschützen zu sagen, daß seine Hände den Bogen zugleich von sich weg und zu sich hin drängten. Die eine Hand stößt ihn vielmehr weg, die andere zieht ihn heran.‹

›Vollkommen so.‹ c

›Es kommt aber doch vor, daß man Durst hat und doch nicht trinken will?‹

›Ja, oft.‹

›Was liegt nun in diesem Falle vor? Es ist doch dann in der Seele etwas, das zum Trinken antreibt, und etwas, das davon zurückhält? Das letztere ist verschieden von dem ersteren und bezwingt es.‹

›Mir scheint es so.‹

›Und wenn diese zurückhaltende Kraft auftritt, so entspringt sie doch aus der Vernunft; jene treibende und drän- d
gende Kraft aber entsteht durch eine Art Leidenschaft und Krankheit?‹

›Es scheint so.‹

›Wir haben also Grund, diese beiden Kräfte als zwei gesonderte Teile der Seele zu bezeichnen. Jene, mit der die Seele denkt, nennen wir den vernünftigen Teil der Seele, diese, mit der sie liebt, hungert, dürstet und um die anderen Begierden herumflattert, nennen wir den unvernünftigen, den begehrenden Teil der Seele. Er begleitet die sinnlichen Befriedigungen und Lustempfindungen.‹

e ›Freilich, das ist eine wohlbegründete Annahme.‹

›Wir halten also diese beiden Teile der Seele auseinander. Ob nun der Wille und die Fähigkeit zu wollen, einen dritten Teil bildet? Oder fällt diese Kraft mit einer der anderen Kräfte zusammen?‹

›Vielleicht mit der zweiten Kraft, also der Begierde.‹

›Aber ich habe einst folgende Geschichte erzählen hören und halte sie auch für wahr. Leontios, Aglains Sohn, kam vom Piräus herauf und ging außen an der nördlichen Mauer entlang. Auf dem Richtplatz sah er Leichname liegen, empfand Begierde, hinzuschauen, zugleich aber auch die entgegengesetzte Regung, so daß er sich abwandte. Eine Weile
440a kämpfte er und verhüllte sein Gesicht, dann aber überwältigte ihn die Begierde. Er tat die Augen weit auf, lief zu den Leichen und rief: da, ihr Unseligen, labt euch an dem schönen Anblick!‹

›Ich habe auch davon gehört.‹

›Diese Geschichte deutet doch darauf hin, daß der Wille bisweilen mit den Begierden im Kampf liegt, als eine Kraft mit einer anderen Kraft.‹

›Allerdings.‹

XV ›Wir können doch auch sonst oft bemerken, daß jemand sich schilt, wenn seine Begierden ihn seiner Vernunft zum Trotz zu etwas zwingen wollen; er empört sich gegen
b diesen Zwang. Es ist, als ob zwei Parteien sich befehdeten und der Wille als Verbündeter der Vernunft auf den Plan träte. Daß er dagegen mit den Begierden gemeinsame Sache machte und dem Entschluß der Vernunft entgegenhandelte, hast du doch gewiß nie beobachtet, weder an dir noch an anderen.‹

›Nein, entschieden nicht.‹

c ›Dann weiter! Wenn jemand sich an einem anderen vergangen zu haben glaubt und darauf seinerseits von diesem anderen Übles erfährt, Hunger, Kälte und dergleichen, so ist doch sein Zorn gegen ihn um so geringer, je edler seine Natur ist; denn er hält jenen für berechtigt zu seinem Vorgehen gegen ihn. Sein Wille – das will ich hiermit sagen – läßt sich gegen jenen nicht in Bewegung bringen.‹

›Das ist wahr.‹

›Weiter! Wenn jemand glaubt, ihm geschähe Unrecht, so flammt doch sein Wille auf, grollt und kämpft für das, was er für recht hält, trotz Hunger und Kälte und anderen Leiden. Er harrt aus und siegt; er hört nicht auf, für das Edle zu kämp-
fen, bis er es verwirklicht hat oder bis er tot ist oder auch bis d
er von seiner Vernunft wie der Hund vom Hirten zurückgerufen und beruhigt wird.‹

›Allerdings gleicht der Wille dem Hunde. Wir haben ja auch in unserem Staate die Gehilfen den Herrschern wie Hunde den Hirten beigesellt.‹

›Du verstehst mich ganz richtig. Wird dir auch dies einleuchten?‹

›Was?‹ e

›Der Wille hat sich als das Gegenteil von dem erwiesen, was wir glaubten. Wir dachten, es sei eine Art Begierde. Jetzt finden wir, daß er vielmehr auf seiten der Vernunft steht, wenn diese mit den Begierden uneins ist.‹

›Durchaus.‹

›Ist er nun auch von der Vernunft verschieden oder ein Teil der Vernunft, so daß die Seele doch nur in zwei Teile zerfiele, in die Vernunft und in die Begierden? Oder ist er ein dritter Teil, seiner Natur nach der Gehilfe der Vernunft, falls
er nicht durch schlechte Erziehung verdorben wird, so daß 441a
die Seele drei Teile hat, ebenso wie der Staat sich aus drei Ständen zusammensetzt, aus dem gelderwerbenden, dem Gehilfen- und dem Herrscherstand?‹

›Er ist notwendig ein dritter Teil.‹

›Ja, falls seine Selbständigkeit gegenüber der Vernunft sich erweist, wie sie sich gegenüber den Begierden erwiesen hat.‹

›Sie wird sich leicht erweisen lassen. An den Kindern kann man doch beobachten, daß sie schon als Neugeborene Wil-
len genug haben. Vernunft aber bekommen manche nie, die b
meisten spät.‹

›Wahrhaftig, das ist richtig. An den Tieren kann man Ähnliches bemerken. Außerdem ist das bereits angeführte Wort Homers Zeuge:

Doch er schlug sich die Brust und also schalt er sein Herze.

c Hier ist doch deutlich von einem Scheltenden und einem Gescholtenen die Rede. Das Scheltende stellt vernünftige Betrachtungen über das Bessere und Schlechtere an, das Gescholtene ist vernunftlos und erregt.‹

›Du hast ganz recht.‹

XVI ›So sind wir denn über diese Schwierigkeit glücklich hinweg. Es steht ziemlich fest, daß sich in der Einzelseele dieselben Teile befinden wie im Staate, auch der Zahl nach.‹

›So ist es.‹

›Daher muß nun der einzelne Mensch in der gleichen Weise und durch denselben Teil weise sein wie der Staat?‹

›Ohne Zweifel.‹

d ›Und in der gleichen Weise und durch den gleichen Teil tapfer? Und auch die anderen Stücke der Tugend müssen einander völlig entsprechen?‹

›Notwendig.‹

›Dann ist der einzelne auch in demselben Sinne gerecht, wie der Staat gerecht war, Glaukon.‹

›Ganz unbedingt ist er das.‹

›Wir haben aber gewiß nicht vergessen, daß der Staat gerecht war, wenn jeder seiner drei Stände das Seine tat.‹

›Nein, gewiß nicht.‹

›Also müssen wir unserem Gedächtnisse einprägen, daß
e auch wir alle dann gerecht sind und das Unsrige tun, wenn jeder einzelne Teil unserer Seele das Seinige tut.‹

›Freilich müssen wir es uns einprägen.‹

›Der Vernunft kommt die Herrschaft zu; denn sie ist der weise Teil und sorgt durch ihr Nachdenken für die ganze Seele. Dem Willen ziemt Gehorsam und Freundschaft mit der Vernunft.‹

›Jawohl.‹

›Und die Vereinigung musischer mit gymnastischer Bildung, von der wir sprachen, ist es doch, die Vernunft und Willen zur Harmonie bringt? Die Vernunft wird gestärkt und genährt durch gute Dichtungen und Wissenschaften, der Wille wird gemäßigt und gemildert durch Musik und 442a
Rhythmus.‹

›Freilich.‹

›Sind sie so erzogen worden und haben sie wirklich das Ihrige gelernt und erworben, so sollen sie über den dritten Teil, die Begierden, herrschen, über diesen ausgedehntesten und seiner Natur nach unersättlichsten Teil in eines jeden Menschen Seele. Sie sollen acht auf ihn haben, damit er sich nicht an den sogenannten sinnlichen Genüssen sättige, durch sie groß und stark wird, seine Pflichten vergißt und die beiden anderen Teile zu unterjochen und zu beherrschen versucht. b
Das kommt ihm nicht zu und richtet die gesamte Seele zugrunde.‹

›Jawohl.‹

›Auch werden jene beiden Teile die ganze Seele samt dem Körper am besten gegen die äußeren Feinde zu schützen wissen. Die Vernunft wird leiten, der Wille wird kämpfen, wird dem Herrscher folgen und, was dieser rät, mit Hilfe seiner Tapferkeit durchsetzen.‹

›So ist es.‹

›Tapfer also heißt ein Mensch, wenn dieser Teil seiner See- c
le, der Wille, in Leid und in Lust an dem Begriff festhält, den ihm die Vernunft von den Dingen gibt, die zu fürchten und die nicht zu fürchten sind.‹

›Ja, dann heißt er tapfer.‹

›Und weise heißt er vermöge jenes kleinen Teiles, der in ihm die Herrschaft führt und jene Anweisung gibt. Dieser weiß auch, was allen Teilen einzeln und zusammen zuträglich ist.‹

›Jawohl.‹

›Weiter! Besonnen heißt er, wenn die drei Teile Freunde und einmütig sind, wenn der herrschende Teil mit den d beherrschten eines Sinnes darin ist, daß die Vernunft herrschen muß; wenn sie sich also nicht gegen sie auflehnen.‹

›Besonnenheit ist gewiß nichts anderes, ebensogut beim Staate wie beim einzelnen Menschen.‹

›Und gerecht wird der Mensch also auch durch das oft genannte Verhalten der Teile seiner Seele sein.‹

›Ganz unbedingt‹.

›Gib acht, daß sich die Gerechtigkeit nicht doch noch verdunkelt und beim Menschen ein anderes Gesicht bekommt, als sie im Staate hatte!‹

›Ich glaube nicht.‹

e ›Bestehen noch Zweifel über sie, so könnten wir uns dadurch vergewissern, daß wir die gröberen Dinge heranziehen.‹

›Welche?‹

›Wenn wir uns über die Ehrlichkeit jenes Staates und des einzelnen Menschen, der die gleichen Anlagen hat und die gleiche Bildung erhält, erklären. Wird ein solcher Mensch Gold oder Silber unterschlagen, das ihm zur Verwaltung übergeben wird? Wird man ihn dessen eher für fähig halten als Menschen anderer Art?‹

443a ›Niemand.‹

›Auch Tempelraub, Diebstahl, Verrat eines Freundes oder Verrat eines Staates wird ihm gänzlich fernliegen.‹

›Gewiß.‹

›Er ist auch in keinem Sinne treulos, bricht keinen Eid oder andere Versprechen.‹

›Wie sollte er!‹

›Ehebruch, Unachtsamkeit gegen die Eltern, Vernachlässigung der Götter passen zu jedem anderen besser als zu ihm.‹

›Ja.‹

b ›Und worin liegt der Grund für das alles? In seiner Seele tut, was Herrschen und Gehorchen betrifft, jeder Teil das Seine.‹

›Das und nichts anderes ist der Grund.‹

›Suchst du nun noch nach einer anderen Erklärung der Gerechtigkeit als der unsrigen? Sie ist die Kraft, die Menschen und Staaten in den genannten Zustand versetzt.‹

›Wahrhaftig, ich suche nach keiner anderen.‹

›So hat sich denn die Ahnung völlig bestätigt, die uns vor- c XVII
schwebte, als wir mit der Gründung unseres Staates begannen. Wir sagten, mit dieser Gründung wurde sich sofort auch die Grundlage und ein Grundzug der Gerechtigkeit ergeben.‹

›Ja, völlig.‹

›Darin liegt der Grund für die Nützlichkeit unserer Maßregel, daß der geborene Schuhmacher Schuhe zu machen hat und nichts anderes, der Zimmermann Zimmerarbeiten macht usw. Die Gerechtigkeit deutet sich darin an, Glaukon.‹

›Augenscheinlich.‹

›Dergleichen war wirklich Gelegenheit, nicht weil man d
die äußerlich angemessene Beschäftigung hatte, sondern die innerlich angemessene und wahrhaft natürliche. Der Mensch duldet dann nicht, daß die Teile seiner Seele unangemessene oder verschiedenartige Aufgaben erfüllen. Er leistet, was ihm zukommt, beherrscht sich selber, ordnet seine Seele, befreundet sie mit sich selber und stimmt ihre drei Teile in harmonischem Verhältnis aufeinander ab, wie in der Musik die Nete, die Hypate und die Mese nebst den etwaigen Zwischengliedern. Um sie alle schlingt er ein Band und wird so zu einer Einheit aus einer Vielheit, wird besonnen und harmonisch und tut sein Werk, sei das nun Gelderwerb oder e
Körperpflege, seien es Staatsgeschäfte oder Privatangelegenheiten. Stets fühlt und bezeichnet er diejenige Handlung als gerecht und schön, die diesen Seelenzustand erhält und fördert, als Weisheit die Einsicht, die solche Handlungen leitet, als ungerecht alles, was diesen Seelenzustand zerstört, als Un- 444a
wissenheit das Wähnen, das solches Beginnen leitet.‹

›Du hast vollkommen recht, Sokrates.‹

›Nun gut! Es ist wohl keine Lüge, wenn wir behaupten, wir hätten den gerechten Menschen und den gerechten Staat und die Gerechtigkeit selber, die in ihnen lebt, nunmehr erklärt.‹

›Wahrhaftig nicht.‹

›Wir behaupten es also?‹

›Ja, tun wir es!‹

XVIII ›Es bleibe also dabei. – Wir müssen nun weiter die Ungerechtigkeit erklären.‹

›Offenbar.‹

b ›Sie ist doch notwendig die Uneinigkeit jener drei Teile, die Vielgeschäftigkeit und die Geschäftigkeit in fremden Angelegenheiten. Ein Teil empört sich gegen die Gesamtheit der Seele, um sich zum Herrn zu machen, während ihm seinem Wesen nach zukommt, dem zum Herrn berufenen Teile zu dienen. Das ungefähr und die Unordnung und Verworrenheit darin verdient den Namen Ungerechtigkeit, auch die Namen Zügellosigkeit, Feigheit, Unwissenheit und überhaupt Verworfenheit.‹

c ›Ja, allerdings.‹

›Dann sind wir nun auch über das unredliche und verbrecherische Handeln, andererseits über das redliche Handeln vollkommen im klaren, nachdem die Ungerechtigkeit und die Gerechtigkeit erklärt sind.‹

›Und was ist es?‹

›Es ist ganz dasselbe für die Seele, was das Gesunde und das Kranke für den Körper ist.‹

›Inwiefern?‹

›Das Gesunde bewirkt Gesundheit, das Kranke Krankheit.‹

›Ja.‹

d ›So erzeugt das redliche Handeln Gerechtigkeit, das unredliche Ungerechtigkeit.‹

›Unbedingt.‹

›Gesundheit erzeugen heißt aber: im Körper das natürliche gegenseitige Verhältnis zwischen herrschenden und beherrschten Teilen herstellen; Krankheit: ein unnatürliches herstellen.‹

›Richtig.‹

›Ebenso heißt Gerechtigkeit erzeugen: in der Seele das natürliche gegenseitige Verhältnis zwischen herrschenden und beherrschten Teilen herstellen; Ungerechtigkeit: ein widernatürliches herstellen.‹

›Freilich.‹

›Tugend ist also eine Art Gesundheit, Schönheit, Wohlbe-
hagen der Seele. Schlechtigkeit ist Krankheit, Häßlichkeit, e
Schwäche.‹

›So ist es.‹

›Und edles Streben führt zum Besitz dieser Tugend; niedriges Streben führt zum Besitz der Schlechtigkeit.‹

›Notwendig.‹

›So ist denn bloß noch die Frage zu beantworten, ob es XIX
vorteilhaft ist, redlich zu handeln, edles Streben zu haben und 445a
gerecht zu sein, gleichviel ob dies unbemerkt bleibt oder nicht? Oder ob es vorteilhaft ist, ungerecht zu handeln und zu sein, falls man straflos bleibt und nicht durch Züchtigungen gebessert wird?‹

›Aber Sokrates, es ist lächerlich, das zu untersuchen. Man kann doch mit zerstörtem Körper nicht leben, auch nicht wenn man alle Speisen und Getränke vor sich hat, alle Reichtümer und alle Macht besitzt. Und da sollte man leben können, wenn das zerrüttet und zerstört ist, wodurch wir doch
gerade leben, wenn man also alles nach Belieben tut, nur b
nicht das, was die Schlechtigkeit und Ungerechtigkeit vertreibt und Gerechtigkeit und Tugend bringt! Das Wesen dieser Eigenschaften ist durch unsre Untersuchung doch nun festgestellt.‹

›Freilich ist es lächerlich. Aber da wir so weit gelangt sind, dürfen wir nicht ruhen, diese Tatsachen so einleuchtend wie nur möglich zu machen.‹

›O nein, auf keinen Fall dürfen wir ruhen.‹

›Wohlan denn! Ich will dir nun die Arten der Ungerech- c
tigkeit vorführen, soweit sie der Betrachtung würdig scheinen.‹

›Ich höre. Sprich nur!‹

›Von der hohen Warte aus, auf die wir gestiegen sind, sehe ich, daß die Tugend nur eine Gestalt hat, die Schlechtigkeit aber unzählige Gestalten. Darunter sind vier der Betrachtung würdig.‹

›Wie meinst du das?‹ d

›So viele deutlich unterschiedene Staatsformen es gibt, soviel Arten seelischer Verfassung gibt es auch.‹

›Wieviele sind das?‹

›Fünf Staatsformen, fünf Seelenformen.‹

›Sag', welche es sind.‹

›Die erste Staatsform ist die, die wir beschrieben haben. Sie hat zwei Namen. Ragt unter den Herrschenden einer besonders hervor, so heißt sie Königtum; sind es mehrere, so heißt sie Aristokratie.‹

›Das ist richtig.‹

e ›Sie beide bilden die erste Form. Denn ob es nun mehrere sind oder einer ist – an den wichtigeren Gesetzen des Staates werden sie nicht rütteln, nachdem sie die geschilderte Erziehung und Bildung genossen haben.‹

›Es ist nicht zu erwarten.‹

Fünftes Buch

›Diesen Staat und seine Verfassung nenne ich gut und richtig; I
ebenso den Zustand des entsprechenden Menschen. Die an- 449a
deren nenne ich schlecht und, da jener der richtige ist, auch fehlerhaft; sowohl die anderen Staatsverfassungen wie die anderen Gestaltungen der einzelnen Seele. Ich unterscheide vier Formen.‹

›Welche sind es?‹

Ich wollte sie der Reihe nach aufzählen, wie sich eine aus
der anderen entwickelt; da streckte Polemarchos, der etwas b
entfernt von Adeimantos saß, seine Hand herüber, faßte dessen Gewand oben an der Schulter, zog ihn näher heran und flüsterte, sich vorbeugend, einige Worte. Wir verstanden bloß das Folgende:

›Lassen wir es gehen oder wie?‹

›Auf keinen Fall!‹ antwortete Adeimantos laut.

Ich fragte: ›Was wollt ihr denn nicht gehen lassen?‹

›Dich‹, sagte er.

›Warum denn nicht?‹ entgegnete ich. c

›Du unterschlägst einen ganzen und recht wichtigen Teil der Untersuchung und möchtest dich daran vorbeischleichen. Meinst du, wir hätten es nicht gemerkt, wie du so einfach hinsagtest: es sei jedem klar, daß die Freunde Frauen und Kinder gemeinsam haben müßten?‹

›Und ist das nicht richtig, Adeimantos?‹ sagte ich.

›Ja, ja; aber das Richtige bedarf einer genaueren Ausführung wie alles übrige. Die Gemeinschaftlichkeit kann sehr
verschiedener Art sein. Setze uns auseinander, wie du sie dir d
denkst. Wir warten schon lange darauf, daß du an irgendeiner Stelle auf die Umstände zu sprechen kommen würdest, unter denen man Kinder zeugen und die Neugeborenen aufziehen soll, überhaupt wie du dir diese Frauen- und Kindergemeinschaft denkst. Es bedeutet viel, ja alles für einen Staat, ob es in

ihm damit richtig oder nicht richtig steht. Da du nun aber auf
eine andere Staatsverfassung übergehen wolltest, ohne auf
diese Dinge einzugehen, so beschlossen wir, wie du gehört
450a hast, dir keine Ruhe zu lassen, bis du sie ebenso wie alles an-
dere klarlegst.‹

›Ich stimme ebenfalls für diesen Beschluß!‹ sagte Glaukon.

›Sei überzeugt‹, sagte Thrasymachos, ›daß wir alle dem Beschluß beitreten, Sokrates.‹

II ›Was habt ihr mit eurem Überfall angerichtet! Welch lan-
ge neue Untersuchung jenes Staates steht uns nun bevor!
Es ist, als fingen wir von vorne an. Und ich war froh, mit
ihm fertig zu sein, und ganz zufrieden, wenn man meine Dar-
b stellung gelten ließ. Ihr wißt nicht, welchen Schwarm von
Problemen eure Forderung aufstört. Ich sah ihn wohl und
ging dran vorüber, damit des Redens nicht gar zu viel wird.‹

›Ja meinst du denn‹, sagte Thrasymachos, ›wir seien hier zusammengekommen, um Gold zu gießen, und nicht, um Erörterungen zu hören?‹

›Ja, aber mit Maß.‹

›Das Maß, solche Erörterungen zu hören, ist bei vernünfti-
gen Leuten das ganze Leben‹, sagte Glaukon. ›Aber habe nur
keine Sorge um uns! Beantworte nur tapfer unsere Frage und
c beschreibe uns, wie sich die Frauen- und Kindergemein-
schaft unserer Wächter gestalten soll und wie es mit der ge-
meinschaftlichen Pflege der kleinen Kinder von der Geburt
an bis zur Erziehung wird. Diese Zwischenzeit bringt ja wohl
am meisten Arbeit mit sich. Versuche, die Art und Weise zu
schildern.‹

›Das ist nicht leicht, Verehrtester! Vieles daran klingt noch
d unglaublicher als das früher Dargestellte. Man wird es erstens
nicht für durchführbar halten, was wir erzählen, und zwei-
tens, wenn es sich durchaus verwirklichen läßt, nicht für die
wünschenswerteste Einrichtung. Darum mag ich nicht dar-
angehen. Die Beschreibung sähe aus wie ein leeres Hirn-
gespinst, lieber Freund.‹

›Habe keine Furcht. Es hört dich ja kein Unvernünftiger, auch kein Ungläubiger, auch kein Übelwollender.‹

Ich versetzte: ›Sagst du das, um mir Mut zu machen, Bester?‹

›Ja.‹

›Du tust das Gegenteil! Könnte ich das Vertrauen zu mir
haben, daß ich meiner Sache sicher wäre, so wäre dein Trost
ganz gut. Wenn man die Wahrheit besitzt, ist es unverfänglich e
und einladend, sich mit verständigen und lieben Menschen
über die höchsten und geliebtesten Dinge zu unterhalten.
Wenn man aber nur zweifelnd und suchend sich ausspricht,
wie ich es tue, so ist das ängstlich und verfänglich; nicht weil
man sich lächerlich macht – das gäbe bloß einen Scherz –, 451a
sondern weil man nicht allein daliegt, wenn man fehltritt,
man reißt die Freunde mit. Und dies bei Gegenständen, wo
man am allerwenigsten fehlgehen darf. Ich will zur Adrasteia
beten, Glaukon, um dessen willen, was ich jetzt darzustellen
habe. Denn ich fürchte, es ist ein geringeres Verbrechen, wider Willen an jemandem zum Mörder zu werden, als ihn zu belügen über das Schöne, das Gute, das Gesetzliche. Es ist noch besser, sich dieser Gefahr Feinden gegenüber auszusetzen als Freunden gegenüber. Darum macht mir dein Zuspruch keinen Mut.‹

Glaukon lachte und sagte: ›Sokrates, wir lassen dich außer b
Verfolgung, wenn uns deine Darlegungen in die Irre führen, und erklären dich für unschuldig des Mordes und des Betruges. Sprich ohne Sorge!‹

›Wer außer Verfolgung gesetzt worden ist, der ist unschuldig, so sagt das Gesetz. Das wird also auch für uns hier gelten.‹

›Deswegen kannst du also sprechen.‹

›Nun, ich muß von neuem auf die Dinge eingehen, die
vielleicht oben hintereinander hätten behandelt werden
müssen. Doch ist es am Ende auch so gut, daß wir die Tätig- c
keit der Frauen jetzt in einem Zuge besprechen, nachdem
wir die der Männer völlig durchgesprochen haben, zumal du
es so haben willst. – Männer solcher Natur und solcher Er- III
ziehung, wie wir sie geschildert haben, dürfen auch in ihren Beziehungen zu Frau und Kind nicht mit dem Ziele in Widerspruch geraten, das wir ihnen von Anfang an steckten;

wir wollten sie doch zu Wächtern über eine Herde gleichsam ausbilden.‹

›Ja.‹

d ›Dabei laß uns bleiben und also auch ihre Geburt und erste Pflege damit in Einklang bringen. Laß sehen, ob es so recht ist oder nicht.‹

›Wie?‹

›Wie halten wir es mit den weiblichen Hirtenhunden? Müssen sie gleiche Dienste tun wie die männlichen, mit ihnen wachen, jagen usw.? Oder lassen wir sie zu Hause, da sie das Gebären und Nähren der Jungen zu anderen Dingen unfähig macht, lassen also die männlichen allein arbeiten und den ganzen Wächterdienst bei der Herde versehen?‹

e ›Sie tun alles gemeinsam. Wir nehmen bloß darauf Rücksicht, daß die weiblichen schwächer sind als die männlichen.‹

›Kann man nun ein Geschöpf zum gleichen Zwecke verwenden wie ein anderes, wenn man ihm nicht die gleiche Ausbildung und Erziehung zuteil werden läßt?‹

›Unmöglich.‹

›Wenn wir also die Frauen ebenso verwenden wollen wie die Männer, so müssen wir ihnen dieselbe Erziehung geben.‹

452a ›Ja.‹

›Die Männer wurden durch musische und gymnastische Bildung erzogen.‹

›Ja.‹

›So müssen wir auch die Frauen diese beiden Dinge lehren, nicht minder auch die Kriegskunst. Und dann müssen sie also dieselbe Verwendung finden wie die Männer.‹

›Nach dieser Darstellung sollte man es glauben.‹

›Führt man das durch, was wir jetzt sagen, so wird sich ja wohl manches etwas lächerlich ausnehmen. Es widerspricht unseren Sitten.‹

›Freilich, sehr.‹

›Und was findest du am lächerlichsten? Doch daß nackte Frauen in der Palästra mit den Männern gemeinsam ihre
b Ringübungen machen und nicht bloß junge Frauen, sondern auch bejahrtere? Es ist dann wie mit den runzligen und gar-

stigen Greisen, die sich in den Gymnasien mit Ringübungen vergnügen.‹

›Wahrhaftig! Unter unseren heutigen Verhältnissen würde es recht lächerlich aussehen.‹

›Haben wir soviel gesagt, so dürfen wir uns nun auch nicht vor den Witzen der Spötter fürchten. Mögen sie anbringen, soviel sie wollen, sowohl über das veränderte Aussehen der Gymnasien wie über die Neuheit im musischen Unterricht c
und namentlich im Waffentragen und Reiten.‹

›Du hast recht.‹

›Da wir einmal angefangen haben, von diesen Dingen zu reden, müssen wir auch die bedenkliche Seite unseres Grundsatzes hervorkehren. Zunächst bitten wir jene Leute, ihre Gewohnheit fahren zu lassen und ernsthaft zu sein. Sie sollten sich erinnern, daß es noch nicht lange her ist, wo auch der Anblick nackter Männer den Hellenen widerwärtig und lächerlich war, wie noch jetzt den meisten Barbaren. Als dann d
zuerst die Kreter, danach die Lakedämonier Ringübungen einführten, hätten die damaligen Spötter dies doch ebensogut ins Lächerliche ziehen können. Oder meinst du nicht?‹

›Doch.‹

›Als die Erfahrung gelehrt hatte, daß man in all solchen Fällen besser tut, sich zu entkleiden als sich zu vermummen, da kam es den Leuten nicht mehr lächerlich vor; Gründe taten den Vorzug dar, und es erwies sich, daß nur ein Tor etwas anderes lächerlich findet als das Schlechte und nach dem e
Schönen von einem anderen Gesichtspunkte aus strebt als von dem des Guten.‹

›Ja, vollkommen.‹

›Mir scheint, wir müssen uns in erster Linie über die Mög- IV
lichkeit oder Unmöglichkeit verständigen, müssen also die Streitfrage erörtern (gleichviel ob gegen einen Spötter oder gegen einen Ernsthaften), ob der weibliche Mensch seiner Natur nach imstande ist, an sämtlichen Aufgaben des Mannes 453a
teilzunehmen, oder zweitens, ob er an keiner einzigen teilnehmen kann, oder drittens, ob an einigen, an anderen nicht, und zu welchen dann das Kriegshandwerk gehört. Wer so die

Sache auf die richtigste Weise angreift, der wird sie auch wohl zum richtigen Ende führen.‹

›Ganz gewiß.‹

›Wie wäre es, wenn wir im Sinne der Gegner gegen uns selber sprächen? Dann ist es doch nicht eine verlassene Festung, die wir belagern.‹

b ›Dem steht nichts im Wege.‹

›Halten wir also folgende Rede gegen unsere eigne Anschauung. – Sokrates und Glaukon! Es ist gar nicht nötig, daß ein anderer gegen euch auftritt. Bei Gründung eures Staates einigtet ihr euch selber darüber, daß jeder seinen einen naturgemäßen Beruf ausüben müsse.‹

›Ich glaube, darüber einigten wir uns. Warum nicht?‹

›Die Natur des Weibes ist aber doch eine erheblich andere als die des Mannes?‹

›Ohne Zweifel ist sie anders.‹

c ›So muß doch die Tätigkeit beider, der verschiedenen Natur entsprechend, eine verschiedene sein?‹

›Freilich.‹

›Dann seid ihr aber jetzt im Irrtum und widersprecht euch selber, wenn ihr sagt, Männer und Frauen müßten die gleiche Tätigkeit haben! Sie haben doch eine so verschiedene Natur! – Kannst du uns gegen diesen Einwurf verteidigen, Vortrefflicher?‹

›Im Augenblick ist es nicht ganz leicht. Aber ich kann dich bitten und tue es hiermit, nun auch die Gegengründe zu nennen, die sich vorbringen lassen.‹

d ›Das war es ja, Glaukon, und noch mehr dergleichen, was ich vorausgesehen habe. Darum habe ich mich gefürchtet und gewehrt, die Gesetze über Ehe und Kinderpflege zu berühren.‹

›Wahrhaftig, die Sache scheint ihre Schwierigkeiten zu haben.‹

›O ja. Aber es ist nun einmal so: ob man in einen kleinen Teich fällt oder mitten ins große Meer – man schwimmt hier wie dort.‹

›Jawohl.‹

›Also schwimmen auch wir! Suchen wir uns aus der Frage herauszuretten! Vielleicht nimmt uns ein Delphin auf seinen Rücken oder ein anderes Wunder errettet uns.‹

›Wir müssen es versuchen.‹ e

›Wohlan, vielleicht finden wir einen Ausweg. Wir gaben also zu, daß verschiedene Naturen verschiedene Aufgaben haben und daß die Natur der Frau und die des Mannes verschieden sind. Jetzt sagen wir, die verschiedenen Naturen hätten dieselbe Aufgabe. Das ist die Anklage unserer Gegner?‹

›Gewiß‹

›Eine herrliche Sache ist es um die Kunst des Widersprechens, Glaukon!‹ 454a

›Wieso?‹

›Weil viele auch unabsichtlich auf sie verfallen und dann doch glauben, sie führten ein wissenschaftliches Gespräch und kein Wortgezänk. Sie sind nicht imstande, eine Äußerung in die Grundbegriffe zu zerlegen und so zu prüfen; sie bestreiten bloß den Wortlaut der Äußerung und wenden Kampfmittel, nicht wissenschaftliche Mittel an.‹

›So ergeht es vielen. Aber gilt es auch für unseren Fall?‹

›Durchaus. Augenscheinlich sind wir ins Widersprechen hineingeraten, ohne es zu wollen.‹ b

›Wieso?‹

›Wir bestehen gar tapfer und kampflustig auf den Worten, daß verschiedene Naturen nicht die gleiche Tätigkeit haben dürfen. Aber wir haben nicht im mindesten untersucht, was für einen Begriff wir damals mit den Ausdrücken Verschiedenheit und Gleichheit der Naturanlagen verbanden und in welchem Sinne wir damals die Verteilung der verschiedenen Tätigkeiten unter die verschiedenen Naturen, der gleichen unter die gleichen vornahmen.‹

›Nein, das haben wir nicht untersucht.‹

›Wir könnten uns demnach auch die Frage vorlegen, ob Kahlköpfige und Behaarte gleicher Natur sind oder nicht vielmehr entgegengesetzter Natur? Und geben wir das zweite zu, so müßten wir den Behaarten das Schuhmachergewer- c

be untersagen, falls Kahlköpfige es treiben, und es den Kahl-
köpfigen untersagen, falls Behaarte es treiben.‹

›Das wäre albern.‹

›Aus keinem anderen Grunde albern, als weil wir damals
nicht schlechtweg an Verschiedenheit und Gleichheit ge-
dacht haben. Wir meinten lediglich die Verschiedenheit und
d Gleichheit der Anlagen zur Ausübung der Tätigkeiten. Zum
Beispiel sagten wir, ein Arzt und der, dessen Seele dem Hei-
len zuneige, seien gleicher Natur. Oder meinst du nicht?‹

›Doch.‹

›Ein Arzt und ein Zimmermann aber seien verschiedener
Natur.‹

›Durchaus.‹

V ›Stellt sich also heraus, daß die Verschiedenheit zwischen
dem männlichen und dem weiblichen Geschlecht sich auf
bestimmte Künste oder sonstige Fähigkeiten bezieht, so muß
natürlich jedem Geschlecht die seinige zugewiesen werden.
Stellt sich aber heraus, daß die Verschiedenheit darin besteht,
e daß das Weib gebiert, der Mann befruchtet, so ist unserer
Meinung nach damit eine Verschiedenheit hinsichtlich der
beruflichen Tätigkeiten noch lange nicht dargetan. Wir wer-
den dabei bleiben, daß unseren Wächtern und ihren Frauen
die gleichen Aufgaben zufallen.‹

›Mit Recht.‹

455a ›Und nun fordern wir den Gegner auf, uns doch die Kün-
ste oder die öffentlichen Berufe zu zeigen, für die Mann und
Frau nicht gleich, sondern verschieden veranlagt sind.‹

›Das ist billig.‹

›Vielleicht sagt er dann, was du eben sagtest: im Augen-
blick sei es nicht leicht, darüber Ausukunft zu geben; wenn
man sich besänne, sei es aber gar nicht schwer.‹

›Freilich sagt er das.‹

›Daraufhin könnten wir ihn wohl bitten, unserer Unter-
b suchung zu folgen? Vielleicht können wir ihm nachweisen,
daß es keinen öffentlichen Beruf gibt, der der Frau aus-
schließlich zukommt.‹

›O ja.‹

›Wohlan, antworte! – werden wir ihn anreden –. Du mein-
test doch, wenn du jemanden für etwas begabt nanntest und
einen andern für dasselbe nicht begabt, daß der erste es leicht
lernt, der zweite schwer, daß jener nach einem kurzen Un-
terricht schon mit dem Gelernten erfinderisch schaltet, die-
ser es nach langem Unterricht und Fleiß nicht einmal behält,
daß jenen der Körper bei der geistigen Arbeit genügend un- c
terstützt, diesen hemmt? Andere Merkmale gibt es doch
nicht, um die Anlage für gewisse Gegenstände von mangeln-
der Anlage zu unterscheiden.‹

›Niemand wird andere nennen können.‹

›Kennst du nun eine menschliche Tätigkeit, bei der das
männliche Geschlecht alle diese Eigenschaften nicht in hö-
herem Grade besitzt als das weibliche? Denn von der Webe-
kunst werden wir nicht viel Aufhebens machen oder von der
Kochkunst und Backkunst. Darin leistet das weibliche Ge-
schlecht gewiß etwas, würde auch gewaltig ausgelacht wer-
den, wenn es in diesen Dingen nachstünde.‹

›Du hast recht. Geradezu in allem ist das männliche Ge- d
schlecht dem weiblichen überlegen. Zwar gibt es viele Frau-
en, die in vielen Beziehungen tüchtiger sind als viele Männer;
aber im ganzen hast du recht.‹

›Also kommt keine Tätigkeit, die sich auf die Staatsverwal-
tung bezieht, der Frau zu, weil sie Frau ist, dem Manne zu,
weil er Mann ist, Freund. Die Anlagen sind unter die beiden
menschlichen Geschlechter gleichmäßig verteilt; dem Weibe
sind seiner Natur nach sämtliche Berufe zugänglich, ebenso
aber auch dem Manne. Jedoch ist das Weib überall schwächer e
als der Mann.‹

›Jawohl.‹

›Werden wir daher den Männern alle Pflichten auferlegen
und den Frauen gar keine?‹

›Wie sollten wir!‹

›Vielmehr glauben wir, daß auch Frauen mitunter Ge-
schick zur ärztlichen Kunst haben, andere wieder nicht, daß 456a
manche musische Bildung erwerben können, andere ihrer
Natur nach dazu nicht fähig sind.‹

›Ohne Zweifel.‹

›Ebenso ist auch die eine Frau zur gymnastischen Bildung und zum Kriegshandwerk befähigt, die andere ist unkriegerisch und keine Freundin körperlicher Übungen.‹

›Meiner Meinung nach ja.‹

›Weiter: die eine ist philosophisch, die andere haßt die Philosophie. Die eine ist willensstark, die andere willenlos.‹

›Auch das ist richtig.‹

›So ist auch die eine zum Wächterberuf geeignet, die andere nicht! Wir haben doch auch unter den Männern die entsprechend Veranlagten zu diesem Beruf ausgewählt.‹

›Gewiß.‹

›Also haben Frauen und Männer die gleiche Befähigung zur Bewachung eines Staates, nur daß sie bei jenen schwächer ist.‹

›Augenscheinlich.‹

VI b ›Diese Frauen sind es daher, die ausgewählt werden müssen zum gemeinsamen Leben und zum gemeinsamen Wachen mit den entsprechenden Männern. Denn sie haben die Fähigkeit dazu und sind diesen in der Anlage gleich.‹

›Jawohl.‹

›Und gleich Veranlagten muß der gleiche Beruf zugewiesen werden?‹

›Ja.‹

›So kommen wir im Kreise auf unseren Ausgangspunkt zurück: wir einigen uns dahin, daß es nicht der Natur widerspricht, den Frauen der Wächter musische und gymnastische Bildung zuteil werden zu lassen.‹

›Ganz recht.‹

c ›Und da diese Bestimmung naturgemäß ist, ist sie also nicht unmöglich und nicht ein Hirngespinst. Der heutige entgegengesetzte Zustand vielmehr ist augenscheinlich widernatürlich.‹

›Ja, augenscheinlich.‹

›Was wir untersuchen wollten, war aber erstens, ob unsere Forderung möglich sei, und zweitens, ob sie auch den wünschenswertesten Zustand herbeiführe.‹

›Ja, das beides war es.‹

›Daß sie möglich ist, darüber sind wir jetzt einig.‹

›Ja.‹

›Daß sie auch den wünschenswertesten Zustand bringt, müssen wir nunmehr feststellen?‹

›Offenbar.‹

›Eine tüchtige Wächterin zu werden, wird keine andere Erziehung bewirken, als ein tüchtiger Wächter zu werden, zumal die gleiche Veranlagung zugrunde liegt.‹ d

›Nein, keine andere.‹

›Wie denkst du nun hierüber?‹

›Worüber?‹

›Hältst du manche Menschen für wertvoller als andere? Oder findest du sie alle gleichwertig?‹

›Keineswegs.‹

›Und glaubst du, daß die Wächter unseres Staates durch die geschilderte Erziehung zu wertvolleren Menschen geworden sind als die Schuhmacher durch den Unterricht im Schuhmacherhandwerk?‹

›Das ist eine lächerliche Frage!‹

›Ich verstehe. Sind sie nicht überhaupt die wertvollsten e
unter allen Bürgern des Staates?‹

›Bei weitem.‹

›Und nun: sind nicht jene Frauen auch die wertvollsten unter allen Frauen?‹

›Auch sie bei weitem.‹

›Gibt es aber etwas Wünschenswerteres für den Staat, als daß der Wert der Männer sowohl wie der Frauen möglichst erhöht wird?‹

›Nein.‹

›Die Mittel dazu sind aber die musische und die gymnastische Bildung, wenn man sie in der von uns geschilderten 457a
Weise erwirbt?‹

›Natürlich.‹

›Nun, dann ist unsere Forderung nicht bloß möglich, sondern führt auch den wünschenswertesten Zustand für den Staat herbei!‹

›So ist es.‹

›Die Frauen der Wächter müssen also die Kleider ausziehen; denn sie sollen Tüchtigkeit statt ihrer anziehen! Sie müssen am Kriege und an dem übrigen Wächterdienst über den Staat teilnehmen! Es ist nicht anders. Doch müssen den Frauen wegen der Schwäche ihres Geschlechts die leichteren
b Aufgaben zufallen. Wer über nackte Frauen lacht, wenn sie um des Höchsten willen ihren Körper üben, der ‘bricht unreif die Frucht der Weisheit des Lachens’. Er weiß nicht, worüber er lacht noch was er tut. Denn es ist ein sehr wahres Wort und wird auch wahr bleiben, daß das Nützliche schön, das Schädliche häßlich ist.‹

›Ganz richtig.‹

VII ›Der ersten Woge wäre unsere Gesetzgebung für die Frauen nun glücklich entronnen. Sie hat uns nicht verschlungen, trotzdem wir den Wächtern und den Wächterinnen die völ-
c lig gleiche Berufstätigkeit zugewiesen haben. Vielmehr hat die Untersuchung bestätigt, daß diese Bestimmung durchführbar und nutzbringend ist.‹

›Und es ist keine kleine Woge, der du entronnen bist!‹

›Du wirst sie nicht groß finden, wenn du erst die zweite siehst.‹

›Sprich; ich möchte sie sehen.‹

›An die genannte Bestimmung sowie an die voraufgegangenen schließt sich folgende Bestimmung an.‹

›Welche?‹

›Die Wächterinnen sollen allen Wächtern gemeinsam an-
d gehören; keine darf mit einem Manne allein zusammenleben. Auch die Kinder sollen gemeinsam sein, und kein Vater soll sein Kind noch das Kind seinen Vater kennen.‹

›Das klingt noch viel unglaublicher als das andere. Es scheint weder möglich noch nützlich.‹

›Ich glaube kaum, daß man die Nützlichkeit bestreiten kann. Man wird gewiß zugeben, daß Gemeinschaftlichkeit der Frauen und der Kinder, falls sie möglich ist, das allerbeste ist. Über die Möglichkeit oder Unmöglichkeit aber wird es wohl sehr viel Streit geben.‹

›Oh, man wird gewiß beides bestreiten.‹ e

›Du meinst, wir sollen auf beides eingehen? Ich hoffte, um den einen Beweis herumzukommen. Gäbest du die Nützlichkeit zu, so bliebe uns nur die Möglichkeit zu erweisen.‹

›Ich merkte wohl, daß du entwischen wolltest. Nein, steh nur über beides Rede!‹

›Ich muß die Strafe tragen. Nur einen Gefallen tu mir. Gönne mir das Vergnügen, das sich Leute von trägem Ver- 458a
stande zu machen pflegen, wenn sie einsam wandern. Mittel zur Verwirklichung ihrer Wünsche zu ersinnen, fällt ihnen nicht ein; sie wollen sich durch Gedanken über Durchführbarkeit und Undurchführbarkeit nicht müde machen, sondern denken sich das Ersehnte bereits verwirklicht, richten sich ganz danach ein und malen sich mit Behagen aus, was sie alles machen werden, wenn es soweit ist. Dadurch wird aber die Trägheit ihres Geistes nur größer. Auch ich bin träge ge- b
worden und möchte die Frage nach der Durchführbarkeit lieber noch aufschieben und später behandeln. Jetzt möchte ich sie voraussetzen und möchte gleich auf die Anordnungen eingehen, die die Herrscher über diese Dinge treffen werden, wenn die Einrichtung durchgeführt wird, und möchte beweisen, daß die Durchführung sowohl für den Staat wie für die Wächter die größten Vorteile bringen wird. Diese Fragen möchte ich zunächst mit dir besprechen, nachher erst jene andere, wenn du nichts dagegen hast.‹

›Nein, ich habe nichts dagegen. Untersuche!‹

›Wenn die Herrscher ihres Namens würdig sind und die c
Gehilfen desgleichen, so werden doch die letzteren sich bereit finden, Anordnungen, die anbefohlen werden, auszuführen, und die ersteren werden sich bereit finden, Anordnungen zu geben. Dabei gehorchen sie teils unseren Gesetzen, teils bilden sie sie selbständig nach, wo wir ihnen die Entscheidung überlassen haben.‹

›Man sollte meinen.‹

›So wirst du als Gesetzgeber jetzt ebenso die geeigneten Frauen auswählen wie früher die Männer, also den männlichen Wächtern Frauen von möglichst gleichen Anlagen hin-

zufügen. Da sie dann die gleichen Häuser haben und an den gleichen Mahlzeiten teilnehmen, da niemand etwas für sich
d hat, so sind sie immer zusammen, und die gemeinsamen Ringübungen und die übrige gemeinschaftliche Erziehung führt sie durch die Nötigung ihres Naturtriebes zur geschlechtlichen Gemeinschaft. Oder hältst du das nicht für notwendig?‹

›Nicht mathematisch notwendig, aber erotisch notwendig. Und diese Notwendigkeit scheint alles Volk noch zwingender zu überreden und zu überwältigen.‹

VIII ›Ja freilich!‹ versetzte ich. ›Nun weiter, Glaukon, ein unge-
e regeltes Gemeinschaftsleben ist im Staate der Glücklichen doch ebensowenig erlaubt wie andere Regellosigkeit. Die Herrscher werden so etwas nicht dulden.‹

›Nein, es gehört sich nicht.‹

›Es ist klar, daß wir Ehen stiften müssen, und zwar in möglichst feierlicher Weise. Feierlich geschlossene Ehen werden den größten Wert haben.‹

›Durchaus.‹

459a ›Wie erhalten sie diesen Wert? – Sag', Glaukon: du hältst Jagdhunde in deinem Hause, wie ich sehe, und eine Menge edler Hähne. Hast du einmal auf deren Begattung und Fortpflanzung achtgegeben, Freund?‹

›Inwiefern?‹

›Zunächst: sind nicht manche besonders gut geartet, obwohl alle von edler Rasse sind, und kommen so zur Welt?‹

›O ja.‹

›Verwendest du alle zur Züchtung oder bevorzugst du die vorzüglichsten?‹

›Gewiß, die vorzüglichsten.‹

b ›Weiter: verwendest du die jüngsten oder die ältesten oder hauptsächlich die im besten Alter stehenden?‹

›Die letzten.‹

›Und wenn man dies bei der Züchtung nicht beachtet, so verschlechtert sich deine Hähnerasse und Hunderasse bedeutend, meinst du?‹

›Allerdings.‹

›Wie mag es mit Pferden und anderen Tieren sein? Anders?‹

›Das wäre seltsam.‹

›O mein Freund, wie nötig tun uns hervorragende Herrscher, wenn es auch mit dem menschlichen Geschlecht ebenso ist!‹

›Es ist ebenso! Aber warum meinst du?‹ c

›Weil sie viele Lügen in Anwendung bringen müssen. Wenn unser Körper keine Arzneien braucht, sondern die Diät ihn gesund macht, so genügt uns doch ein unbedeutender Arzt. Werden aber Arzneien nötig, so wissen wir wohl, daß wir einen tatkräftigeren Arzt brauchen.‹

›Das ist wahr. Aber zu welchem Zweck sagst du das?‹

›Zu folgendem. Ich glaube, unsere Herrscher werden zum Nutzen ihrer Untergebenen starken Gebrauch von Lügen und Täuschungen machen müssen. Und solche Lügen, d
meinten wir doch, hätten einen ähnlichen Nutzen wie eine Arznei.‹

›Und mit Recht.‹

›Ja, und dies Recht wird gerade bei den Eheschließungen und der Kinderzeugung zur Geltung kommen.‹

›Wieso?‹

›Nach dem, was du zugegeben hast, müssen sich die vorzüglichsten Männer möglichst häufig mit den vorzüglichsten Frauen paaren, die geringsten möglichst selten mit den geringsten. Die Kinder der erstgenannten müssen aufgezogen werden, die der letzteren nicht, wenn sich nämlich die Rasse e
vollkommen gut erhalten soll. Von diesen Maßregeln aber darf niemand etwas wissen, ausgenommen die Herrscher selber, wenn nämlich die Herde der Wächter vollkommen einträchtig bleiben soll.‹

›Ganz richtig.‹

›Es werden also von Gesetzes wegen Feste stattfinden, an denen wir die Bräute mit ihren Verlobten verbinden. Dabei werden Opfer gebracht, und unsere Dichter müssen Hym- 460a
nen dichten, die sich für Hochzeiten eignen. Die Zahl der Eheschließungen geben wir den Herrschern anheim. Sie sol-

len die Zahl der Bürger möglichst auf gleicher Höhe halten, also auch Kriege, Seuchen und alles ähnliche berücksichtigen. Unser Staat soll, soweit es möglich ist, weder groß noch klein werden.‹

›Richtig.‹

›Bei der Auslosung muß nun klug verfahren werden. Jedesmal, wenn ein Geringer bei einer Eheschließung schlecht fährt, muß er dem Zufall die Schuld zuschreiben, nicht den Herrschern.‹

›Gewiß.‹

IX b ›Und wenn sich ein Jüngling im Kriege oder sonstwo auszeichnet, so muß er neben anderen Vergünstigungen und Preisen auch reichlichere Erlaubnis zum Beilager mit Frauen erhalten. Auch unter diesem Vorwande erhalten wir möglichst viele Kinder von tüchtigen Vätern.‹

›Das ist richtig.‹

›Jedesmal, wenn nun ein Kind geboren wird, nehmen es die hierzu bestellten Behörden in Empfang. Dieselben mögen aus Männern oder aus Frauen bestehen oder auch gemischt sein. Die obrigkeitlichen Ämter sind ja ebenfalls den Frauen so gut wie den Männern zugänglich.‹

›Ja.‹

c ›Die Kinder der tüchtigen Eltern werden sie dann nehmen und in die Anstalt bringen, die irgendwo im Staate ihren besonderen Platz hat. Die Kinder der untüchtigen Eltern und etwaige verkrüppelte Kinder der tüchtigen werden sie an einen geheimen und unbekannten Ort bringen. So ziemt es sich.‹

›Ja, wenn die Rasse der Wächter rein erhalten bleiben soll.‹

›Die Behörden werden auch für die Ernährung des Kindes sorgen. Sie werden die Mütter in die Anstalt führen, zur Zeit
d wo sie Milch haben, werden dabei jede Vorsichtsmaßregel treffen, damit keine Mutter ihr Kind erkennt, werden auch andere Frauen beschaffen, wenn die Mütter nicht Milch genug haben. Sie werden auch darauf sehen, daß die Kinder eine mäßig lange Zeit gesäugt werden. Die nächtliche War-

tung und sonstige Arbeit mit den Kindern werden sie den Ammen und Pflegerinnen übertragen.‹

›Da wird das Kinderbekommen den Frauen der Wächter sehr leicht gemacht!‹

›So ziemt es sich. Doch laß uns unsere Wünsche der Reihe nach vortragen. Wir sagten, wenn die Eltern im besten Alter ständen, seien sie zur Zucht geeignet.‹

›Richtig.‹

›Bist du nicht auch der Meinung, daß die Blütezeit bei der e
Frau zwanzig Jahre dauert, beim Manne dreißig Jahre?‹

›Welche Jahre sind das?‹

›Die Frau soll dem Staate vom zwanzigsten bis zum vierzigsten Jahre Kinder gebären. Der Mann soll dem Staate von dem Alter ab, wo die heftigste Jugendblüte vorüber ist, bis zum fünfundfünfzigsten Jahre Kinder zeugen.‹

›Das ist allerdings bei beiden die beste Zeit, sowohl kör- 461a
perlich wie geistig.‹

›Wenn einer sich nach oder vor diesem Alter an der staatlichen Kinderzeugung beteiligt, so soll das als Verbrechen gegen heiliges und weltliches Recht gelten. Er gibt dem Staate ein Kind, das (wenn es geheim bleibt) nicht unter dem Schutze der Opfer und der Gebete zur Welt kommt, die Priesterinnen und Priester und der gesamte Staat bei allen Eheschließungen verrichten, dem Gebete nämlich, daß die Nachkommen aus Tüchtigen zu immer Tüchtigeren, aus Wertvollen zu immer Wertvolleren werden möchten. Son- b
dern es ist im Dunkel aus schlimmer Unenthaltsamkeit gezeugt worden.‹

›Es ist richtig.‹

›Dasselbe Gesetz gilt auch für die Männer des besten Alters, wenn sie Frauen dieses Alters berühren, ohne daß der Herrscher sie verbunden hat. Sie geben dem Staate einen Bastard, ein unechtes und unheiliges Kind, werden wir sagen.‹

›Mit vollem Recht.‹

›Haben aber die Frauen und die Männer das Alter des Zeugens überschritten, so lassen wir sie frei miteinander verc kehren, mit wem sie wollen, nur nicht einen Mann mit seiner Tochter und Mutter und den Kindern der Töchter und Eltern der Mutter und nicht eine Frau mit ihrem Sohn und Vater und deren Nachkommen und Vorfahren. Abgesehen von diesen Einschränkungen werden wir dann Sorge tragen, daß diese Frauen die Frucht nicht austragen, wenn sie empfangen haben. Liegt aber ein Zwang vor, so müssen sie mit dem Kinde so verfahren, als sei keine Nahrung für dasselbe vorhanden.‹

›Auch das ist eine angemessene Bestimmung. Wie werden sie aber ihre Väter und Töchter usw. erkennen?‹

d ›Gar nicht. Aber wer eine Ehe eingeht, wird alle Kinder, die zwischen dem siebenten und zehnten Monat von diesem Tag ab geboren werden, Söhne nennen, wenn sie männlichen Geschlechts sind, und Töchter, wenn sie weiblichen Geschlechts sind. Ebenso nennen ihn diese Kinder Vater, er ihre Kinder Enkel und sie ihn Großvater oder Großmutter. Die
e Kinder aber, die zu der Zeit geboren sind, wo ihre Mütter und Väter zeugten, heißen Schwestern und Brüder. Jene also werden einander nicht berühren, wie wir eben sagten. Dagegen stellt das Gesetz den Brüdern und Schwestern die Verbindung frei, falls das Los so entscheidet und die Pythia ihre Zustimmung gibt.‹

›Mit vollem Recht.‹

X ›So ungefähr sieht die Frauen- und Kindergemeinschaft der Wächter deines Staates aus. Daß sie mit den übrigen Einrichtungen des Staates im Einklang steht und durchaus die wünschenswerteste Regelung dieser Verhältnisse ist, muß uns jetzt die weitere Untersuchung bestätigen. Oder wollen wir einen anderen Weg einschlagen?‹

462a ›Nein, gewiß nicht.‹

›Können wir nicht davon ausgehen, uns selber die Frage vorzulegen, was wir für das allervorzüglichste an der Einrichtung eines Staates erklären würden, was also das Ziel des Gesetzgebers sein muß, das er bei seiner Gesetzgebung verfolgt, ebenso dann, was wir für das allerschlimmste erklären würden? Hierauf würden wir prüfen, ob das soeben Dargestellte sich mit diesem Vorzüglichen verträgt und mit dem Schlimmen nicht verträgt.‹

›Ja, das wird am besten zur Verständigung führen.‹

›Gibt es nun etwas Schlimmeres für einen Staat als das, was b
ihn auflöst und in eine Vielheit zerspaltet? Oder etwas Vorzüglicheres als das, was ihn verbindet und vereinheitlicht?‹

›Nein, nicht.‹

›Und die Gemeinsamkeit von Lust und Leid verbindet doch? Ich meine, wenn möglichst alle Bürger beim Entstehen und Vergehen der gleichen Dinge sich im gleichen Sinne freuen und betrüben.‹

›Durchaus.‹

›Und Besonderheit darin trennt? Ich meine, wenn über
die gleichen Zustände des Staates und seiner Glieder die ei- c
nen sehr betrübt und die andern voller Freude sind.‹

›Natürlich.‹

›Und entsteht dies nicht daraus, daß Bezeichnungen wie ‘mein’ und ‘nicht mein’, ebenso ‘fremd’ nicht für die gleichen Dinge gebraucht werden?‹

›Ja freilich.‹

›Derjenige Staat wäre daher der bestverwaltete, in dem die meisten Mitglieder bei den gleichen Gegenständen im gleichen Sinne ‘mein’ und ‘nicht mein’ sagen?‹

›Bei weitem.‹

›Der also auch einem Menschen am nächsten verwandt ist. Denn wenn wir etwa eine Verletzung am Finger erleiden, so empfindet es der ganze Organismus durch den Körper hindurch bis zur Seele und bis zu deren einheitlich geordnetem
herrschenden Teil; alles fühlt den Schmerz mit dem leiden- d
den Gliede gemeinsam. Wir drücken das durch die Worte aus: der Mensch hat Schmerzen am Finger. Mit allen anderen Teilen des Menschen ist es das gleiche, mögen sie nun unter Schmerzen zu leiden haben oder mögen Lustempfindungen ihnen Erleichterung gewähren.‹

›Ja, es ist das gleiche. Und was du fragst, ist richtig: der bestgeordnete Staat ist einem Menschen aufs nächste verwandt.‹

e ›Solch Staat ist es in erster Linie, der die traurigen oder frohen Erfahrungen des einzelnen Bürgers für seine eignen Erfahrungen erklären wird. Der gesamte Staat wird sich mitfreuen oder mittrauern.‹

›Ja, der gesetzliche Staat wird es unbedingt tun.‹

XI ›Es ist wohl Zeit, zu unserem Staate zurückzukehren und nachzuforschen, ob sich diese Ergebnisse am meisten gerade in ihm vorfinden oder in einem anderen in höherem Grade.‹

›Das müssen wir.‹

463a ›Sag': es gibt in den anderen Staaten Herrscher, und es gibt Volk. Gibt es auch in ihm beides?‹

›Ja.‹

›Alle nennen einander Bürger.‹

›Ohne Zweifel.‹

›Wie nennt das Volk in den anderen Staaten die Herrscher außerdem?‹

›In den meisten nennt es sie Despoten; in den demokratischen Staaten bloß Behörden.‹

›Und in unserem Staate? Wie nennt das Volk bei uns die Herrscher außerdem?‹

b ›Retter und Helfer.‹

›Und wie nennen sie das Volk?‹

›Lohngeber und Ernährer.‹

›Wie nennen die Herrscher in den anderen Staaten das Volk?‹

›Sklaven.‹

›Und wie die Herrscher einander?‹

›Mitherrscher.‹

›Bei uns aber?‹

›Mitwächter.‹

›Können die Herrscher in den anderen Staaten von einigen ihrer Mitherrscher als von ihren Verwandten, von anderen als von Fremden sprechen?‹

c ›O ja, ich weiß viele.‹

›Die Verwandten betrachten sie als Verbundene, die Fremden als nicht Verbundene?‹

›Freilich.‹

›Und deine Wächter? Kann auch ein Wächter einen Mitwächter als Fremden betrachten und so von ihm sprechen?‹

›Keinesfalls. In jedem, den er trifft, glaubt er ja einen Bruder oder eine Schwester, einen Vater oder eine Mutter, einen Sohn oder eine Tochter oder deren Nachkommen oder Vorfahren zu sehen.‹

›Du hast völlig recht! Und nun sage: beziehen sich deine Bestimmungen nur auf die verwandtschaftlichen Namen?
Oder verlangen sie nicht auch das den Namen entsprechende d
Verhalten? Also den Vätern gegenüber die Ehrfurcht, die Sorgfalt, den Gehorsam, den das Gesetz Eltern gegenüber vorschreibt; andernfalls würden weder Götter noch Menschen Wohlergehen geben, denn es verstieße gegen göttliches und weltliches Recht, wenn man nicht danach handelte – werden es diese oder werden es andere Töne sein, die aus dem Munde aller Bürger gleich den Kindern in die Ohren dringen und ihnen das rechte Verhalten gegen die Väter sowohl, die man ihnen nämlich als Väter bezeichnet, wie auch gegen die übrigen Verwandten vorschreiben?‹

›Diese werden es sein. Es wäre lächerlich, wenn sie die Ver- e
wandtschaftsnamen im Munde führten, aber nicht ihnen entsprechend handelten.‹

›Hat daher ein Bürger Glück oder Unglück, so wird in keinem Staate so sehr wie in dem unsrigen unter den Bürgern der einmütige Ruf laut werden, den wir vorher erwähnten: es ist mein Glück, es ist mein Unglück!‹

›Vollkommen wahr.‹

›Und in diesem Gefühl und Ruf, sagten wir, äußert sich 464a
die Gemeinsamkeit von Lust und Leid.‹

›Mit Recht sagten wir das.‹

›Und da also unsere Bürger die höchste Gemeinsamkeit in dem haben, was sie mit dem Worte ‘mein’ bezeichnen, so ergibt sich daraus die höchste Gemeinsamkeit von Lust und Leid?‹

›Bei weitem die höchste.‹

›Und ist der Grund für diese Gemeinsamkeit neben der übrigen Verfassung auch die Frauen- und Kindergemeinschaft der Wächter?‹

›Sie ist bei weitem der Hauptgrund.‹

XII b ›Diese Gemeinsamkeit erkannten wir aber als das Allervorzüglichste für einen Staat. Wir verglichen einen wohlverwalteten Staat dabei mit einem Körper und dessen Verhalten, wenn ein Glied desselben Schmerz- oder Lustempfindungen hat.‹

›Mit Recht erkannten wir das.‹

›So ist die Kinder- und Frauengemeinschaft der Wächter als Ursache dieses Vorzüglichsten erwiesen.‹

›Jawohl.‹

›Wir bleiben auch bei dem früher Gesagten. Wir erklärten, die Wächter dürften keine eigenen Häuser haben, auch nicht
c Land und Vermögen. Sie würden von den anderen Bürgern unterhalten und müßten, wenn sie wirkliche Wächter bleiben wollten, diesen Lohn für die Bewachung des Staates gemeinsam verzehren.‹

›So ist es richtig.‹

›Nun meine ich: erhöht diese frühere Bestimmung und die jetzt eben besprochene nicht die eigentliche Wächtertüchtigkeit? Wirkt nicht beides einer Spaltung des Staates entgegen? Es verhindert, daß sie verschiedene Dinge ‘mein’ nennen, nicht dieselben, daß jeder alles, was er für sich zu-
d sammenraffen kann, in seinem Hause aufhäuft, auch Frau und Kinder für sich allein hat und sich dadurch auch seine eigenen und einzelnen Freuden und Leiden schafft. Es macht sie eines Sinnes über den Begriff des ihnen Zugehörigen, führt sie zu einem gemeinsamen Ziel ihres Strebens und schafft für alle nach Möglichkeit Einheitlichkeit in Freude und Leid.‹

›Freilich.‹

›Ferner: werden Prozesse und gegenseitige Anklagen nicht geradezu verschwunden sein? Ihnen gehört ja nichts ausschließlich als ihr Körper; alles andere ist gemeinsamer Besitz.
e Also gibt es bei ihnen die Streitigkeiten nicht, die unter

Menschen mit eigenem Besitz, eigenen Kindern und Verwandten entstehen.‹

›Unbedingt sind sie frei davon.‹

›Auch Prozesse wegen Gewalttätigkeiten oder Beleidigungen kommen gerechterweise bei ihnen nicht vor. Da wir die Pflege körperlicher Übungen zwangsweise einführen, werden wir es doch wohl auch richtig und in der Ordnung finden, daß ein Altersgenosse dem anderen beisteht.‹

›Ganz richtig.‹

›Unsere Bestimmungen für die Wächter haben auch den 465a
weiteren Vorzug, daß sich kaum einer zu größeren Parteibildungen hinreißen lassen wird, nachdem er seinem Zorn gegen einen anderen auf diese Weise genug getan hat.‹

›Jawohl.‹

›Die Beaufsichtigung und Bestrafung der Jüngeren wird doch gewiß in den Händen eines älteren Mannes liegen.‹

›Offenbar.‹

›Es ist aber nicht anzunehmen, daß sich ein Jüngerer gegen einen Älteren auflehnen oder ihn schlagen wird, falls es nicht von den Herrschern befohlen wird. Er wird ihm auch im übrigen gewiß nicht die Achtung versagen. Die beiden Wächter sind stark genug, es zu verhindern: Furcht und
Scheu; Scheu, die Hand an die Eltern zu legen; Furcht, daß b
die anderen dem Mißhandelten beistehen, einige als Söhne, andere als Brüder, andere als Väter.‹

›In der Tat.‹

›Die Bestimmungen werden also in jeder Hinsicht Frieden unter den Männern schaffen.‹

›Völligen Frieden.‹

›Liegen aber die Wächter nicht im Streit miteinander, so hat es keine Gefahr, daß die übrigen Bürger sich mit ihnen oder untereinander entzweien.‹

›Gewiß nicht.‹

›Die kleinlichsten Übel, von denen sie ebenfalls frei sind,
mag ich gar nicht nennen; denn sie sind unschicklich. Ich c
meine die Schmeicheleien, die arme Leute den Reichen gegenüber nötig haben, ferner die Nöte und Kümmernisse, die

sich aus der Kindererziehung und aus den Kosten ergeben, die die notwendigen Haussklaven verursachen. Da werden denn Schulden gemacht und wieder abgeleugnet, und das Geld, das sie irgendwie aufgebracht haben, wird den Weibern und Sklaven zur Verwaltung anvertraut, und was der Leiden mehr sind, Freund, die solche Leute auszustehen haben. Es ist ja klar, und diese Dinge sind auch unanständig und verdienen keine Besprechung.‹

d ›Einem Blinden ist es klar.‹

XIII ›Sie werden von alledem frei sein und werden ein seligeres Leben führen als die selig gepriesenen Sieger in Olympia.‹

›Wieso seliger?‹

›Nun, diese preist man um eines Stückchens von dem willen, was unsere Wächter besitzen, glücklich. Der Sieg der Wächter ist höher und ihre Unterhaltung durch den Staat vollständiger. Der Sieg, welcher ihnen lacht, ist die Erhaltung des gesamten Staates; und sie werden nicht nur frei gespeist,
e sondern empfangen, gemeinsam mit ihren Kindern, alles, was zum Lebensunterhalt gehört. Der Staat gibt ihnen Ehrengeschenke, solange sie am Leben sind, und ein würdiges Begräbnis, wenn sie sterben.‹

›Ja, das sind herrliche Dinge.‹

›Erinnerst du dich, daß uns vorher von irgend jemandem der Vorwurf gemacht wurde, wir machten die Wächter nicht glücklich? Denn sie besäßen gar nichts, obwohl ihnen ei-
466a gentlich alles gehörte. Wir entgegneten, wir würden gelegentlich darauf zurückkommen; fürs erste machten wir die Wächter zu Wächtern und machten den Staat zu einem so glücklichen, wie wir könnten; wir dächten nicht daran, einen einzelnen Stand als solchen glücklich zu machen.‹

›Ich erinnere mich.‹

›Wie ist es jetzt? Wenn das Leben unseres Kriegerstandes weit schöner und herrlicher ist als das der olympischen Sie-
b ger, so wird es doch wohl auch den Vergleich mit dem Leben eines Schuhmachers oder eines anderen Handwerkers oder des Bauernstandes aushalten.‹

›Ich denke wohl.‹

›Man kann also jetzt sagen, was ich schon damals sagte. Der
Wächter sollte das Glück nicht auf die Weise suchen, daß er
aufhört, Wächter zu sein. Er sollte das gemessene, feste und,
wie wir meinen, schönste Leben nicht geringschätzen und
sich nicht in einer törichten und kindischen Auffassung vom
Glück aller Reichtümer des Staates nach Kräften zu bemäch-
tigen suchen. Versucht er das, so wird er gewiß zur Erkennt- c
nis kommen, daß Hesiod wirklich ein weiser Mann war, als er
sagte: die Hälfte ist mehr als das Ganze.‹

›Nimmt er meinen Rat an, so bleibt er bei seinem alten
Leben.‹

›Du bist also einverstanden mit der geschilderten Gemein-
schaft der Frauen mit den Männern, sowohl was die Erzie-
hung als was die Kinder und was den Wächterberuf anlangt?
Die Frauen sollen in Friedenszeiten wie in Kriegszeiten mit-
wachen und mitjagen wie die Hündinnen mit den Hunden.
Sie sollen bei allem und in allem, soweit es möglich ist, mit d
den Männern Gemeinschaft haben. Und tun sie das, so tun
sie durchaus das Rechte und verstoßen nicht gegen die weib-
liche Natur. Denn das Weib ist von der Natur zur Gemein-
schaft mit dem Manne geschaffen.‹

›Ich bin einverstanden damit.‹

›So bleibt zu untersuchen übrig, ob diese Gemeinschaft XIV
bei den Menschen ebenso wie bei den übrigen Tieren
durchführbar ist, und auf welche Weise sie verwirklicht wer-
den soll.‹

›Du kommst einem Einwurf von mir zuvor.‹

›Wie sich die Kriegführung gestalten wird, ist wohl klar.‹ e

›Wie denn?‹

›Sie ziehen gemeinsam hinaus und nehmen ihre erwachse-
nen Kinder mit in den Krieg, damit sie ihren künftigen Beruf
aus Erfahrung kennenlernen, ebenso wie die Kinder der an-
deren Handwerksmeister. Außerdem sollen sie bei allem, was 467a
im Kriege vorkommt, helfen und zur Hand gehen, sollen
auch ihre Väter und Mütter versorgen. Du hast doch gewiß
bemerkt, wie die Kinder eines Töpfers zum Beispiel ihrem

Vater eine lange Zeit behilflich sind und zuschauen, bevor sie selber das Handwerk ausüben.‹

›O ja.‹

›Und haben diese Handwerker ihren Kindern etwa einen sorgfältigeren Erfahrungs- und Anschauungsunterricht zu geben, als die Wächter den ihrigen?‹

›Das wäre lächerlich.‹

›Außerdem kämpft auch jedes Geschöpf in Gegenwart seines Nachwuchses besonders tapfer.‹

b ›So ist es. Aber, Sokrates, die Gefahr ist nicht gering, daß im Falle einer Niederlage, wie sie im Kriege leicht vorkommt, nicht bloß die Kämpfer, sondern auch ihre Kinder dem Untergange geweiht sind, wodurch dann ein Wiederaufkommen des Staates unmöglich gemacht wird.‹

›Du hast recht. Aber erstens: glaubst du, daß die künftigen Krieger jeder Gefahr aus dem Wege gehen sollen?‹

›Keineswegs.‹

›Sollen sie sich aber Gefahren aussetzen, dann doch solchen, deren glückliches Bestehen ihrer Tüchtigkeit zugute kommt?‹

›Offenbar.‹

c ›Und macht es etwa keinen Unterschied, ob Kinder, die Krieger werden sollen, den Krieg kennenlernen oder nicht? Verdient das nicht, daß man sich deswegen in Gefahren begibt?‹

›Doch; es macht einen großen Unterschied.‹

›Es bleibt also dabei, daß wir die Kinder im Kriege zuschauen lassen. Jedoch treffen wir Vorkehrungen für ihre Sicherheit. So wird es recht sein, nicht wahr?‹

›Ja.‹

›Erstens werden doch ihre Väter so erfahren sein, wie
d Menschen es eben sein können. Sie werden beurteilen können, ob ein Feldzug gefährlich ist oder nicht.‹

›Man sollte meinen.‹

›In die ungefährlichen nehmen sie sie mit, in die anderen nicht.‹

›Ja, das ist richtig.‹

›Dann werden sie die Aufsicht über sie doch nicht beliebigen Leuten anvertrauen, sondern solchen, die Erfahrung und Alter zur Aufsicht befähigen.‹

›So gehört es sich.‹

›Trotzdem: manchem schon kam manches unverhofft!‹

›Allerdings.‹

›Für solche Fälle muß man schon den Kindern Flügel geben, Freund. Dann fliegen sie im Notfall davon.‹

›Wie sagtest du?‹ e

›Man muß sie bereits in früher Jugend aufs Pferd setzen und muß sie zu Pferde zuschauen lassen, nachdem sie reiten gelernt haben, nicht auf mutigen Schlachtrossen natürlich, sondern auf möglichst schnellfüßigen und zahmen. So können sie ihrem künftigen Berufe aufs beste zuschauen und können sich im Notfall samt ihren Anführern, denen sie folgen, aufs sicherste retten.‹

›Du wirst recht haben.‹ 468a

›Wie steht es nun im Kriege? Wie müssen sich unsere Krieger gegenseitig und wie müssen sie die Feinde behandeln? Treffe ich es oder nicht?‹

›Sprich!‹

›Ein Krieger, der die Reihe verläßt oder die Waffen wegwirft oder dergleichen, muß doch als Feigling unter die Handwerker oder die Landwirte versetzt werden.‹

›Jawohl.‹

›Und wer den Feinden lebend in die Hände fällt, den überläßt man ihnen als Beute, mit der sie machen mögen, was sie wollen.‹

›Freilich.‹ b

›Wer sich aber auszeichnet und Ruhm gewinnt, muß doch gleich dort im Felde von jedem mitgezogenen Jüngling und Knaben bekränzt werden. Oder meinst du nicht?‹

›Doch.‹

›Und muß einen Händedruck erhalten.‹

›Auch das.‹

›Aber dies wirst du nicht mehr billigen.‹

›Was?‹

›Er darf jeden lieben und sich von jedem lieben lassen.‹

›Ja, gerade das! Und ich füge dieser Bestimmung noch
c hinzu, daß niemand, den er lieben will, sich ihm entziehen
darf, solange dieser Feldzug dauert. So wird auch der, welcher gerade eine Zuneigung zu einem Manne oder zu einer Frau hat, um so eifriger nach dem Kampfpreis streben.‹

›Richtig. Wir haben ja schon davon gesprochen, daß der Tüchtige häufiger zur Eheschließung gelangen und die Wahl öfter auf ihn fallen muß als auf die anderen, damit er recht viele Nachkommen hinterläßt.‹

›Ja, wir haben es gesagt.‹

XV ›Auch nach Homer sind dergleichen Ehrungen für tüch-
d tige junge Krieger die richtigen. Homer erzählt, daß Aias durch Zuteilung eines ‘prachtvollen Rückenstücks’ geehrt wurde, als er sich in der Schlacht hervorgetan hatte. Er meinte, für einen jungen tapferen Helden sei die passendste Ehrung die, welche ihn nicht bloß ehrt, sondern noch stärker macht.‹

›Mit vollem Recht.‹

›Wir glauben Homer das und ehren unsere tüchtigen Krieger, wenn sie sich als solche bewährt haben, bei Opferfesten und allen ähnlichen Gelegenheiten nicht bloß durch
e Hymnen und die soeben erwähnten Vorrechte, sondern auch durch den ‘Ehrenplatz’, durch ‘Braten und volleren Becher’. Dann haben die tapferen Männer und Frauen von der Ehre zugleich auch Gewinn.‹

›Du hast ganz recht.‹

›Nun weiter! Wie wird es mit den im Felde Gefallenen? Vor allem werden wir doch von jedem, der ruhmvoll stirbt, sagen: er gehört zu dem goldenen Geschlecht.‹

›Er vor allen andern.‹

›Und wir glauben dem Hesiod, wenn er sagt: Menschen dieses Geschlechts, wenn sie sterben,

469a Werden zu guten Geistern und walten oben auf Erden,
Gnädige Wehrer des Unheils und irrender Sterblichen Hüter?‹

›Wir glauben es ihm.‹

›Wir werden bei dem Gotte anfragen, wie man die Geister und überirdischen Wesen verehren und auseinanderhalten muß. Nach seinem Spruche richten wir uns dann.‹

›Das werden wir tun.‹

›Dauernd pflegen und verehren wir ihre Grabstätten als die von höheren Wesen. Auch für den Fall gilt dies, daß her- b vorragend Bewährte aus Altersschwäche sterben oder auf andere Weise ihren Tod finden.‹

›So ist es in der Ordnung.‹

›Weiter! Wie behandeln unsere Krieger die Feinde?‹

›Inwiefern?‹

›Zunächst in bezug auf den Sklavenverkauf. Hältst du es für recht, daß Hellenen eine hellenische Stadt in Sklaverei bringen? Sollten sie nicht vielmehr nach Möglichkeit darauf halten und den Brauch einführen, daß der hellenische Volksstamm verschont wird, daß er sich bloß hütet, Sklave der Barbaren zu werden?‹

›In jedem Sinne ist es besser, daß Hellenen einander scho- c nen.‹

›Sie sollen auch keinen Hellenen als Sklaven haben und sollen den anderen Hellenen ebenfalls diesen Rat geben.‹

›Jawohl. Mit Barbaren können sie es ja tun; aber Hellenen sollen voneinander die Hände lassen.‹

›Weiter! Ist die Plünderung der Gefallenen zu billigen, abgesehen vom Waffenraub im Falle des Sieges? Sie gibt doch den Feigen einen Vorwand, beim Angriff hinten zu bleiben; d denn man täte ja seine Pflicht, wenn man sich mit dem Gefallenen zu schaffen mache. Durch solche Plünderungen ist doch schon manches Heer zugrunde gegangen.‹

›O ja.‹

›Ist es nicht knechtisch und habgierig, wenn man eine Leiche ausplündert? Zeigt es nicht auch eine weibische, kleinliche Gesinnung, wenn man den toten Körper für den Feind hält? Der wirkliche Feind ist doch entflohen; nur das Werkzeug, mit dem er seine Feindschaft betätigte, ist übriggeblieben. Meinst du, solche Leute täten etwas anderes als die Hune de, die auf den Stein losstürzen, mit dem man sie bewirft, und den Werfenden nicht beachten?‹

›Nicht im geringsten.‹

›Die Leichenberaubung muß also unterbleiben; ebenso die Verhinderung der Bestattung.‹

›Wahrhaftig, sie muß unterbleiben.‹

XVI ›Wir werden auch die Waffen nicht in die Tempel bringen lassen, um sie dort als Weihgeschenke aufzuhängen, zumal
470a nicht von Hellenen erbeutete Waffen, falls es uns mit dem Wohlwollen gegen die übrigen Hellenen Ernst ist. Wir werden es als eine Entweihung verabscheuen, Waffen von nahen Verwandten in einen Tempel zu bringen, vorausgesetzt, daß der Gott keine andere Weisung erteilt.‹

›Mit vollem Recht.‹

›Weiter! Wie halten es deine Krieger mit der Verwüstung hellenischen Landes und der Niederbrennung der Häuser?‹

›Ich möchte, daß du deine Meinung darüber sagtest.‹

b ›Meiner Meinung nach werden sie beides nicht tun. Weißt du, warum?‹

›Nun?‹

›Es gibt zwei Worte: Krieg und Zwist. Ebenso gibt es auch zwei entsprechende Dinge, die für zwei verschiedene Verhältnisse Geltung haben. Das eine Verhältnis ist das zwischen Verwandten und Stammesgleichen, das andere das zwischen Fremden und verschiedenen Volksstämmen. Feindschaft unter Verwandten ist Zwist, Feindschaft unter Fremden ist Krieg.‹

›Was du sagst, ist nicht ohne Sinn.‹

c ›Hat auch dies Sinn? Ich behaupte, die hellenischen Stämme sind verwandt und gleichen Geschlechts miteinander. Mit den barbarischen Völkern aber sind sie nicht verwandt und nicht gleichen Stammes.‹

›Das ist richtig.‹

›Die Hellenen führen also mit den Barbaren Krieg, ebenso die Barbaren mit den Hellenen, wenn Kämpfe zwischen beiden stattfinden. Sie befinden sich von Natur im Kriegszustande, und ihre Feindschaft verdient den Namen Krieg.

Finden aber Kämpfe der Hellenen untereinander statt, so muß man sagen: sie sind von Natur Freunde, aber Hellas ist erkrankt und mit sich zerfallen. Ihre Feindschaft verdient den d
Namen Zwist.‹

›Ich finde dies richtig.‹

›Nimm nun an, ein solcher Zwist entstünde und ein Staat zerfiele mit sich selber. Wie verdammenswert ist es, wie wenig vaterländische Gesinnung zeigen die Parteien, wenn eine die Äcker der anderen verwüstet und die Häuser in Brand steckt! Sie würden es sonst nicht über sich gewinnen, ihre eigne Mutter und Ernährerin zu mißhandeln. Wie maßvoll ist dagegen der Sieger, der den Besiegten nur den Ernteertrag wegnimmt und nicht vergißt, daß er sich wieder mit ihm aussöhnen wird und der Krieg nicht ewig dauert!‹

›Das ist allerdings eine mildere Auffassung!‹ e

›Und der Staat, den du gründest, ist doch wohl ein hellenischer Staat?‹

›Unbedingt ist er es.‹

›Seine Bürger also werden von edler und milder Sinnesart sein.‹

›Ganz gewiß.‹

›Werden auch Hellenenfreunde sein, werden ihre Verwandtschaft mit Hellas empfinden und gemeinsame Heiligtümer mit den übrigen Hellenen haben.‹

›Ja, durchaus.‹

›Sie werden also einen Hader mit Hellenen, also ihren Ver- 471a
wandten, als Zwist betrachten und werden ihn nicht einen Krieg nennen.‹

›Nein.‹

›Sie werden immer die Aussöhnung im Auge behalten.‹

›Jawohl.‹

›Sie werden es gut meinen und die Gegner zu bessern, nicht zu knechten und zu vernichten suchen, also wie ein Lehrer strafen, nicht wie ein Feind.‹

›Ja.‹

›Diese Hellenen werden daher auch nicht Hellas verwüsten, nicht die Gebäude niederbrennen, auch nicht sämtliche

Einwohner einer feindlichen Stadt für ihre Feinde halten, die
Männer, die Frauen und die Kinder, sondern immer nur we-
b nige, die die Fehde angestiftet haben. Aus all diesen Gründen
werden sie das Land dieser Stadt nicht verwüsten – denn die
meisten Einwohner sind ja ihre Freunde – noch die Häuser
einäschern. Sie werden es nur so weit treiben, bis die Schuldi-
gen von den bedrängten Unschuldigen der Strafe überant-
wortet werden.‹

›Ich bin einverstanden. So müssen unsere Bürger ihre Geg-
ner behandeln. Und die Barbaren müssen sie auf diese Weise
behandeln, wie es jetzt die Hellenen untereinander tun.‹

›Wir geben also den Wächtern dies weitere Gesetz: sie sol-
len die Äcker nicht verwüsten und die Häuser nicht nieder-
brennen.‹

c ›Ja, geben wir es! Und wir können sagen, daß wir mit
diesem wie mit den früheren das Richtige getroffen haben.‹

XVII ›Aber Sokrates, wenn man dich reden läßt, kommst du, wie
es scheint, niemals auf die Frage zu sprechen, die du vorher
verschobst, um erst die anderen vorzunehmen; auf die Frage
nach der Verwirklichung unseres Staates nämlich und wie
diese Verwirklichung möglich ist. Daß es ihm sehr gut gehen
würde, wenn er einmal da wäre, gebe ich zu. Ich gebe auch
d zu, was du nicht gesagt hast, also daß er seine Kämpfe vorzüg-
lich durchführen wird, weil die Krieger einander nicht im
Stiche lassen; jeder kennt ja den andern und nennt ihn seinen
Bruder oder Vater oder Sohn. Auch daß die Frauen mit ins
Feld ziehen und in der Reihe oder im Hintertreffen aufge-
stellt werden, um den Feinden Furcht einzuflößen und im
Notfalle einzugreifen, das macht diesen Staat entschieden
unbesieglich. Ich sehe auch alle die nicht besprochenen Vor-
züge, die er in Friedenszeiten hat. Da ich sie aber anerkenne
e und tausend weitere ebenfalls anerkenne, wenn eben dieser
Staat sich einmal verwirklicht, so wollen wir darüber nicht
weiter sprechen. Überzeugen wir uns jetzt lieber davon, daß
er möglich ist und wie er möglich ist. Das andere wollen wir
gut sein lassen.‹

›Welch unvermuteten Angriff machst du da auf meine Untersuchung! Mein Zaudern findet keine Gnade! Du weißt gewiß nicht, daß du mir jetzt die gewaltigste und gefährlichste der drei Wogen auf den Hals schickst. Und kaum bin ich den beiden anderen entronnen! Wenn du sie siehst und hörst, wirst du gewiß Nachsicht mit mir haben. Du wirst mein Zögern und meine Scheu begreifen, einen so unerhörten Satz auszusprechen und näher zu untersuchen.‹ 472a

›Je mehr dergleichen du redest, um so weniger kommst du frei. Sag', auf welche Weise jener Staat Wahrheit werden b
kann, und halte dich nicht auf!‹

›Nun denn! Wir müssen uns zunächst erinnern, daß uns nur die Untersuchung der Begriffe: Gerechtigkeit und Ungerechtigkeit hierhergeführt hat.‹

›Freilich. Aber was soll uns das?‹

›Nichts. Aber nachdem die Gerechtigkeit gefunden ist, stellen wir doch die Forderung, daß ein gerechter Mensch keinerlei Abweichung von ihr zeigt und ihr vollkomme- c
nes Ebenbild ist. Wir sind zufrieden, wenn er ihr möglichst nahekommt und Gerechtigkeit seine Haupteigenschaft ist.‹

›Ja, das genügt uns.‹

›Das Wesen der Gerechtigkeit, das Werden und Wesen eines vollkommen gerechten Menschen, umgekehrt das der Ungerechtigkeit und des Ungerechten, sollte uns zum Musterbild dienen. Ihre Betrachtung und die Betrachtung ihres Verhältnisses zum Glück und zum Unglück sollte uns zu dem Zugeständnis nötigen, daß wir ein dem ihren möglichst ähnliches Schicksal haben würden, wenn wir ihnen d
möglichst ähnlich wären. Wir haben jene Ideale aber nicht in der Absicht beschrieben, die Möglichkeit ihrer Verwirklichung zu beweisen.‹

›Darin hast du recht.‹

›Wenn nun ein Maler ein Idealbild vom schönsten Menschen malt und seine Figur alles, was dazu gehört, enthält, so bleibt er doch ein ebenso guter Maler, auch wenn er nicht nachweisen kann, daß es einen solchen schönsten Menschen wirklich geben kann?‹

›Ganz entschieden.‹

e ›Und wir? Haben wir nicht das Idealbild eines guten Staates mit Worten hingezeichnet?‹

›Freilich.‹

›Und ist unsere Zeichnung etwa weniger gut, wenn wir nicht nachweisen können, daß ein solcher Staat, wie wir ihn beschrieben haben, wirklich gegründet werden kann?‹

›Allerdings nicht.‹

›Das ist die Wahrheit hierüber. Soll ich dir aber doch den Gefallen tun und nachweisen, auf welche Weise und in welchem Sinne seine Verwirklichung am ehesten möglich ist, so gestehe mir vorher noch einmal das gleiche zu.‹

›Was?‹

473a ›Kann etwas genau so getan werden, wie es gesagt wird? Liegt es nicht in der Natur der Sache, daß die Ausführung der Wahrheit ferner steht als das Wort, auch da, wo es nicht den Anschein hat? Gibst du das zu oder nicht?‹

›Ja, ich gebe es zu.‹

›Verlange also nicht von mir, die vollkommene Verwirklichung genau dessen, was wir geschildert haben, nachzuweisen. Finden wir ein Mittel, einen unserer Schilderung recht nahekommenden Staat zu verwirklichen, so können
b wir das wohl als den verlangten Nachweis für die Verwirklichungsmöglichkeit unseres vollkommenen Staates gelten lassen. Oder würde dir dies Ergebnis nicht genügen? Mir würde es genügen.‹

›Mir auch.‹

XVIII ›Wir müssen wohl die Schwäche der bestehenden Staaten untersuchen und darlegen, die sie von unserem Staate unterscheidet, und müssen eine möglichst geringfügige Änderung bezeichnen (wenn es geht, eine, wenn nicht, zwei, wenn nicht, mehrere, aber möglichst geringfügige an Zahl wie an Bedeutung), die ihre Verfassung der jenes Staates ähnlich machen würde.‹

c ›Vollkommen.‹

›Ich glaube, wir können eine solche Änderung nennen, die die Verwandlung hervorrufen würde. Es ist allerdings keine geringfügige und einfache, aber eine mögliche.‹

›Welche ist das?‹

›Jetzt komme ich zu jener größten Woge! Aber heraus muß es und sollte eine Woge des Lachens und Verhöhnens daraus werden, die mich verschlingt. Gib wohl acht!‹

›Sprich!‹

›Wenn im Staate nicht die Philosophen König werden d
oder die heutigen sogenannten Könige und Fürsten sich
nicht aufrichtig der Philosophie ergeben, wenn nicht beides
eins wird, politische Macht und Philosophie, und all die ein-
seitigen Naturen von heute, die bloß nach dem einen oder
bloß nach dem anderen streben, zwangsweise ausgeschlossen
werden, so ist des Elends kein Ende, lieber Glaukon; des
Elends im Staate und wohl auch des Elends im menschli-
chen Geschlecht. Eher wird auch wohl der von uns geschil-
derte Staat sich nicht verwirklichen können und das Licht e
der Sonne schauen. Das ist aber der Grund meines langen
Zauderns: ich sah, wie unerhörte Dinge zur Sprache kom-
men mußten, wenn ich meinen Satz aussprach. Es ist ja
schwer einzusehen, daß es keinen anderen Weg zum Glück
gibt, weder zum Glück des einzelnen noch dem der Ge-
samtheit.‹

Er erwiderte: ›Sokrates, du hast ein solches Wort und ei-
nen solchen Satz in die Welt geworfen, daß du nichts anderes
erwarten kannst, als daß viele unverächtliche Leute auf der
Stelle ihre Kleider abwerfen, die erste beste Waffe ergreifen 474a
und mit Gewalt auf dich eindringen werden, um eine er-
staunliche Heldentat zu vollbringen. Wenn du dich nicht
durch Beweise wehren und sie in die Flucht schlagen kannst,
so ist wahrhaftig Hohn deine Strafe.‹

›Und du bist schuld daran!‹

›Ja, und ich habe wohl daran getan!‹ sagte er. ›Doch will ich
dich nicht im Stich lassen, sondern helfen, wie ich kann. Ich
kann es durch Teilnahme und Ermunterung; vielleicht kann
ich dir auch geschickter antworten als mancher andere. Mit b

solchem Freund im Bunde suche den Ungläubigen zu beweisen, daß dein Satz richtig ist.‹

›Ich muß es schon versuchen, da du mir deinen starken Beistand leihst. Wollen wir jenen Gegnern entkommen, so müssen wir ihnen klarmachen, von was für Philosophen wir reden, was für Leute es also sind, denen wir die Herrschaft
c zu übertragen uns erkühnen. Ist das klargestellt, so können wir uns durch den Nachweis wehren, daß ihnen von Natur sowohl die Pflege der Philosophie als auch die Leitung des Staates zukommt, während den übrigen nicht Pflege der Philosophie und nicht Leitung, sondern Gehorsam zukommt.‹

›Ja, der Nachweis käme uns gelegen.‹

›Komm, schlagen wir also diesen Weg ein! Vielleicht können wir die erwünschte Aufklärung geben.‹

›Geh nur voran!‹

›Wenn wir jemandem mit Recht Liebe zu etwas zuschreiben sollen, so darf er nicht bloß einen Teil desselben lieben, einen anderen nicht lieben. Er muß seine Liebe zu dem ganzen Gegenstand beweisen. Weißt du das, oder muß ich dich erst darauf aufmerksam machen?‹

XIX d ›Ich glaube, du mußt mich darauf aufmerksam machen. Es leuchtet mir nicht ganz ein.‹

›Aber Glaukon! Ein anderer dürfte das sagen; aber ein Jünger des Eros sollte doch wissen, daß sämtliche Knaben in den schönen Jahren den Liebhaber der Knaben und den Jünger des Eros irgendwie reizen und erregen. Alle scheinen der Bemühungen und der Liebe würdig. Oder ergeht es euch mit den schönen Knaben nicht so? Dieser hat ein liebliches Gesicht, weil er stumpfnasig ist; die krumme Nase des zwei-
e ten heißt königlich; die des dritten, die sich zwischen den beiden hält, ist dann wieder gerade recht. Dunkelfarbige sehen männlich aus, hellfarbige sind Göttersöhne. Die Honigfarbenen aber und ihren Namen hat doch gewiß kein anderer erfunden als ein schmeichelnder Liebhaber, dem das
475a Gelbliche, wenn es in dem schönen Alter auftritt, gefiel. Mit einem Wort, euch ist jeder Vorwand recht und jedes Wort

willkommen, um nur ja keinen Knaben des blühenden Alters auszuschließen.‹

›Soll ich für das Treiben der Liebhaber einstehen, so mag es unserer Sache zuliebe hingehen.‹

›Weiter siehst du, daß die Freunde des Weins es ebenso machen. Sie lieben jeden Wein unter jedem Vorwande.‹

›Ja, sehr.‹

›Und an den Freunden der Ehre siehst du das gleiche, dächte ich. Können sie nicht Feldherr sein, so nehmen sie mit einer kleinen Abteilung vorlieb. Genießen sie nicht bei vie- b
len und mächtigen Leuten Ehre, so sind sie mit wenigen und geringen zufrieden. Ihr Verlangen ist eben auf Ehre überhaupt gerichtet.‹

›Freilich.‹

›Nun also! Wenn wir jemandem Verlangen nach etwas zuschreiben, so meinen wir, er hat Verlangen nach der Sache im ganzen, nicht bloß nach einem Teil davon. Ist das auch deine Meinung oder nicht?‹

›Ja, er hat Verlangen nach dem Gegenstand im ganzen.‹

›Auch der Philosoph ist also ein Mann, der nicht nach einem Gebiet der Weisheit Verlangen hat, nach einem anderen kein Verlangen, sondern den es nach sämtlichen Stücken der Weisheit verlangt.‹

›Das ist wahr.‹

›Wer also mit Widerwillen die Wissensgegenstände auf- c
nimmt, zumal also in der Jugend, wo er noch nicht einsieht, was Wert hat und was keinen hat, der verdient nicht den Namen eines Wissensfreundes und Philosophen. Wir sagen ja von einem, der mit Widerwillen ißt, auch nicht, er habe Hunger und habe Verlangen nach Speise; wir nennen ihn nicht eßlustig, sondern unlustig zum Essen.‹

›Mit Recht tun wir das.‹

›Dagegen, wer gern von jedem Wissensgegenstand kostet, wer mit Freuden lernt und nicht satt werden kann, der heißt mit Recht ein Philosoph, nicht wahr?‹

Darauf sagte Glaukon: ›Dann sind aber viele Leute, von d
denen man es nicht glauben sollte, Philosophen. Alle schau-

lustigen Leute sind es, denn sie lernen gern; ebenso die Hörlustigen. Und doch wäre es recht wunderlich, wenn man sie Philosophen nennen wollte. Ich meine Leute, die an wissenschaftlichen Erörterungen und dergleichen aus freiem Willen gewiß nicht teilnehmen, dagegen auf allen dionysischen Festen herumlaufen, als hätten sie ihre Ohren an die Choraufführungen vermietet. Sie versäumen keine einzige, weder in der Stadt noch auf den Dörfern. Sollen wir alle diese Leute, auch solche, die ihren Lerneifer an ähnlichen Dingen, auch an kleinen Geschicklichkeiten, betätigen, Philosophen nennen?‹

e ›Keineswegs‹, entgegnete ich. ›Aber den Philosophen ähnlich.‹

XX ›Und welches sind die wahren?‹

›Die Schaulustigen der Wahrheit.‹

›Ganz recht; aber was verstehst du darunter?‹

›Einem anderen würde man es sehr schwer klarmachen können. Du aber wirst mir ja wohl das Folgende zugeben.‹

›Was?‹

›Da das Schöne dem Häßlichen entgegengesetzt ist, sind es der Zahl nach zwei Dinge.‹

476a ›Natürlich.‹

›Und da es zwei sind, ist jedes eins?‹

›Ja.‹

›Und für das Gerechte und das Ungerechte, das Gute und das Schlechte und überhaupt für alle Begriffe gilt dasselbe. Jeder ist eine Einheit. Da sie aber in Verbindung mit Handlungen und Körpern und einer mit dem anderen an allen Orten sichtbar werden, scheint jeder eine Vielheit zu sein.‹

›Du hast recht.‹

›Nach diesem Gesichtspunkt unterscheide ich zwischen jenen Schaulustigen, Kunstfreunden und praktisch Tätigen
b einerseits und jenen anderen, von denen eigentlich die Rede ist und die allein den Namen Philosophen verdienen, andererseits.‹

›In welcher Weise?‹

›Hörlustige und Schaulustige lieben die schönen Töne und Farben und Formen und alles, was man aus ihnen bildet. Das Wesen des Schönen selber aber zu schauen und zu lieben ist ihr Geist nicht fähig.‹

›So ist es in der Tat.‹

›Die zweiten, die sich dem Schönen selber zuwenden und es an und für sich zu schauen fähig sind, finden sich doch selten?‹

›Ja, sehr selten.‹ c

›Wer nun an schöne Einzeldinge glaubt, aber nicht an die Schönheit selber, auch nicht zu folgen vermag, wenn man ihn zur Erkenntnis derselben anleiten würde, lebt der wohl ein träumendes oder lebt er ein wachendes Leben? Überlege nur: es ist doch ein Träumen, wenn man ähnliche Dinge nicht für ähnliche Dinge, sondern für ein und dieselben hält, gleichviel ob im Schlaf oder im Wachen?‹

›Von einem solchen würde ich allerdings sagen: er träumt.‹

›Dagegen, wer das Schöne an sich für etwas Wirkliches d hält und sowohl dies als auch die Dinge, die teil an ihm haben, zu schauen fähig ist, wer nicht diese für jenes noch jenes für diese nimmt –, lebt der wohl ein wachendes oder ein träumendes Leben?‹

›Ein völlig wachendes.‹

›Er erkennt; seine geistige Tätigkeit nennen wir mit Recht Erkennen. Der erstere meint nur; seine geistige Tätigkeit ist ein Meinen.‹

›Jawohl.‹

›Wenn er aber böse wird, daß wir bei ihm von Meinungen, nicht von Erkenntnissen sprechen und es bestreitet –, ob wir es fertig bringen, ihn dann zu beruhigen e und in aller Stille zu überzeugen, daß er nicht recht bei Sinnen ist?‹

›Wir müssen das tun.‹

›Wohlan! Erwäge, was wir zu ihm sagen können. Oder sollen wir ihn lieber fragen und ihm vorher die Versicherung geben, daß wir nichts dagegen haben würden, wenn er wirkliche Erkenntnis hätte, es sogar gern sehen würden?

Wir fragen ihn also! Sag': erkennt der Erkennende etwas oder nichts? Antworte du für ihn.‹

›Ich will antworten. Er erkennt etwas.‹

477a ›Etwas Seiendes oder etwas Nichtseiendes!‹

›Etwas Seiendes. Wie sollte er Nichtseiendes erkennen!‹

›Wir sind also hinreichend klar darüber, auch wenn wir es noch in anderem Sinne untersuchten: völlig Seiendes kann völlig erkannt werden, völlig Nichtseiendes ist völlig unerkennbar.‹

›Ja, ganz hinreichend.‹

›Weiter! Wenn etwas sowohl seiend wie nichtseiend ist, so liegt es doch zwischen dem rein Seienden und dem vollkommen Nichtseienden?‹

›Ja.‹

›Da aber Erkenntnis zum Seienden gehört, Nichterkennen
b notwendig zum Nichtseienden gehört, so müssen wir für das zwischen Sein und Nichtsein Gelegene etwas zwischen Wissen und Nichtwissen Befindliches aufsuchen, falls es so etwas gibt.‹

›Jawohl.‹

›Nun gibt es sogenanntes Meinen.‹

›Freilich.‹

›Ist das dasselbe Vermögen wie das Erkennen?‹

›Nein, ein anderes.‹

›Dann gehört auch das Meinen zu etwas anderem als das Wissen, je nach dem, auf was diese beiden Vermögen sich richten.‹

›Richtig.‹

›Das Wissen aber gehört zum Seienden; dessen Natur erkennt es. Jedoch müssen wir wohl folgende Auseinandersetzung vorausschicken.‹

›Welche?‹

XXI c ›Zu den seienden Dingen gehören doch auch die Vermögen, d. h. die Fähigkeiten, durch die wir Menschen und jeder andere Gegenstand das ausführt, was eben sein Vermögen ist. Z. B. nenne ich das Sehen und das Hören Vermögen. Du verstehst, was ich mit dem Begriff meine.‹

›Ja, ich verstehe.‹

›Höre meine Beobachtung über diese Vermögen. Ich sehe an ihnen keine Farbe und keine Form, auch nicht die anderen Eigenschaften, die viele Gegenstände haben und an denen ich manche Gegenstände erkenne und unterscheide. Bei d
dem Vermögen sehe ich nur auf den Zweck und auf die Wirkung; danach benenne ich die einzelnen Vermögen, gebe also denen, die dem gleichen Zweck dienen und die gleiche Wirkung hervorbringen, den gleichen Namen, denen, die verschiedenen Zwecken dienen und verschiedene Wirkungen hervorbringen, verschiedene Namen. Und du? Wie hältst du es damit?‹

›Ebenso.‹

›Nun zurück, Bester! Nennst du das Erkennen ein Vermögen, oder zu welcher Gattung rechnest du es?‹

›Zu den Vermögen. Ich nenne es das gewaltigste Vermö- e
gen, das es gibt.‹

›Weiter. Stellen wir wohl auch das Meinen unter die Vermögen oder stellen wir es in eine andere Gruppe?‹

›Keinesfalls. Das, vermittelst dessen wir Meinungen zu bilden vermögen, ist ja das Meinen.‹

›Nun gabst du kurz vorher zu, daß Erkennen und Meinen nicht dasselbe sei.‹

›Wie kann ein Vernünftiger das Unfehlbare für dasselbe erklären wie das nicht Unfehlbare!‹

›Richtig! Es ist also klar, daß wir über die Verschiedenheit 478a
von Erkennen und Meinen einig sind!‹

›Jawohl.‹

›Und da es verschiedene Vermögen sind, sind sie für etwas Verschiedenes da.‹

›Notwendig.‹

›Das Erkennen ist für das Seiende da; sein Zweck ist, des Seienden Wesen zu erkennen.‹

›Ja.‹

›Und das Meinen ist dazu da, zu meinen?‹

›Ja.‹

›Wohl dasselbe, was das Erkennen erkennt? Sind wohl dem Erkennen und dem Meinen die gleichen Gegenstände zugänglich oder ist das unmöglich?‹

›Unserer Untersuchung zufolge ist es unmöglich. Verschiedene Vermögen gehören doch zu verschiedenen Gegenständen; Meinen und Erkennen sind Vermögen, und
b zwar verschiedene, wie wir sagten. Daher ist es nicht möglich, daß es dieselben Gegenstände sind, die erkannt werden können und über die Meinungen gebildet werden können.‹

›Also da der Gegenstand des Erkennens das Seiende ist, ist der Gegenstand des Meinens etwas anderes als das Seiende.‹

›Freilich, etwas anderes.‹

›Das Nichtseiende etwa? Oder ist es unmöglich, das Nichtseiende auch nur durch Meinen zu erfassen? Bedenke: der Meinende richtet doch seine Meinung auf ein Etwas. Kann er meinen und doch nicht etwas meinen?‹

›Unmöglich.‹

›Sondern er meint ein Etwas?‹

›Ja.‹

›Das Nichtseiende aber kann man nicht ein Etwas nennen,
c sondern nennt es am richtigsten ein Nichts.‹

›Jawohl.‹

›Wir bezeichneten das Nichtseiende notgedrungen als Gegenstand des Nichterkennens, das Seiende als Gegenstand des Erkennens.‹

›Ja.‹

›Und das Meinen ist weder Nichterkennen noch Erkennen.‹

›Augenscheinlich.‹

›Übertrifft wohl die Meinung die Erkenntnis an Deutlichkeit oder das Nichterkannte an Undeutlichkeit?‹

›Keins von beiden.‹

›Sie ist etwas Undeutlicheres als die Erkenntnis, etwas Klareres als die Nichterkenntnis.‹

›Bei weitem.‹

›Sie liegt innerhalb.‹

›Ja.‹

›Befindet sich zwischen jenen beiden.‹ d

›Freilich.‹

›Wir sagten aber vorher: Gegenstände, die zugleich seiend und nichtseiend wären, lägen zwischen dem rein Seienden und dem vollkommen Nichtseienden. Zu ihnen gehöre weder das Erkennen noch das Nichterkennen, sondern das, was sich als zwischen ihnen liegend herausstellen würde.‹

›Das war ganz richtig.‹

›Jetzt hat sich dies herausgestellt: das sogenannte Meinen.‹

›Allerdings.‹

›Nun bleibt uns noch übrig, den Gegenstand zu finden, der e XXII
zugleich seiend und nichtseiend ist, den man weder völlig so noch so bezeichnen kann. Ist er erklärt, so können wir ihn mit Recht als den Gegenstand des Meinens bezeichnen und so den Gegensätzen das Gegensätzliche, dem in der Mitte Gelegenen das Mittlere zuerteilen. Oder nicht?‹

›Doch.‹

›Bitten wir doch auf Grund dieser Feststellungen jenen 479a
Trefflichen um Antwort, der an das Schöne an sich und eine sich ewig gleichbleibende Idee der Schönheit nicht glaubt, sondern bloß an viele schöne Einzeldinge; jenen Schaulustigen, der es durchaus nicht vertragen kann, daß man das Schöne, das Gerechte usw. für Einheiten erklärt. Fragen wir ihn: Bester, gibt es unter diesen schönen Einzeldingen auch nur ein einziges, das nicht unter Umständen häßlich ist? Und unter den gerechten, das nicht unter Umständen ungerecht ist? Und unter den frommen, das nicht unfromm ist?‹

›Nein. Notwendig sind schöne Dinge auch in irgendei- b
nem Sinne häßlich; ebenso enthalten auch die anderen zugleich ihren Gegensatz in sich.‹

›Ferner: sind die vielen doppelten Dinge weniger Halbierungen als Verdoppelungen?‹

›Durchaus nicht.‹

›Auch die großen und die kleinen Dinge, die leichten und die schweren tragen diese Bezeichnung nicht mit größerem Rechte als die umgekehrte.‹

›Nein. Jedes hat die eine Eigenschaft so gut wie die andere.‹

›Haben sie nun auch in höherem Grade Sein als Nichtsein in bezug auf den Namen, den wir ihnen geben?‹

›Sie gleichen den logischen Zweideutigkeiten, mit de-
c nen wir uns beim Gelage unterhalten, oder auch jenem Kin-
derrätsel vom Wurf des Eunuchen nach der Fledermaus:
womit und wo er sie getroffen habe. Auch sie sind zwitter-
haft; man kann weder ihr Sein noch ihr Nichtsein klar den-
ken, weder daß sie beides noch daß sie keins von beiden ha-
ben.‹

›Weißt du, was mit ihnen zu tun ist? Man kann sie an kei-
nen besseren Platz stellen als zwischen Sein und Nichtsein.
Sie sind doch nicht undeutlicher und also weniger seiend als
d das Nichtseiende noch auch klarer und also seiender als das
Seiende.‹

›Vollkommen wahr.‹

›So hätten wir gefunden, daß die Vielheiten, die die Menge als schön usw. zu betrachten pflegt, sich zwischen dem Nichtseienden und dem wahrhaft Seienden auf und nieder bewegen.‹

›Das haben wir gefunden.‹

›Vorher aber waren wir einig geworden, daß das zwischen dem Seienden und dem Nichtseienden Gelegene, wenn sich etwas Derartiges herausstellte, Gegenstand des Meinens sein müsse, nicht Gegenstand der Erkenntnis. Das in der Mitte stehende Vermögen faßt die Gegenstände auf, die sich unstet in der Mitte hin und her bewegen.‹

›Ja, wir waren darüber einig geworden.‹

e ›Menschen also, die schöne Einzeldinge betrachten, das
Schöne selber aber nicht sehen, auch nicht zu folgen vermö-
gen, wenn man sie zu ihm hinführt, Menschen, die einzelner
gerechter Handlungen gewahr werden, des Begriffs des Ge-
rechten selber aber nicht usw., alle diese haben bloß Meinun-
gen. Erkenntnis haben sie von diesen Dingen, denen ihr
Meinen gilt, nicht.‹

›Unbedingt ist es so.‹

›Die anderen dagegen, die alle Begriffe an sich schauen, wie sie ewig unverändert verharren – sie haben bloß Erkenntnis, keine Meinungen?‹

›Ja, unbedingt.‹

›Sie suchen und lieben aber doch auch diese Gegenstände, 480a auf die ihr Erkennen gerichtet ist, und jene suchen und lieben, was Gegenstand ihres Meinens ist? Wir erinnern uns doch an unsere Ausführungen darüber, daß die letzteren an schönen Tönen und Farben und dergleichen Gefallen hätten und sie gern anschauten, daß sie aber das Schöne an sich nicht einmal als wirklich gelten ließen.‹

›Jawohl.‹

›Wir gehen also nicht fehl, wenn wir sie eher Philodoxen, Freunde des Meinens, als Philosophen, Freunde der Weisheit, nennen. Ob sie uns sehr böse sind, wenn wir das tun?‹

›Wenn sie mir folgen, nicht. Über die Wahrheit darf man nicht böse sein.‹

›Die anderen dagegen, die sich an allem, was wahrhaftes Sein hat, erfreuen, verdienen den Namen Philosophen, nicht Philodoxen.‹

›Ja, durchaus.‹

Sechstes Buch

I ›Wer Philosoph ist und wer nicht Philosoph ist, ist durch
484a unsere lange Untersuchung nun zur Not klar geworden, Glaukon.‹

›Durch eine kurze Untersuchung kann man es gewiß nicht klarmachen.‹

›Es scheint nicht‹, erwiderte ich. ›Doch ließe sich der Unterschied gewiß noch genauer erklären, wenn wir bloß über diese Frage zu verhandeln hätten. Wir haben aber noch viele Auseinandersetzungen vor uns, um den Gegensatz zwischen dem Leben des Gerechten und dem des Ungerechten einzusehen.‹

b ›Was kommt denn jetzt?‹

›Was sonst als das Anschließende? Da diejenigen Menschen Philosophen sind, die die Kraft haben, das ewig Gleiche sich zu eigen zu machen, da diejenigen, die diese Kraft nicht haben, sondern die im Vielen und Mannigfaltigen umherirren, keine Philosophen sind – so fragen wir, ob diese oder ob jene Lenker des Staates sein müssen.‹

›Wie finden wir den rechten Ausdruck für diese Frage?‹

›Nun, die müssen es sein, die die Fähigkeit zeigen, über Gesetze und Bestrebungen im Staate zu wachen. Sie müssen zu Wächtern erhoben werden.‹

c ›Das ist richtig.‹

›Ob sich ein Blinder oder ein Scharfsichtiger zum Wachen und Beobachten eignet, ist wohl nicht zweifelhaft?‹

›Wie sollte es!‹

›Aber sind die Leute etwas anderes als blind, die wirklich der Erkenntnis der Wirklichkeit beraubt sind? Sie tragen kein klares Idealbild in ihrer Seele, können also nicht im Hinblick und in ständiger Rücksicht auf dasselbe nach seinem möglichst genau betrachteten Vorbilde wie ein Maler die Bestimmungen hinmalen, die hinsichtlich der Begriffe: schön, gerecht, gut gelten sollen, falls es sich um Festlegung der Begriffe handelt, noch können sie über die bereits festgelegten wachen und sie rein erhalten.‹ d

›Sie sind wahrhaftig nicht viel anders als blind.‹

›Können wir sie zu Wächtern ernennen? Werden wir nicht vielmehr die anderen wählen, die alles kennen, was wahres Sein hat, dabei an Erfahrung jenen ersteren nichts nachgeben, auch in keinem anderen Stücke der Tugend hinter ihnen zurückstehen?‹

›Es wäre töricht, andere zu wählen, wenn sie jenen in anderen Dingen nichts nachgeben. Durch jenes Eine sind sie ihnen ja bedeutend überlegen.‹

›So laß uns jetzt darlegen, wie es möglich ist, daß dieselben 485a
Menschen sich neben dieser einen Eigenschaft auch die übrigen erwerben.‹

›Jawohl.‹

›Wir müssen uns, wie wir schon zu Anfang unserer Betrachtung über die Philosophen sagten, zunächst über ihre natürliche Anlage unterrichten. Haben wir uns über diesen Punkt verständigt, so werden wir uns wohl auch darüber verständigen, daß sie alle die genannten Eigenschaften besitzen können und daß niemand anderes Lenker des Staates sein darf als sie.‹

›Wie erreichen wir diese Verständigung?‹

›Zunächst sind wir wohl einig, daß die Philosophen ein b I
beständiges Verlangen nach dem Wissensgegenstand haben, der von jenem ewigen Sein Kunde gibt, das durch Werden und Vergehen nicht aus seiner Ruhe gestört wird.‹

›Ja.‹

›Und ferner, daß sie nach dem Gesamten Verlangen haben und keinen kleineren oder größeren, wesentlicheren oder unwesentlicheren Teil desselben sich freiwillig entgehen lassen, ähnlich wie wir es früher von den Ehrgeizigen und den Jüngern des Eros gesagt haben.‹

›Das ist richtig.‹

›Müssen sie nun außerdem noch folgende Eigenschaft be-
c sitzen, um unserem Bilde des Philosophen zu entsprechen?‹

›Welche?‹

›Die Wahrhaftigkeit. Sie dürfen der Lüge in keinem Sinne Zugang gewähren wollen, sondern müssen sie hassen und die Wahrheit lieben.‹

›Es scheint so.‹

›Es scheint nicht bloß so, Freund! Wer seiner Natur nach einem Gegenstande in Liebe ergeben ist, muß unbedingt alles lieben, was diesem Gegenstand seiner Liebe verwandt und zugehörig ist.‹

›Du hast recht.‹

›Weißt du aber etwas, das der Weisheit näher verbunden ist als die Wahrheit?‹

›Wie sollte ich!‹

d ›Kann also derselbe Mensch Philosoph und Lügenfreund sein?‹

›Auf keinen Fall.‹

›Wer wahrhaft wissensdurstig ist, strebt naturgemäß von Kindheit an nach aller Wahrheit, so sehr er kann.‹

›Durchaus.‹

›Und wessen Begierden sich heftig auf eines werfen, bei dem sind sie für andere Dinge schwächer; das wissen wir doch. Sie sind wie ein Strom, der in ein anderes Bett gelenkt worden ist.‹

›Sicherlich.‹

›Bei wem sie also zu den Wissenschaften und überhaupt auf das Feld des Geistes geströmt sind, bei dem haben sie doch wohl ihren Brennpunkt im Genuß der Seele an und für sich; die Begierden nach sinnlichen Genüssen schlafen ein.
e Ich setze den Fall, daß er ein wirklicher, kein erheuchelter Philosoph ist.‹

›Ganz unbedingt.‹

›Er ist ohne Zweifel besonnen und hat gar keine Liebe zum Gelde. Das Ziel, das all dem Jagen nach Geld zugrunde liegt, darf für ihn weniger als für jeden anderen erstrebenswert sein.‹

›So ist es.‹

›Weiter ist das Folgende in Betracht zu ziehen, wenn man die Naturanlage des Philosophen von der der anderen sondern will.‹ 486a

›Was?‹

›Er darf nicht im geheimen eine knechtische Gesinnung haben. Kleinlichkeit ist der vollkommenste Gegensatz zu einer Seele, deren Streben beständig auf das Göttliche und Menschliche gerichtet sein soll.‹

›Das ist vollkommen richtig.‹

›So kann wohl auch ein großzügiger Geist, der im Anschauen aller Zeiten und alles Seins lebt, das menschliche Leben nicht für etwas Großes halten.‹

›Nein, er kann es nicht.‹

›Auch der Tod wird ihm nicht schrecklich sein.‹ b

›Nicht im geringsten.‹

›Also eine feige, knechtische Seele hat augenscheinlich mit wahrer Philosophie nichts zu tun.‹

›Ich glaube nicht.‹

›Weiter! Kann ein solcher geordneter, nicht habgieriger, nicht knechtischer, nicht großtuerischer, nicht feiger Mensch unredlich im Geschäftsleben und ungerecht sein?‹

›Nein, er kann es nicht.‹

›So ist also beim Vergleich der von Hause aus philosophischen und der nicht philosophischen Seele auch hierauf zu achten. Die erstere ist redlich und umgänglich, nicht ungesellig und roh.‹

›Jawohl.‹

›Ferner wirst du auch dies nicht übersehen.‹ c

›Was?‹

›Sie nimmt leicht auf und ist belehrbar. Denn was einer unter Qualen und fast erfolglos tut, das flößt ihm keine Zuneigung ein. Oder glaubst du?‹

›Nein, das ist nicht der Fall.‹

›Und wenn er auch nicht behält, was er lernt, sondern alles vergißt, so ist er unvermeidlich ohne Wissen.‹

›Ganz natürlich.‹

›Und muß bei den vergeblichen Plagen schließlich zum Haß gegen sich selber und gegen seine Arbeit gelangen.‹

d ›Ohne Frage.‹

›Also gehört eine vergeßliche Seele niemals zu den philosophischen Seelen. Gedächtnisstarke Seelen müssen wir suchen.‹

›Durchaus.‹

›Ferner ist doch eine Seele, die den Musen und dem Schicklichen abhold ist, auf keinem anderen Wege begriffen, als auf dem zur Maßlosigkeit.‹

›Freilich nicht.‹

›Ist nun die Wahrheit mit der Maßlosigkeit verwandt oder mit dem Maß?‹

›Mit dem Maß.‹

›Einen seiner Natur nach maßvollen und gesitteten Geist brauchen wir also ebenfalls. Er muß sich mühelos und ganz von selber zur Idee alles Wirklichen hinwenden.‹

e ›Ohne Zweifel.‹

›Und nun? Haben wir jetzt nicht sämtliche Eigenschaften der Reihe nach genannt, die eine Seele haben muß, um sich das Seiende wirklich und ganz zu eigen machen zu können?‹

487a ›Ja, die notwendigen haben wir genannt.‹

›Und gewiß ist doch ein Streben nicht verwerflich, dem man sich nur dann wirklich widmen kann, wenn man diese Eigenschaften besitzt! Also wenn man von Natur gedächtnisstark, belehrbar, hochsinnig, gesittet, wenn man der Wahrheit, der Gerechtigkeit, der Tapferkeit, der Besonnenheit verwandt und innerlich verknüpft ist.‹

›Selbst Momos, der Gott des Tadels, könnte es nicht tadeln.‹

›Und nachdem Männer von solcher Veranlagung durch Erziehung und Alter zur Reife gelangt sind, sind sie es doch allein, denen du den Staat anvertrauen kannst!‹

III b Darauf sagte Adeimantos: ›Sokrates, das kann dir niemand bestreiten. Aber mit all den Ausführungen, die du zuletzt gemacht hast, sind deine Zuhörer jedesmal übel dran. Wir sind unerfahren im Fragen und Antworten, und du lockst

uns mit jeder Frage einen kleinen Schritt vorwärts, bis wir
schließlich gewahr werden, daß durch Häufung dieser klei-
nen Zugeständnisse das Ergebnis der Untersuchung ein völ-
lig falsches und den Voraussetzungen entgegengesetztes ge-
worden ist. Wie schlechte Brettspieler von den guten Spie-
lern schließlich gefangen werden und sich nicht mehr regen c
können, so sind auch wir eingeschlossen und können zuletzt
nichts mehr sagen. Es ist auch ein Brettspiel, zwar nicht mit
Steinen, aber mit Worten. Der Wahrheit wird dadurch kei-
neswegs zum Siege verholfen. Ich sage das im Hinblick auf
das letzte Ergebnis unserer Untersuchung. Gegen die einzel-
nen Schritte derselben kann niemand etwas einwenden; man
wird aber sagen: die Tatsachen beweisen, daß Leute, die sich
mit Philosophie abgeben, und nicht bloß in der Jugend, um d
sich zu bilden, sondern auch weiterhin noch, zum größten
Teil recht wunderliche, um nicht zu sagen, völlig unbrauch-
bare Menschen werden, daß die wenigen allenfalls Tüchtigen
aber durch ihr Philosophieren, das du empfiehlst, dem Staate
verlorengehen.‹

Als ich dies hörte, fragte ich: ›Hältst du diese Ansicht für
falsch?‹

›Ich weiß nicht‹, entgegnete er. ›Ich möchte hören, wie du
darüber denkst.‹

›So magst du hören, daß ich die Ansicht für richtig halte.‹ e

›Aber wie kannst du dann behaupten, daß das Unheil im
Staate nicht eher ein Ende nehmen würde, als bis die Philo-
sophen zur Herrschaft kommen? Sie sind doch im Staate
nicht zu brauchen!‹

›Deine Frage muß man durch ein Gleichnis beantworten.‹

›Mir scheint, es ist sonst nicht deine Art, durch die Blume
zu sprechen.‹

›Ja, spotte nur noch, nachdem du mich in eine so schwie- IV
rige Untersuchung hineinverwickelt hast! Höre also das
Gleichnis; es wird dir noch deutlicher zeigen, wie vorsichtig 488a
ich mit Gleichnissen bin. Das Verhältnis, in dem jene Tüchti-
gen sich zum Staate befinden, ist ein so schwieriges, daß sich
nirgends ein einzelner Gegenstand findet, der ähnliche Zu-

stände hätte. Man muß den Zustand aus vielen vergleichba-
ren Zuständen zusammenstellen, wenn man diese Männer
verteidigen will, muß es also machen wie die Maler, die Zu-
sammensetzungen von Bock und Hirsch und anderen Tie-
ren malen. – Denke dir, es ginge auf einem Schiffe oder auf
b vielen Schiffen folgendermaßen zu. Der Schiffseigentümer
ist größer und stärker als die ganze Bemannung; er ist aber
schwerhörig und kurzsichtig, und sein Verständnis für das
Seewesen ist ebenfalls mangelhaft. Nun zanken sich die
Schiffsleute untereinander, weil jeder meint, ihm käme die
Führung des Schiffes zu. Dabei hat aber keiner je die Steuer-
kunst gelernt, kann auch seinen Lehrer und seine Lehrzeit
nicht nachweisen. Ja, sie erklären, diese Kunst sei gar nicht
lehrbar, und wollen jeden in Stücke hauen, der sie lehrbar
c nennt. Sie stürmen also beständig auf den Schiffseigentümer
ein, er solle ihnen das Steuerruder in die Hand geben. Über-
redet ihn einmal ein anderer, so ermorden sie ihn oder wer-
fen ihn über Bord. Haben sie dann den braven Eigentümer
zahm gemacht, durch einen Schlaftrunk, durch Wein oder
dergleichen, so stellen sie einige Schiffsleute an, das Schiff zu
lenken, und segeln nun, wie es bei solchen Leuten zu erwar-
d ten ist, unter Trinken und Schwelgen dahin. Wer sich beim
Überreden oder Überwältigen des Schiffseigentümers ge-
schickt erweist und ihnen behilflich ist, die Macht in ihre
Hände zu bekommen, der steht als seetüchtig, als kundiger
Steuermann und Kenner des Seewesens bei ihnen in Ehren.
Wer kein Geschick dazu hat, wird unbrauchbar gescholten.
Dabei wissen sie nicht einmal, daß ein wahrer Steuermann
sich mit dem Jahre und den Jahreszeiten, mit dem Himmel,
den Gestirnen, den Winden und überhaupt allem, was eben
in sein Fach schlägt, beschäftigen muß, um wirklich ein
Schiff führen zu können. Sie halten es gar nicht für möglich,
e daß man neben den Künsten und Mitteln, die man braucht,
um sich zum Steueramt emporzuarbeiten, auch noch Zeit
zur Erlernung der Steuerkunst hat. – Bei dieser Lage der
Dinge auf einem Schiffe wird doch der wahre Steuermann
489a von den Schiffsleuten entschieden für einen Sterngucker,

einen Schwätzer, einen für sie unbrauchbaren Menschen erklärt?‹

›Allerdings‹, sagte Adeimantos.

›Ich brauche das Gleichnis wohl nicht auszulegen. Du siehst, daß sich die Staaten dem wahren Philosophen gegenüber ebenso betragen, und verstehst, was ich meine.‹

›Ja, freilich.‹

›Wenn sich also jemand wundert, daß die Philosophen im Staate nicht in Ehren stehen, so trage ihm zunächst dies Gleichnis vor und mache ihm daran klar, daß das Umgekehrte viel wunderbarer wäre.‹

›Ich werde es tun.‹ b

›Sage ihm, daß er recht hat, wenn er die Tüchtigen unter den Philosophen für das Volk unbrauchbar nennt. Er soll aber die Schuld an dieser Unbrauchbarkeit nicht den Tüchtigen, sondern denen geben, die sie nicht brauchen. Daß der Steuermann die Schiffsleute bittet, ihn zum Führer zu nehmen, daß ‘die Weisen an die Türen der Reichen’ gehen, ist nicht das Natürliche. Wer dies feine Wort gesagt hat, hat gelogen. Das Gegenteil ist richtig und natürlich; also wer krank c
ist, sei er reich oder arm, muß an die Türen der Ärzte gehen, und jeder, der das Bedürfnis hat, geführt zu werden, muß an die Tür dessen gehen, der sich auf das Führen versteht. Soll wirklich ein Nutzen dabei sein, so hat der Herrschende nicht die Untergebenen zu bitten, sich die Beherrschung gefallen zu lassen. Du wirst aber nicht fehlgehen, wenn du die heutigen Machthaber im Staate an die Stelle jener Schiffsleute in unserem Gleichnis setzest und die ‘unbrauchbar’ und ‘Sterngucker’ Gescholtenen an die Stelle des wahren Schiffsführers.‹

›Ganz richtig.‹

›Und da die Dinge so liegen, kann ihr erhabenes Streben bei den anderen nicht wohl in Geltung stehen; denn ihr Stre- d
ben ist dem Streben jener entgegengesetzt. Am meisten und ärgsten wird die Philosophie gerade durch solche Leute in Verruf gebracht, die vorgeben, sich ihr zu widmen, und die dein Ankläger der Philosophie meint, wenn er sagt, der größ-

te Teil derer, die Philosophie treiben, tauge gar nichts, und die etwas taugten, gingen dem Staate verloren. Ich gab dir das als richtig zu, nicht wahr?‹

›Ja.‹

V ›Nun, den Grund dafür, daß die letzteren dem Staate verlorengehen, haben wir jetzt angegeben.‹

›Jawohl.‹

›Wollen wir nun auch den Grund dafür nennen, daß die ersteren notwendig untüchtige Leute sein müssen, und wenn möglich nachweisen, daß auch daran die Philosophie unschuldig ist?‹

e ›Gewiß.‹

›So höre, und ich will reden. Wir kehren zu der Beschreibung zurück, die wir von den notwendigen Eigenschaften eines Menschen, der zur Vollkommenheit gelangen will, ga-
490a ben. Als erste kam die Wahrhaftigkeit, wenn du dich erinnerst. Die Wahrheit mußte er durchaus und auf jede Weise suchen, andernfalls sei er ein Schwätzer und habe also mit wahrer Philosophie nichts zu schaffen.‹

›Das waren unsere Worte.‹

›Dies eine widerspricht doch schon erheblich der Meinung derer, die heutzutage Meinungen hierüber haben.‹

›O ja.‹

›Werden wir zu seinen Gunsten nicht sagen können, daß es eben das Wesen des wahren Wissensfreundes ist, um die Dinge des wirklichen Seins zu ringen und nicht bei den vielen Ein-
b zeldingen stehenzubleiben, die nur ein scheinbares Sein haben? Er dringt vor, und sein Verlangen wird nicht stumpf noch müde, bis er das eigentliche Wesen eines jeden Gegenstandes mit jenem Vermögen seiner Seele erfaßt hat, dem es gegeben ist, zu erfassen. Es ist aber dem gleichgearteten gegeben. Mit diesem Vermögen findet er Zugang zu der wahren Welt, vermählt sich ihr, zeugt Einsicht und Wahrheit und hat so wirkliche Erkenntnis. Er führt das wahre Leben, nimmt die wahre Nahrung ein und endet so die Geburtswehen, eher nicht.‹

›Das ist das passendste, was wir zu seinen Gunsten sagen können.‹

›Und sollte es einem solchen Manne anstehen, Lügen zu lieben, und nicht vielmehr, jede Lüge zu hassen?‹

›Freilich, sie zu hassen.‹ c

›Führt aber die Wahrheit den Reigen, so wird ihr gewiß nie ein Chor von Lastern folgen.‹

›Nein, gewiß nicht.‹

›Sondern gesunde und gerechte Sinnesart, der sich dann auch Besonnenheit anschließt.‹

›Ja.‹

›Und der weitere Reigen der Tugenden des Philosophen. Wozu sollen wir ihn noch einmal vorführen! Du erinnerst dich ja, daß Tapferkeit, hoher Sinn, Belehrbarkeit, Gedächtniskraft dazu gehörten. Dann unterbrachst du und sagtest, diesen Ausführungen müsse zwar jeder zustimmen; sähe er d
aber von ihnen hinüber zu den Leuten, denen sie gälten, so fände er einige Unbrauchbare und sehr viele, die überhaupt in keinem Sinne etwas taugten. Wir suchten darauf nach dem Grunde dieser ungerechten Beschuldigung und erörtern jetzt den zweiten Punkt, nämlich die völlige Untüchtigkeit der meisten Philosophietreibenden. Zunächst galt es, die Naturanlage der wahren Philosophen noch einmal festzustellen.‹

›Allerdings.‹ e

›Nun müssen wir verfolgen, wie Menschen mit dieser Na- VI
turanlage in den meisten Fällen zugrunde gehen. Nur wenige kommen davon, und das sind dann die sogenannten Unbrauchbaren. Und weiter müssen wir verfolgen, wie die Ei- 491a
genschaften des Philosophen von anderen Leuten nachgeäfft werden, die sich in ihren hohen Beruf eindrängen, obwohl er ihnen nicht zusteht und sie ihm nicht gewachsen sind. Sie machen daher oft Fehler und bringen die Philosophie allenthalben und bei allen Menschen in den üblen Ruf, den du erwähntest.‹

›Wie meinst du das, zugrunde gehen?‹

›Ich will es zu erklären suchen, wenn ich kann. Erstens sind Naturen, die alle Forderungen erfüllen, welche wir an einen b
vollkommenen Philosophen stellten, selten und treten nur

vereinzelt in der Menschheit auf, das wird uns jeder zugeben. Oder glaubst du nicht?‹

›Sie sind sehr selten.‹

›Und auf diese Seltenen lauern so viele und tiefe Abgründe.‹

›Was für Abgründe?‹

›Am allermerkwürdigsten ist, daß gerade ihre hohen Tugenden die Seele zerstören und sie der Philosophie untreu machen. Ich rede von der Tapferkeit, der Besonnnheit und all den anderen Eigenschaften, die wir genannt haben.‹

›Das klingt unglaublich.‹

c ›Und dann zerstören sie noch all die sogenannten Güter und entfremden sie der Philosophie; also Schönheit, Reichtum, Körperkraft, Verwandtschaft, die Einfluß im Staate hat und was dergleichen mehr ist. Nun weißt du ungefähr, worauf ich hinaus will.‹

›Ja. Und nun möchte ich auch das Nähere erfahren.‹

›Du mußt die Dinge im ganzen nehmen; dann wird dir alles klar sein, und meine Behauptung wird dir nicht mehr unglaublich scheinen.‹

›Wie soll ich das machen?‹

d ›Findet ein Samenkorn oder ein Keim, sei es ein pflanzlicher oder ein tierischer, nicht gerade die Nahrung, die Zeit, die Stelle, die er braucht, so sind die Bedürfnisse, die nicht zur Befriedigung gelangen, um so zahlreicher, je wertvoller dieser Keim ist. Das Schlechte ist ein entschiedenerer Gegensatz zum Guten als zum Nichtguten.‹

›Ohne Frage.‹

›Es läßt sich also begreifen, daß es dem wertvollsten Geschöpf übler ergeht als dem geringen, wenn die ihm gemäßen Wachstumsbedingungen fehlen.‹

›Gewiß läßt sich das begreifen.‹

e ›So wird auch die wertvollste Seele am furchtbarsten entarten, wenn sie schlecht erzogen wird, Adeimantos! Oder meinst du, die großen Verbrechen und die vollendeten Schandtaten gingen von Alltagsmenschen aus und nicht von überschäumenden Naturen, die eine falsche Erziehung zugrunde gerichtet hat? Schwächliche Naturen bringen nie etwas Großes zuwege, weder im Guten noch im Bösen.‹

›Nein, du hast recht.‹

›Die philosophische Natur, wie wir sie schilderten, wird 492a
unbedingt allen Tugenden entgegenwachsen und sie sich zu eigen machen, wenn sie die gebührende Erziehung erhält. Wird sie aber nicht in ihrem eigentlichen Erdreich gesät und gepflanzt und aufgezogen, so wird sie unbedingt die entgegengesetzte Richtung nehmen, falls ihr nicht ein Gott seinen Beistand leiht. Denn den Glauben des Volks teilst du doch wohl nicht, daß die Jünglinge durch lehrende Sophisten verdorben würden und daß überhaupt einzelne Menschen irgend jemandem einen erheblichen Schaden an seiner Seele
tun könnten? Die Leute, die so reden, sind selber die ärgsten b
Sophisten. Sie selbst lassen allen, Jungen und Alten, Männern und Frauen, eine vollkommene Erziehung angedeihen und geben ihnen die Richtung, die sie wünschen.‹

›Wann geschieht das?‹

›Wenn das Volk in Masse beieinander sitzt, also in den Volksversammlungen, bei Gerichtsverhandlungen, im Theater, im Feldlager oder bei anderen Menschenansammlungen. Da werden manche Reden oder Taten unter großem Lärm gemißbilligt, andere gepriesen, beides weit über Gebühr. Ge-
schrei und Händeklatschen ertönt, und die Felsen ringsum c
hallen wider und verdoppeln den lärmenden Tadel und das lärmende Lob. Wie mag dem Jüngling wohl zumute sein (nach dem bekannten Wort), wenn er mit darunter ist? Was kann Einzelerziehung gegen solche Eindrücke ausrichten! Sie wird von jenem Loben und Tadeln weggespült und im Strome mit fortgerissen, wohin er sie führt. Der Jüngling wird dieselben Begriffe vom Edlen und vom Gemeinen bekommen wie alle, wird streben, wohin sie streben, und sein wie sie.‹

›Ja, dazu muß es unfehlbar kommen, Sokrates.‹ d

›Und das gewaltigste Muß haben wir noch gar nicht ge- VII
nannt.‹

›Was meinst du damit?‹

›Das Muß, das sie durch Maßregeln schaffen, wenn Worte nichts fruchten, diese Erzieher und sophistischen Lehrer. Wer sich nicht fügt, dessen wartet doch Schande, Geldstrafe, Tod!‹

›Freilich.‹

›Welcher Sophist und welche privaten Einflüsse könnten wohl dagegen aufkommen!‹

e ›Gewiß keiner.‹

›Nein. Es zu versuchen, ist schon eine große Torheit. Keine dem entgegengerichtete Erziehung gewinnt je auf eines Menschen Verhältnis zur Tugend Einfluß, keine hat je Einfluß gewonnen, und keine wird ihn wohl gewinnen; eines Menschen, Freund! Göttliche Naturen nehmen wir aus, wie das Sprichwort verlangt. Wessen Sinn unter solchen Zuständen im Staate keinen Schaden nimmt und zu dem wird,
493a was er werden soll, über dem hat ein Gott gewaltet. Das kannst du mit vollem Recht sagen.‹

›Ja, ich bin derselben Meinung.‹

›So gib mir auch hierin noch recht.‹

›Worin?‹

›All die Leute, die für Geld Unterricht erteilen, die das Volk Sophisten nennt und für seine Nebenbuhler hält, lehren nichts anderes als eben die Urteile des in Masse versammelten Volkes. Diese Werturteile nennen sie Weisheit. Es ist gerade so, als ob jemand ein großes, mächtiges Untier großzuziehen hätte und nun dessen Launen und Wünsche studierte.
b Er lernt die Art und Weise kennen, wie man sich ihm nähern und es anfassen muß, bemerkt, wann es am gefährlichsten und wann am zahmsten ist, auch was der Grund für beides ist; er lernt die Töne verstehen, die es hie und da ausstößt, ebenso findet er die Töne heraus, die man ausstoßen muß, um es zu beruhigen oder es in Wut zu bringen. Dies alles, über das ihn der lange Verkehr belehrt, nennt er nun Weisheit, teilt es sachgemäß ein und gibt anderen Unterricht darin. Er weiß nicht, welche von diesen Regungen und Triebäußerungen in
c der Tat schön oder häßlich, gut oder schlecht, gerecht oder ungerecht sind, sondern richtet sich darin ganz nach dem Untier. Was diesem angenehm ist, nennt er gut, was es wild

macht, nennt er schlecht. Einen anderen Sinn verbindet er mit diesen Begriffen nicht. Gerecht und schön ist für ihn das, was notwendig ist. Den eigentlichen Sinn des Notwendigen und des Guten aber hat er nie erfaßt; er sieht nicht den tatsächlichen Unterschied zwischen diesen Begriffen, kann ihn also anderen auch nicht klarmachen. Das ist doch wahrhaftig ein merkwürdiger Erzieher!‹

›Freilich.‹

›Und unterscheidet sich von ihm der Sophist, der es für d
Weisheit ausgibt, wenn er die Abneigungen und Gelüste der großen, bunten Volkshaufen studiert hat, sei es in bezug auf Malerei oder auf Musik oder auf das öffentliche Leben? Tritt er vor die Menge und zeigt sich als Dichter oder stellt andere Leistungen, als Handwerker oder als Staatsmann, zur Schau, wobei er sie weit mehr zu seinem Herrn macht, als notwendig ist, so kommt die sogenannte diomedische Notwendigkeit über ihn, nämlich die Notwendigkeit, sich nach ihrem Willen zu bequemen. Daß dieser Wille aber mit dem Guten und Schönen übereinstimmte, kann gewiß niemand behaupten. Oder hast du je andere als alberne Gründe dafür gehört?‹

›Nein, ich werde wohl auch keine anderen hören.‹ e

›Dies alles behalte im Auge und erinnere dich nun unserer VIII
Feststellung über die Wirklichkeit des Schönen an und für sich, die Unwirklichkeit der vielen schönen Einzeldinge und
überhaupt über die Wirklichkeit aller Einheiten und Un- 494a
wirklichkeit aller Vielheiten. Ist die Menge wohl dieser Einsicht zugänglich und nimmt sie an?‹

›Ganz und gar nicht.‹

›Die Menge kann also nicht Philosoph sein.‹

›Unmöglich.‹

›Wer sich der Philosophie widmet, erfährt unbedingt ihren Tadel.‹

›Unbedingt.‹

›Also auch den Tadel jener Sophisten, die sich an die Menge halten und ihren Beifall erringen wollen.‹

›Offenbar.‹

›Wie soll dabei also ein Philosoph sich selber treu bleiben
können? Wie soll er in seinem Streben ausharren und zu sei-
nem Ziele gelangen können? Denke doch an unsere Feststel-
b lungen: seine natürlichen Eigenschaften sind Belehrbarkeit,
Gedächtniskraft, Tapferkeit und Hochsinn.‹

›Ja.‹

›Nun, so ist er doch schon als Kind immer der erste, zumal wenn sein Körper ähnlich geartet ist wie seine Seele.‹

›Wie könnte es anders sein!‹

›Und wächst er heran, so suchen ihn seine Angehörigen und seine Mitbürger für sich selber auszunutzen.‹

›Natürlich.‹

c ›Demütig kommen sie mit Bitten und mit Ehrungen. Sie
rechnen schon auf seinen späteren Einfluß und schmeicheln
seiner späteren Gewalt.‹

›So pflegt es zu sein.‹

›Was wird er tun? Denke dir, er lebt in einem mächtigen
Staate, ist reich, von hohem Geschlecht, auch wohlgestaltet
und von hohem Wuchs. Werden ihn nicht unmögliche
Wünsche völlig in Besitz nehmen? Wird er nicht glauben, er
d sei berufen, die Geschicke der ganzen Welt zu leiten? Und
wird, geschwellt von Großtuerei, Eitelkeit und Torheit, sich
über alle erhaben dünken?‹

›Ja, freilich.‹

›Wenn dann einer still an ihn herantritt und ihm die Wahrheit sagt, nämlich daß es ihm an Vernunft fehlt, daß er sie aber haben müsse und daß er sie nicht anders gewinne, als wenn er wie ein Sklave ihrer Gewinnung dienstbar werde, – wird er einer solchen Mahnung so leicht sein Ohr leihen, wenn es so schlimm mit ihm steht?‹

›Im Gegenteil!‹

e ›Hört aber einmal einer auf sie, läßt er sich bewegen und
ergibt sich der Philosophie, weil seine Natur edel und ihr we-
sensverwandt ist –, was werden dann wohl die Leute tun, die
eine brauchbare Kraft und einen guten Freund zu verlieren
fürchten? Werden sie nicht alles versuchen, mit Wort und Tat,
um ihn nicht unter den Einfluß jenes Mahners kommen zu

lassen? Werden sie ihn nicht zurückhalten und den Mahner selber fernzuhalten suchen, ihm nachstellen und ihn vor Gericht ziehen?‹

›Ganz unbedingt.‹ 495a

›Wird der Jüngling also Philosoph werden?‹

›In der Tat nicht.‹

›Wir hatten also ganz recht! Einerseits sind die natürlichen IX
Eigenschaften des Philosophen selber schuld, daß er seinem wahren Beruf untreu wird, dann nämlich, wenn sie nicht die richtige Pflege finden; andererseits sind die sogenannten Güter schuld, also Reichtum und andere äußere Vorzüge.‹

›Ja, wir hatten recht.‹

›Das sind die Gefahren, Verehrtester, denen die wertvollsten Naturen ausgesetzt sind, wenn sie der höchsten Aufgabe b
sich widmen wollen! So leicht und auf so viele Weise können sie entarten! Und dazu sind sie noch selten, wie wir sagten. Aus ihnen werden also teils die großen Verbrecher, am Staate wie an einzelnen Menschen, teils die großen Wohltäter, wenn sie in diese Bahn gelenkt werden. Die kleinen Menschen tun niemals große Dinge, nicht an einzelnen Menschen und nicht am Staate.‹

›Das ist vollkommen richtig.‹

›Werden aber jene ihrer wahren, ihnen vorbehaltenen c
Aufgabe untreu und lassen die Philosophie ohne Freunde und ohne Anhänger, so ist ihr Leben unwürdig und nicht das wahre Leben. Der verlassenen und verwaisten Philosophie aber nähern sich andere Leute, unwürdige Liebhaber, die sie vergewaltigen und erniedrigen. Das sind die, von denen jene Verächter der Philosophie reden, wenn sie sagen: manche Philosophen verdienten gar nichts und die meisten verdienten alles Böse.‹

›Ja, so redet man.‹

›Und mit Grund! Wenn andere Menschlein jenen Platz
leer sehen, aber voll schöner Worte und hoher Ehren, so tun d
sie mit Freuden den Sprung von ihrem Handwerk hinüber in die Philosophie, so wie Leute sich aus dem Gefängnis in einen Tempel flüchten. Es sind gerade solche, die ihrem Künst-

chen die größte Ehre machen. Die Philosophie behält ja
selbst in so trauriger Lage ein großartigeres Ansehen als die
anderen Künste. Danach gelüstet es viele; aber ihre Natur ist
eben unzulänglich. Auch hat sie ihre Kunst und handwerks-
e mäßige Tätigkeit sowohl körperlich verunstaltet als seelisch
gebrochen. Die niedrige Arbeit hat sie aufgerieben. Ist das
nicht unvermeidlich?‹

›Freilich.‹

›Nicht wahr, sie haben ganz das Aussehen wie ein kahlköpfiger kleiner Schmied, der sich Geld verschafft hat. Er ist eben erst aus dem Gefängnis freigekommen, nimmt nun ein Bad, zieht einen neuen Rock an, staffiert sich wie ein Bräutigam aus und will die Tochter seines Herrn heiraten, weil sie arm und verlassen ist.‹

496a ›Viel anders sehen sie nicht aus.‹

›Was wird eine solche Ehe für Kinder in die Welt bringen? Nicht mißratene und schlechte?‹

›Ganz unbedingt.‹

›Und was für geistige Erzeugnisse werden Leute zur Welt bringen, die keine höhere Bildung verdienen, sich ihr aber trotzdem nähern und mit ihr vermählen? Doch solche, die sich des Namens Sophismen würdig machen, die Mißgeburten sind und mit wahrer Einsicht nichts zu tun haben?‹

›Gewiß.‹

X ›Von denen, die sich nach Verdienst mit der Philosophie
b vermählen, bleibt also nur ein sehr kleiner Teil übrig, Adei-
mantos. Teils sind es edle, gut erzogene Naturen, die in die
Verbannung gehen müssen und der Philosophie treubleiben,
wozu sie ihre Anlage befähigt; es fehlen dort Verführungen.
Teils sind es groß angelegte Geister, die in einem kleinen
Staate geboren werden. Die politische Tätigkeit ist ihnen zu
gering; sie richten ihren Blick höher. Manche mögen auch
von anderen Berufen zur Philosophie gelangen. Ihre edle
Natur wendet sich geringschätzig von ihnen ab. Ebenso ist
vielleicht der Zügel, der unserem Freunde Theages angelegt
c ist, ein Mittel, manchen an die Philosophie zu ketten. Bei
Theages ist ja alles andere dazu angetan, ihn der Philosophie

zu entfremden. Aber sein kränklicher Körper hält ihn fest, denn er macht ihm die staatsmännische Wirksamkeit unmöglich. Von meiner eignen Lage zu reden, lohnt nicht der Mühe; ich meine die göttliche Stimme. Wenig andere oder gar keiner hat sie ja bisher gehabt. Die wenigen aber, die sie gehabt haben, die wenigen, die die Süßigkeit und den Wert der Philosophie kennengelernt haben und auf der anderen Seite die Raserei der Menge durchschauen – kein einziger d
Mensch vollbringt ja eine politische Tat, die man als gesund ansprechen könnte, kein Bundesgenosse ist da, wenn man der Gerechtigkeit zum Siege verhelfen will, keiner, der einen schützt, man ist wie ein Mensch, der unter wilde Tiere gerät: weil man es ihnen nicht gleichtun will noch als einzelner imstande ist, all den Bestien die Stirn zu bieten, wird man zerrissen, noch ehe man dem Staate und den Freunden etwas nützen konnte; man hat also weder für sich noch für die anderen etwas erreicht; – wer sich dies alles vernünftig klargemacht hat, der hält Ruhe und tut, was sein wahrer Beruf ist. Wie man dem Staub und Regen, den der Wind beim Unwetter durch die Luft treibt, aus dem Wege geht und an eine Mauer tritt, so tut auch er. Er schaut den anderen zu, wie sie durch und durch gesetzlos werden, und ist zufrieden, wenn er sich selber von Ungerechtigkeit und Gottlosigkeit freihält, das irdische Leben in Reinheit durchlebt und es, e
wenn er es verliert, mit freudigen Hoffnungen, ruhig und heiter verliert.‹

›Er hat Großes erreicht, wenn er einmal aus dem Leben 497a
scheidet!‹

›Und doch nicht das Größte. Denn er hat den Staat nicht gefunden, der zu ihm paßt. Lebte er in einem solchen Staate, so würde er selber mehr erreichen und würde dem Wohle des gesamten Staates so sehr wie seinem eignen dienen.‹

›So haben wir über den üblen Ruf, in den die Philosophie XI
gekommen ist, und zwar mit Unrecht, wohl alles Nötige gesagt. Oder hast du noch etwas hinzuzufügen?‹

›Nein, nichts. Aber welche unserer heutigen Staatsverfassungen verstehst du unter der, die zu dem Philosophen paßt?‹

b ›Keine einzige‹, sagte ich. ›Ich erhebe vielmehr den Vorwurf, daß keine Verfassung unter den heute bestehenden dem Philosophen gemäß ist. Darum wird er auch ein anderer und büßt sein eigentliches Wesen ein. Wie ein Samenkorn, das in fremder Erde gesät wird, von den dort heimischen Pflanzen überwältigt zu werden und sich selber umzuformen pflegt, so verlieren auch diese Menschen ihre Kräfte und wandeln ihr Wesen um. Trifft eine solche vollkommenste
c Natur aber mit dem vollkommensten Staat zusammen, dann zeigt sich, daß ihre Anlagen und ihr Streben wahrhaft göttlich, das der anderen aber menschlich ist. Offenbar fragst du nun, was das für ein Staat ist.‹

›Du irrst. Nicht danach wollte ich fragen, sondern nur, ob es der ist, den wir vorher gegründet haben, oder ein anderer.‹

›Im übrigen er. Doch wies ich schon damals darauf hin,
d daß im Staate dauernd ein Geist wirksam sein müsse, wie er in den von dir gegebenen Gesetzen lebt.‹

›Allerdings.‹

›Ich ging aber nicht näher darauf ein, aus Furcht vor euren Angriffen, die die Umständlichkeit und Schwierigkeit einer solchen Darlegung bewiesen. Denn was noch vor uns liegt, ist ja auch nicht so leicht auseinanderzusetzen.‹

›Was denn?‹

›Wie ein Staat mit der Philosophie verfahren muß, um sie nicht zugrunde zu richten. Alles Große ist ja leicht der Entartung ausgesetzt, und das Sprichwort hat recht: das Schöne ist schwer.‹

e ›Dennoch sollte unsere Untersuchung erst abgeschlossen werden, nachdem wir hierüber klargeworden sind.‹

›An meinem guten Willen soll es nicht fehlen. Das Hindernis kann nur meine Unfähigkeit sein. Meine Bereitwilligkeit sollst du sofort sehen. Ich sage: der Staat muß den umgekehrten Gebrauch von der Philosophie machen, als es heute geschieht. Sieh, wie willig ich mich wieder in Gefahr begebe.‹

›Und wie ist es heute?‹

›Die jungen Leute, die sich mit der Philosophie abgeben, gehen schon zur Zeit, wo sie noch Knaben sind, und mitten 498a unter häuslichen und Berufsarbeiten an den schwierigsten Teil derselben. Danach lassen sie sie wieder fallen. Ich meine mit dem schwierigsten Teil die Dialektik. Kommen sie ihr dann später wieder näher, auf die Aufforderungen von Leuten hin, die Philosophie treiben, so halten sie es schon für viel, wenn sie sich zum Zuhören herbeilassen. Denn sie meinen, man müsse die Philosophie nebenher abmachen. Gegen das Alter hin erlischt ihr Anteil (wenige ausgenommen) noch völliger als die Sonne Heraklits, die doch wenigstens wieder neu aufgeht.‹

›Wie sollte es denn aber sein?‹ b

›Im Knaben- und Jünglingsalter sollen sie die Erziehung und den philosophischen Unterricht erhalten, der sich für die Jugend eignet, und vor allem für ihren Körper sorgen, solange er sich noch entwickelt und festigt. Er wird ihnen eine Stütze bei ihrem philosophischen Streben werden. Kommen sie dann in die Jahre, wo die Seele reift, so muß der Philosophie mehr Sorgfalt zugewendet werden. Läßt schließlich die Körperkraft nach und werden sie frei von den politischen und kriegerischen Pflichten, so sollen sie ihr gänzlich das c Feld lassen und außer der Philosophie sich mit nichts beschäftigen, höchstens nebenher. So wird ihr Leben glücklich, und so wird sich dem vollbrachten Leben ein ebensolches Schicksal dort drüben anreihen.‹

›An deiner Bereitwilligkeit ist wirklich nicht zu zweifeln, XII Sokrates. Ich fürchte aber, deine meisten Zuhörer werden noch bereitwilliger sein, dir entgegenzutreten, weil sie dir nicht glauben, von Thrasymachos angefangen.‹

›Verfeinde mich nicht mit Thrasymachos, da wir eben d Freunde geworden sind, ohne jedoch vorher Feinde zu sein. Wir werden gewiß nichts unversucht lassen, ihn und die anderen zu überzeugen oder ihnen wenigstens für das künftige Leben zu nützen, wenn sie von neuem geboren werden und derartige Betrachtungen wieder vernehmen.‹

›Da sprichst du für eine recht kurze Zeit!‹

›Für gar keine im Vergleich zur gesamten Zeit. Es ist aber kein Wunder, daß sich die meisten Menschen von unserer Darlegung nicht überzeugen lassen. Sie haben ja niemals
e verwirklicht gesehen, was wir aussprechen; sie haben wohl die Begriffe in theoretischen Zusammenhang bringen, aber
499a nicht in der Wirklichkeit zusammenfallen sehen, das heißt sie haben weder einen noch mehrere Menschen gesehen, die der Vollkommenheit, handelnd und betrachtend, so nahe wie nur möglich gekommen sind und zugleich in einem Staate die Herrschaft haben, der ihnen gleichgeartet ist. Oder meinst du doch?‹

›Keineswegs.‹

›Auch edlen und freien philosophischen Untersuchungen haben sie nicht genug ihr Ohr geliehen, Bester, also solchen, die mit Ernst und mit allen Kräften die Wahrheit suchen und nur Erkenntnis wollen. Sie haben bloß solchen zugehört, die sich an Künstelei erfreuen und auf nichts anderes aus sind als auf Ansehen und auf Zänkerei, vor Gericht sowohl wie im Geschäftsleben.‹

›Allerdings.‹

b ›Deswegen und weil wir darauf gefaßt waren, haben wir uns vorher gefürchtet zu reden. Aber die Wahrheit zwang uns, jenen Satz auszusprechen, daß kein Staat, keine Verfassung, ebenso auch kein Mensch je Vollkommenheit erringen kann, solange nicht die Philosophen (die wenigen tüchtigen, die man unbrauchbar nennt) irgendwie in die Zwangslage versetzt werden, sich um den Staat zu bekümmern, ob sie wollen oder nicht, und dem Staate dienstbar zu werden; oder auch solange nicht in die Herrscher- und Königssöhne
c oder in die Könige selber ein göttlicher Hauch wahrhafte Begier nach wahrer Philosophie hineinhaucht. Ich sehe keinen Grund, daß eins von beiden unmöglich eintreten könnte. Sonst würde man uns ja auch auslachen können, daß wir uns mit leeren Hirngespinsten abgäben. Oder nicht?‹

›Doch.‹

›Ist also hervorragenden Philosophen jemals die Notwendigkeit erwachsen, sich eines Staates anzunehmen, in der un-

endlichen Vergangenheit, oder ist diese Notwendigkeit jetzt da, irgendwo in den Barbarenländern, fernab von unserem
Gesichtskreis, oder tritt sie später einmal ein, so ist das der d
Augenblick, wo sich unser Staat verwirklicht hat oder sich verwirklicht oder sich verwirklichen wird. Der Augenblick ist es, wo die Muse Philosophie des Staates Herr wird. Dafür sind wir bereit, mit Gründen zu kämpfen. Diese Verwirklichung ist nicht unmöglich; wir erklären sie auch nicht für unmöglich. Daß sie schwierig ist, geben wir selber zu.‹

›Das ist auch meine Meinung.‹

›Aber nicht die Meinung der Menge, willst du sagen?‹

›Wohl kaum.‹

›Klage die Menge nicht so hart an, Verehrter! Sie wird ihre
Meinung ändern, wenn du in Freundschaft, nicht gehässig, e
die Verleumdungen widerlegst, denen das wissenschaftliche Streben ausgesetzt ist; wenn du klarmachst, was du unter einem Philosophen verstehst, seine Natur und seine Beschäfti-
gung beschreibst, wie wir es eben taten. Sonst glaubt man, du 500a
sprächest von den Leuten, die sie mit dem Namen Philosophen bezeichnen. Meinst du, sie würden auch dann noch bei ihrer falschen Auffassung bleiben und sie äußern? Man ist doch niemandem böse, der nicht selber böse ist, auf niemanden neidisch, der nicht selber neidisch ist. Eine so widerspenstige Gemütsart findet sich wohl bei einzelnen, aber nicht bei dem ganzen Volk – wenn ich deiner Antwort vorgreifen soll.‹

›Ich bin ebenfalls überzeugt davon.‹

›Du bist gewiß auch davon überzeugt, daß an dem Wider- b
streben des Volkes gegen die Philosophie jene Leute die Schuld tragen, die sich frech und ungebührlich in sie eingedrängt haben. Diese Leute schimpfen auf das Volk, haben Freude an Gehässigkeiten und beschäftigen sich fortwährend mit Menschen, alles Dinge, die sich für den Philosophen am wenigsten schicken.‹

›Bei weitem am wenigsten.‹

›Denn wer sich wirklich zur wahren Welt hinwendet, XIII
Adeimantos, der hat keine Zeit, abwärts zu schauen auf

c das Treiben der Menschen, mit ihnen zu zanken und nichts
als Neid und Feindschaft in der Seele zu haben. Er schaut und
strebt nach dem Festen, ewig Gleichen, bei dem es kein
Verfolgen und kein Verfolgtwerden gibt, das nur Ordnung
und Vernunft kennt. Ihm folgt er nach und macht sich ihm
so ähnlich, wie er vermag. Oder glaubst du, man könne
in Bewunderung mit etwas verkehren, ohne es nachzu-
ahmen?‹

›Nein, das ist unmöglich.‹

›Also wird der Philosoph, da er mit dem Geordneten und
Göttlichen verkehrt, selber geordnet und göttlich, soweit es
d ein Mensch sein kann. Verleumdung gibt es aber allenthalben
viel.‹

›Ganz gewiß.‹

›Und wenn er gezwungen wird, nicht bloß seiner eignen
Vervollkommnung zu dienen, sondern sich auch den ande-
ren Menschen zuzuwenden und ihnen seine Erkenntnisse
einzupflanzen, dem einzelnen sowohl wie der Gesamtheit, so
wird er gewiß kein schlechter Lehrmeister in der Besonnen-
heit, der Gerechtigkeit und überhaupt der Tugend des Staats-
bürgers sein.‹

›Gewiß nicht.‹

›Merkt aber das Volk, daß wir ihn der Wahrheit gemäß
e schildern, so wird es das Widerstreben gegen die Philoso-
phen verlieren. Es wird uns glauben, wenn wir sagen: ein
glücklicher Staat ist nur dadurch möglich, daß Maler ihn ent-
werfen, die das Göttliche zum Vorbild nehmen.‹

›Nein, es wird nicht mehr widerstreben. Aber wie denkst
du dir dies Entwerfen?‹

501a ›Sie nehmen den Staat und die menschlichen Seelen wie
eine Tafel und waschen sie zunächst rein, was nicht ganz
leicht ist. Aber darin besteht, wie du weißt, ihr erster Unter-
schied gegen die anderen: sie rühren keinen Menschen und
keinen Staat an, geben kein Gesetz, wenn er ihnen nicht rein
überantwortet wird oder sie ihn nicht selber erst gereinigt
haben.‹

›Sie tun recht daran.‹

›Und dann entwerfen sie doch die Grundzüge der Verfassung?‹

›Freilich.‹

›Und bei dieser Arbeit schauen sie oft hin und her, auf die Gerechtigkeit, Schönheit, Besonnenheit usw. an und für sich und dann wieder auf diese Eigenschaften in den Menschen. Durch Mischung und Verknüpfung stellen sie ein menschliches Bild her und halten sich dabei an das auch von Homer so genannte Gottgleiche und Gottähnliche am Menschen.‹ b

›Mit Recht.‹

›Manches tilgen sie, anderes zeichnen sie ein, bis sie das menschliche Innere, soweit es irgend möglich ist, 'gottgefällig' gemacht haben.‹ c

›Es wird das herrlichste Bild werden!‹

›Und glauben uns jene mit Gewalt anrückenden Gegner, von denen du sprachst, etwa nicht, daß wirklich jener Philosoph dieser Staatenmaler ist? Jener also, den wir damals priesen und der uns ihren Zorn eintrug, weil wir ihm den Staat anvertrauen wollten? Werden sie sich nicht beruhigen, nachdem sie nun die nähere Begründung gehört haben?‹

›Wenn sie vernünftig sind, ohne Zweifel.‹

›Was könnten sie auch dagegen sagen? Daß die Philosophen ihr Verlangen nicht auf die Wahrheit und die wahre Welt richten?‹ d

›Das wäre töricht.‹

›Aber vielleicht, daß eine Natur mit den Eigenschaften, die wir geschildert haben, nicht dem Höchsten verwandt ist?‹

›Auch das nicht.‹

›Nun dann, daß sie, wenn sie ihr wahres Tätigkeitsfeld findet, nicht von vollkommenster Tüchtigkeit und eine wahre Freundin der Weisheit ist, wenn überhaupt ein Mensch es ist? Oder werden sie sagen, die Menschen, die wir ausgeschlossen haben, seien es mehr?‹

›O nein.‹ e

›Also werden sie nicht mehr grimmig auffahren über unseren Satz, daß des Elends im Staate und bei den einzelnen

Menschen nicht eher ein Ende sein wird, daß auch der Staat, dessen Verfassung wir uns ausgemalt haben, nicht eher zur Erfüllung kommen kann, als bis der Stand der Philosophen die Macht in Händen hat?‹

›Wohl nicht mehr so sehr.‹

502a ›Ich glaube, wir sagen, sie haben sich völlig beruhigt und sind überzeugt! Wenigstens, weil sie sich schämen, werden sie uns recht geben, wenn aus keinem anderen Grunde. Nicht wahr?‹

›Ja, freilich.‹

XIV ›Also, wir nehmen an, sie seien überzeugt. Und kann man uns andererseits bestreiten, daß Königs- oder Fürstensöhne ihrer Anlage nach Philosophen sein können?‹

›Das kann niemand.‹

›Und müssen sie, wenn sie einmal da sind, ganz unbedingt
b zugrunde gehen? Daß sie nur schwer davonkommen, geben wir selber zu. Aber kann man sagen, daß in aller Zeit auch nicht ein einziger sich erhalten könnte?‹

›Wie kann man das sagen!‹

›Ist aber nur ein einziger da und hat er einen Staat, der ihm gehorsam ist, so ist das genug, um alles wahr zu machen, was jetzt unglaublich scheint.‹

›Allerdings ist es genug.‹

›Denn wenn er als Gebieter die entsprechenden Gesetze gibt und das Leben der Bürger so regelt, wie wir es beschrieben haben, so ist es doch nicht ausgeschlossen, daß man sich bereit findet, danach zu handeln.‹

›Auf keinen Fall.‹

›Und wäre es ein Wunder und eine Unmöglichkeit, daß andere Menschen ebenso denken wie wir?‹

c ›Ich denke nicht.‹

›Daß aber die Verwirklichung auch den wünschenswertesten Zustand herbeiführt, das haben wir doch wohl klar genug auseinandergesetzt.‹

›Ja, klar genug.‹

›So lautet denn das Ergebnis: die Gesetze, die wir gegeben haben, führen den besten Zustand herbei, falls sie Wirklichkeit werden. Daß sie dies werden, hält wohl schwer, ist jedoch nicht unmöglich.‹

›Das ist das Ergebnis!‹

›Nachdem wir hiermit nun glücklich fertig geworden sind, XV
muß desweiteren dargestellt werden, wie und durch welche d
Lehren und Übungen jene Heilande des Staates sich bilden müssen und in welchem Alter sie die einzelnen Unterrichtsstufen betreten müssen.‹

›Ja, das muß dargestellt werden.‹

›Es hat mir nichts geholfen, daß ich zunächst den Schwierigkeiten auszuweichen wußte, die die Auseinandersetzung über das Verhältnis zwischen Mann und Frau, über die Kinder und über die Wahl der Herrscher mit sich bringt, also über die Maßregeln, deren völlig aufrichtige Besprechung, wie ich wohl sah, bedenklich und deren Durchführung schwierig ist. Später ergab sich trotzdem die Notwendigkeit,
auf diese Fragen einzugehen. Die beiden ersten Punkte, die e
die Frauen und die Kinder betreffen, sind erledigt. Aber über die Herrscher müssen wir jetzt verhandeln, als fingen wir von
vorn an. Wir haben gesagt – du erinnerst dich –, sie müßten 503a
sich als Freunde des Staates bewähren. Man müsse sie durch Schmerzen und Genüsse auf die Probe stellen, und niemals dürften sie dabei ihren Grundsätzen untreu werden, weder in Mühen noch in Ängsten, noch bei irgendwelchen anderen Gelegenheiten. Wer das nicht könnte, müßte ausgeschieden werden. Wer aber aus allem rein hervorginge wie im Feuer geläutertes Gold, der müßte zum Herrscher erhoben werden, und im Leben und nach dem Tode müßten ihm Ehren und Siegespreise zuteil werden. So ungefähr stellten wir es dar, vermieden und verhüllten aber die eigentliche Schwierigkeit. Wir fürchteten, an das zu rühren, was uns nun jetzt obliegt.‹

›Du hast ganz recht. Ich erinnere mich.‹ b

›Ich wagte das, was ich dann später ausgesprochen habe, nicht zu sagen. Jetzt sei es kühn gesagt: unsere vorzüglichsten Wächter müssen wir zu Philosophen machen!‹

›Ja, sagen wir es nur!‹

›Denke daran, daß es gewiß nur wenige sind. All die Eigenschaften, die sie haben müssen, pflegen sich ja selten in einem Menschen zu vereinigen. Meist treten sie einzeln auf.‹

c ›Wie meinst du das?‹

›Du weißt doch, daß die Menschen nicht leichte Auffassung, gutes Gedächtnis, Scharfsinn, Klugheit und was sich diesen Eigenschaften anschließt, zu gleicher Zeit zu haben pflegen. Tatkräftige und hochstrebende Naturen wollen kein geregeltes, ruhiges und gefestigtes Leben führen. Die Leidenschaft treibt sie hierhin und dorthin; alle Festigkeit ist ihnen fremd.‹

›Du hast recht.‹

d ›Feste und schwer bewegliche Charaktere dagegen, denen man größere Zuverlässigkeit zutraut als jenen, lassen zwar im Kriege die Furcht nicht an sich herankommen, aber die Wissenschaften ebensowenig. Sie sind schwer belehrbar, als wären sie steif geworden, und geht es an die geistige Arbeit, so sind sie müde und gähnen.‹

›So ist es.‹

›Wir sagten aber, sie müßten nach beiden Richtungen hin durchaus tüchtig sein; wenn nicht, so verdienten sie weder die sorgfältigste Ausbildung noch verdienten sie Ehrungen und das Herrscheramt.‹

›Mit Recht.‹

›Also sie werden selten sein, nicht wahr?‹

›Ohne Zweifel.‹

e ›Und sie müssen erstens durch die Arbeiten und Ängste und Genüsse, wie wir es beschrieben haben, geprüft werden; zweitens aber – und das ließen wir damals fort – müssen sie auch in vielen Wissenschaften unterwiesen werden, und wir müssen achtgeben, ob sie der höchsten Wissenschaft gewachsen sind oder ob sie an ihr verzagen wie ein verzagender Ringkämpfer.‹

504a ›Ja, darauf achtzugeben, ist unsere Sache. Aber welche Wissenschaft verstehst du unter der höchsten?‹

XVI ›Du erinnerst dich wohl, daß wir drei Teile der Seele unterschieden. Deren richtiges Verhältnis zueinander zeigten wir an den Tugenden: Gerechtigkeit, Besonnenheit, Tapferkeit, Weisheit.‹

›Wenn ich mich dessen nicht erinnere, verdiente ich nicht, das Weitere zu hören.‹

›Du erinnerst dich auch dessen, was vorherging?‹

›Wessen?‹

›Wir sagten, um diese Dinge völlig klarzumachen, sei ein b
längerer Umweg erforderlich. Jedoch ließe sich die Untersuchung auch im Anschluß an unsere vorhergehenden Untersuchungen führen. Ihr meintet, letzteres genüge, und wir schlugen diesen Weg ein, ohne also den Dingen auf den Grund zu gehen. Wart ihr aber mit der Darstellung zufrieden, so werdet ihr es wohl sagen.‹

›Mir schien sie angemessen und den anderen gewiß auch.‹

›Aber wenn man in solchen Dingen nur ein wenig hinter c
der Wahrheit zurückbleibt, so ist das nicht angemessen und nicht das rechte Maß, Freund. Unvollkommenheit ist nie das rechte Maß. Bisweilen begnügt man sich freilich damit und meint, genauere Nachprüfung sei nicht nötig.‹

›Ja, Oberflächlichkeit führt vielfach dazu.‹

›Der Wächter über Staat und Gesetze darf aber am allerwenigsten oberflächlich sein.‹

›Man sollte meinen.‹

›Er muß also den längeren Weg zurücklegen, Freund. Sei- d
ne Anstrengungen müssen nicht weniger den Wissenschaften als der körperlichen Ausbildung gelten. Andernfalls kommt er mit jener höchsten, gerade ihm vorbehaltenen Wissenschaft niemals zum Ziel.‹

›So waren jene Tugenden nicht das Höchste? Es gibt noch Höheres als Gerechtigkeit und die übrigen, die wir besprochen haben?‹

›Ja, es gibt etwas Höheres; und man sollte sich davon nicht bloß ein Schattenbild entwerfen, sondern die vollkommenste Klarheit und Genauigkeit anstreben. Denn es ist doch lächer-
lich, sich bei Darstellung geringwertiger Gegenstände um e
größte Deutlichkeit und Reinheit zu bemühen, für die Dar-

stellung des Höchsten aber von höchster Genauigkeit abzusehen.‹

›Darüber sollte man nachdenken. Was ist aber die höchste Wissenschaft, und was ist ihr Gegenstand? Meinst du, irgend jemand würde dich freigeben, ohne danach zu fragen?‹

›Wohl kaum. Auch du kannst ruhig fragen. Du hast ihn gar
505a nicht selten nennen hören, denkst nur jetzt nicht daran oder willst mir wieder Schwierigkeiten in den Weg legen. Das letztere glaube ich eher; denn du hast oft gehört, daß die Idee des Guten dieser höchste Gegenstand ist. Durch sie erhalten erst die Gerechtigkeit und die anderen Tugenden ihren Wert und Nutzen. Du weißt auch ganz gut, daß ich sie jetzt im Sinne habe und zugleich auch sagen will, daß wir keine klare Erkenntnis von ihr haben. Und doch nützt uns alle übrige Erkenntnis nichts, wenn wir nicht die Idee des Guten ken-
b nen, ebensowenig wie ein Besitz, wenn er nicht gut ist. Oder meinst du, man habe etwas davon, alles mögliche zu besitzen, aber nichts Gutes? Oder alles andere zu verstehen, aber nicht das Schöne und das Gute?‹

›Wahrhaftig nicht.‹

XVII ›Du weißt entschieden auch, daß das Volk die Lust für das Gute erklärt, feinere Leute die Einsicht.‹

›Freilich.‹

›Die letzteren können dann aber nicht erklären, was für eine Einsicht sie meinen. Sie müssen schließlich sagen: die Einsicht des Guten.‹

›Ja, es ist zum Lachen.‹

c ›Freilich. Sie schelten uns, daß wir nicht wüßten, was das Gute sei, und tun dann wieder so, als ob wir es wüßten. Einsicht des Guten soll das Gute sein! Als ob wir sie verständen, wenn sie das Wort ‘Gut’ aussprechen.‹

›Ganz richtig.‹

›Aber sind die anderen, die die Lust für das Gute erklären, nicht ebensoweit von der Wahrheit entfernt? Sie müssen doch anerkennen, daß manche Lust etwas Schlechtes ist.‹

›Etwas sehr Schlechtes.‹

›Und damit erkennen sie schließlich an, daß das Gute dasselbe ist wie das Schlechte, nicht wahr?‹ d

›Freilich.‹

›Man sieht, über diese Frage gibt es viel Streit.‹

›Allerdings.‹

›Nun ist doch soviel deutlich, daß es vielen Menschen lieber ist, bloß mit scheinbarer Gerechtigkeit und Schönheit (nicht mit wirklicher) zu tun zu haben, also nur scheinbar gerecht und schön zu handeln und zu sein. Dagegen begnügt sich bei dem Guten niemand mit dem bloßen Anschein. Er will es in Wirklichkeit besitzen und legt auf den Schein keinen Wert.‹

›Freilich.‹

›Also, jede Seele strebt nach dem Guten und tut alles um e
seinetwillen. Sie ahnt sein Dasein, ist aber ungewiß und ohne Kraft, auch sein Wesen zu begreifen und sich dessen so zu vergewissern, wie sie sich anderer Dinge vergewissert; und doch bringt sie sich dadurch um den Wert, den diese anderen Dinge vielleicht für sie hätten. Dürfen nun über etwas so 506a
Schwieriges und Großes auch jene Edelsten im Staate, in deren Händen alles liegen soll, im unklaren sein?‹

›Nein, gewiß nicht.‹

›Ich glaube, wer nicht sieht, was an dem Gerechten und dem Schönen das Gute ist, der wacht schlecht darüber. Ja, ich vermute, er versteht es auch nicht eher richtig.‹

›Du hast recht.‹

›Also unser Staat erhält seine vollkommene Gestalt und Ordnung erst dann, wenn sein Hüter diese Einsicht be- b
sitzt.‹

XVIII ›Unbedingt. Aber Sokrates, hältst du denn die Lust oder die Erkenntnis für das Gute? Oder etwas Drittes?‹

›Du bist ein Mann! Ich sah es schon lange, daß dir die Ansichten der anderen über diesen Punkt nicht genügten.‹

›Es wäre auch nicht in der Ordnung, Sokrates, wenn ich nach so langen Studien bloß die Ansichten der andern wüßte und keine eigne hätte.‹

c ›Aber ist denn das in der Ordnung, daß wir uns über Fragen, über die wir kein Wissen haben, äußern, als hätten wir dies Wissen?‹

›Nein, nicht so; aber daß wir uns über die Vermutung, die wir haben, aussprechen.‹

›Aber du weißt doch, daß Vermutungen, die sich nicht auf Wissen stützen, nichts wert sind! Die besten Vermutungen sind blind. Denn wer das Richtige nur rät, ist doch wie ein Blinder, der seinen Weg richtig geht.‹

›Allerdings.‹

d ›Also willst du hier wertlose Vermutungen erfahren, während du von anderen klare, herrliche Wahrheiten hören kannst?‹

›Halt, Sokrates! Jetzt kurz vorm Ziel darfst du die Sache nicht noch aufgeben‹, sagte nun Glaukon. ›Es genügt uns ja, wenn du über das Gute in derselben Weise verhandelst wie du es über die Gerechtigkeit, die Besonnenheit usw. getan hast.‹

›Auch ich wäre ganz zufrieden damit, Freund. Wenn ich es nur könnte! Aber mein guter Wille wird mir Spott eintragen. – Nun, meine Verehrten, wir wollen die Erklärung des
e Guten selber diesmal auf sich beruhen lassen. Meine Ansicht darüber läßt sich in dem Rahmen unserer heutigen Unterhaltung nicht darlegen. Aber über ein Abbild des Guten, das in dem Guten seinen Ursprung hat, will ich meine Meinung sagen, wenn es euch recht ist. Andernfalls lasse ich es.‹

›Sprich nur! Ein andermal sollst du uns diesen Ursprung selber erklären.‹

507a ›Ich wollte, ich könnte es, könnte euch also das Kapital auszahlen, nicht bloß die Zinsen wie jetzt. Die Zinsen und den Ertrag des Guten also sollt ihr jetzt haben. Aber seht euch vor, daß ich euch nicht wider Willen betrüge und meine Darlegung falsches Geld ist.‹

›Wir werden uns schon vorsehen. Sprich nur!‹

›Ja. Doch erst müssen wir über jenes früher Besprochene und auch anderswo oft Dargestellte einig sein, an das ich euch nun erinnern will.‹

›Was?‹ b

›Wir sprechen einerseits von einer Vielheit einzelner schöner, guter usw. Dinge, die wir auseinanderhalten.‹

›Jawohl.‹

Andererseits sprechen wir von dem Schönen an sich, dem Guten an sich usw. Jedes Ding, das wir dort als Vielheit nehmen, setzen wir zugleich als Einheit im Sinne einer einzigen Idee. Danach benennen wir auch ein jedes.‹

›So ist es.‹

›Die Vielheiten sind sichtbar, nicht denkbar. Die Ideen umgekehrt sind nur denkbar, nicht sichtbar.‹

›Vollkommen richtig.‹ c

›Womit sehen wir diese sichtbaren Dinge?‹

›Mit Hilfe des Gesichtssinnes.‹

›Ebenso mit Hilfe des Gehörsinnes die hörbaren und mit Hilfe der anderen Sinne die anderen wahrnehmbaren Dinge.‹

›Sicherlich.‹

›Hast du bemerkt, wie sehr der Erschaffer unserer Sinne das Sehvermögen und das Vermögen der Sichtbarkeit bevorzugt hat?‹

›Nicht genau.‹

›Gib acht! Muß noch etwas Drittes hinzukommen, damit d
das Gehör hören und der Schall hörbar werden kann?‹

›Nein, nichts.‹

›Auch die anderen Sinne und Gegenstände sinnlicher Wahrnehmung haben zum großen Teil, um nicht zu sagen, sämtlich, etwas derartiges Drittes nicht nötig. Oder weißt du einen?‹

›Nein, ich nicht.‹

›Aber der Gesichtssinn und die sichtbaren Dinge brauchen etwas. Bemerkst du das nicht?‹

›Wieso?‹

›Wenn meine Augen sehend sind und ich sie brauchen will, wenn auch Farbe in meinem Sehfelde sich befindet, so kann ich, wie du weißt, trotzdem nicht sehen, und die Farben
bleiben unsichtbar, wenn sich nicht etwas Drittes, eigens e
hierzu Geschaffenes hinzugesellt.‹

›Was ist das für ein Drittes?‹

›Das, was man Licht nennt.‹

›Du hast recht.‹

›Dadurch ist um das Sehvermögen und das Vermögen der
508a Sichtbarkeit ein erhabenes Band geschlungen, ein erhabene-
res als um alle anderen Verbindungen. Denn das Licht ist
doch gewiß nichts Geringes.‹

›Weit entfernt!‹

XIX ›Welcher himmlische Gott ist Herr des Lichts und also Ur-
sache, daß das Licht aufs herrlichste unserem Gesichtssinn das
Sehen und den sichtbaren Gegenständen die Sichtbarkeit
schenkt?‹

›Ich denke da an keinen anderen als du und alle anderen Menschen. Du fragst offenbar nach der Sonne.‹

›Nun steht der Gesichtssinn zu diesem Gotte doch in dem folgenden Verhältnis.‹

›In welchem?‹

b ›Er ist nicht Sonne, auch nicht das, in dem er wohnt (wir
nennen es Auge), ist Sonne?‹

›Nein.‹

›Aber er ist doch wohl der sonnenähnlichste unter unseren Sinnen.‹

›Bei weitem.‹

›Auch seine Sehkraft hat er von ihr. Sie ist gleichsam in ihr hinübergeströmt.‹

›Jawohl.‹

Andererseits ist auch die Sonne nicht Gesichtssinn, aber seine Ursache. Deshalb ist er es, der sie schaut.‹

›So ist es.‹

›Die Sonne also meinte ich, als ich von dem Abbild des
c Guten sprach, das von dem Guten seinen Ursprung herleitet.
Was das Gute in der denkbaren Welt für die Vernunft und die
Gegenstände des Denkens ist, das ist die Sonne in der sicht-
baren Welt für den Gesichtssinn und die sichtbaren Dinge.‹

›Wie? Erkläre es noch näher.‹

›Wenn man die Augen nicht mehr auf Dinge richtet, die das Tageslicht bescheint, sondern nächtliche Helligkeit, so werden sie stumpf, wie du weißt, und beinahe blind. Es ist, als ob sie nicht rechte Sehkraft hätten.‹

›Ja, gewiß.‹

›Richtet man sie aber auf die sonnenbeschienenen Gegen- d
stände, so können sie sie deutlich sehen. Die Augen zeigen, daß sie Sehkraft besitzen.‹

›Ohne Frage.‹

›Ähnlich mußt du es dir bei der Seele vorstellen. Richtet sie sich auf die Dinge, auf die die Wahrheit und das Wirkliche seine Strahlen wirft, so denkt sie und erkennt. Sie zeigt, daß sie Vernunft besitzt. Richtet sie sich auf die Dinge, denen Finsternis beigesellt ist, nämlich auf die werdenden und vergehenden, so hat sie nur Meinungen und verliert ihre Sehkraft. Sie wirft ihre Meinungen durcheinander und ist augenblicklich ohne Vernunft.‹

›Augenscheinlich.‹

›Unter der Idee des Guten denke dir nun das, was den er- e
kennbaren Gegenständen Wahrheit und der erkennenden Seele Erkenntniskraft verleiht. Setze sie als Ursache unseres Wissens und als Ursache der Wahrheit, die wir erkennen. Aber du wirst recht tun, sie für etwas anderes und etwas noch Höheres als die beiden hohen Dinge, Erkenntnis und Wahr-
heit, zu halten. Ebenso wie wir dort vernünftigerweise das 509a
Licht und den Gesichtssinn zwar für sonnenähnlich, aber nicht für die Sonne selber erklärten, so haben wir auch hier recht, jene beiden Dinge, Wissen und Wahrheit, für dem Guten ähnlich zu erklären, aber nicht eins davon für das Gute selber zu halten. Das Gute muß noch über sie gestellt werden.‹

›Das ist eine unfaßliche Hoheit! Das Gute ermöglicht Wissen und Wahrheit, steht aber noch höher als beides! Gewiß meinst du nicht die Lust damit.‹

›Still doch! – Betrachten wir das Abbild des Guten noch genauer.‹

›Wie?‹ b

›Die Sonne verleiht doch den sichtbaren Gegenständen nicht nur die Sichtbarkeit. Sie ist auch Ursache ihres Werdens, Wachsens, Gedeihens, ohne daß sie selber etwas Werdendes ist.‹

›Wie sollte sie!‹

›Ebenso erhalten die erkennbaren Dinge von dem Guten nicht bloß ihre Erkennbarkeit. Auch daß sie wesenhaft sind und Dasein haben, verdanken sie ihm, obwohl das Gute selber nichts Wesenhaftes ist. Es ragt an Erhabenheit und Macht auch darüber noch hinaus.‹

XX c Glaukon sagte recht lächerlich: ›Apollon, welch ungeheure Höhe!‹

›Du trägst die Schuld‹, erwiderte ich. ›Du hast mich gezwungen, meine Meinung über diese Dinge zu sagen.‹

›Fahre nur ja fort! Wenigstens führe den Vergleich mit der Sonne weiter, wenn es darüber noch etwas zu sagen gibt.‹

›O, es fehlt noch viel.‹

›Laß auch das Nebensächliche nicht fort.‹

›Doch, es wird vieles fortbleiben müssen. Aber, soweit es für diesmal möglich ist, will ich absichtlich nichts auslassen.‹

›Tu es nicht.‹

d ›Also, es sind zwei Dinge. Eines beherrscht die denkbare Welt, das andere die sichtbare Welt (um nicht zu sagen: den Himmel, was den Anschein eines Wortspieles erwecken würde). Du hast die beiden Welten: die sichtbare und die denkbare?‹

›Jawohl.‹

›Denke sie dir nun beide in zwei ungleiche Teile geteilt, als ob man eine Linie teilte. Die sichtbare Welt zerfällt, nach dem Gesichtspunkt der Deutlichkeit, einerseits in Nachbildungen.
e Ich verstehe unter Nachbildungen einmal die Schatten, die
510a die Gegenstände werfen, und dann die Spiegelbilder der Gegenstände im Wasser und überhaupt in allem, was dicht, glatt, hell usw. ist. Du verstehst?‹

›Ja, ich verstehe.‹

›Den zweiten Teil bilden die Gegenstände selber, die solche Nachbildungen verursachen, also die Tierwelt um uns her, die ganze Pflanzenwelt und alles, was menschliche Hände herstellen.‹

›Ja.‹

›Gibst du nun zu, daß sich Wahrheit und Nichtwahrheit unter diese beiden Gruppen, Gegenstände und Nachbildungen derselben, ebenso teilen wie unter die Gegenstände der Erkenntnis und die des Meinens?‹

›Allerdings.‹ b

›Zweitens ist also die denkbare Welt zu teilen. Gib acht!‹

›Wie?‹

›Die Seele ist genötigt, manche ihrer Inhalte mit Zuhilfenahme von Voraussetzungen zu gewinnen, indem sie nicht bis auf die Grundlagen zurückgeht, sondern vorwärts auf das Ziel hin. Diese Inhalte entsprechen dem Teile, den wir oben als Nachbildungen bezeichneten. Andere Inhalte gewinnt sie, indem sie von der Voraussetzung aus, die sie also nicht gelten läßt, bis auf den Anfang zurückschreitet und nicht, wie dort, Bilder zu Hilfe nimmt, sondern nur mit Hilfe der Ideen und durch die Ideen den Erkenntnisprozeß vollzieht.‹

›Ich habe nicht ganz verstanden, was du meinst.‹

›Noch einmal! Und du wirst es leichter verstehen, wenn c
ich folgendes vorausschicke. Du weißt wohl, daß Geometriker, Rechenmeister und ähnliche allen ihren Untersuchungen bestimmte Voraussetzungen zugrunde legen, nämlich die Begriffe Gerade und Ungerade, die Figuren, drei Arten Winkel und anderes Verwandte. Sie nehmen es einfach an, als ob sie über diese Dinge im klaren wären, und halten es nicht für nötig, sich und anderen Rechenschaft über etwas zu
geben, das jedem deutlich sei. Von dieser Grundlage aus ge- d
hen sie dann vorwärts und finden schließlich, in Übereinstimmung mit ihr, das, was Gegenstand ihrer Untersuchung war.‹

›Jawohl, das weiß ich.‹

›Ferner nehmen sie sichtbare Dinge zu Hilfe und führen an deren Hand die Untersuchung, obwohl sie nicht ihr eigentlicher Gegenstand sind. Sie haben die Urbilder dieser Abbilder im Sinne und denken bei ihren Untersuchungen an das Viereck überhaupt, den Durchmesser überhaupt, nicht an
den einzelnen, den sie hinzeichnen; und ebenso ist es mit e

allen anderen Figuren. Diese sichtbaren Hilfsmittel, die sie formen und zeichnen und die auch Schatten und Spiegelbilder im Wasser erzeugen, sind ihnen eben nur Spiegelbilder. Ihre Betrachtung gilt Dingen, die man ausschließlich im Geiste schauen kann.‹

511a ›Du hast recht.‹

XXI ›Dies verstehe ich also unter dem einen Teil der denkbaren Welt. Die Seele ist bei ihren Betrachtungen auf Voraussetzungen angewiesen und geht nicht bis auf den Grund, da sie über die Voraussetzungen hinaus rückwärts nicht gehen könnte. Sie nimmt Bilder zu Hilfe, die der niederen, der sichtbaren Welt entnommen sind, dort allerdings als besonders deutlich in Ehren stehen.‹

b ›Ich verstehe. Es ist das Verfahren der Geometrie und der verwandten Künste, das du im Auge hast.‹

›Nun verstehe auch, was ich mit dem zweiten Teile der denkbaren Welt meine. Es sind die Dinge, die die Vernunft selber mit Hilfe der Dialektik sich zu eigen macht. Sie faßt die Voraussetzungen nicht als Grundlagen auf, sondern eben als Voraussetzungen, d. h. als Ausgangspunkte und Anstiegpunkte gleichsam, von denen aus sie bis zum Voraussetzungslosen: zum Anfang aller Dinge dringt. Ihn begreift sie und geht dann zurück, an der Hand dessen, was von ihm ausgeht,
c und steigt bis an das Ende hinab. Dabei nimmt sie nichts sinnlich Wahrnehmbares zu Hilfe, sondern führt ihre Untersuchungen mit Ideen, durch Ideen, um der Ideen willen und endet in Ideen.‹

›Ich verstehe, freilich nicht vollkommen; denn du beschreibst da eine große Aufgabe. Aber soviel verstehe ich, daß du die größere Klarheit desjenigen Teiles der wahren und denkbaren Welt feststellst, mit dem es die Wissenschaft der Dialektik zu tun hat. Weniger klar findest du die von den sogenannten Künsten untersuchten Dinge, wo die Voraussetzungen die Geltung von Grundsätzen haben. Diese Künste stellen ihre Untersuchungen zwar auch denkend, nicht sinn-
d lich wahrnehmend an; weil sie sich aber auf Voraussetzungen stützen und nicht auf den Anfang zurückgehen, meinst du,

haben sie von ihren Gegenständen nicht wirklich denkende Erkenntnis, obwohl diese Gegenstände dem Denken und der voraussetzungslosen Untersuchung zugänglich sind. Du scheinst die Eigenschaft der Geometriker und ihrer Verwandten Verstand zu nennen, nicht Vernunft. Dieser Verstand träte dann zwischen die Vernunft und die sinnliche Wahrnehmung.‹

›Du hast es gut genug verstanden. Für die vier Teile der gesamten Welt sind dann folgende vier seelische Fähigkeiten
anzusetzen: Vernunft für den höchsten, Verstand für den e
zweiten; dem dritten kann man das Glauben zuweisen, dem letzten das Wähnen. Man kann sie in folgender Weise anordnen: die Fähigkeiten besitzen in demselben Grade Deutlichkeit, wie ihre Gegenstände Wahrheit besitzen.‹

›Ich verstehe, bin einverstanden und ordne sie danach an.‹

Siebentes Buch

I ›Und jetzt will ich dir ein Gleichnis für uns Menschen sa-
514a gen, wenn wir wahrhaft erzogen sind und wenn wir es nicht
sind. Denke dir, es lebten Menschen in einer Art unterirdi-
scher Höhle, und längs der ganzen Höhle zöge sich eine
breite Öffnung hin, die zum Licht hinaufführt. In dieser
Höhle wären sie von Kindheit an gewesen und hätten Fes-
seln an den Schenkeln und am Halse, so daß sie sich nicht
von der Stelle rühren könnten und beständig geradeaus
b schauen müßten. Oben in der Ferne sei ein Feuer, und das
gäbe ihnen von hinten her Licht. Zwischen dem Feuer aber
und diesen Gefesselten führe oben ein Weg entlang. Denke
dir, dieser Weg hätte an seiner Seite eine Mauer, ähnlich wie
ein Gerüst, das die Gaukler vor sich, den Zuschauern gegen-
über, zu errichten pflegen, um darauf ihre Kunststücke vor-
zuführen.‹

›Ja, ich denke es mir so.‹

›Weiter denke dir, es trügen Leute an dieser Mauer vor-
c über, aber so, daß es über sie hinwegragt, allerhand Geräte,
515a auch Bildsäulen von Menschen und Tieren aus Stein und aus
Holz und überhaupt Erzeugnisse menschlicher Arbeit. Eini-
ge dieser Leute werden sich dabei vermutlich unterhalten,
andere werden nichts sagen.‹

›Welch seltsames Gleichnis! Welch seltsame Gefangene!‹

›Sie gleichen uns! – Haben nun diese Gefangenen wohl von sich selber und voneinander etwas anderes gesehen als ihre Schatten, die das Feuer auf die Wand der Höhle wirft, der sie gegenübersitzen?‹

b ›Wie sollten sie! Sie können ja ihr Leben lang nicht den
Kopf drehen!‹

›Ferner: von den Gegenständen, die oben vorübergetragen werden? Doch ebenfalls nur ihre Schatten?‹

›Zweifellos.‹

›Und wenn sie miteinander sprechen können, so werden sie in der Regel doch wohl von diesen Schatten reden, die da auf ihrer Wand vorübergehen.‹

›Unbedingt.‹

›Und wenn ihr Gefängnis auch ein Echo von der Wand zurückwirft, sobald ein Vorübergehender spricht, so werden sie gewiß nichts anderes für den Sprecher halten als den vorüberkommenden Schatten.‹

›Entschieden nicht.‹

›Überhaupt, sie werden nichts anderes für wirklich halten c
als diese Schatten von Gegenständen menschlicher Arbeit.‹

›Ja, ganz unbedingt.‹

›Nun denke dir, wie es ihnen ergeht, wenn sie frei werden,
die Fesseln abstreifen und von der Unwissenheit geheilt werden.
Es kann doch nicht anders sein als so. Wenn einer losgemacht
wird, sofort aufstehen muß, den Hals wenden, vorwärtsschreiten
und hinauf nach dem Licht schauen muß –
das alles aber verursacht ihm natürlich Schmerzen, und das
Licht blendet ihn so, daß er die Gegenstände, deren Schatten d
er bis dahin sah, nicht erkennen kann –, was wird er dann
wohl sagen, wenn man ihm erklärt: bis dahin habe er nur eitlen
Tand gesehen; jetzt sei er der Wahrheit viel näher und
sähe besser; denn die Gegenstände hätten höhere Wirklichkeit,
denen er jetzt zugewendet sei! Und weiter, wenn man
auf die einzelnen Gegenstände hinzeigt und ihn fragt, was sie
bedeuteten. Er würde doch keine einzige Antwort geben
können und würde glauben, was er bis dahin gesehen, hätte
mehr Wirklichkeit als was man ihm jetzt zeigt.‹

›Weit mehr.‹

›Und zwingt man ihn, das Licht selber anzusehen, so e II
schmerzen ihn doch die Augen. Er wird sich umkehren, wird
zu den alten Schatten eilen, die er doch ansehen kann, und
wird sie für heller halten als das, was man ihm zeigt.‹

›Ja, das wird er tun.‹

›Und zieht man ihn gar den rauhen, steilen Ausgang mit
Gewalt hinauf und läßt nicht ab, bis man ihn hervor ins Sonnenlicht
gezogen hat, so steht er doch Qualen aus, wehrt 516a

sich unwillig, und, ist er oben im Licht, so hat er die Augen voller Glanz und kann kein einziges von den Dingen sehen, die wir wirklich nennen.‹

›Nein, wenn es plötzlich geschieht, nicht.‹

›Er muß sich an das Licht gewöhnen, wenn er die Gegenstände oben sehen will. Zuerst wird er wohl am besten die Schatten erkennen, später die Spiegelungen von Menschen und anderen Gegenständen im Wasser, dann sie selber. Weiter wird er die Himmelskörper sehen und den Himmel selber, und zwar besser bei Nacht die Sterne und den Mond als bei Tage die Sonne und ihre Strahlen.‹

b ›Freilich.‹

Schließlich wird er in die Sonne selber sehen können, also nicht bloß ihre Spiegelbilder im Wasser und anderswo hier unten erblicken, sondern sie selber oben an ihrem Ort. Er wird ihr Wesen begreifen.‹

›Unbedingt.‹

›Und dann vermag er den Schluß zu ziehen, daß sie es ist, die Jahreszeiten und Jahre hervorbringt, die über die ganze
c sichtbare Welt waltet und von der in gewissem Sinne alles, was man sieht, ausgeht.‹

›Es ist klar, daß er hierhin zuletzt gelangt.‹

›Nun weiter! Wenn er jetzt an die alte Wohnung zurückdenkt und an die dortige Weisheit und an seine Mitgefangenen, so preist er sich doch glücklich über den Wechsel und bedauert jene.‹

›Gewiß.‹

›Und wie denkt er über die Ehrungen und Lobsprüche und Geschenke, die man da unten voneinander erhielt? Nämlich dann, wenn einer die vorbeikommenden Schatten
d recht genau erkannte und sich am besten einprägte, welche zuerst, welche nachher und welche zu gleicher Zeit zu erscheinen pflegten, wodurch er dann die in Aussicht stehenden gut erraten konnte. Wird es ihn noch danach verlangen? Wird er die Leute beneiden, die unten in Ansehen stehen und die Macht in Händen haben? Oder wird es ihm so ergehen wie es bei Homer steht? Das heißt, wird er weit

lieber Ackerknecht bei einem armen Manne sein und alles aushalten wollen als jenen Wahn teilen und jenes Leben führen?‹

›Ja, ich glaube, er erträgt lieber alles, als daß er jenes Leben e führt.‹

›Denke dir nun auch dies: er stiege wieder hinunter und setzte sich auf den alten Platz. Wird er nicht die Augen voller Finsternis haben, wenn er so plötzlich aus der Sonne kommt?‹

›Ganz und gar.‹

›Und während seine Augen also noch stumpf sind und hin 517a und her irren, müßte er um die Wette mit den dauernd Gefangenen wieder jene Schatten zu erkennen suchen. Nehmen wir nun noch die Zeit, bis er sich an das Dunkel gewöhnt hat, nicht ganz kurz an, so wird man ihn doch auslachen und sagen, er käme von seinem Aufstieg mit schlechten Augen zurück. Es lohne sich nicht, den Versuch zum Aufstieg zu machen. Wer aber andere freimachen und hinaufführen will, den wird man töten, wenn man seiner habhaft wird und ihn töten kann.‹

›Gewiß.‹

›Nun mußt du dies ganze Gleichnis mit unserer voraufge- b III gangenen Darlegung zusammenhalten, lieber Glaukon. Setze an Stelle der Gefängniswohnung die durch den Gesichtssinn offenbarte Welt und an Stelle des lichtspendenden Feuers die Kraft der Sonne. Wenn du dir ferner unter dem Aufstieg und dem Kennenlernen der Oberwelt die Wanderung der Seele zur denkbaren Welt hinauf denkst, so verstehst du meine Meinung, die du ja zu hören wünschst, durchaus richtig. Gott weiß, ob ich die Wahrheit gefunden habe! Meine Ansicht jedenfalls geht dahin, daß es in der erkennbaren Welt die Idee des Guten ist, die man zuletzt und mit Mühe gewahr wird. Ist c man aber ihrer ansichtig geworden, so muß man zu der Überzeugung kommen, daß alles Rechte und Schöne in der ganzen Welt von ihr ausgeht. In der sichtbaren Welt schafft sie das Licht und den Herrn des Lichts; in der denkbaren Welt ist sie selber Herrin und gibt Wahrheit und Vernunft.

Und wer mit Vernunft handeln will, in seinem persönlichen Leben oder als Staatsmann, der muß sie sehen lernen.‹

›Das glaube auch ich, soweit ich die Kraft dazu habe.‹

›Nun, so glaube auch dies und wundere dich nicht darüber! Wer dahin gedrungen ist, mag sich nicht um menschliche Angelegenheiten bekümmern. Seine Seele verlangt
d danach, in der Höhe zu verweilen. Es muß ja wohl so sein, wenn es zu unserem Gleichnis stimmen soll.‹

›Freilich.‹

›Und weiter! Darf man sich wundern, daß, wer sich von der Betrachtung des Göttlichen zu den menschlichen Gebrechen wendet, Anstoß erregt und sich lächerlich macht? Mit noch stumpfen Augen, der Finsternis noch nicht vertraut, soll er sich vor Gericht oder anderswo über die Schatten der Gerechtigkeit oder über die Spiegelbilder, deren Schatten jene
e sind, herumstreiten, soll gegen die Auffassungen derer in die Schranken treten, die die Gerechtigkeit selber nie zu Gesicht bekommen haben?‹

›Darüber kann man sich durchaus nicht wundern.‹

518a ›Im Gegenteil, ein Einsichtiger wird sich gegenwärtig halten, daß die Augen zweimal und aus zwei Gründen den Dienst versagen: wenn man vom Licht ins Dunkel geht und wenn man vom Dunkel ins Licht geht. Überzeugt er sich dann, daß es der Seele ebenso ergeht, so wird er nicht in unvernünftiges Lachen ausbrechen, sobald er eine Seele in Verwirrung und außerstande sieht, gewisse Dinge aufzufassen. Er wird fragen, ob sie aus einer helleren Umgebung kommt und sich an das Dunkel noch nicht gewöhnt hat oder ob sie aus dem Unverstand in größere Helligkeit versetzt
b wird und der leuchtende Schimmer sie blendet. Jene erste wird er ihrer Verfassung und ihres Lebens wegen glücklich preisen, die zweite wird er bedauern. Will er über sie lachen, so ist sein Lachen weniger lächerlich, als wenn er über die lacht, die aus dem Lichte herabkommt.‹

›Was du sagst, ist vollkommen zutreffend.‹

IV ›Und ist es zutreffend, so müssen wir uns nun auch überzeugen, daß die Erziehung nicht das ist, was einige in ihren

Versprechungen von ihr sagen. Sie behaupten, der Seele Er- c
kenntnisse einpflanzen zu können, ohne daß die Fähigkeit dazu vorher vorhanden sei. Es ist, als ob sie blinden Augen Sehkraft geben könnten.‹

›Ja, das behaupten sie.‹

›Unsere Untersuchung bekundet aber, daß das Vermögen sowohl wie auch ein Werkzeug zur geistigen Aufnahme in jedes Menschen Seele sich befindet. Aber wie sich nicht die Augen allein rückwärts drehen können, sondern der ganze Körper vom Dunkeln ins Helle gewendet werden muß, so muß zugleich mit dem Erkenntnisvermögen die gesamte Seele von der Welt des Werdens hinweggewendet werden, bis sie den Anblick der wahren Welt und schließlich den des leuchtendsten Gegenstandes in dieser wahren Welt auszuhalten vermag. Dieser Gegenstand ist das Gute, nicht d
wahr?‹

›Ja.‹

›Es gibt nun gewiß eine Kunst, die den leichtesten und erfolgreichsten Weg zu dieser Abkehr und Hinwendung zeigt. Aber es gibt keine Kunst, die überhaupt erst Sehkraft einflößt. Diese ist vorhanden, ist aber nicht richtig ausgebildet, und der Mensch schaut nicht dahin, wohin er schauen sollte. Dazu leitet ihn die Kunst des Erziehens an.‹

›So scheint es.‹

›Mit den übrigen Tugenden der Seele scheint es in der Tat
nicht anders zu sein als mit den Kräften des Körpers. Sie e
werden durch Gewöhnung und Übung wirklich erst geschaffen. Aber die Erkenntniskraft geht mehr als alles andere von etwas Göttlichem in uns aus. Und dies Göttliche büßt nie sein Wesen ein; es wird durch jene Umkehr nur brauchbar und nützlich gemacht, andererseits wird es unbrauchbar
und schädlich gemacht. Du hast gewiß beobachtet, welch 519a
scharfen und durchdringenden Blick die Seelchen der Leute haben, die man schlecht, aber klug nennt. Ihre Sehkraft ist nicht schlecht, und doch müssen sie der Schlechtigkeit dienstbar sein. Sie richten daher um so mehr Unheil an, je besser sie sehen.‹

›Jawohl.‹

›Wird eine so veranlagte Natur gleich von Kindheit an der
b niederziehenden Bleigewichte entledigt, die durch die Geburt mit ihr verwachsen sind und sich an ausschweifende Gastmähler und ähnliche Lüste und Genüsse anhängen – wird sie davon befreit und zur Wahrheit hingewendet, so wird ihre Erkenntniskraft diese ebenso klar erfassen, wie sie die jetzigen Gegenstände erfaßt.‹

›Wahrscheinlich.‹

›Und weiter! Ebenso wahrscheinlich und eine ebenso notwendige Folgerung aus unserer Darlegung ist es, daß zur Lei-
c tung des Staates sich weder solche Unerzogenen und mit der Wahrheit nicht Vertrauten eignen noch auch Leute, denen man erlaubt, sich bis zum Ende ihres Lebens ihrer Erziehung zu widmen. Jene ersten eignen sich deshalb nicht, weil ihnen das eine Ziel ihres Lebens fehlt, dem all ihr Streben als Mensch und als Staatsmann dienen müßte. Und die zweiten eignen sich deshalb nicht, weil sie überhaupt nicht handeln wollen. Sie glauben, schon hier im Leben auf den Inseln der Seligen zu wohnen.‹

›Das ist wahr.‹

›So besteht unsere Aufgabe darin, die Bestveranlagten in unserem Staate zu nötigen, die Wissenschaft zu treiben, die wir vorher als die höchste bezeichneten, das heißt das Gute schauen zu lernen und jenen Weg ans Licht hinaufzugehen.
d Sind sie aber emporgestiegen und haben es geschaut, so dürfen wir nicht erlauben, was man ihnen jetzt erlaubt.‹

›Was denn?‹

›Dort zu bleiben und sich zu weigern, wieder hinunterzusteigen zu jenen Gefangenen und an ihren Mühen und ihren Ehren teilzunehmen, mögen diese so klein oder so groß sein wie sie wollen.‹

›Das ist aber ein Unrecht an ihnen! Wir verschaffen ihnen dadurch ein unglücklicheres Leben als sie haben könnten.‹

V e ›Freund, du vergißt wieder, daß unsere Gesetze nicht dahin zielen, einen einzelnen Stand besonders glücklich zu machen. Sie suchen nach Mitteln, den Staat im ganzen glücklich

zu machen. Deshalb bringen sie die Bürger, mit Güte und mit Gewalt, in Harmonie miteinander; sie geben allen ihren 520a
Anteil an den Leistungen, die jeder Einzelne für den Staat vollbringt. Sie züchten auch die genannten Männer nicht deshalb, damit dann jeder treibt, was er will. Nein, sie sollen dazu dienen, den Staat einheitlich zu machen.‹

›Das ist wahr. Ich vergaß es.‹

›Also, Glaukon, wir tun unseren Philosophen kein Unrecht, wenn wir sie nötigen, sich um den Staat zu bekümmern und über ihn zu wachen. Wir können ihnen zu unserer Rechtfertigung folgendes vorhalten. Wer in den anderen Staaten Philosoph wird, teilt die Sorgen seines Staates aus guten Gründen nicht; denn er ist durch sich selber zum Philo- b
sophen geworden, ohne Zutun der Verfassung des jeweiligen Staates. Was von selber gewachsen ist, also niemandem Dank für seine Erziehung schuldet, will natürlich auch niemandem diesen Dank abstatten. Ihr aber seid von uns dazu ausersehen, euch selber und den übrigen Staat zu regieren, wie der Weisel und König im Bienenstock. Darum habt ihr eine bessere und vollkommenere Erziehung erhalten und seid nun besser imstande, sowohl hier wie dort zu wirken. Ihr müßt deshalb c
hinabsteigen in die Behausung der übrigen und müßt euch gewöhnen, die Dinge der Finsternis zu erkennen, jeder von euch der Reihe nach. Habt ihr euch an das Dunkel gewöhnt, so seht ihr sehr viel besser als die, welche dort im Dunkeln hausen. Ihr wißt nicht nur, was jeder Schatten bedeutet sondern auch, wovon es der Schatten ist. Denn ihr habt ja das Schöne und Gerechte und Gute in seiner Wirklichkeit gesehen. So wird denn der Staat von uns und von euch im Wachen geleitet werden, nicht im Traum, wie es heute meist der Fall ist. Die heutigen Herrscher führen Schattenkämpfe mit- d
einander und streiten sich um die Herrschaft, als ob Herrschen etwas Schönes und Gutes wäre. Die Wahrheit ist aber die: der am besten regierte und einträchtigste Staat ist der, dessen auserkorene Herrscher am wenigsten Freude am Herrschen haben; und umgekehrt ist es, wenn die Herrscher entgegengesetzt gesinnt sind.‹

›Jawohl.‹

›Werden unsere Zöglinge dies nicht glauben? Werden sie sich weigern, der Reihe nach die Sorgen des Staates zu tragen, den größten Teil ihres Lebens aber miteinander im Reinen zu wohnen?‹

e ›Das ist unmöglich. Was wir verlangen, ist gerecht, und wir verlangen es von Gerechten. Jeder wird sein Amt als eine unabweisbare Pflicht auf sich nehmen, also umgekehrt als jetzt die Leiter in sämtlichen Staaten.‹

›So ist es, Freund!‹ sagte ich. ›Machst du ein Leben ausfin-
521a dig, das den berufenen Herrschern höher steht als die Herrschertätigkeit, so steht deinem Staate der Weg zur Vortrefflichkeit offen. In solchem Staate allein herrschen ja die wahrhaft Reichen, nicht an Besitztümern reich, sondern daran reich, was der Glückliche sein nennen muß, an glücklichem und vernünftigem Leben. Wenn sich aber in die Verwaltung des Staates Bettler drängen, die an wahren Gütern Mangel leiden und der Meinung sind, sie müßten sich diese Güter dort holen, so steht dem Staate jener Weg nicht offen. Denn man gerät in Streit um die Staatsleitung, und solch häuslicher und innerer Krieg vertilgt dann sie und den ganzen Staat.‹

›Vollkommen richtig.‹

b ›Gibt es aber außer dem Leben des wahren Philosophen ein Leben, demgegenüber man leitende Ämter im Staate verachtet?‹

›Nein, ganz gewiß nicht.‹

›Und Leute, die Verlangen nach solchen Ämtern haben, sollen sie doch nicht erhalten? Denn dann gibt es Streit mit den Nebenbuhlern?‹

›Freilich.‹

›Also kannst du die Bewachung deines Staates keinen anderen übertragen als denen, die einerseits die Ursachen des wahren Staatswohls am besten kennen und andererseits Ehren und ein Leben ihr eigen nennen, das höher steht als das des Staatsmanns.‹

›Nein, keinen anderen.‹

›Wollen wir nunmehr untersuchen, wie diese Männer erwachsen und auf welche Weise man sie ans Licht emporgeleiten soll, ähnlich wie es von einigen Menschen heißt, sie seien aus der Unterwelt zu den Göttern emporgehoben worden?‹ c VI

›Gewiß wollen wir das!‹

›Das gibt nun nicht eine Umkehrung einer Scheibe, sondern eine Umwendung der Seele. Sie soll hinaufsteigen aus einem nächtlichen Tage zum wahren Tage der Wirklichkeit. Diesen Aufstieg kann man wahre Philosophie nennen.‹

›Jawohl.‹

›Wir fragen, welcher Lehrgegenstand dies bewirkt.‹ d

›Ja, gewiß.‹

›Welch ein Lehrgegenstand kann denn die Seele aus der Welt des Werdens in die des Seins hinüberziehen, Glaukon? – Jetzt eben fällt mir ein: wir sagten doch, diese Männer müßten in ihrer Jugend Krieger und Soldaten sein?‹

›Allerdings.‹

›So müßte der Unterricht in dem gesuchten Gegenstand neben der Ausbildung als Krieger hergehen.‹

›Welcher ist es?‹ e

›Einer, der für Kriegsmänner keinen Wert hat, also nicht.‹

›Das darf er nicht sein, wenn es angeht.‹

›Wir haben ihnen früher gymnastische und musische Bildung zuteil werden lassen.‹

›Ja.‹

›Die erstere hat es mit dem Werdenden und Vergehenden zu tun. Sie soll Wachstum und Rückgang des Körpers beaufsichtigen.‹

›Augenscheinlich.‹

›Also wird sie nicht das Gesuchte sein.‹

›Nein.‹ 522a

›Aber vielleicht die musische Bildung, wie wir sie vorher schilderten?‹

›Nein, sie bildete nur die Ergänzung zu jener, wenn du dich erinnerst‹, sagte er. ›Sie erzog die Wächter durch Gewöhnung, machte die Seelen harmonisch, also einer musikalischen Melodie ähnlich, und brachte sie in geregeltes Gleichmaß, machte sie also dem Rhythmus ähnlich. Auch hinsichtlich der lehrhaften Geschichten und Dichtungen war ihre Wirkung ähnlich, sowohl was die mythischen als was die mehr wahren Geschichten anlangt. Erkenntnis gab sie nicht, enthielt also nicht das, was wir jetzt suchen.‹

b ›Ja, du erinnerst mich vollkommen daran‹, erwiderte ich. ›Sie enthielt es wirklich nicht. Aber, göttlicher Glaukon, welcher Lehrgegenstand ist es denn nun? Die Künste sind doch sämtlich handwerksmäßig!‹

›Freilich. Aber was bleibt übrig, wenn man musische und gymnastische Bildung und auch die Künste ausschließt?‹

›Nun‹, sagte ich, ›finden wir außerhalb nichts, so nehmen wir etwas, das ihnen allen angehört.‹

›Was ist das?‹

c ›Das, wovon sämtliche Künste, Erwägungen und Wissenschaften Gebrauch machen. Jeder muß es zu Anfang lernen.‹

›Was?‹

›Ganz einfach, eins und zwei und drei zu unterscheiden. Ich meine überhaupt das Zählen und Rechnen. Muß nicht jede Kunst und jede Wissenschaft sich auf Arithmetik verstehen?‹

›O ja.‹

›Nicht auch die Kriegskunst?‹

›Ganz unbedingt.‹

d ›Palamedes stellt in den Tragödien den Agamemnon immer als einen ganz lächerlichen Feldherrn dar. Hast du darauf geachtet? Er erzählt, er habe die Zahlen erfunden, habe dadurch die Heeresordnung vor Ilion hergestellt und auch die Schiffe und alles andere gezählt. Sie wären also bis dahin nicht gezählt gewesen, und Agamemnon wäre wohl nicht einmal darüber im klaren gewesen, wieviel Füße er hatte. Denn er konnte ja nicht zählen! Was für ein Feldherr muß er dann wohl gewesen sein?‹

›Ein recht wunderlicher, wenn die Sache wahr wäre.‹

›Müssen wir also die Arithmetik nicht für eine dem e VII
Kriegsmann unentbehrliche Wissenschaft erklären?‹

›Ja, durchaus. Sonst hat er keinen Begriff von Heeresordnungen; ja, er ist nicht einmal ein Mensch.‹

›Auch bemerkst du an dieser Wissenschaft gewiß folgendes.‹

›Was?‹

›Sie gehört augenscheinlich zu denen, die wir suchen. Sie 523a
veranlaßt zum Nachdenken. Aber keiner wendet sie richtig an, nämlich als Mittel, zur Wirklichkeit hinzuleiten.‹

›Wie meinst du das?‹

›Ich will versuchen, mich näher zu erklären. Ich unterscheide zwischen Gegenständen, die zur Wirklichkeit hinleiten, und solchen, die es nicht tun. Prüfen wir sie gemeinsam und bestätige oder verwirf du meine Meinung, damit wir über ihre Berechtigung ins klare kommen.‹

›Sprich sie aus.‹

›Ich mache dich auf Gegenstände zweierlei Art aufmerk- b
sam. Die einen regen, wenn man sie wahrnimmt, das Denken nicht zur Nachprüfung an; die Wahrnehmung erkennt sie hinreichend. Die anderen mahnen es durchaus zur Prüfung; die Wahrnehmung ist hier völlig unzureichend.‹

›Offenbar meinst du die, welche man von fern und nur schattenhaft sieht.‹

›Nein, du hast es nicht ganz getroffen.‹

›Was meinst du denn?‹

›Unter den nichtanregenden verstehe ich solche, die nicht zwei entgegengesetzte Sinneseindrücke zugleich hervorru-
fen. Die, welche es tun, nenne ich anregende, also wenn die c
Wahrnehmung Gegensätzliches enthält, mag es nun eine Wahrnehmung aus der Nähe oder aus der Ferne sein. Du wirst mich besser verstehen, wenn ich ein Beispiel gebe. Hier sind doch drei Finger: der kleinste, der zweite, der mittlere.‹

›Jawohl.‹

›Und zwar denken wir sie uns aus der Nähe gesehen. Nun gib acht!‹

›Ja.‹

›Alle erkennt man in gleicher Weise als Finger. Es macht
d keinen Unterschied, ob man einen von ihnen in der Mitte oder am Ende stehen sieht, ob er weiß oder schwarz ist, dick oder dünn ist usw. Die Seele der meisten Menschen braucht sich trotz alledem nicht erst bei dem Verstande zu erkundigen, was ein Finger sei. Niemals hat ihr ja ein Gesichtseindruck den Finger zugleich als Gegensatz eines Fingers bezeichnet.‹

›Nein.‹

›So liegt hier natürlich auch nichts Anregendes oder Wekkendes für den Verstand vor.‹

e ›Natürlich nicht.‹

›Weiter! Erkennt der Gesichtssinn auch die Größe und Kleinheit der Finger deutlich? Macht es ihm auch dabei nichts aus, ob einer in der Mitte oder am Ende steht? Und fühlt der Tastsinn deutlich die Dicke und Dünne oder Weichheit und Rauheit? Vielmehr geben doch alle Sinne
524a derartige Eindrücke nur mangelhaft. Die Sache liegt so: die Empfindung, die wir für das Rauhe haben, ist von Hause aus notwendig die gleiche wie die für das Weiche und meldet also der Seele bei dem Sinneseindruck, daß derselbe Gegenstand zugleich rauh und weich ist.‹

›So ist es.‹

›Also ist die Seele in solchen Fällen notwendig im Zweifel, was die Empfindung denn als rauh bezeichnet, da sie denselben Gegenstand auch als weich angibt. Ebenso ist sie über die Leichtigkeit und Schwere eines Gegenstandes im Zweifel, da die Empfindung den schweren zugleich als leicht, den leichten als schwer angibt.‹

b ›Allerdings sind solche Angaben der Seele nicht glaubhaft. Sie fordern eine Prüfung.‹

›Natürlich ruft sie in solchen Fällen zunächst die Rechen- und Zählkunst zu Hilfe und stellt fest, ob der von den Sinnen übermittelte Eindruck von einem oder von zwei Gegenständen ausgeht.‹

›Ohne Frage.‹

›Zeigt es sich, daß es zwei sind, so ist jeder einer und jeder ein anderer.‹

›Ja.‹

›Und wenn jeder einer ist und sie zusammen zwei sind, so denkt sie beide voneinander getrennt. Ungetrennt würdet ihr sie ja nicht als zwei, sondern als einen denken.‹

›Richtig.‹ c

›Auch der Gesichtssinn sah ja etwas Großes und etwas Kleines, sah aber beides nicht getrennt, sondern ineinanderfließend, nicht wahr?‹

›Ja.‹

›Und um Klarheit zu schaffen, mußte auch der Verstand Großes und Kleines auffassen, faßte es aber nicht als etwas Ineinanderfließendes auf, sondern trennte es, umgekehrt als der Gesichtssinn.‹

›Das ist wahr.‹

›Und so kommt es dann erst zu der Frage: was heißt groß, was heißt klein?‹

›Ja, durchaus.‹

›In diesem Sinne sprechen wir in dem letzteren Falle von etwas Gedachtem, in jenem früheren Falle von etwas Gesehenem.‹

›Ganz richtig.‹ d

›Das meinte ich also mit meiner vorherigen Unterscheidung zwischen Gegenständen, die das Denken anregen, wenn man sie wahrnimmt, und solchen, die es nicht anregen. Ich nannte anregend diejenigen, die zugleich den gegensätzlichen Sinneseindruck hervorrufen, nichtanregend die übrigen.‹ VIII

›Ich verstehe es jetzt und stimme zu.‹

›Nun weiter! Zu welcher von beiden Gruppen gehört die Zahl und der Begriff Eins?‹

›Ich weiß nicht.‹

›Erschließe es doch aus dem Vorhergesagten. Wird der Begriff Eins als solcher durch den Gesichtssinn oder einen anderen Sinn klar erfaßt, so zieht er nicht zum Wesenhaften hin; denke an das Beispiel vom Finger. Wird aber mit dem Einen e

zugleich das Gegenteil davon gesehen, erscheint ein Gegenstand nicht weniger als Vielheit denn als Einheit, so ist ein Richter erforderlich. Die Seele ist notwendig unschlüssig; sie weckt das Nachdenken und fragt es, was der Begriff Eins an sich ist. Insofern gehört also die Lehre von der Eins zu den
525a Wissenschaften, die zur Betrachtung der wahren Welt anleiten und hindeuten.‹

›Allerdings enthält gerade der Gesichtseindruck in solchen Fällen Widersprüche. Wir sehen dasselbe Ding als eine Einheit und als eine unendliche Vielheit.‹

›Steht es aber mit der Eins so, dann auch mit allen anderen Zahlen?‹

›Natürlich.‹

›Die ganze Rechenlehre und Arithmetik hat es aber mit den Zahlen zu tun.‹

›Gewiß.‹

b ›Und die Zahlen führen zur Wahrheit hin?‹

›In höchstem Grade.‹

›Also haben wir hier einen der gesuchten Lehrgegenstände. Der Kriegsmann muß diese Wissenschaft der Schlachtordnungen wegen treiben, und der Philosoph muß es, weil er aus dem Werden emportauchen und das Sein ergreifen soll.‹

›So ist es.‹

›Unser Wächter aber ist sowohl ein Kriegsmann als ein Philosoph.‹

›Freilich.‹

›Also ist es in der Ordnung, Glaukon, daß unsere Gesetze den Unterricht in dieser Wissenschaft vorschreiben. Wer im
c Staate das Höchste erreichen will, muß bewogen werden, an die Rechenkunst zu gehen, sie aber nicht bloß auf die gewöhnliche Art zu treiben, sondern solange, bis er das Wesen der Zahlen mit dem Geiste selber schaut. Er soll sich ihr also nicht um Kaufes und Verkaufes willen widmen wie ein Kaufmann oder Krämer, sondern um des Krieges willen und um seine Seele leicht zu machen und vom Werden hinweg zur Wahrheit und Wesenheit hinzuwenden.‹

›Du hast ganz recht.‹

›Da wir die Wissenschaft vom Rechnen jetzt genannt
haben, sehe ich auch ihre große Feinheit und ihren mannig- d
fachen Wert für uns, gesetzt nämlich, daß man sie der Erkenntnis zuliebe treibt, nicht für das Krämergeschäft.‹

›Inwiefern.‹

›In dem erwähnten Sinne. Sie führt die Seele mit Macht nach oben und zwingt sie, die Zahlen an sich aufzufassen. Sie duldet ganz und gar nicht, daß man Zahlen mit sichtbarem und tastbarem Körper zugrunde legt. Du weißt, daß die Mathematiker lachen, wenn man eine Einheit zerlegen
will, und es nicht gelten lassen. Während du die Einheit zer- e
legst, vervielfältigen sie sie, hüten sich aber davor, daß sie nicht als Einheit, sondern als Summe vieler Teile erscheinen könnte.‹

›Ganz richtig.‹

›Wenn sie dann jemand fragt: Ihr Wunderlichen, von was 526a
für Zahlen sprecht ihr eigentlich? Wo ist denn eine Einheit, wie ihr sie fordert, nämlich etwas in sich völlig Gleiches, Unterschiedsloses, keine Teile Enthaltendes? – Was werden sie darauf wohl antworten, Glaukon?‹

›Daß sie lediglich von gedachten Zahlen sprechen, die man mit den Sinnen nicht auffassen kann.‹

›Du siehst, Freund, daß diese Wissenschaft uns in der Tat
unentbehrlich ist. Sie zwingt die Seele, die Wahrheit mit der b
Denkkraft selber zu suchen.‹

›Ja, in hohem Grade tut sie das.‹

›Und dann: hast du schon bemerkt, daß Leute, die eine natürliche Begabung zum Rechnen haben, für geradezu sämtliche Wissenschaften gut veranlagt sind? Auch wenn man stumpfe Geister im Rechnen bildet und übt, haben sie doch wenigstens den einen Nutzen davon, daß ihr Geist sich schärft.‹

›So ist es.‹

›Auch findet man kaum etwas, das von dem Lernenden c
und Strebenden mehr Arbeit verlangt als die Arithmetik.‹

›Allerdings.‹

›Aus all diesen Gründen darf sie nicht vernachlässigt werden. Die Bestveranlagten müssen Unterricht in der Arithmetik erhalten.‹

›Ich stimme zu.‹

IX ›Diese eine Wissenschaft also halten wir fest. Wie ist es mit der zweiten, die sich ihr angliedert? Eignet sie sich für uns?‹

›Mit welcher? Meinst du die Geometrie?‹

›Ja, gerade sie.‹

d ›Insofern sie im Kriege zu verwenden ist‹, sagte er, ›eignet sie sich zweifellos. Beim Aufschlagen des Lagers, bei der Besetzung eines Platzes, beim Zusammenziehen und Entfalten des Heeres sowie bei allen anderen Gestaltungen des Heeres, im Kampfe und auf dem Marsche, macht es entschieden etwas aus, ob man Geometrie kann oder nicht.‹

›Doch genügt hier wohl ein kurzes Stück Geometrie und
ein Bruchteil Arithmetik. Wir müssen untersuchen, ob ihre
umfänglicheren und weiterreichenden Gebiete unserem
e Ziele dienen, nämlich die Idee des Guten dem Auge klarer
zu zeigen. Diesem Ziele dient aber, wie gesagt, alles, was die Seele nötigt, sich dem Orte zuzuwenden, wo dieses Seligste unter den wahren Dingen wohnt, das sie durchaus kennenlernen muß.‹

›Du hast recht.‹

›Wenn sie also zur Betrachtung der Wirklichkeit nötigt, eignet sie sich, wenn zur Betrachtung des Werdens, eignet sie sich nicht.‹

›Ja, das ist unsere Meinung.‹

527a ›Dies eine bestreitet nun wohl niemand, auch wer nur wenig Geometrie getrieben hat: diese Wissenschaft ist das Entgegengesetzte von dem, was die Ausdrucksweise der Geometriker andeutet.‹

›Wieso?‹

›Sie brauchen lächerliche und gezwungene Ausdrücke und tun, als ob ihre Beschäftigung ein Handeln sei und sie ihre Untersuchungen um gewisser Handlungen willen anstellten. So reden sie davon, daß sie etwas viereckig machten, daß sie etwas über eine Linie beschrieben, etwas ansetzten und so alles. Die ganze Wissenschaft hat aber doch den b Zweck der Erkenntnis.‹

›Durchaus.‹

›Und zwar, wie wir uns einigen müssen –.‹

›Nun?‹

›Der Erkenntnis ewiger Wesenheiten, nicht dessen, was einmal wird und vergeht.‹

›Freilich sind wir darüber einig. Geometrie ist Erkenntnis von Gegenständen ewigen Seins.‹

›Also zieht sie die Seele zur Wahrheit hin, Trefflichster, und macht den Geist philosophisch. Wir richten nach oben, was wir jetzt fälschlich nach unten richten.‹

›In höchstem Grade.‹

›Für die Bürger deines Musterstaats muß daher im höch- c sten Grade die Vorschrift gelten: ja nicht die Geometrie zu vergessen. Auch die Vorzüge, die sie sonst noch hat, fallen ins Gewicht.‹

›Welche?‹

›Du sprachst schon vom Kriegswesen. Überhaupt macht es für die Empfänglichkeit sämtlichen Wissenschaften gegenüber im ganzen wie im einzelnen entschieden etwas aus, ob jemand Geometrie kann oder nicht.‹

›Überall, wahrhaftig!‹

›Also sie soll der zweite Lehrgegenstand für unsere Jünglinge sein.‹

›Ja.‹

›Weiter! Ist der dritte wohl die Astronomie? Oder meinst d X du nicht?‹

›Freilich‹, sagte er. ›Sich der Jahreszeiten, der Monate und Jahre deutlicher bewußt zu werden, ziemt nicht bloß dem Landwirt und dem Seemann, sondern ebenso auch dem Krieger.‹

›Ei, du hast wohl Angst vor dem Volke, daß du keine unnützen Wissenschaften lehren lassen willst? Es ist ja freilich nicht einfach, sondern recht schwer zu begreifen, daß diese Wissenschaften dazu dienen, das Seelenauge der Menschen

e zu reinigen und es zum Leben zu erwecken, wenn andere
Betätigungen es verderben und blind machen. Und doch
hat seine Erhaltung mehr Wert als die von hundert leiblichen
Augen; denn mit ihm allein wird die Wahrheit geschaut.
Wer dies aber zugibt, kann unmöglich deine Worte billigen.
Und wer nichts davon begreift, sagt natürlich, was du vor-
brächtest, sei nicht der Rede wert; er sieht auch darin keinen
528a erheblichen Nutzen dieser Wissenschaften. Frage dich also,
an wen deine Worte gerichtet sind. Oder richtest du sie an
keinen von beiden und denkst bei unseren Untersuchungen
in erster Linie an dich selber, mißgönnst jedoch niemandem
den Nutzen, den er etwa aus ihnen ziehen kann?‹

›Ich wähle das letzte. Meinetwegen vornehmlich spreche,
frage, antworte ich.‹

›Nun, so laß uns einen Schritt zurücktun. Wir haben die
Wissenschaft, die auf die Geometrie folgt, nicht richtig ge-
wählt.‹

›Worin liegt der Fehler?‹

b ›Wir ließen auf die Wissenschaft von der Ebene nicht ein-
fach die von der Tiefe folgen, sondern gleich die, welche be-
wegte Körper zum Gegenstand hat. Nach dem Zweidimen-
sionalen kommt richtigerweise das Dreidimensionale, also
zum Beispiel der Würfel und überhaupt alle Gegenstände,
die Tiefe haben.‹

›Ganz recht. Aber Sokrates, diese Wissenschaft scheint
noch nicht entdeckt zu sein.‹

›Nein, und dies aus zwei Gründen. Weil kein Staat auf
diese Dinge Wert legt, treibt man sie ohne Eifer, während
sie doch schwierig sind. Und dann bedürften die Gelehrten,
die sich auf solche Dinge legen, der Anleitung, ohne die
sie nicht zum Ziel kommen können. Es hält aber erstens
schwer, daß ein Lehrer für dies Fach sich überhaupt einmal
c findet, und ist wirklich einer da, so werden ihm, wie die
Dinge heute liegen, die Jünger derartiger Wissenschaften aus
Hochmut nicht folgen. Übernähme ein ganzer Staat die
Führung, indem er Wert auf diese Dinge legte, so würden
sie sich auch fügen, und durch eifrige zusammenhängende

Studien würde diese Wissenschaft ans Licht gebracht werden. Jetzt wird dergleichen von den meisten gering geschätzt und niedergehalten, von den Gelehrten aber trotz dieser Hindernisse und, obwohl sie den eigentlichen Wert nicht sehen, des Reizes wegen, den es hat, mit Macht gefördert; es wäre auch kein Wunder, wenn diese Wissenschaft wirklich entstände.‹

›Ja, sie hat einen großen Reiz. Aber sage mir noch deutlicher, was du eben meintest. Du bezeichnetest die Lehre von dem Ebenen als Geometrie.‹ d

›Ja.‹

›Auf sie ließest du zunächst die Astronomie folgen, gingst dann aber wieder zurück.‹

›Meine Eile bei der Darlegung hält mich nur auf. Ich habe die Wissenschaft von den Körpern, die eigentlich auf die Geometrie folgt, übergangen (denn sie befindet sich noch in traurigem Zustande) und habe nach der Geometrie gleich die Astronomie genannt, d. h. die Wissenschaft von den Be- e
wegungen der Körper.‹

›Richtig.‹

›So laß uns denn die Astronomie erst an die vierte Stelle setzen. Wir nehmen an, es gäbe jene jetzt übergangene, wenn nämlich ein Staat sich ihrer annimmt.‹

›Ja, vermutlich. Und da du mich eben tadeltest, Sokrates, weil ich die Astronomie auf die gemeine Art gelobt hätte, so
will ich sie jetzt auf deine Weise loben. Jedem leuchtet es ja 529a
ein, daß sie die Seele nötigt, nach oben zu schauen. Sie führt sie von dieser Welt in jene hinüber.‹

›Jedem außer mir vielleicht. Ich finde es nicht einleuchtend.‹

›Wieso denn nicht?‹

›Wie die sie behandeln, die heute Philosophie lehren, scheint sie im Gegenteil den Blick abwärts zu richten.‹

›Wie meinst du das?‹

›Du scheinst über die Wissenschaft von der höheren Welt keine üblen Gedanken zu haben. Offenbar meinst du, wenn jemand Deckengemälde betrachtet und also hintenüber-

b gebeugt etwas lernt, so sei das ein geistiges, nicht ein sinnliches Betrachten. Vielleicht ist deine Meinung richtig und meine einfältig. Ich kann keine andere Wissenschaft als ein Mittel, die Seele aufwärts zu wenden, ansehen, als die, welche das Wirkliche und das Unsichtbare zum Gegenstand hat. Wenn einer sich über Gegenstände sinnlicher Wahrnehmung zu unterrichten sucht, mag er nun dabei nach oben gaffen oder sich hinunterbeugen, nenne ich das niemals ein
c wirkliches sich Unterrichten; denn wirkliche Erkenntnis liegt nicht in diesen Gegenständen. Und ebensowenig nenne ich es ein Aufwärtsschauen, vielmehr ein Abwärtsschauen seiner Seele, selbst wenn er dabei auf dem Rücken liegt oder auf dem Rücken schwimmt.‹

XI ›Ich habe meine Strafe. Dein Vorwurf ist berechtigt. Aber auf welche, von der heutigen abweichende Art soll man denn die Astronomie treiben, wenn ihr Studium unserem Zwecke dienen soll?‹

›Auf folgende Art. Wir sollen jene Bilder am Himmel der sichtbaren Welt zwar für die schönsten und klarsten Bilder
d dieser Art halten, sollen aber annehmen, daß sie hinter den wahrhaften Bildern noch weit zurückbleiben, hinter jenen Bewegungen nämlich, die die wirkliche Schnelligkeit und wirkliche Langsamkeit in der Welt der wahren Zahl und aller wahren Gestalten ausführt und so auch jene Welt bewegt. Diese Bewegungen sind durch Begriffe und Gedanken faßbar, aber nicht durch das Auge; oder glaubst du?‹

›Keinesfalls.‹

›Also man soll das Gemälde am Himmel als Beispiel ver-
e wenden, um daran jenes andere zu erklären, ähnlich wie es ein Geometriker mit sehr schön angelegten und ausgeführten Zeichnungen von Daidalos oder einem anderen Handwerker oder Maler machen würde. Er wird sagen, sie seien ganz vortrefflich, würde es aber lächerlich finden, sie ernstlich zu studieren, als könnte man aus ihnen die Wahrheit über Gleichheit, Verdoppelung oder andere symmetrische Verhältnisse abnehmen.‹

530a ›Freilich wäre das lächerlich.‹

›Wird es aber dem wahrhaften Astronomen nicht ebenso
ergehen, wenn er die Bewegungen der Gestirne beobachtet?
Er wird finden, daß der Baumeister des Himmels den Him-
mel und was wir an ihm sehen, so schön gemacht hat, wie
sich solch ein Werk nur machen läßt. Aber wenn einer nun b
meint, das Verhältnis der Nacht zum Tage und beider zum
Monat und des Monats zum Jahre, das Verhältnis der anderen
Gestirne zu diesen Zeiten und zueinander sei ewig das glei-
che und erführe nicht die mindeste Änderung, während es
sich doch um körperliche und sichtbare Gebilde handelt, so
wird er ihn für einen Toren halten. Er wird der Meinung sein,
daß es vielmehr gelte, auf jede Weise die wahrhaften Verhält-
nisse zu begreifen.‹

›Nun ich dich höre, glaube ich es.‹

›Wir verwenden also ebenso wie die Geometrie auch
die Astronomie als Unterrichtsstoff, lassen aber die Him-
melserscheinungen fahren, wenn wir uns der Astronomie in
Wahrheit bemächtigen und den Teil unserer Seele, dessen
Wesen das Denken ist, brauchbar und tüchtig machen
wollen.‹

›Das ist etwas weit, weit Höheres, als die heutigen Astrono- c
men leisten.‹

›Ich meine, wenn unsere Gesetze Nutzen schaffen sollen,
muß auch alles andere in eben diesem Sinne behandelt wer-
den. Aber hast du noch eine weitere Wissenschaft zu nennen, XII
die sich für unseren Zweck eignet?‹

›Jetzt im Augenblick nicht.‹

›Es gibt doch verschiedene Arten von Bewegung. Wer d
weise ist, kann sie vielleicht sämtlich aufzählen; wir kennen
zwei.‹

›Welche?‹

›Die genannte und die, welche die Ergänzung zu ihr bil-
det.‹

›Welche ist das?‹

›Wie auf die sichtbare Bewegung der Gestirne unsere Au-
gen gerichtet sind, so scheinen auf ihre hörbare, harmonische
Bewegung die Ohren gerichtet zu sein. Die beiden Wissen-

schaften sind einander verschwistert, so sagen die Pythago-
reer, und wir stimmen ihnen zu, Glaukon. Oder was meinst
du?‹

›Jawohl‹, sagte er.

e ›Und da dies weitläufige Dinge sind, so wollen wir uns bei
ihnen erkundigen, wie ihre Ansichten hierüber und etwa
noch über andere Fragen lauten. Doch behalten wir alledem
gegenüber unseren Zweck im Auge.‹

›Welchen Zweck?‹

›Unsere Zöglinge sollen auch in diesem Fach nichts ler-
nen, was ihnen nichts nützt, nichts, was nicht dahin zielt, wo-
hin alle Wissenschaften zielen müssen; wir sagten es eben
531a schon bei der Astronomie. Du weißt doch, daß man die Mu-
sik nicht anders betreibt als die Astronomie. Die hörbaren
Tonverhältnisse und Töne vergleicht und mißt man und
quält sich endlos damit ab.‹

›Wahrhaftig, und auf die lächerlichste Weise!‹ sagte er. ›Von
nahe beieinander liegenden Tönen sprechen sie und neigen
die Ohren hin, als wollten sie ihre Nachbarn belauschen. Die
einen meinen dann, zwischen den Tönen hörten sie noch
etwas und das sei das kleinste Intervall, das als Einheit dienen
müsse; die anderen bestreiten es und sagen, die Töne seien
b bereits einander gleich. Beide stellen die Ohren höher als
den Verstand.‹

›Du sprichst von den guten Leuten, die den Saiten zu
schaffen machen, sie an den Wirbeln foltern und peinlich
verhören! Doch damit mein Vergleich nicht zu weit geht,
damit nicht Schläge mit dem Plektron erfolgen und wir von
Anklage, Leugnung und schwatzenden Reden der Saiten
sprechen, so will ich ihn fallen lassen. Ich meine nicht sie,
sondern jene Pythagoreer, die wir wegen der musikalischen
Harmonie im allgemeinen befragen wollten. Sie machen es
c ebenso wie die Astronomen. Sie suchen die Verhältnisse der
hörbaren Akkorde auf, steigen aber nicht zur Prüfung hö-
herer Fragen empor, fragen also nicht, welche Zahlen sym-
phonisch sind und welche nicht, auch nicht, warum beides
der Fall ist.‹

›Du sprichst von einer göttlichen Aufgabe.‹

›Von einer, die zur Erkenntnis des Schönen und Guten dient, zu anderen Zwecken aber nicht dient.‹

›So scheint es.‹

›Wenn der Weg, den man bei all den besprochenen Wissenschaften einschlägt, auf ihre Gemeinsamkeit und innere XIII
Verwandtschaft führt, wenn sie, zusammengehörig wie sie
sind, wirklich vereinigt werden, dann wird ihr Studium den d
gewünschten Erfolg haben, und die Bemühungen werden nicht vergeblich sein. Andernfalls sind sie vergeblich.‹

›Das vermute ich auch. Aber du sprichst von einer ungeheuren Aufgabe, Sokrates.‹

›Diese einleitende meinst du? Du weißt doch, daß dies alles nur das Vorspiel zu dem Liede selber ist, das sie sich zu
eigen machen müssen. Wer die genannten Wissenschaften e
beherrscht, ist doch noch kein Meister der Dialektik?‹

›Gewiß nicht. Höchstens ganz wenige unter denen, die ich kenne.‹

›Aber meinst du, wer nicht fähig ist, dialektische Untersuchungen anzustellen oder aufzufassen, gelange je zur Erkenntnis jenes Höchsten, das er doch erkennen muß?‹

›Nein, auch das glaube ich nicht.‹

›Und dies Lied erklingt doch in der Dialektik, Glaukon? 532a
Die dialektische Fähigkeit ist das Vorbild jenes Gesichtssinns, der danach strebt, die lebenden Geschöpfe selber, nicht bloß ihre Schatten sehen zu lernen und dann die Gestirne selber und zuletzt die Sonne selber. Ebenso schreitet der, welcher sich der Dialektik widmet, ganz ohne Hilfe von Sinneswahrnehmungen, nur mit Hilfe von Begriffen, auf das, was an
den Gegenständen wahrhaftes Sein hat, los. Und ruht er b
nicht eher, bevor er mit der Vernunft das Gute an und für sich erfaßt hat, so ist er auf dem Gipfel der denkbaren Welt angelangt, so wie jener am Ziele der sichtbaren Welt anlangte.‹

›Vollkommen.‹

›Und diese Wanderung nennt man doch Dialektik?‹

›Freilich.‹

›Das Studium der beschriebenen Wissenschaften bewirkt aber dasselbe wie jene Befreiung von den Fesseln, jene Anwendung von den Schatten und Hinwendung zu den Gegenständen selber und zum Licht, dann jener Aufstieg aus der Höhle zur Sonne und oben zunächst die Unfähigkeit, die
c Tiere und Pflanzen und das Sonnenlicht zu erblicken, – die Spiegelbilder dieses Göttlichen jedoch im Wasser und die Schatten der wirklichen Gegenstände werden gesehen, es sind nicht mehr die Schatten von Spiegelbildern, die ein Feuer wirft, also ein so kleines Licht im Vergleich zur Sonne. – So führen die genannten Wissenschaften den edelsten Teil der Seele aufwärts bis einschließlich hin zum Anschauen der höchsten Wesenheit, so wie dort die sonnenhafteste Kraft des Körpers schließlich zum Anschauen des leuchtendsten Gegenstandes in der körperlichen und sichtbaren Welt hingeführt wurde.‹

d ›Ich bin einverstanden, obwohl es sehr schwierig ist, hier zuzustimmen. Doch ist es in anderem Sinne auch schwierig, nicht zuzustimmen. Da nicht bloß unser jetziger Gegenstand auf diese Fragen hinleitet und man auch sonst oft auf sie zurückkommen muß, so wollen wir es diesmal dabei bewenden lassen und uns nun zu dem ‘Liede’ selber wenden, um es uns vorzuführen, wie wir uns das ‘Vorspiel’ vorgeführt haben.
e Sag’, was du unter dialektischer Kunst verstehst, in welche Formen sie zerfällt und welche Wege zu ihr hinführen. Denn diese Wege werden es ja wohl sein, die zu jenem Ziele führen, dessen Erreichung die Raststätte und das Ende der Wanderung bedeutet.‹

533a ›Du wirst nicht mehr zu folgen vermögen, lieber Glaukon. Doch soll es an meiner Bereitwilligkeit nicht fehlen. Was du sehen sollst, ist nicht mehr das Gleichnis unseres Gegenstandes, sondern ist die Wahrheit selber, wie ich sie nämlich sehe. Ob es in Wirklichkeit die Wahrheit ist oder nicht, ist nicht unsere Sache, nun noch zu beteuern; aber daß sie sich uns so ungefähr darstellt, müssen wir beteuern, nicht wahr?‹

›Ohne Frage.‹

›Und daß einzig und allein die Kunst der Dialektik die Wahrheit kundtut, nachdem das Studium der eben beschriebenen Wissenschaften vorausgegangen ist?‹

›Auch das darf man beteuern.‹

›Niemand kann doch bestreiten, daß das eigentliche Wesen b der Dinge keinesfalls auf einem anderen Wege gefunden werden kann. Alle anderen Künste haben es entweder mit den Meinungen und Begierden der Menschen zu tun, oder sie sind gefördert worden, um etwas zu schaffen und zusammenzusetzen oder das, was die Natur schafft und zusammensetzt, zu unterstützen. Die übrigen Wissensgegenstände, also die Geometrie und die anderen, die mit ihr zusammenhängen, richten sich ja auf die wirkliche Welt; aber sie träumen nur von ihr; im Wachen vermögen sie sie nicht zu schauen, solange sie c Voraussetzungen aufstellen und sie unverrückbar bestehen lassen, ohne sie dialektisch begründen zu können. Kennt man den Anfang einer Sache nicht und besteht auch deren Ende und Mitte aus etwas Unbekanntem – wie soll da ein Verhandeln über die Sache jemals ein Erkennen derselben werden?‹

›Es ist nicht möglich.‹

›Einzig das Verfahren der Dialektik hebt die Voraussetzun- XIV gen auf und geht bis zum Anfang selber zurück, um ihn fest- d zustellen. Sie zieht das Auge der Seele, das wirklich im Schlamme der Barbarei vergraben lag, allgemach hervor und führt es nach oben. Dabei bedient sie sich der besprochenen Künste als Helferinnen und Mitführerinnen. Wir bezeichnen auch diese Künste häufig als Fächer des Wissens; aber sie verdienen eigentlich einen anderen Namen. Sie haben es mit etwas Hellerem zu tun als das Meinen ist, aber mit etwas Dunklerem als das Wissen ist; sie gehören dem Verstandesgebiet an, sagten wir vorher einmal. Doch soll man nicht über den Namen streiten, wenn einem die Untersuchung so großer Dinge obliegt wie uns.‹

›Nein. Es genügt der Name, der deutlich ausdrückt, was e der Gegenstand in unserer Seele ist.‹

›Das beste ist, wie vorher, den obersten Teil der Seelentätigkeit Wissen zu nennen, den zweiten Verstandeseinsicht,

534a den dritten Glauben, den vierten Wähnen. Die beiden letzten zusammen nennen wir Meinen, die beiden ersten zusammen Erkennen. Das Meinen richtet sich auf die Welt des Werdens, die Erkenntnis auf die Welt des Seins. Wie sich diese zu jener verhält, so soll sich Erkennen zum Meinen verhalten und wie Erkennen zum Meinen, auch Wissen zum Glauben und Verstandeseinsicht zum Wähnen. Die entsprechende Vergleichung und zwiefache Teilung der einzelnen Gegenstände dieser seelischen Tätigkeiten, also der Gegenstände, mit denen es das Meinen, und derer, mit denen es das Denken zu tun hat, wollen wir lassen, Glaukon. Es drängen sich sonst noch mehr Untersuchungen herzu als wir jetzt hinter uns haben.‹

b ›In dem anderen bin ich deiner Meinung, soweit ich zu folgen vermag.‹

›Du verstehst also auch unter einem Dialektiker denjenigen, der das Wesen jedes Dinges begrifflich erfaßt? Wer das nicht vermag, wer nicht sich und anderen dialektische Begründungen geben kann, der hat insofern keine Vernunft.‹

›Gewiß ist das meine Meinung.‹

›Und dasselbe gilt doch von der Idee des Guten? Wer sie nicht begrifflich von allen anderen trennen und gesondert
c hinstellen kann, wer nicht kämpfend alle Beweise durchzuführen vermag und nicht gewillt ist, bei diesen Beweisen dem Sein, nicht dem Schein nachzugehen, wer nicht auf solche Weise durch eine fehlerlose Untersuchung zum Ziele gelangt, – der hat keine Erkenntnis von dem Guten an sich noch von einem einzelnen Gute. Erfaßt er vielleicht Spiegelbilder von ihm, so erfaßt er sie mit Hilfe des Meinens, nicht mit dem Wissen. Träumend und dämmernd lebt er sein Leben, und ehe er noch auf Erden erwacht, kommt er in die Unterwelt und versinkt dort völlig in Schlaf. Das ist doch auch deine Meinung.‹

d ›Ganz entschieden.‹

›Und deine Söhne wirst du durch Dialektik bilden und erziehen, falls du sie in der Tat erziehen willst, und wirst nicht dulden, daß sie vernunftlos, als wären sie tote Linien, im Staate herrschen und über das Höchste Gewalt haben.‹

›O nein.‹

›Dein Gebot wird lauten, sie sollten sich hauptsächlich desjenigen Lehrfachs bemächtigen, das ihnen die Fähigkeit verleiht, als wahrhaft Wissende in Frage und Antwort sich zu ergehen.‹

›Ja, unter deiner Mithilfe werde ich das tun.‹ e

›So liegt doch die Dialektik wie ein Schlußstein oben auf den Wissenschaften? Mit Unrecht würde man eine andere Wissenschaft ihr noch überordnen. In ihr haben die Wissenschaften ihr Ende erreicht.‹

›Ja.‹ 535a

›Nun bleibt dir noch übrig, die Entscheidung darüber zu treffen, wer in diesen Wissenschaften unterwiesen werden soll und wie man dabei verfahren soll.‹ XV

›Offenbar.‹

›Du erinnerst dich, was für Naturen wir zu Herrschern auswählten.‹

›Ja, gewiß.‹

›In der Tat müssen es Naturen mit den damals genannten Eigenschaften sein. Wir müssen die Zuverlässigsten und die Tapfersten, nach Möglichkeit auch die am schönsten Gestalteten heraussuchen. Außerdem aber müssen es nicht bloß edle und würdige Charaktere sein, sondern ihre Natur muß auch b der Ausbildung, die sie erhalten sollen, entgegenkommen.‹

›Was verstehst da darunter?‹

›Aufnahmefähigkeit für die Wissenschaften müssen sie haben, Verehrter; das Lernen darf ihnen nicht schwer werden. Eine Seele verzagt viel eher bei starker Geistesarbeit als bei körperlichen Übungen; denn jene geht sie näher an und liegt auf ihr allein. Der Körper hat keine Mühe davon.‹

›Das ist wahr.‹

›Auch gutes Gedächtnis und Festigkeit ist vonnöten, dazu c Arbeitsfreude in jeder Beziehung. Denn wer das nicht hat, wird wohl nicht einerseits die körperlichen Anstrengungen, andererseits den ausgedehnten Unterricht und die geistige Schulung auf sich nehmen wollen.‹

›In der Tat keiner, der nicht die vorzüglichsten Anlagen hat.‹

›Die Philosophie ist, wie ich schon sagte, heute dadurch in die Irre und in Verachtung geraten, daß Leute sich mit ihr beschäftigten, die dessen nicht würdig waren. Nicht Mißratene dürfen sich ihr widmen, sondern nur Wohlgeratene.‹

›Wie meinst du das?‹

d ›Zunächst dürfen sie nicht hinken in der Freude an der Arbeit, also sie zur Hälfte lieben, zur Hälfte hassen. Das ist der Fall, wenn sie Freunde der Ringkunst, der Jagd und aller körperlichen Anstrengungen sind, aber nicht Freunde geistiger Belehrung, nicht gern Untersuchungen führen oder ihnen beiwohnen, sondern solche Arbeiten hassen. Hinken aber tut auch der, dessen Arbeitsfreude im entgegengesetzten Sinne einseitig ist.‹

›Das ist vollkommen richtig.‹

›Ferner gibt es Krüppel in bezug auf die Wahrhaftigkeit.
e Das sind die, welche zwar die absichtliche Lüge hassen, also ungern lügen und über die Lügen anderer sehr erzürnt sind, dagegen unfreiwillige Lügen ruhig dulden, sich nicht erzürnen, wenn sie der Unwissenheit überführt werden, sondern sich behaglich wie ein Schwein in der Unwissenheit wälzen.‹

536a ›Ja, allerdings.‹

›Auch hinsichtlich der Besonnenheit, der Tapferkeit, der Hochsinnigkeit und aller anderen Tugenden muß man zwischen dem Mißratenen und dem Wohlgeratenen streng unterscheiden. Versteht sich jemand nicht auf diese Unterscheidungskunst, sei es ein einzelner Mensch oder ein Staat, so hat jener hinkende und verkrüppelte Freunde, dieser hinkende und verkrüppelte Herrscher.‹

›Freilich ist es so.‹

b ›Wir müssen uns vor all diesen Fehlgriffen hüten. Sind es Menschen mit geraden Gliedern und gesundem Geiste, denen wir so viel Unterricht erteilen und so viele Übungen vorschreiben, um sie zu bilden, so kann uns Dike selber nicht tadeln, und unser Staat und seine Verfassung wird unversehrt bleiben. Erziehen wir aber Menschen anderer Art auf diese Weise, so tritt das Entgegengesetzte ein, und die Philosophie verfällt noch mehr dem Gespött.‹

›Das wäre schmählich.‹

›Gewiß. Aber auch ich setze mich in diesem Augenblick dem Gespött aus.‹

›Wieso?‹

›Ich vergaß, daß wir nur im Scherz sprachen, und wurde c
gar zu eifrig. Aber mir fiel beim Reden wieder die Philosophie ein, und da ich bedachte, wie unwürdig sie in den Kot gezogen wird, wurde ich zornig und wählte im Grimm gegen die Schuldigen wohl zu heftige Worte.‹

›Nein, sicher nicht. Für den Zuhörer waren sie es nicht.‹

›Aber für mich, der sie sagte. – Achten wir nun aber darauf, daß wir früher bei der Auslese unserer Herrscher ältere Leute wählten. Jetzt geht das nicht an. Man darf an Solons Wort, d
daß ein Alternder noch viel lernen könne, nicht glauben. Er kann es weniger als er noch gut laufen kann. Große und anhaltende Arbeit ist Sache der Jugend.‹

›Unbedingt.‹

›Die Arithmetik, Geometrie und überhaupt der Unter- XVI
richt, der dem dialektischen Unterricht vorhergehen muß, ist daher schon im Knabenalter zu lehren. Jedoch zwingen wir ihnen den äußeren Lehrgang nicht auf.‹

›Warum nicht?‹

›Der Freie soll keine Wissenschaft als ein Knecht lernen. e
Läßt man körperliche Übungen zwangsweise vornehmen, so hat der Körper denselben Gewinn, als wenn sie freiwillig sind. Aber in der Seele haftet keine erzwungene Lehre.‹

›Das ist wahr.‹

›Also, Bester, lehre deine Kinder die Wissenschaften nicht
mit Gewalt, sondern wie im Spiel! Dann merkst du auch 537a
eher, wofür ein jedes Anlage hat.‹

›Was du sagst, hat Sinn.‹

›Weiter erinnerst du dich unserer Vorschrift, die Knaben mit in den Krieg zu nehmen; sie sollten zu Pferde zuschauen und sollten, wenn es ohne Gefahr geschehen könnte, nahe an die Kämpfenden herankommen, damit sie Blut kosten wie die jungen Hunde.‹

›Ja, ich erinnere mich.‹

›Wer nun in all den genannten Anstrengungen, im Unterricht und in der Gefahr sich als der Tüchtigste bewährt hat, muß in eine Gruppe aufgenommen werden.‹

b ›In welchem Alter?‹

›Wenn die Zeit der nötigen körperlichen Ausbildung vorüber ist. Während dieser Zeit, mag sie nun zwei oder mag sie drei Jahre dauern, sind ja andere Studien nicht möglich. Müdigkeit und Schlaf sind Feinde der Wissenschaft. Außerdem ist es eine sehr wesentliche Prüfung für unsere Jünglinge, ob sie sich in der Ringschule bewähren.‹

›Ohne Zweifel.‹

›Nach Ablauf dieser Zeit, also vom zwanzigsten Jahre ab, erhalten die Auserwählten einen höheren Rang als die übri-
c gen, und die Lehrgegenstände, die sie als Kinder ohne Ordnung in sich aufgenommen haben, werden ihnen jetzt in einheitlichem Zusammenhang vorgeführt. Sie sollen die Verwandtschaft dieser Wissenschaften untereinander und die Natur der wirklichen Welt einsehen.‹

›Ja, nur dann haftet das, was man lernt.‹

›Und dieser Unterricht ist die schärfste Probe für die Anlage zur Dialektik. Wer den Zusammenhang zu fassen vermag, ist zur Dialektik befähigt, die anderen nicht.‹

›Ich bin deiner Meinung.‹

›Du mußt also achtgeben. Wer diese Fähigkeit im höchsten
d Grade hat und wer Ausdauer bei den Wissenschaften, Ausdauer auch im Kriege und in den anderen Pflichten zeigt, der muß, nach Überschreitung des dreißigsten Jahres, wiederum ausgesondert werden. Sie erhalten höhere Ehren, und durch Prüfung ihrer dialektischen Begabung muß festgestellt werden, wer von der sichtbaren und überhaupt der sinnlichen Welt absehen und mit Wahrhaftigkeit in die wirkliche Welt

hineinschreiten kann. Da ist nun große Aufmerksamkeit nötig, Freund.‹

›Wieso denn?‹

›Du siehst doch wohl, welch große Gefahr heute der Dia- c
lektik droht.‹

›Welche?‹

›Ein gesetzloser Sinn bemächtigt sich ihrer Anhänger.‹

›Entschieden.‹

›Hältst du das für ein Wunder und verzeihst ihnen ihren Fehler nicht?‹

›Inwiefern?‹

›Denke dir, ein untergeschobenes Kind würde in großem
Reichtum aufgezogen, innerhalb einer großen vornehmen 538a
Familie, wo viele Schmeichler es umgeben. Der Herangewachsene erführe dann aber, daß er nicht das Kind der angeblichen Eltern sei, fände jedoch nicht seine wirklichen Eltern. Errätst du, wie seine Gesinnung gegen die Schmeichler und gegen die angeblichen Eltern vor dieser Entdeckung und dann nach ihr ist? Oder soll ich sagen, was ich darüber vermute?‹

›Ja.‹

›Ich vermute, solange er den Sachverhalt nicht kennt, ehrt b XVII
er Vater und Mutter und die übrigen angeblichen Verwandten höher als jene Schmeichler. Wenn sie in Not sind, kommt er ihnen eher zu Hilfe, tut und spricht nicht so leicht etwas Unerlaubtes gegen sie und ist ihnen auch in wichtigen Dingen nicht so leicht unfolgsam.‹

›Wahrscheinlich.‹

›Erfährt er dann die Wahrheit, so wird seine Ehrfurcht und Rücksicht den Eltern gegenüber vermutlich nachlassen, den Schmeichlern gegenüber wird sie aber zunehmen. Er wird ihnen weit mehr nachgeben als früher, ihren Wünschen sich be-
quemen und offen mit ihnen Umgang pflegen. Um den an- c
geblichen Vater und die anderen Angehörigen wird er sich gar nicht mehr bekümmern, falls er nicht sehr edel veranlagt ist.‹

›Das alles wird eintreten. Aber was hat dies Gleichnis mit den Dialektikern zu tun?‹

›Wir leben von Kindheit an in gewissen Anschauungen über Gerechtigkeit und Schönheit. Im ehrfürchtigen Gehorsam gegen sie sind wir aufgezogen worden wie im Gehorsam gegen Eltern.‹

›So ist es.‹

d ›Auch Regungen entgegengesetzter lusterregender Art haben wir in uns. Sie schmeicheln unserer Seele und locken sie, ihnen nachzugeben. Wer aber in allem maßvoll ist, der läßt sich nicht überreden. Er ehrt die väterlichen Anschauungen und folgt ihnen.‹

›So ist es.‹

›Nun tritt aber ein Zweifel an ihn heran; jemand fragt ihn: was ist Gerechtigkeit? Antwortet er dann, was die Gesetze ihn gelehrt haben, so widerlegt ihn der Dialektiker und bringt ihn durch wiederholte und vielfache Widerlegungen zu der Überzeugung, daß eine Handlung durchaus nicht in
e höherem Grade gerecht als ungerecht ist und daß es ebenso mit dem Schönen und dem Guten und allem anderen steht, was er so hoch in Ehren gehalten hat. Wird er diesen Dingen dann noch weiter Ehrfurcht und Gehorsam widmen?‹

›Notwendig nicht mehr in dem gleichen Maße.‹

›Also er hält sie nicht mehr für verehrungswürdig und nicht mehr für blutsverwandt. Findet er nun aber auch seine wahrhaften Blutsverwandten nicht, so kann er sich doch nur dem Leben schmeichelnder Genüsse ergeben.‹

539a ›Allerdings.‹

Gesetzwidrigkeit hat sich also seiner bemächtigt, während er früher den Gesetzen gehorchte.‹

›Notwendig.‹

›Also ist die Gesinnung dieser Dialektiker begreiflich, und man muß durchaus Nachsicht mit ihnen haben, wie ich eben sagte.‹

›Ja, und auch Mitleid.‹

›So müssen wir denn äußerst vorsichtig sein, damit wir mit unseren Dreißigjährigen nicht ebenfalls Mitleid haben müssen.‹

›Freilich.‹

›Wir sind doch schon insofern sehr vorsichtig gewesen, als wir sie den Jünglingen vorenthalten haben? Es ist dir gewiß nicht entgangen, daß junge Leute mit der Dialektik zunächst bloß ihr Spiel treiben. Sie benutzen sie als Mittel, beständig zu widersprechen, ahmen die Widerlegungen der Älteren nach und widerlegen nun selber. Es macht ihnen Freude, jeden Vorbeikommenden zu zupfen und zu zerren wie ein junger Hund.‹ b

›Ja, das ist nur allzu wahr.‹

›Haben sie aber erst viele Behauptungen widerlegt und sind ihre eignen oft widerlegt worden, so verlieren sie völlig c und unverzüglich ihren Glauben an alles, was sie bis dahin geglaubt haben. Und so ist es gekommen, daß sowohl sie wie überhaupt alles, was mit der Philosophie zusammenhängt, in Verruf geraten ist.‹

›Ganz richtig.‹

›Wer schon älter ist, wird sich auf solche Tollheiten nicht einlassen. Er wird sich mehr nach denen richten, die dialektische Untersuchungen anstellen und nach Wahrheit forschen, als nach denen, die bloß spielen und widersprechen. Er wird gemäßigter sein und wird auch die Dialektik wieder zu Ehren bringen.‹

›Ja.‹ d

›Auch was wir vorher sagten, war eine Vorsichtsmaßregel, ich meine, daß wir nur sicheren und standhaften Naturen Zugang zur Dialektik gewähren. Es soll sie nicht, wie es heute geschieht, jeder Beliebige, auch der völlig Unwürdige treiben.‹

›Freilich.‹

›Das Studium der Dialektik muß stetig und ernstlich und XVIII ebenso ausschließlich wie die körperliche Ausbildung getrieben werden. Wird die doppelte Anzahl von Jahren, als wir für die Körperbildung ansetzten, genügen?‹

›Meinst du sechs oder vier?‹ e

›Wie du willst. Sagen wir fünf. Darauf müssen wir sie nun wieder hinabschicken in jene Höhle und müssen sie nötigen, Führerstellen im Kriege und andere, jüngeren Männern vorbehaltene Ämter zu übernehmen. Denn sie sollen nicht an Erfahrung hinter den anderen zurückstehen. Auch hier müssen wir sie noch auf die Probe stellen, ob sie den Verführungen von allen Seiten standhalten oder ihnen erliegen.‹

540a ›Wie lange Zeit rechnest du hierfür?‹

›Fünfzehn Jahre. Sind sie fünfzig Jahre alt geworden und haben sie sich tapfer gehalten und bei allem und jedem, in Taten und Wissenschaften, bewährt, dann soll man sie ans Ziel geleiten. Man soll die hellste Kraft ihrer Seele aufwärts richten und sie das schauen lassen, was allem in der Welt Licht schenkt. Und haben sie das Gute an sich geschaut, so soll es ihr Vorbild sein, nach dem sie den Rest ihres Lebens den Staat und seine Bürger und ihre eigne Seele ordnen. Den größten Teil ihrer Zeit sollen sie der Philosophie widmen,
b aber wenn die Reihe an sie kommt, sollen sie, einer nach dem anderen, die Mühsale der Staatsverwaltung auf sich nehmen. Jeder soll das Herrscheramt bekleiden, und zwar um des Staates willen, nicht weil das Herrschen etwas Erstrebenswertes, sondern weil es ihre Pflicht wäre. Dann sollen sie die Jüngeren zu ihren Ebenbildern erziehen, sie als Wächter über den Staat zurücklassen und zu den Inseln der Seligen entschwinden, um dort wohnen zu bleiben. Der Staat soll ihnen Denkzeichen weihen, Opferfeste für sie veranstalten und
c sie als Dämonen verehren, wenn die Pythia ihre Zustimmung gibt, andernfalls als selige und gottähnliche Entschlafene.‹

›Ein herrliches Bild, als wärest du ein Bildhauer, hast du von den Herrschenden gemeißelt, Sokrates!‹

›Und von den Herrscherinnen, Glaukon! Denke nicht, daß ich bei alledem mehr an die Männer als an tüchtig veranlagte Frauen gedacht habe.‹

›Du hast recht. Wie wir es darstellten, haben sie ja volle Gemeinschaft mit den Männern.‹

d ›Und jetzt gesteht ihr doch zu, daß unser Bild vom Staate und seiner Verfassung kein leeres Hirngespinst ist? Die Verwirklichung ist schwierig, aber sie ist möglich, jedoch nicht anders möglich als durch das von uns angegebene Mittel: die wahren Philosophen, seien es mehrere oder einer, müssen Herrscher des Staates werden, sie, die die äußeren Ehren für gemein und wertlos halten und sie verschmähen, dagegen das Richtige und die Ehren, die von ihm ausgehen, aufs höchste e schätzen, vor allem die Gerechtigkeit als das Größte und Nötigste. Ihr dienen sie, sie fördern sie und bauen so den Staat nach ihrem eignen Sinne auf.‹

›In welcher Weise?‹

›Sie schicken alle Bewohner des Staates über zehn Jahre aufs Land hinaus, nehmen dann deren Kinder und erziehen 541a sie nicht so, wie es heute und auch bei ihren Eltern Sitte ist, sondern auf ihre eigne Art und Weise, nach ihren eignen Gesetzen, das heißt ungefähr so, wie wir es besprochen haben. So können sie am schnellsten und einfachsten den beschriebenen Staat und seine Verfassung herstellen, können den Staat glücklich machen und dem Volke, unter dem er erwächst, den größten Dienst erweisen.‹

›Bei weitem den größten‹, sagte er. ›Und das Mittel zur Verwirklichung hast du, glaube ich, richtig bezeichnet, Sokrates.‹

›Also genug des Redens über diesen Staat und den Men- b schen, der ihm ähnlich ist! Auch unsere Meinung über diesen Menschen ist ja vollkommen deutlich.‹

›Freilich, wir sind mit diesem Gegenstande fertig.‹

Achtes Buch

I ›Nun gut. Wir sind einig, Glaukon, daß ein Staat mit voll-
543a kommenen Einrichtungen Frauengemeinschaft, Kinderge-
meinschaft und gemeinsame Erziehung hat, auch Gemein-
samkeit der Berufe, sowohl des kriegerischen wie der friedli-
chen Berufe. Und Könige sind diejenigen, die es in der
Philosophie und in der Kriegskunst am weitesten gebracht
haben.‹

›Darüber sind wir einig.‹

b ›Ferner erklärten wir uns dafür, daß die Krieger unter
Führung der erwählten Herrscher in den beschriebenen
Wohnstätten angesiedelt würden, also in solchen, die allen
gemeinsam sind und keine Sonderräume für den Einzelnen
enthalten. Dazu kam die Regelung ihrer Besitzverhältnisse
überhaupt, wenn du dich erinnerst.‹

›Gewiß erinnere ich mich. Wir verboten den Besitz auf die
c heutige Weise. Sie sollten von den übrigen Bürgern Jahr um
Jahr unterhalten werden, zum Lohn für die Bewachung, und
so als Kriegsmänner und als Wächter für sich und den Staat
sorgen.‹

›Du hast recht‹, antwortete ich. ›Aber da wir diese Darstel-
lung beendet haben, so wollen wir uns doch ins Gedächtnis
zurückrufen, an welchem Punkte wir sie verlassen haben
und zu unseren letzten Untersuchungen übergegangen sind.
Wir könnten dann jenen Weg fortsetzen.‹

›Das ist nicht schwer‹, sagte er. ›Du hattest von dem Staate
ungefähr dasselbe gesagt wie jetzt eben und hattest ihn in
d dieser geschilderten Form als gut bezeichnet, ebenso den
ähnlich beschaffenen Menschen. Wie es schien, könntest du
die Schilderung des Staates sowohl wie des Menschen auch
noch weiter ausführen. Darauf sagtest du, wie dieser Staat der
544a richtige, so seien die übrigen falsch. Es gäbe vier Formen
darunter, die eine Besprechung und eine Betrachtung ihrer

Fehler verdienten, ebenso vier entsprechende Menschen-
arten. Hätten wir sie alle betrachtet und uns über die beste
und die schlechteste Form geeinigt, so wollten wir prüfen, ob
der beste Staat und Mensch zugleich auch der glücklichste
und der schlechteste zugleich der unglücklichste sei, oder ob
das Verhältnis ein anderes sei. Ich fragte, welche vier Staats-
verfassungen du meintest; da unterbrachen uns Polemarchos b
und Adeimantos. Auf deren Frage gingst du ein und bist auf
diese Weise bis an den jetzigen Punkt gekommen.‹

›Ja, so war es. Deine Erinnerung ist richtig.‹

›Nun gib mir, als wärest du ein Ringer, dieselbe angreifba-
re Stellung noch einmal! Antworte mir jetzt auf jene Frage,
was du damals sagen wolltest.‹

›Wenn ich kann‹, entgegnete ich.

›Ich bin in der Tat gespannt, welche vier Staatsformen du
meinst.‹

›Das kannst du bald erfahren. Es sind ja die, welche be- c
stimmte Namen tragen. Erstens die kretische und lakonische,
die von den meisten gepriesen wird; zweitens die Oligarchie,
die auch in der Schätzung den zweiten Rang behauptet, eine
Staatsform voller Fehler; drittens, ihre Feindin und Nachfol-
gerin, die Demokratie; viertens die schöne Tyrannis, die letzte
und schlimmste Krankheit eines Staates. Weißt du noch mehr d
Staatsformen, die ein klares Gepräge haben? Gewaltherr-
schaften mehrerer, käufliche Königsherrschaften und ähnli-
che Formen sind doch Zwischengebilde. Man findet derglei-
chen nicht selten, außerhalb von Hellas sowie in Hellas selber.‹

›Ja, man spricht von manchen wunderlichen Verfassungen
dieser Art.‹

›Weißt du nun, daß es ebensoviele Arten von Menschen II
geben muß wie Staatsformen? Denn aus der Eiche oder aus
dem Felsen erwachsen doch die Verfassungen nicht, sondern e
aus den Charakteren. Sie ziehen den Staat wie ein Gewicht in
der Waagschale mit sich.‹

›Freilich erwachsen sie aus ihnen.‹

›Es wird also, ebenso wie es fünf Staatsformen gibt, auch
fünf Gestaltungen der einzelnen Seele geben.‹

›Ohne Frage.‹

›Den Menschen, der der Aristokratie entspricht, haben wir schon besprochen. Wir nennen ihn mit Recht gut und gerecht.‹

545a ›Ja.‹

›Also müssen wir weiter die weniger guten besprechen. Zuerst kommt, als Gegenbild der lakonischen Verfassung, der Streitsüchtige und Ehrgeizige; es folgen der oligarchische Mensch, der demokratische und der tyrannische. Haben wir den Ungerechtesten betrachtet, so stellen wir ihn dem Gerechtesten gegenüber und beenden unsere Untersuchung durch Beantwortung der Frage, wie es mit dem Glück oder Unglück bei dem einen und bei dem anderen bestellt ist. Je nachdem folgen wir dann dem Thrasymachos und streben
b nach Ungerechtigkeit, oder wir folgen dem jetzt erzielten Ergebnis und streben nach Gerechtigkeit.‹

›Gerade so muß es geschehen.‹

›Auch jetzt werden wir die Staatsformen vor den Menschenformen besprechen müssen, wie wir es schon zu Anfang getan haben, weil es so klarer ist. Wir untersuchen also zunächst die ehrgeizige Staatsform – ich weiß keinen gebräuchlichen Namen für sie; man muß sie schon Timokratie oder Timarchie nennen. Im Zusammenhang mit ihr betrach-
c ten wir dann den entsprechenden Menschen. Weiter folgt die Oligarchie und der oligarchische Mensch, dann, nach der Demokratie, die Betrachtung des demokratischen Menschen, und wir gelangen endlich zum tyrannischen Staate, betrachten ihn und betrachten dann auch die tyrannische Seele. So suchen wir unsere Frage zur Entscheidung zu bringen.‹

›Auf die Weise wird unsere Betrachtung vernunftgemäß verlaufen und die Entscheidung vernunftgemäß fallen.‹

III ›Wohlan! Erklären wir den Übergang der Aristokratie in
d die Timokratie. Es ist leicht verständlich, daß die Wandlung einer Staatsform stets auf den Machthabern beruht, daß sie nämlich aus deren Zwiespältigkeit entsteht. Bleiben die Herrschenden einträchtig, so kann keine Staatsbewegung erfolgen, auch wenn es ganz wenige sind.‹

›So ist es.‹

›Wie kommt es nun zu einer Bewegung in unserem Staate? Worüber werden die Krieger und die Herrscher miteinander und unter sich in Streit geraten? Wir könnten auch, wie Homer es tut, die Musen anrufen, sie möchten uns sagen,
wie zuerst die Zwietracht sich erhob. Wir könnten sie nach e
Art der Tragiker hochtrabend und recht ernsthaft, als trieben sie ihren Spott mit Kindern, zu uns reden lassen.‹

›Wie?‹

›Etwa folgendermaßen. Es hält schwer, daß ein so gebauter 546a
Staat ins Wanken gerät. Aber da alles Gewordene vergehen muß, so wird auch ein solcher Bau nicht ewig dauern, sondern er wird auseinanderfallen. Das geschieht auf folgende Weise. Nicht nur die Pflanzen, die der Erde entsprießen, sondern auch die Tiere, die auf ihr leben, haben Zeiten der Fruchtbarkeit und Zeiten der Unfruchtbarkeit von Seele und Leib. Durch gewisse Perioden sind Kreisläufe mit den einzelnen Wesen verknüpft, kurze mit den kurzlebigen, entgegengesetzte mit den entgegengesetzten. Welches die Zeiten guter Zeugung und die Zeiten der Unfruchtbarkeit für euer Geschlecht sind, werden aber die zur Staatslenkung
Herangebildeten trotz ihrer Weisheit nicht durch Schlüsse b
und unterstützende Erfahrungen ausfindig machen. Sie werden ihnen verborgen bleiben, und so werden sie Kinder zeugen, zur Zeit wo sie es nicht sollen. Für Götterkinder gilt die Periode, die durch die vollkommene Zahl ausgedrückt wird; für menschliche gilt die Zahl, in der, als der ersten, Vervielfältigungen von Wurzeln und Potenzen in drei Dimensionen und vier Grenzen Gleichheit und Ungleichheit, Vermehrung und Verminderung bewirken, alles untereinander proportional und bestimmbar erscheinen lassen. Das Grundver-
hältnis drei zu vier ergibt, vermählt mit der Fünf, nach drei- c
maliger Vervielfältigung zwei Proportionen, die eine gleich mal gleich, hundertmal ebensoviel, die eine gleichseitig in der einen Richtung, aber länger in der anderen, in Zahlen bestimmbar einerseits als hundertmal die Diagonale der Fünf, jedesmal um eins vermindert, die unbestimmbaren aber je-

desmal um zwei vermindert – und in der anderen Richtung
hundert Würfel von der Drei. Diese gesamte geometrische
Zahl waltet über den guten und den schlechten Geburten.
d Wenn eure Wächter sie nicht kennen und also die Bräute
und ihre Verlobten zu unrichtiger Zeit zusammenführen, so
zeugen sie Kinder, die nicht wohlgeartet und nicht glücklich
sind. Zwar werden die Wächter die Tüchtigsten unter ihnen
zu ihren Nachfolgern machen. Aber auch diese sind unwür-
dig und werden, sobald sie das Wächteramt ihrer Väter über-
nommen haben, uns Musen vernachlässigen und die musi-
sche Bildung nicht so in Ehren halten, wie sie sollten. Da-
durch werden eure Jünglinge ihr entfremdet. So kommen
e Herrscher bei euch auf, die nicht genau acht haben auf die
verschiedenen Geschlechter Hesiods, die in eurem Staate
547a leben: das goldene, das silberne, das eherne und das eiserne
Geschlecht. Geht aber das eiserne mit dem silbernen und das
eherne mit dem goldenen eine Verbindung ein, so entstehen
Mischlinge und widersprüchliche Naturen. Überall aber,
wo unharmonisches Wesen entsteht, kommt es zu Kämpfen
und Feindseligkeiten. Bei solchen Menschen wohnt stets
die Zwietracht, wie sie sich auch einschleichen mag.‹

›Das ist eine richtige Auskunft, die uns die Musen da
geben.‹

›Notwendig. Es sind ja doch die Musen.‹

b ›Und wie schildern sie das Weitere?‹

›Ist die Zwietracht da, so zieht das, was eiserner und eher-
ner Art ist, die Seelen zum Gelde, zu Land und Haus und
Reichtümern hin; dagegen was goldener und silberner Art,
also von Hause aus schon reich und nicht arm ist, zur Tugend
und zur alten Lebensordnung. So drängen und arbeiten sie
einander entgegen und finden sich in der Mitte zusammen.
Sie kommen überein, die Ländereien und Häuser als privates
c Eigentum untereinander zu verteilen. Das freie Volk, über das
sie vordem als über ihre Freunde und Ernährer wachten,
knechten sie jetzt, behandeln es als ihre Schützlinge und Un-
tertanen und treiben so ihren Krieger- und Wächterberuf.‹

›So scheint sich in der Tat der Umschwung zu vollziehen.‹

›Und diese Staatsform liegt doch in der Mitte zwischen Aristokratie und Oligarchie?‹

›Jawohl.‹

›Also ihre Entstehung haben wir beschrieben. Wie sind d IV
ihre Einrichtungen? Offenbar hat sie einiges von der früheren Verfassung, anderes von der Oligarchie, da sie zwischen beiden steht. Manches ist ihr wohl auch eigentümlich.‹

›Ja.‹

›Der früheren gleicht sie darin, daß sie die Herrscher ehrt und daß der Kriegerstand sich nicht mit Ackerbau, Handwerken und Handel abgibt; ferner darin, daß gemeinsame Mahlzeiten stattfinden und für körperliche Übungen und für Kriegskunst gesorgt wird.‹

›Ja.‹

›Für sich allein hat sie wohl hauptsächlich die Scheu, den e
Weisen die Herrschaft anzuvertrauen, weil sie schlechthin und im strengen Sinne Weise nicht mehr besitzt. Sie hat nur gemischte Naturen. Dagegen neigt sie den Willensmenschen und verhältnismäßig Einfachen zu, die mehr für den Krieg als
für den Frieden geschaffen sind. Klugheit und Gewandtheit 548a
im Kriege stehen bei ihr in Ehren; sie führt beständig Krieg.‹

›Ja.‹

›Mit den Menschen in den Oligarchien aber werden die Bürger die Neigung zum Geld gemeinsam haben. Sie schätzen im geheimen Gold und Silber gewaltig; denn sie haben ja eigne Kammern und Schatzräume, in denen sie es aufhäufen können, und haben Mauern um ihre Häuser, also ein eignes kleines Reich, in dem sie mit ihren Frauen und mit wem sie sonst wollen, ihr eignes Geld verbrauchen und sich's wohl sein lassen können.‹

›Völlig richtig.‹ b

›Da sie das Geld lieben und es nicht offen erwerben, werden sie sparsam damit umgehen. Fremdes verschwenden sie, weil sie genußsüchtig sind. Sie entlaufen dem Gesetz wie Kinder ihrem Vater und gehen heimlich ihren Lüsten nach. Sie sind eben nicht durch gütliche Worte, sondern durch Gewalt erzogen worden, weil sie sich der wahren Bildung, die

Vernunft und Philosophie in sich schließt, entfremdet haben
und das Gymnastische über das Musische gestellt haben.‹
c ›Ja, das ist eine vollkommene Beschreibung einer Staats-
form, in der Gutes und Schlechtes sich vereinigt.‹
›Sie ist in der Tat eine Mischung. Weil aber der Wille die
Oberhand hat, tritt am deutlichsten gerade die Streitsucht
und der Ehrgeiz hervor.‹
›Freilich.‹
›Das sind also Entstehung und Merkmale dieser Staats-
form, wenn man nur die Grundzüge andeuten, nicht ins ein-
d zelne gehen will. Diese Grundzüge zeigen ja das Verhältnis
zur Gerechtigkeit und Ungerechtigkeit zur Genüge. Auch
wäre es eine unendlich langwierige Aufgabe, alle Staatsfor-
men und Seelenformen mit allen Einzelheiten zu bespre-
chen.‹
›Ganz recht.‹
V ›Wie sieht nun der Mensch aus, der dieser Staatsform ent-
spricht? Wie entsteht er? Welche Merkmale hat er?‹
›Ich glaube, in der Streitsucht hat er mit unserem Glaukon
Ähnlichkeit‹, sagte Adeimantos.
e ›Vielleicht darin‹, sagte ich. ›Aber in anderen Eigenschaf-
ten stimmen sie wohl nicht überein.‹
›In welchen?‹
›Der timokratische Mensch muß anmaßender und unge-
bildeter sein. Zwar liebt er das Musische, hört auch philoso-
phischen Gesprächen gern zu, kann aber durchaus keine füh-
549a ren. Gegen die Sklaven ist er roh; er übersieht sie nicht ein-
fach, wie ein Mann von Erziehung. Gegen die Freien ist er
zuvorkommend, gegen die Herrscher sehr unterwürfig. Er
herrscht gern und ist ehrgeizig, sucht aber nicht durch seinen
Geist, sondern durch kriegerische Taten und ähnliches zur
Herrschaft zu gelangen. Er liebt die Gymnastik und die Jagd.‹
›Ja, solch ein Charakter entspricht jener Staatsform.‹
b ›In der Jugend verachtet er das Geld; aber je älter er wird,
desto lieber wird es ihm. Denn er hat etwas von der Natur des
Gewinnsüchtigen in sich und ist nicht rein auf Vervoll-
kommnung gerichtet. Der beste Wächter hat ihn verlassen.‹

›Welcher?‹

›Die Vernunft, die mit der Bildung verwachsen ist. Hat sie jemand erworben, so erhält sie ihm Zeit seines Lebens die Tugenden.‹

›Du hast recht.‹

›Das ist also der timokratische Jüngling, der der timokratischen Staatsform gleicht.‹

›Jawohl.‹ c

›Seine Entstehung ist etwa folgende. Er ist bisweilen der Sohn eines vorzüglichen Vaters, der in einem schlecht verwalteten Staate lebt, deshalb Ehrenstellen, hohen Ämtern, Rechtshändeln und überhaupt der Vielgeschäftigkeit aus dem Wege geht. Er will lieber Verluste leiden als allerhand Schwierigkeiten haben.‹

›Wie entsteht er also?‹

›Der Knabe sieht vor allem den Kummer der Mutter, daß ihr Mann nicht zu den Herrschenden gehört. Sie sieht, wie andere Frauen sie deshalb zurücksetzen, sieht auch, wie we- d
nig er nach Geldgewinn trachtet, wie wenig er, im Privatleben oder vor Gericht oder im öffentlichen Leben, an Kampf und Streit sich beteiligt, sondern immer sorglos ist. Sie merkt auch, daß er beständig mit sich selber zu tun hat und sie weder sehr hoch noch sehr gering achtet. Alles das macht sie unmutig, und sie spricht zu dem Sohn von der Unmännlichkeit und allzu großen Nachgiebigkeit seines Vaters, kurz sie klagt ihm alles, was die Frauen in solchen Fällen zu klagen wissen.‹

›Ja, da gibt es vieles!‹ sagte Adeimantos. e

›Auch die Bedienten sagen, scheinbar in guter Absicht, den Söhnen manchmal solche Dinge, wie du weißt. Sehen sie, daß der Vater gegen einen Schuldner oder gegen einen, der sich sonst vergangen hat, nicht vorgeht, so mahnen sie ihn, er solle solche Leute später belangen und solle männlicher sein als sein Vater. Außer dem Hause hört und sieht er Ähnliches. 550a
Wer bei seinem Beruf bleibt, wird töricht gescholten und genießt geringes Ansehen. Wer sich viel zu schaffen macht, wird geehrt und gerühmt. Das alles hört und sieht der Jüng-

ling und hört auf der anderen Seite, was ihm sein Vater sagt, sieht dessen Streben aus der Nähe und vergleicht es mit dem
b der anderen. Sein Vater unterstützt und stärkt seine Vernunft, die anderen seine Begierden und seinen Willen. Er wird also nach zwei entgegengesetzten Richtungen gezogen und wird, da seine ererbten Anlagen gut sind, sein Verkehr mit den anderen Leuten aber ungünstig wirkt, sich in der Mitte zwischen beiden halten. Er überläßt die Herrschaft in seiner Seele der streitsüchtigen Kraft, die in der Mitte steht, nämlich dem Willen, und wird also ein hochfahrender ehrgeiziger Mensch.‹

›Ich glaube, du hast seine Entstehung ganz richtig dargestellt.‹

c ›So sind wir mit der zweiten Staatsform und der zweiten Menschenart fertig.‹

›Ja.‹

VI ›Nun laß uns (wie Aischylos sagt) den nächsten nennen, der dem nächsten Staate bestimmt ist. Oder vielmehr nehmen wir, wie verabredet, den Staat voran.‹

›Jawohl.‹

›Auf jene Staatsform folgt wohl die Oligarchie.‹

›Was für eine Verfassung nennst du Oligarchie?‹

d ›Die, welche auf der Vermögensschätzung beruht. Die Reichen herrschen; der Arme hat keinen Anteil an der Regierung.‹

›Ich verstehe.‹

›Zunächst müssen wir den Übergang von der Timarchie zur Oligarchie beschreiben.‹

›Ja.‹

›Ein Blinder sieht, wie er sich vollzieht.‹

›Wie denn?‹

›Die Schatzkammer, die sich mit Gold füllt, ist es, die jene Verfassung zerstört. Man erfindet Anlässe, seinen Reichtum zu zeigen (Männer wie Frauen), und bildet die Gesetze dahin um, ihrem Sinn zuwider.‹

›Das ist möglich.‹

›Einer sieht dann den Reichtum des andern und miß- e
gönnt ihn ihm. So werden die meisten neidisch aufeinander.‹

›Möglich.‹

›Infolgedessen streben sie noch eifriger nach Geld. Je ehrenvoller es aber wird, reich zu sein, um so weniger ehrenvoll wird es, tugendhaft zu sein. Denn Tugend und Reichtum verhalten sich doch so zueinander, als lägen sie in den Waagschalen: hebt sich das eine, so sinkt das andere.‹

›Gewiß.‹

›Wenn der Reichtum und der Reiche im Staate zu Anse- 551a
hen kommen, so verlieren die Tüchtigkeit und der Tüchtige an Ansehen.‹

›Augenscheinlich.‹

›Aber was in Ansehen steht, wird gesucht, was verachtet wird, gemieden.‹

›So ist es.‹

›Aus Streitsüchtigen und Ehrgeizigen werden also schließlich Gewinnsüchtige und Habgierige. Der Reiche wird gerühmt, bewundert und erhält die obersten Staatsämter. Wer arm ist, wird verachtet.‹

›Jawohl.‹

›Und dann wird das Gesetz erlassen, das der Oligarchie
ihren Charakter verleiht. Eine Geldsumme wird ausgemacht b
(um so höher, je strenger die Oligarchie ist, um so niedriger, je weniger streng) und die Bestimmung getroffen, daß keiner zu den Ämtern zugelassen wird, dessen Vermögen nicht diese Summe erreicht. Die Durchführung des Gesetzes geschieht entweder durch Waffengewalt oder die Gegner ergeben sich, bevor es dazu kommt, aus Furcht und lassen die Aufrichtung dieser Verfassung zu. Oder ist es nicht so?‹

›Doch.‹

›Also das ist ungefähr die Einführung.‹

›Ja‹, sagte er. ›Und wie ist nun ihr Wesen und welches sind c
ihre Fehler, von denen wir sprachen?‹

›Der erste Fehler liegt in jenem Grundgesetz selber. Er- VII
nennt man wohl den Steuermann eines Schiffes auch auf sein

Vermögen hin und weist den Armen zurück, selbst wenn er ein besserer Steuermann ist?‹

›Das würde eine üble Fahrt geben!‹

›Ist es mit anderen Ämtern etwa nicht so?‹

›Ich dächte doch.‹

›Bloß nicht mit dem Herrscheramt? Oder ist es bei der Herrschaft über einen Staat dasselbe?‹

›Da gerade am meisten! Dies Amt ist ja doch das schwierigste und höchste.‹

d ›Also ist das der erste große Fehler der Oligarchie.‹

›Es leuchtet ein.‹

›Ferner! Ist der zweite kleiner?‹

›Welcher?‹

›Der Staat ist nicht einheitlich, sondern enthält zwei verschiedene Staaten, einen der Reichen und einen der Armen, die sich am gleichen Ort befinden und beständig in Feindschaft leben.‹

›Wahrhaftig, der Fehler ist nicht kleiner.‹

›Auch das ist ganz gewiß nichts Gutes, daß sie eigentlich
e keinen Krieg führen können. Entweder fürchten sie sich vor dem bewaffneten Volk, das sie anführen, mehr als vor den Feinden; oder wenn sie das Volk nicht mit in den Krieg nehmen, so treten sie wahrhaft oligarchisch in der Schlacht auf. Sie sind überdies so gewinnsüchtig, daß sie kein Geld aufbringen wollen.‹

›Nein, das ist nichts Gutes.‹

›Ferner! Hältst du es für einen Vorzug dieser Staatsform,
552a daß die Bürger mehrere Berufe haben und zugleich Landwirt, Händler und Krieger sind? Wir haben dies von jeher verworfen.‹

›Durchaus nicht für einen Vorzug!‹

›Der größte Fehler aber ist der folgende. Dieser Staat ist der erste, der ihn hat. Gib acht!‹

›Nun?‹

›Man darf all seinen Besitz veräußern und ein anderer darf ihn an sich nehmen. Hat man dies getan, so lebt man in dem Staate weiter, ohne eigentlich sein Mitglied zu sein.

Man ist nicht Händler und nicht Handwerker, kämpft nicht zu Pferde und nicht zu Fuß. Man heißt: ein Armer, ein Mittelloser.‹

›Die Oligarchie ist der erste Staat, in dem dies vorkommt. b
Verhindern tut man es in ihm wenigstens nicht. Sonst gäbe es ja nicht übermäßig Reiche und gänzlich Verarmte.‹

›Ganz recht. Nun sieh! Verzehrt so ein Reicher sein Geld, so hat doch der Staat einen Nutzen in dem erwähnten Sinne nicht davon. Jener gehört bloß dem Namen nach zu den Leitern des Staates. In Wirklichkeit ist er weder Herr noch Diener des Staates, sondern er verzehrt bloß, was da ist.‹

›So ist es. Dem Namen nach ist er einer der Herrschenden, c
in Wahrheit verzehrt er bloß.‹

›Wir könnten ihn wohl mit den Drohnen im Bienenstock vergleichen. So wie in der Honigwabe sich die Drohne, eine Krankheit des Bienenstocks, bildet, so entsteht im Hause diese andere Drohne als eine Krankheit des Staates.‹

›Allerdings, Sokrates.‹

›Die geflügelten Drohnen nun hat der Gott stachellos geschaffen, Adeimantos, aber unsere nicht geflügelten nur zum Teil stachellos, zum Teil mit gewaltigen Stacheln. Die Stachellosen werden schließlich, wenn sie älter werden, Bettler, die mit Stacheln Versehenen werden sämtlich das, was man Verbrecher nennt.‹

›Völlig wahr.‹ d

›Siehst du also irgendwo in einem Staate Bettler, so steht es fest, daß sich dort auch Diebe, Beutelschneider, Tempelräuber und Meister in allen anderen Schandtaten versteckt halten.‹

›Das steht fest.‹

›Entdeckst du aber in den oligarchischen Staaten keine Bettler?‹

›Außer den Herrschenden gibt es fast nur Bettler.‹

›Also können wir annehmen, daß es auch zahlreiche Ver- e
brecher mit Stacheln dort gibt, deren gewaltsame Unterdrükkung sich die Obrigkeit angelegen sein läßt.‹

›Ja, das dürfen wir annehmen.‹

›Und wie kommen sie in den Staat hinein? Doch durch Unerzogenheit und mangelnde Sorgfalt sowie durch die Staatsverfassung.‹

›Freilich.‹

›Das ist also die oligarchische Staatsform mit ihren Fehlern! Vielleicht hat sie auch noch mehr.‹

›Ja, das ist sie.‹

553a ›Wir lassen sie nunmehr fallen, diese sogenannte Oligarchie, deren Herrscher aus der Vermögensabschätzung hervorgehen, und betrachten den entsprechenden Menschen, seine Entstehung und seine Merkmale.‹

›Jawohl.‹

VIII ›Seine Entwicklung aus dem timokratischen Menschen wird sich doch in der Hauptsache so vollziehen.‹

›Wie?‹

›Der Sohn eifert seinem Vater zunächst nach und folgt seinen Spuren. Dann sieht er ihn aber plötzlich am Staate
b scheitern wie an einer Klippe, sieht, wie sein Reichtum und er selber über Bord geht, wie er, der Feldherr oder sonstige hohe Staatsbeamte, dem Gericht verfällt, von falschen Anklägern verleumdet, zum Tode oder zur Verbannung oder zum Verlust des Bürgerrechts verurteilt wird und sein ganzes Vermögen einbüßt.‹

›So wird es sein.‹

›Und hat er das gesehen und durchgemacht und seine Habe so verloren, Freund, so wird er voller Schrecken den Ehrgeiz und den Willen kopfüber vom Thron seiner Seele
c herabstürzen. Durch Armut erniedrigt, legt er sich auf den Gelderwerb, ist geizig, spart, müht sich mit kleinlichen Dingen und sammelt sich so ein Vermögen. Die Begierde also und die Gewinnsucht setzt er auf den Thron, macht sie zum Großkönig seiner Seele und schmückt sie mit Tiara, Halskette und Säbel.‹

›Ja, ich glaube.‹

d ›Die Vernunft und den Willen setzt er rechts und links ihr zu Füßen und läßt sie ihr dienen. Die Vernunft darf auf nichts anderes denken und sinnen als auf Mittel zur Vermehrung des Geldes, und der Wille darf nichts anderes bewundern und rühmen als Reichtum und reiche Leute, in nichts anderes seine Ehre setzen als in die Gewinnung von Geld und von Dingen, die zu Geld verhelfen.‹

›Das ist allerdings die schnellste und vollkommenste Verwandlung eines ehrgeizigen Jünglings in einen gewinnsüchtigen.‹

›Und ist er jetzt oligarchisch?‹ e

›Entwickelt hat er sich wenigstens aus der Menschenform, die dem Staate entsprach, aus dem sich die Oligarchie entwickelt hat.‹

›Laß uns also untersuchen, ob er mit der Oligarchie Ähnlichkeit hat.‹

›Ja, tun wir das.‹ 554a

›Erstens ist er ihr darin ähnlich, daß ihm das Geld am IX
höchsten steht.‹

›Ohne Zweifel.‹

›Ferner darin, daß er geizig und arbeitsam ist. Er befriedigt nur die unentbehrlichen Begierden, andere Aufwendungen macht er nicht. Die übrigen Begierden nennt er eitel und beherrscht sie.‹

›Jawohl.‹

›Er ist ein schmutziger, stets seinen Vorteil erspähender,
Geld aufhäufender Mann, wie ihn das Volk rühmt. Das sind b
doch die Merkmale eines Menschen, der jener Staatsform entspricht?‹

›Ich dächte. Wenigstens genießt das Geld hier so gut wie dort die höchsten Ehren.‹

›Er ist auf seine Bildung nicht bedacht gewesen.‹

›Wohl kaum. Sonst hätte er nicht den Blinden zum Chorführer gemacht und mit den höchsten Ehren bedacht.‹

›Ganz recht. Werden sich aber infolge des Mangels an Erziehung nicht drohnenartige Begierden bei ihm einstellen,
die zum Teil jenen Bettlern, zum Teil den Verbrechern ähn- c
lich sehen? Er hält dieselben durch sein anders gerichtetes Streben gewaltsam zurück.‹

›Freilich.‹

›Weißt du, wo man seiner verbrecherischen Neigungen gewahr wird?‹

›Wo?‹

›Bei der Verwaltung von Vormundschaftsgeldern, überhaupt da, wo er Gelegenheit hat, nach Gefallen unredlich zu sein.‹

›Das ist wahr.‹

›Und das zeigt doch, daß er seine schlechten Neigungen
dort gehörig im Zaun hält, wo er sich als redlicher Geschäfts-
mann zeigt und als solcher in Ansehen steht? Er ist nicht
überzeugt, daß Redlichkeit das Bessere ist, und verweist seine
d Neigungen nicht durch gütliche Worte zur Ruhe, sondern
hält sie durch Gewalt und Einschüchterung nieder, weil ihm
um sein Geld angst ist.‹

›Jawohl.‹

›Gilt es, von fremdem Gelde zu leben, so kannst du wahrhaftig merken, Freund, daß die meisten von ihnen diese Drohnenneigungen haben.‹

›Und in recht hohem Grade!‹

›Also ist diese Menschenart im Zwiespalt mit sich; es ist
e nicht ein Mensch, sondern es sind zwei Menschen. Doch
sind es in der Regel die edleren Begierden, die der gemeine-
ren Herr sind.‹

›So ist es.‹

›Ein solcher Mensch wird sich besser betragen als viele andere. Aber von der wahren Tüchtigkeit der einheitlichen, harmonischen Seele ist er weit entfernt.‹

›Ich denke wohl.‹

›Und bei Wettkämpfen versagt er, weil er geizig ist, mag es
sich nun um einen Sieg bei den Spielen handeln oder um ei-
555a nen anderen Wettbewerb um die Schönheit. Für den Ruhm,
den solche Wettkämpfe bringen, gibt er kein Geld aus. Er
mag die Begierden, die nach Verschwendung verlangen,
nicht aufwecken und zum Bündnis zu Hilfe rufen, wenn
er kämpfen muß. Seine Kämpfe ficht er oligarchisch, das
heißt mit wenigen seiner Eigenschaften durch; die meisten
werden unterdrückt. So behält er seinen Reichtum.‹

›Freilich.‹

›Es ist also kein Zweifel, daß der geizige und gewinnsüchtige Mensch zur oligarchischen Staatsform paßt und ihr entspricht.‹

›Nein.‹ b

›Weiter ist die Demokratie zu untersuchen, ihre Entstehung X
und ihr Charakter, worauf wir dann wieder auf den entsprechenden Menschen eingehen und dem Urteil über ihn Raum geben.‹

›Wir bleiben damit auf dem Wege, den wir uns vorgezeichnet haben.‹

›Der Umschwung von der Oligarchie in die Demokratie tritt doch dadurch ein, daß man bei dem Streben nach dem erklärten Gut, dem größtmöglichen Reichtum nämlich, keine Grenzen wahrt.‹

›Wieso?‹

›Die Herrscher wollen nicht ein gesetzliches Verbot des c
Verschwendens und Vergeudens des Besitzes erlassen. Sie lassen es zu, daß junge Leute das Ihrige verschwenden, um durch Kauf ihrer Besitzungen und durch Gelddarlehen an sie noch reicher und angesehener zu werden.‹

›Allerdings.‹

›Es ist ja klar, daß die Bürger eines solchen Staates nicht zu gleicher Zeit reich werden und Besonnenheit gewinnen
können. Sie müssen das eine oder das andere fahren lassen.‹ d

›Das ist ziemlich klar.‹

›Man kümmert sich also nicht um die einzelnen, sondern überläßt sie, mitunter also auch wertvolle Naturen, ihren zügellosen Trieben. So verfallen sie notwendig der Armut.‹

›Allerdings.‹

›Sie sitzen dann, mit Stacheln und Waffen bewehrt, im Staate. Teils stecken sie in Schulden, teils haben sie nicht mehr das Bürgerrecht, teils ist beides der Fall. Haß und Feindschaft gegen die, welche sich ihrer Besitztümer bemächtigt haben, und gegen die übrigen erfüllt sie. Sie wünschen einen Umschwung herbei.‹

e ›So ist es.‹

›Die Reichen sind so eifrig mit Gelderwerb beschäftigt, daß sie hierauf gar nicht achten. Jedem, der ihnen in die Arme läuft, werfen sie Darlehen zu, ziehen viele Prozente,
556a Zinsen, Kinder des Kapitals, ein und mehren nur die Zahl der Drohnen und Bettler.‹

›Freilich, sie wird groß.‹

›Den unheilvollen Brand, den sie so entfachen, zu löschen, fällt ihnen nicht ein. Sie treten weder der beliebigen Verschwendung des Vermögens entgegen noch schaffen sie durch ein anderes dahinzielendes Gesetz Abhilfe.‹

›Durch was für ein Gesetz?‹

›Ein Gesetz, das jenem folgen sollte und das die Bürger
b zum Streben nach Tugend anhielte. Ich meine, man sollte festsetzen, daß der größte Teil der freiwilligen Abkommen auf eigne Gefahr getroffen werde. Dann würden im Staate nicht mehr in so unverschämter Weise Geldgeschäfte gemacht werden, und es käme nicht zu den argen Zuständen, die wir eben schildern.‹

›Viel weniger!‹

›So aber bringen ja die Herrschenden durch ihr Verfahren ihr Volk in die genannte üble Lage. Sie selber und ihre Angehörigen leben in der Jugend üppig und scheuen leibliche und
c seelische Anstrengungen. Der Lust und dem Schmerz gegenüber fehlt es ihnen an Festigkeit, und überhaupt sind sie leistungsunfähig.‹

›Ohne Frage.‹

›Später denken sie dann an nichts als an Gelderwerb. Auf wahre Tüchtigkeit sind sie durchaus nicht mehr bedacht als die Armen.‹

›Nein.‹

›Wenn sich solche Herrschenden und solch Volk dann treffen, also auf Wanderungen oder bei anderen Unterneh-
d mungen, in der Festgesandtschaft oder im Felde, und die einen Schiffsgenossen oder Zeltgenossen der anderen sind und sich in gemeinsamen Gefahren erblicken, so wissen die Reichen die Unterstützung der Armen dann wohl zu schätzen.

Ja, der hagere, sonnverbrannte Arme, der in der Schlacht oft an der Seite des Reichen steht, der im Schatten aufgewachsen und von fremdem Fleisch stark geworden ist, ihn keuchen und sich schwerfällig bewegen sieht, wird doch gewiß meinen, die Untüchtigkeit mache solche Leute reich. Er wird einem Genossen, wenn er ihm allein begegnet, im Vertrauen sagen: unsere Männer sind nichts wert!‹

›Ich weiß, daß dergleichen vorkommt.‹ e

›Und wie ein ungesunder Körper nur eines kleinen Anstoßes von außen bedarf, um wirklich zu erkranken, wie er manchmal sogar ohne das in Hader mit sich selber gerät, so wird es auch dem Staate ergehen. Ein geringer Anlaß, die Hilfe eines anderen oligarchischen Staates, die ein Teil der Bürger herbeiruft, oder die eines demokratischen, die der andere Teil herbeiruft, wird die Krankheit, den Bürgerkrieg, zum Ausbruch bringen. Und manchmal wird der Hader sich ganz ohne äußere Veranlassung erheben.‹

›Jawohl.‹ 557a

›Siegen dann die Armen und töten einen Teil der Reichen, verbannen einen anderen, geben dem Rest gleiche Rechte im Staate und Anteil an der Regierung, so ist damit die Demokratie begründet.‹

›Freilich, das ist die Begründung der Demokratie, gleichviel ob es durch Waffengewalt dahin kommt oder ob die andere Partei aus Furcht das Feld räumt.‹

›Wie ist nun ferner das Leben innerhalb der Demokratie? XI
Welche Gestalt hat ihre Verfassung? Offenbar werden wir b
nachher den demokratischen Menschen als ihr Ebenbild feststellen.‹

›Offenbar.‹

›Vor allem ist man frei, nicht wahr? Der Staat hat Freiheit im Handeln und Reden in Fülle. Jeder Bürger kann tun, was er will.‹

›So heißt es.‹

›Kann aber jeder tun, was er will, so wird sich natürlich jeder eine Lebensgestaltung nach seinem Gutdünken schaffen.‹

›Natürlich.‹

c ›Mannigfaltigkeit der Sinnesrichtungen wird sich also bei dieser Staatsform am meisten finden.‹

›Freilich.‹

›Sie hat das hübscheste Aussehen von allen. Wie ein buntes, in allen Farben schillerndes Kleid wird sie in allen Spielarten menschlichen Wesens schillern. So wird gar mancher sie für die herrlichste erklären, wie die Kinder und die Frauen, wenn sie etwas Buntes sehen.‹

›Sicher.‹

d ›Man kann auch die verschiedenen Staatsformen in ihr kennenlernen, Verehrter!‹

›Wieso?‹

›Sie hat, weil sie soviel Freiheit läßt, Verfassungen aller Art in sich. Wer einen Staat gründen will, wie wir es vorher getan haben, muß sogar in einen demokratischen Staat gehen und sich dort aussuchen, was ihm gefällt, als wäre er in einem Lager von Staatsformen. Hat er gewählt, so kann er damit seine Gründung vornehmen.‹

e ›An Vorbildern wird es ihm gewiß nicht fehlen.‹

›Man lebt angenehm wie ein Gott in der Demokratie. Es zwingt dich keiner, ein obrigkeitliches Amt zu übernehmen, auch nicht, wenn du die Fähigkeit dazu hast. Ebensowenig brauchst du jemand über dich herrschen zu lassen, wenn du nicht willst, brauchst nicht in den Krieg zu ziehen, wenn Krieg ist, und brauchst nicht Frieden zu schließen, wenn der Staat ihn schließt, falls dich eben nicht nach Frieden gelüstet. Ja, wenn ein Gesetz dich hindert, ein Staatsamt oder ein richterliches Amt zu bekleiden, so kannst du trotzdem Staats-
558a mann und Richter sein, wenn es dir beliebt. Für den Augenblick ist diese Lebensart doch göttlich angenehm?‹

›Für den Augenblick vielleicht.‹

›Ferner: ist die freundliche Gesinnung, die manche Verurteilten an den Tag legen, nicht etwas Feines? Du hast in solchen Staaten doch gewiß gesehen, daß Leute, die zum Tode oder zur Verbannung verurteilt sind, trotzdem dableiben, mitten unter anderen umhergehen, als ob niemand sie sähe oder beachtete. Sie stolzieren daher wie ein Held.‹

›Das habe ich oft gesehen.‹

›Der Staat verzeiht es. Er ist nicht kleinlich. Er verachtet b
auch den Grundsatz, mit dem wir bei Gründung unseres
Staates prahlten: wer nicht ganz besonders von der Natur be-
vorzugt sei, werde nie ein tüchtiger Mann werden, wenn er
nicht schon in seinen Kinderspielen der Schönheit zuge-
wandt sei und überhaupt alles in Schönheit übe. In erhabener
Weise tritt er all solche Bedenken nieder und fragt ganz und
gar nicht danach, von welchem Beruf aus man Staatsmann
wird und sich dem Ganzen widmet. Jeder ist ihm recht, so-
bald er sagt, er liebe das Volk.‹

›Ja, es ist ein edler Staat!‹ c

›Das also und was damit verbunden ist, kennzeichnet die
Demokratie. Sie ist eine angenehme, herrscherlose und bunte
Staatsform, die den Gleichen so gut wie den Ungleichen
gleiche Rechte einräumt.‹

›Deine Beschreibung bezeichnet sie vollkommen deut-
lich.‹

›Wir gehen zu den Merkmalen der entsprechenden Men- XII
schenform über. Oder wir müssen wohl zuerst ihre Entste-
hung untersuchen, wie wir es auch bei der Staatsform getan
haben.‹

›Ja.‹

›Die Entstehung ist doch folgende. Der Sohn jenes geizi-
gen oligarchischen Mannes wird vom Vater in seiner Weise d
erzogen.‹

›Gewiß.‹

›Auch er beherrscht also die Begierden, die zum Ausge-
ben, nicht zum Einnehmen drängen, mit Gewalt. Sie heißen
die entbehrlichen Begierden.‹

›Augenscheinlich.‹

›Sollten wir nicht zunächst die Begriffe: unentbehrliche
und entbehrliche Triebe erklären? Sonst tappen wir bei un-
serer Untersuchung im Dunkeln.‹

›O ja.‹

›Unentbehrlich werden wir mit Recht diejenigen nennen,
deren Abwehr unmöglich ist, und diejenigen, deren Befrie- e

digung uns Gewinn bringt. Unsere Natur zwingt uns ja, diesen beiden Arten der Triebe nachzugehen, nicht wahr?‹

›Freilich.‹

559a ›Also müssen wir sie als unentbehrlich bezeichnen.‹

›Ja.‹

›Weiter die anderen, die man überwinden kann, wenn man von Jugend auf danach strebt, und deren Befriedigung uns keinen Nutzen bringt, manchmal sogar Schaden –, wir werden nicht fehlgehen, wenn wir sie sämtlich entbehrlich nennen.‹

›Nein.‹

›Nehmen wir ein Beispiel, um den Charakter der beiden Arten klar zu erkennen.‹

›Das wird nötig sein.‹

›Der Nahrungstrieb, soweit er sich in den Grenzen der Gesundheit und des Wohlbefindens hält, und das näher bestimmte Verlangen nach Brot und nach Zukost ist doch ein unentbehrlicher Trieb.‹

b ›Ich meine.‹

›Das Verlangen nach Brot ist aus beiden Gründen unentbehrlich, weil die Befriedigung uns zuträglich und weil dies Verlangen in jedem lebenden Wesen unüberwindlich ist.‹

›Ja.‹

›Das Verlangen nach Zukost ist in dem Sinne unentbehrlich, daß seine Befriedigung unser Wohlbefinden fördert.‹

›Jawohl.‹

›Das Verlangen dagegen, das hierbei nicht haltmacht und sich auf Speisen anderer Art richtet, werden wir als entbehrlich bezeichnen können. Es läßt sich durch Zucht und Bildung, die von Kindheit an fortgesetzt wird, in den meisten Menschen ertöten, und seine Befriedigung gereicht sowohl dem Körper wie der Seele und ihrer Einsicht und Selbstbeherrschung zum Nachteil.‹

c ›Mit vollem Recht bezeichnen wir es als entbehrlich.‹

›Und wir können sagen, daß seine Befriedigung eine Ausgabe ist, die Befriedigung des ersteren aber eine Einnahme. Denn Triebe dieser Art unterstützen die Leistungsfähigkeit.‹

›Freilich.‹

›Dieselbe Scheidung können wir auch bei den erotischen und allen anderen Trieben vornehmen.‹

›Ja.‹

›Und wir verstanden unter jenen Drohnen Menschen, die solche entbehrlichen Lüste und Triebe in Fülle haben und unter ihrer Botmäßigkeit stehen. Die Geizigen und Oligar- d
chischen dagegen waren die, welche sich von den unentbehrlichen leiten lassen.‹

›Ganz entschieden.‹

›So laß uns jetzt auf die Umwandlung des oligarchischen XIII
Menschen in den demokratischen zurückkommen. Meiner Meinung nach vollzieht sie sich so.‹

›Wie?‹

›Der Jüngling ist ohne Bildung und in Sparsamkeit aufgewachsen. Nun kostet er von dem Honig der Drohnen und kommt mit funkelnden und gefährlichen Tieren in Berührung, die ihm alle möglichen abwechslungsreichen Vergnügungen zu verschaffen wissen. Damit hat seine Umwandlung e
in den demokratischen Menschen begonnen.‹

›Ganz unbedingt.‹

›Die Wandlung des Staates kam so zustande, daß der einen Partei von außen Hilfe zukam, gleichgeartete Bundesgenossen. Ebenso wird es bei dem Jüngling sein. Triebe anderer Menschen unterstützen die verwandten und gleichartigen Triebe seines Inneren.‹

›Allerdings.‹

›Erhalten nun auch die oligarchischen Triebe Unterstützung, etwa durch den Vater oder durch die anderen Angehö- 560a
rigen, indem sie schelten und ermahnen, so kommt es zum inneren Zerwürfnis; die Parteien in seiner Seele führen Krieg miteinander.‹

›Ohne Zweifel.‹

›Manchmal mag die demokratische Partei der oligarchischen weichen. Die Triebe werden teils erstickt, teils abgewehrt. Die Scham zieht in die Seele des Jünglings ein, und er stellt die alte Ordnung wieder her.‹

›Das kommt vor.‹

›Aber in der Stille wachsen die Triebe, die gleicher Art sind
b wie die abgewehrten, wieder heran. Die Unwissenheit des
Vaters in Dingen der Erziehung mehrt sie und stärkt sie.‹

›So pflegt es zu sein.‹

›Sie ziehen den Jüngling zu dem alten Verkehr, und in heimlicher Gemeinschaft mit den fremden Trieben kommen viele neue zur Welt.‹

›Gewiß.‹

›Endlich ergreifen sie Besitz von der Seelenburg des Jünglings. Sie sehen ja, daß sie ohne die beste Wache und Besatzung ist, die das innere Reich gottgeliebter Männer haben kann, nämlich ohne Wissenschaften, ohne edle Tätigkeit und ohne philosophische Gespräche, die der Wahrheit dienen.‹

c ›Bei weitem die besten Hüter sind das.‹

›Lügnerische und schwatzende Redensarten und Meinungen stürzen hinauf und nehmen an deren Stelle Besitz von der Burg.‹

›Jawohl.‹

›Da ist er denn wieder bei den Lotophagen angekommen!
Er lebt offen in ihrer Gesellschaft, und wenn die Angehöri-
gen den sparsamen Regungen in seiner Seele ein Hilfsheer
schicken, so schließen jene schwatzenden Redensarten die
Tore der Burgmauer und lassen diese Bundesgenossen nicht
herein, empfangen auch die Gesandtschaften nicht, die in
d Gestalt vernünftiger Zureden älterer Leute kommen. Sie
führen den Kampf durch und siegen. Die Scham – sie sagen
Einfalt – stoßen sie als rechtlose Verbannte hinaus. Die Besonnenheit – sie sagen Unmännlichkeit – jagen sie unter Beschimpfungen von dannen. Die Mäßigkeit und vernünftige Regelung der Ausgaben – bäuerischer kleinlicher Sinn soll das sein – verweisen sie des Landes, wobei denn viele nichtsnutzige Triebe behilflich sind.‹

›Jawohl.‹

›Sind diese Dinge alle fortgeschafft, so wird die Seele des
e also Eroberten auf feierlichste Weise gereinigt, und nun
werden Übermut, Willkür, Verschwendung, Schamlosigkeit

in langem Zuge, herrlich angetan und bekränzt, hereingeführt, Loblieder gesungen und schöne Schmeichelnamen gebraucht. Statt Übermut sagt man Wohlerzogenheit, statt Willkür Freiheit, statt Verschwendung Großartigkeit, statt Schamlosigkeit Männlichkeit. So ist der Jüngling, der in der 561a
Beschränkung auf die unentbehrlichen Triebe aufgewachsen war, frei und zuchtlos geworden im Dienste der entbehrlichen und unnützen Triebe.‹

›Ja, der Umschwung ist ganz deutlich.‹

›Sein Leben gestaltet sich dann in der Weise, daß er auf die Befriedigung der unentbehrlichen Triebe durchaus nicht mehr Geld, Mühe und Zeit verwendet als auf die der entbehrlichen. Ist ihm aber das Glück günstig und treibt er es nicht zu arg, nimmt er in höheren Jahren, wenn der erste b
Sturm vorüber ist, sogar einige der verbannten Triebe wieder in sich auf, gibt sich auch den eingedrungenen Trieben nicht völlig gefangen, so führt er ein Leben, dem alle Genüsse gleich wertvoll sind. Der Trieb, der sich gerade bemerklich macht, übernimmt die Leitung, als ob sie ihm gebühre. Ist er befriedigt, so tritt ein anderer an die Stelle. Keiner wird zurückgesetzt, allen wird gleichermaßen nachgegeben.‹

›Allerdings.‹

›Eine Aufklärung über das richtige Verhältnis läßt er nicht zu; sie darf nicht in die Burg hinein. Also wenn ihm jemand c
vorhält, daß manche Genüsse von schönen und guten Trieben ausgingen, andere von schlechten Trieben, daß man jene Triebe daher befriedigen und schätzen, diese unterdrücken und im Zaum halten müsse. Zu alledem sagt er nein. Er behauptet, alle Triebe ständen gleich und müßten gleiche Rechte haben.‹

›Sicher tut er das, wenn es so mit ihm beschaffen ist.‹

›So geht denn sein Leben hin. Jeden Tag ist er dem gerade vorherrschenden Triebe gefällig. Bald zecht er und hört der Flöte zu, bald trinkt er Wasser und magert ab; dann wieder treibt er Gymnastik; zuweilen tut er gar nichts und läßt alles d
liegen, dann gibt er sich ein wenig mit Philosophie ab. Oft kümmert er sich um den Staat, springt auf die Tribüne und

redet und tut, was gerade der Zufall bringt. Hat er einmal kriegerischen Ehrgeiz, so richtet er sich auf die Kriegskunst; scheint ihm der Reichtum begehrenswert, so wirft er sich auf den Gelderwerb. Es ist keine Ordnung und keine Notwendigkeit in seinem Leben. Sein schönes, freies, seliges Leben ist es, dem er in jedem Sinne treu ist.‹

e ›Du schilderst ganz genau, wie ein Mann der gleichen Rechte lebt.‹

›Er ist vielseitig und hat die verschiedensten Charaktere in sich. Er ist so schön und bunt wie jene Staatsform. Die zahlreichsten Musterbilder für Staatsformen und Lebensarten weist sein Leben auf, und viele Männer und Staaten suchen es ihm gleichzutun.‹

›So ist es.‹

562a ›Stellen wir ihn also neben die Demokratie? Dürfen wir ihn den demokratischen Menschen nennen?‹

›Ja.‹

XIV ›Nun haben wir noch die schönste Staatsform und die schönste Menschenform zu beschreiben, nämlich die Tyrannis und den Tyrannen.‹

›Freilich.‹

›Wohlan, Freund, wie ist es mit der Tyrannis? Es ist ziemlich klar, daß sie aus der Demokratie hervorgeht.‹

›Ja.‹

›Und zwar entsteht sie aus der Demokratie doch ebenso, wie die Demokratie aus der Oligarchie entstand.‹

b ›Wie denn?‹

›In der Oligarchie galt als das Höchste der Reichtum. Dadurch war sie zustande gekommen, nicht wahr?‹

›Ja.‹

›Und daran, daß ihr Streben nach Reichtum jede Grenze überschritt und alles andere um des Geldes willen vernachlässigt wurde, ging sie zugrunde.‹

›Das ist richtig.‹

›Ebenso zerfällt doch auch die Demokratie, weil sie dem, was ihr als das Höchste gilt, keine Grenzen setzt.‹

›Was gilt ihr als das Höchste?‹

›Die Freiheit! Du kannst sagen hören, daß sie das Allerschönste an der demokratischen Staatsform ist. Um der Frei- c
heit willen dürfte ein Freigeborener nur in einer Demokratie leben.‹

›So sagt man. Dergleichen kann man oft hören.‹

›Ich wollte also sagen: weil die Demokratie der Freiheit keine Grenzen setzt und alles andere um ihretwillen vernachlässigt, tritt der Umschwung ein. Die Tyrannis wird nötig.‹

›Wieso?‹

›Findet dieser freiheitsdurstige demokratische Staat böse Weinschenken, die ihm so viel ungemischte Freiheit ein- d
schenken, daß er trunken wird, so wirft er allen Herrschern, die nicht ganz nachgiebig sind und nicht jeden gewähren lassen, verbrecherische, oligarchische Gesinnung vor und bestraft sie.‹

›Allerdings.‹

›Wer den Herrschern gehorcht, wird ein Sklave und ein Lump gescholten. Wenn sich die Herrscher dagegen den Untertanen gleichmachen und die Untertanen den Herrschern, so rühmt man sie und lobt sie persönlich und von Staats wegen. Muß dabei die Freiheit nicht schließlich jedes Maß überschreiten?‹

›Natürlich.‹ e

›Und die Anarchie muß in die Häuser eindringen und sich sogar auf die Tiere übertragen.‹

›Wie meinst du das?‹

›Nun, der Vater gewöhnt sich an Gleichberechtigung mit seinen Kindern und hat Furcht vor seinen Söhnen. Der Sohn hat weder Ehrfurcht noch Scheu vor dem Vater und den El-
tern. So ist er frei! Der Metöke gilt soviel wie der Bürger und 563a
der Bürger soviel wie der Metöke, ebenso auch der Ausländer.‹

›Dahin kommt es.‹

›Ja, dahin und zu ähnlichen kleinen Ungehörigkeiten. Der Lehrer fürchtet unter solchen Verhältnissen die Schüler und schmeichelt ihnen; die Schüler achten Lehrer und Erzieher gering. Überhaupt, die Jüngeren stellen sich den Älteren

gleich und treten gegen sie auf, in Wort und in Tat. Die Grei-
b se setzen sich zu den Jungen und sind freundlich und gefällig.
Sie richten sich nach ihnen, damit man sie ja nicht für un-
liebenswürdig und herrisch hält.‹

›Jawohl.‹

›Den höchsten Grad hat die allgemeine Freiheit, die sich in solchem Staate entwickelt, aber dann erreicht, Freund, wenn die gekauften Sklaven und Sklavinnen nicht weniger frei sind als ihre Käufer. Wie weit es mit der Gleichberechtigung und Freiheit im Verhältnis der Frauen zu den Männern und der Männer zu den Frauen dann geht, hätte ich fast vergessen zu sagen.‹

c ›Nun, wir sagen eben, mit Aischylos, was nun in den Mund kommt.‹

›Ja, und das will ich auch jetzt tun. Wer es nicht sieht, glaubt es nicht, wieviel freier hier die Tiere gehalten werden als anderswo. Die Hündinnen sind, wie das Sprichwort sagt, nichts anderes als Herrinnen. Pferde und Esel gehen ganz frei und stolz einher und schlagen nach dem Vorüberkommenden, wenn er ihnen auf dem Wege nicht Platz macht. Und so wird eben alles durch und durch frei!‹

d ›Du sagst mir meinen Traum. Mir geht es oft so, wenn ich aufs Land komme.‹

›Und was die Hauptsache an dem allen ist: die Seele der
Bürger wird schwächlich! Sie erzürnen sich und können es
nicht vertragen, daß man nur ein wenig Unterordnung von
ihnen verlangt. Am Ende beachten sie dann, wie du weißt,
auch die Gesetze nicht mehr, weder die geschriebenen noch
e die ungeschriebenen. Es soll keiner in irgendeinem Sinne
ihr Herr sein.‹

›Ja, das weiß ich wohl.‹

XV ›Und gerade das ist der schöne, jugendfrohe Anfang der Tyrannis, Freund.‹

›Freilich ist der Anfang jugendfroh. Aber wie geht es weiter?‹

›Dieselbe Krankheit, die in der Oligarchie ausbrach und sie zugrunde richtete, ist es, die jetzt auch die Demokratie in ihre Gewalt bekommt. Infolge der Ungebundenheit greift sie um sich und wird stärker. In der Tat hat das Übermaß 564a in der Regel einen Umschlag ins Gegenteil zur Folge. Das ist bei dem Wetter so gut wie bei den Pflanzen und Tieren und nicht am wenigsten auch bei den Staatsformen der Fall.‹

›Augenscheinlich.‹

›Übergroße Freiheit schlägt in nichts anderes um als in übergroße Knechtschaft. Das gilt für die einzelnen wie für den ganzen Staat.‹

›Ja, augenscheinlich.‹

›So darf man annehmen, daß die Tyrannis aus keiner anderen Staatsform hervorgeht als aus der Demokratie; die ärgste und härteste Sklaverei aus der doch wohl größten Freiheit.‹

›Darin liegt Vernunft.‹

›Doch fragtest du nicht danach, glaube ich, sondern nach der Krankheit, die zunächst in der Oligarchie auftritt, dann b ebenso in der Demokratie und diese letztere schließlich der Sklaverei überliefert.‹

›Du hast recht.‹

›Ich meinte jene untätigen Verschwender, an deren Spitze sehr tapfere Leute stehen, denen aber sehr feige folgen. Wir vergleichen sie mit den Drohnen, die ersteren mit gestachelten, die letzteren mit stachellosen Drohnen.‹

›Und mit Recht.‹

›In jedem Staat, in dem sich diese Drohnen finden, zerstören sie die Ordnung, ähnlich wie das Phlegma und die Galle im Körper. Ein guter Arzt und ein guter Gesetzgeber muß c vor ihnen nicht minder auf der Hut sein wie ein weiser Bienenzüchter. Er darf sie überhaupt nicht entstehen lassen. Sind sie aber da, so muß er sie möglichst schnell mitsamt den Waben herausschneiden.‹

›Wahrhaftig! Auf jeden Fall muß er das tun.‹

›Um unser Ziel besser ins Auge fassen zu können, wollen wir folgendes vornehmen.‹

›Was?‹

›Wir wollen den demokratischen Staat in die drei Teile
d zerlegen, die er in der Tat hat. Den ersten Teil bilden die
erwähnten Drohnen. Ungebundenheit bringt sie hier ebenso hervor wie in der Oligarchie.‹

›Ganz recht.‹

›Sie treten in der Demokratie jedoch viel mehr in den Vordergrund.‹

›Wieso?‹

›In der Oligarchie genießen sie keine Achtung, sind von den Ämtern ausgeschlossen und haben infolgedessen keine körperliche Bildung und Kraft. In der Demokratie dagegen haben sie, wenige ausgenommen, die Führung in Händen. Die Gefährlichsten unter ihnen sprechen und handeln; die
anderen sitzen um die Tribünen herum, summen und lassen
e keine andere Meinung zu Wort kommen. So haben die
Drohnen, wenige ausgenommen, die gesamte Verwaltung einer solchen Demokratie in ihren Händen.‹

›Allerdings.‹

›Ferner sondert sich eine zweite Gruppe von dem eigentlichen Volke ab.‹

›Welche ist das?‹

›Wenn alle sich auf Gelderwerb legen, ist es natürlich, daß die ordentlichsten Leute in der Regel zum größten Reichtum gelangen.‹

›Selbstverständlich.‹

›Und den Drohnen fließt der Honig gewiß am meisten und am bequemsten von diesen Reichen her.‹

›Wie sollten auch die Ärmeren welchen hergeben können!‹

›Solche Reichen heißen, glaube ich, Drohnenweide.‹

›Ja, so ungefähr.‹

XVI ›Die dritte Gruppe des Staates bildet das Volk, das heißt
565a alle die Leute, die von ihrer Hände Arbeit leben und sich
um nichts anderes kümmern, auch nicht viel Eigentum besitzen. Dies ist die zahlreichste Gruppe in der Demokratie und wenn sie versammelt ist, auch die ausschlaggebende.‹

›Ganz recht. Nur versammelt sie sich nicht gern, wenn man ihr nicht von dem Honig etwas abgibt.‹

›Das geschieht aber jedesmal, wenn die Demagogen den Besitzenden das Ihrige entreißen können. Sie teilen es unter das Volk und behalten den größten Teil für sich.‹

›Auf die Weise erhält das Volk allerdings seinen Anteil.‹ b

›Nun müssen sich doch die Leute, denen man ihr Eigentum wegnimmt, wehren. Sie müssen vor dem Volke reden und tun, was sie nur können.‹

›Natürlich.‹

›Und die anderen werfen ihnen dann vor, sie beuteten das Volk aus und seien oligarchisch gesinnt, selbst wenn sie an eine Verfassungsänderung gar nicht denken.‹

›Ohne Frage.‹

›Sehen sie dann, daß das Volk sie wirklich vergewaltigen c
will, nicht bewußt, sondern von den Verleumdern hintergangen, so werden sie schließlich in der Tat oligarchisch gesinnt, nicht aus freien Stücken, sondern weil sie es werden müssen. Die Drohnen sind es, die durch ihre Stiche auch dies bewerkstelligen.‹

›Freilich.‹

›So kommt es zu Vorladungen, gerichtlichen Urteilen, Prozessen der einen gegen die anderen.‹

›Ja, in großer Zahl.‹

›Nun pflegt das Volk doch einen seiner Führer immer zu bevorzugen. Es füttert ihn gut und zieht ihn groß.‹

›Freilich.‹

›Es ist klar, daß der Tyrann aus diesem Führer und aus d
nichts anderem hervorgeht, falls es zur Tyrannis kommt.‹

›Ganz klar.‹

›Wann nimmt die Verwandlung des Demagogen in den Tyrannen ihren Anfang? Offenbar dann, wenn er tut, was die Sage von dem Heiligtum des Zeus Lykaios in Arkadien erzählt.‹

›Welche Sage?‹

›Wer von den menschlichen Eingeweiden esse, die beim Opfer unter die Eingeweide anderer Opfertiere gemischt worden seien, der würde zu einem Wolf. Hast du von dieser Erzählung nicht gehört?‹

e ›Doch.‹

›Und der Demagoge mit seinem fügsamen Anhang, der nicht vor dem Blute der Stammesgenossen zurückschreckt, der sie auf ungerechte Beschuldigungen hin, wie es Brauch ist, vor Gericht zieht und hinmordet, der Menschen das Le-
566a ben nimmt und mit Zunge und frevelndem Munde ihr Blut trinkt, der Bürger in die Verbannung schickt und hinrichten läßt und dabei von Verminderung der Schuldenlasten und von Aufteilung des Landes redet – muß der nicht unbedingt und weil das Verhängnis ihn zwingt, entweder seinen Feinden erliegen oder Tyrann werden, also ein Wolf aus einem Menschen?‹

›Ganz unbedingt.‹

›Also er ist es, der gegen die Besitzenden hetzt.‹

›Ja.‹

›Wird er dann verbannt und kehrt seinen Feinden zum Trotz zurück, so kehrt er doch als vollendeter Tyrann zurück.‹

›Das ist klar.‹

b ›Setzen es aber die Reichen nicht durch, ihm das Volk abspenstig zu machen, ihn in die Verbannung oder in den Tod zu treiben, so lauern sie ihm heimlich auf und suchen ihn aus dem Wege zu räumen.‹

›So pflegt es zu geschehen.‹

›Daher sind sämtliche Tyrannen, die es so weit gebracht haben, auf jene berühmte Forderung verfallen. Sie fordern eine Leibwache vom Volk, damit sie den Retter des Volkes schütze.‹

›Jawohl.‹

›Und das Volk gibt sie ihm. Es fürchtet für ihn und hofft für sich.‹

c ›Jawohl.‹

›Und, Freund, wenn das jemand sieht, der Vermögen hat und außer diesem Vermögen auch den Ruf eines Volksfeindes, so wird er, wie das Orakel dem Krösus antwortet:

hin zu dem steinreichen Hermos
Wird er fliehen, nicht bleiben, noch scheuen, ein Feigling
zu heißen.‹

›Er würde keine Gelegenheit haben, sich zum zweiten Male zu scheuen!‹

›Wer sich aber ergreifen läßt, der verfällt dem Tode.‹

›Unbedingt.‹

›Der Demagoge selber aber liegt ganz und gar nicht 'groß, d
der Große' am Boden, sondern steht oben auf dem Wagen des Staates, von dem er so viele herabgestürzt hat. Statt eines Demagogen ist er jetzt ein vollkommener Tyrann.‹

›Ja, entschieden.‹

›Nun, laß uns das Glück schildern, das diesem Menschen XVII
und dem Staate, der einen solchen Sterblichen sein nennt, beschieden ist.‹

›Ja, tun wir das.‹

›In den ersten Tagen und der ersten Zeit lächelt er alle an;
wen er trifft, den grüßt er freundlich, sagt, er sei kein Tyrann, e
und macht dem einzelnen gegenüber wie auch von Staats wegen zahlreiche Versprechungen. Er erläßt Schulden, teilt das Land unter das Volk und seine Umgebung aus und stellt sich gegen jedermann freundlich und gefällig.‹

›Unbedingt.‹

›Hat er mit den äußeren Feinden Frieden geschlossen oder sie vernichtet und ist also Ruhe vor ihnen, so ruft er zunächst immerfort neue Kriege hervor, damit das Volk einen Feldherrn nötig hat.‹

›Ja, wahrscheinlich.‹

›Auch sollen die Bürger durch die Kriegssteuern arm wer- 567a
den und mit ihren täglichen Sorgen mehr zu schaffen bekommen, damit sie ihm weniger nachstellen können.‹

›Offenbar.‹

›Auch will er einige freiheitlich Gesinnte, deren Einwilligung in seine Herrschaft ihm zweifelhaft erscheint, unter einem Vorwand aus der Welt schaffen. Er gibt sie den Feinden in die Hände. Nicht wahr, aus all diesen Gründen muß der Tyrann beständig Kriegswirren schaffen?‹

›Ja, das muß er.‹

b ›Und dabei macht es ihm dann immer weniger aus, daß die Bürger ihn hassen.‹

›Gewiß.‹

›Einige, die sein Emporkommen unterstützt haben und nicht ohne Macht sind, werden sich dann zu ihm und zu anderen offen äußern. Sie werden tadeln, was vorgeht. Gerade die Tapfersten werden es tun.‹

›Wahrscheinlich.‹

›Alle diese muß der Tyrann aus dem Wege räumen, wenn er Herr bleiben will. Keiner darf übrigbleiben, der etwas taugt, weder ein Freund noch ein Feind.‹

›Freilich nicht.‹

›Er muß also gut achtgeben, wer tapfer, wer hochsinnig,
c wer einsichtig, wer reich ist. Sein Glück ist so groß, daß er sich, ob er will oder nicht, genötigt sieht, ihrer aller Feind zu sein und sie zu verfolgen, bis er den Staat gereinigt hat.‹

›Das ist eine herrliche Reinigung!‹

›Ja, umgekehrt als sie die Ärzte mit dem Körper vornehmen. Sie entfernen das Schlechteste aus dem Körper und lassen das Beste. Er tut das Entgegengesetzte.‹

›Offenbar muß er es, wenn er Herr sein will.‹

XVIII d ›Welch ein seliges Muß ist das, das ihm die Wahl stellt, unter lauter Verworfenen und in deren Haß zu leben oder gar nicht zu leben!‹

›Ja freilich.‹

›Und je verhaßter ihn seine Schandtaten bei den Bürgern machen, um so zahlreichere und treuere Schildträger braucht er doch.‹

›Ohne Zweifel.‹

›Wer ist ihm treu? Woher holt er sich treue Leibwächter?‹

›Sie werden in Menge von selber herbeigeflogen kommen, wenn er ihnen Sold zahlt.‹

›Das sind ja wieder Drohnen! Fremdländisches, buntgemischtes Gesindel!‹

e ›Allerdings.‹

›Nun, und Einheimische will er nicht?‹

›Wieso?‹

›Er nimmt den Bürgern die Sklaven weg, macht sie frei und reiht sie in seine Leibwache ein.‹

›Freilich. Sie werden ihm am besten Treue halten.‹

›Wie selig ist der Tyrann, solche Freunde und Getreuen zu 568a
haben, nachdem er sich der besten Bürger entledigt hat!‹

›Ja, solche Freunde hat er wirklich.‹

›Und sie bewundern ihn; die neuen Bürger bilden seinen Umgang. Aber die Rechtschaffenen hassen und meiden ihn.‹

›Natürlich.‹

›Nicht ohne Grund hält man die Tragödiendichter für weise Leute, ganz besonders den Euripides, der unter ihnen hervorragt.‹

›Inwiefern?‹

›Er hat einmal das tief einsichtige Wort gesprochen, die b
Tyrannen seien weise durch Umgang mit Weisen. Offenbar wollte er sagen, es seien Weise, mit denen ein Tyrann umgeht.‹

›Ja, und er besingt die Tyrannis und manches Ähnliche als etwas Göttergleiches. Ebenso die anderen Dichter.‹

›Darum verzeihen es die weisen Tragödiendichter auch wohl, daß wir und alle, die ähnliche Gedanken über den Staat haben wie wir, diesen Besingern der Tyrannis in unserem Staate keinen Zutritt gewähren.‹

›Die Klugen unter ihnen verzeihen es gewiß.‹ c

›Aber in den übrigen Staaten treiben sie sich umher, sammeln die Pöbelhaufen, borgen sich schöne, erhabene, überzeugende Sprüche und locken die Staaten in die Demokratie und die Tyrannis hinein.‹

›O ja.‹

›Und dafür belohnt man sie noch und ehrt sie, hauptsächlich natürlich die Tyrannen, in zweiter Linie auch Demokratien. Je mehr sie sich aber den Höhen der Staatsformen nähern, um so mehr versagt ihre Ehre. Aus Atemnot kann sie d
nicht höher steigen.‹

›Jawohl.‹

XIX ›Doch war das eine Abschweifung. Kehren wir zu jenem schönen, großen, bunten, stets wechselnden Heere des Tyrannen zurück. Wer mag dies Heer wohl ernähren?‹

›Wenn kirchliche Besitztümer da sind, wird der Tyrann offenbar diese aufbrauchen, so weit sie bei allmählichem Verkauf reichen. Dem Volke wird er weniger hohe Steuern auferlegen.‹

e ›Und wenn jene nicht mehr reichen?‹

›So wird er samt seinen Zechgenossen, Freunden und Freundinnen vom väterlichen Vermögen zehren.‹

›Ich verstehe. Das Volk, das den Tyrannen hervorgebracht hat, wird ihn und seine Freunde unterhalten.‹

›Das muß es tun.‹

›Nun nimm aber an, das Volk wird unzufrieden und sagt, es sei nicht in der Ordnung, daß der Vater seinen erwachsenen Sohn erhalten müsse; der Sohn müsse den Vater erhalten.
569a Es habe ihm nicht darum das Leben gegeben und ihn zum Herrn gemacht, damit es nach seinem Heranwachsen Sklave seiner Sklaven werde und ihn samt den Sklaven und dem übrigen Gesindel unterhalte. Es habe unter seiner Führung nur das Joch der Reichen und sogenannten Adligen abschütteln wollen. Nimm an, das Volk verlangt, er solle mitsamt seinem Anhang den Staat jetzt verlassen; es triebe ihn aus dem Hause, wie ein Vater seinen Sohn und dessen lärmende Zechbrüder.‹

›Wahrhaftig, dann wird das Volk innewerden, was für einen
b Sohn es gezeugt, geliebkost und großgezogen hat! Es wird merken, daß ein Schwacher einen Starken vertreiben will!‹

›Was sagst du? Der Tyrann wird es wagen, seinen Vater zu zwingen und wenn er sich widersetzt, ihn zu schlagen?‹

›Allerdings. Aber vorher nimmt er ihm die Waffen weg.‹

›Ein Vatermörder ist also der Tyrann und ein böser Alterspfleger! In der Tat ist das der Charakter der Tyrannis, wie wir sie jetzt gemeinsam untersucht haben. Das Volk floh vor dem Rauch der Knechtschaft unter Freien, wie das Sprichwort
c sagt, und ist nun in das Feuer der Despotie von Knechten

hineingeraten. Statt in jene große, unzeitige Freiheit sind sie jetzt in die härteste, bitterste Sklaverei unter Sklaven gekleidet.‹

›Ganz so ist es.‹

›Und nun können wir wohl behaupten, wir hätten die Entstehung der Tyrannis aus der Demokratie und den Charakter der so entstandenen genügend klargestellt.‹

›Ja, völlig genügend.‹

Neuntes Buch

I ›Es bleibt noch die Beschreibung der tyrannischen Men-
571a schenform übrig, ihr Erwachsen aus der demokratischen
Menschenform, ihr Charakter und der Wert ihres Lebens,
also ob es unglücklich oder glücklich ist.‹

›Ja.‹

›Weißt du, was ich außerdem wünschte?‹

›Nun?‹

›Wir haben uns über die Art und Zahl der Triebe noch nicht genügend ausgesprochen. Solange wir das nicht tun, wird es unserer Untersuchung an Klarheit fehlen.‹

b ›Können wir es jetzt nicht nachholen?‹

›Freilich. Prüfe das, was ich über sie zu sagen habe. Es ist das Folgende. Unter den entbehrlichen sinnlichen Genüssen und Trieben befinden sich einige, die verbrecherisch sind. Sie drohen, sich bei jedem bemerkbar zu machen. Werden sie aber durch die Gesetze und die edleren Triebe unter dem Beistand der Vernunft in Schranken gehalten, so verlieren sie sich bei manchen Menschen völlig oder sind doch nur gering an Zahl wie an Kraft; bei anderen ist ihre Zahl und Kraft größer.‹

c ›Was für Triebe meinst du damit?‹

›Ich meine die, welche im Schlafe hervortreten. Der eine
Teil der Seele, der vernünftige, gemäßigte Herr des anderen
Teiles ruht; dieser andere aber, der tierische, ungebändigte,
gekräftigt durch Speise und Trank, wird lebendig. Er weist
den Schlaf von sich, macht sich auf und möchte seinen Gelü-
sten nachgehen. Du weißt, er ist dann zu allem fähig; alle
Scham und Besinnung ist ihm abhanden gekommen. Er
schrickt nicht davor zurück, in Gedanken die eigne Mutter
zu umarmen, ebenso jeden anderen Menschen, jeden Gott,
d jedes Tier. Er begeht jeden Mord und genießt jede Speise,
nach der es ihn gelüstet. Mit einem Wort, es gibt keine Tor-
heit und Frechheit, die er nicht beginge.‹

›Das ist vollkommen wahr.‹

›Anders ist es, wenn ein innerlich Gesunder und Besonne-
ner nach Anregung und Stärkung seiner Vernunft durch gute
Gespräche und Betrachtungen zur Ruhe geht. Er ist zur
Selbstbesinnung gekommen und hat seine Triebe weder un- e
befriedigt gelassen noch ihnen zuviel Nahrung gegeben. Sie
sollen nun ruhen und dem edelsten Teile der Seele nicht be-
schwerlich fallen durch ihre Lust oder ihren Schmerz. Sie 572a
sollen ihn ungestört und unberührt nachdenken lassen, da-
mit er seinem Verlangen nach neuen Erkenntnissen nachge-
hen kann, Erkenntnissen vergangener oder gegenwärtiger
oder künftiger Dinge. Ebenso hat er seinen Willen beruhigt
und ihn nicht durch zornige Wallungen aufgeregt. Diese bei-
den Teile hat er eingeschläfert und den dritten, dessen Auf-
gabe das Denken ist, zum Leben erweckt. Wenn er sich so
dem Schlafe hingibt, so findet er im Traume, wie du weißt,
am besten die Wahrheit, und am wenigsten suchen ihn die
verbrecherischen Träume heim.‹

›Meiner Meinung nach durchaus.‹ b

›Wir haben uns zu weit führen lassen. Was wir uns klar-
machen wollen, ist nur, daß in jedem Menschen, sogar in
manchen von uns, die so maßvoll scheinen, ein arges, unge-
bändigtes, verbrecherisches Geschlecht von Trieben haust.
Im Schlaf kommt das zutage. Ist das eine vernünftige Be-
hauptung, mit der du dich einverstanden erklärst?‹

›Ja.‹

›Erinnere dich nun unserer Beschreibung des demokrati- II
schen Menschen. Seine Erziehung war durch einen geizigen c
Vater erfolgt, der nur Triebe schätzte, die etwas einbringen.
Die entbehrlichen Triebe, die sich auf Tand und Verschöne-
rung des Lebens richten, verachtete er, nicht wahr?‹

›Ja.‹

›Dann kam er mit verfeinerten Leuten zusammen, die
solche Triebe im Übermaß hatten, und der Haß gegen den
Geiz seines Vaters trieb ihn zu all dem Übermut, den diese
Triebe verursachen. Weil er aber bessere Anlagen hatte als die
Verführer, so brachte ihn der Einfluß von beiden Seiten zu d

einer Mittelstellung zwischen jenen Gegensätzen. Er hält sich für maßvoll, genießt alles und lebt so weder ein knechtisches noch ein verbrecherisches Leben. Er ist aus einem oligarchischen Menschen ein demokratischer geworden.‹

›Das war und bleibt auch unsere Anschauung von ihm.‹

›Denke dir, er würde älter und hätte wiederum einen Sohn, den er in seiner Sinnesweise aufzöge.‹

›Ja.‹

e ›Denke dir, es erginge diesem ebenso wie seinem Vater. Er würde ebenfalls zu allen Verbrechen angeleitet – die Verführer sagen: zu allen Freiheiten –, der Vater und die anderen Angehörigen unterstützten seine besseren, die Mittelstraße einhaltenden Triebe, und jene Verführer arbeiteten diesem Einfluß entgegen. Finden diese bösen Zauberer und Tyrannenmacher kein anderes Mittel, den Jüngling in ihre Gewalt zu bekommen, so flößen sie ihm irgendeine Begierde ein, die seinen untätigen und nur verschwendenden Trieben zum Anführer dienen soll, also eine geflügelte, mächtige Drohne.
573a Die Begierde solcher Leute ist doch nichts anderes als eine Drohne?‹

›Nein.‹

›Die anderen Triebe summen um diese Drohne herum. Sie sind geschwellt von Räucherwerk, Salben, Kränzen, Wein und all den ausschweifenden Genüssen, die bei derartigen Zusammenkünften bereitstehen, füttern und stärken die Drohne, so sehr sie nur können, und versehen sie mit einem
b Stachel, dem Stachel des Verlangens. Dann schafft sich dieser Demagoge der Seele aus seiner Raserei eine bewaffnete Leibwache und zieht nun im Wahnsinn einher. Findet er in seiner Seele Anschauungen und Triebe, die eine gewisse Regel und auch noch Scham zeigen, so erstickt er sie und jagt sie fort, bis die Reinigung von besonnenen Regungen und die Anfüllung mit rasenden, fremden Spießgesellen vollzogen ist.‹

›Du erzählst völlig richtig die Entstehung des tyrannischen Menschen.‹

›Darum heißt ja auch Eros, der Gott der Begierde, von jeher ein Tyrann.‹

›Wahrscheinlich.‹

›Auch wer sich im Wein berauscht hat, dessen Charakter ist gewissermaßen tyrannisch, Freund.‹

›Allerdings.‹ c

›Ebenso wünscht und glaubt ein Toller und Halbirrer, nicht bloß Menschen, sondern auch Götter regieren zu können.‹

›Gewiß.‹

›Der tyrannische Mensch entsteht also gerade in dem Augenblick, wo jemand durch seine Anlagen oder durch sein Tun oder durch beides ein Trinker, ein Wollüstling und ein Halbwahnsinniger wird.‹

›Durchaus.‹

›Also das ist seine Entstehung. Wie ist nun sein Leben?‹ III

›Wer fragt, muß es sagen, wie im Spiel.‹ d

›Ich will es sagen. Hat Eros, der Tyrann, das Steuer der ganzen Seele in seinen Händen, so kommen nun Feste und Aufzüge und Gelage und Freudenmädchen und all dergleichen.‹

›Unbedingt.‹

›Und viele böse Triebe schießen Tag und Nacht empor, die viel verlangen.‹

›Viele, ohne Zweifel.‹

›Bald sind die Einnahmen verbraucht, wenn welche vorhanden sind.‹

›Natürlich.‹

›Dann geht es ans Borgen und an das Vermögen selber.‹ e

›Freilich.‹

›Ist alles dahin, so schreien doch unbedingt diese vielen heftigen Triebe, die sich eingenistet haben, nach Nahrung. Der Mensch wird von ihnen, zumal von dem Eros selber, der die anderen wie seine Leibwache anführt, umhergejagt, und er forscht, wer wohl etwas besitzt, das er ihm mit List oder Gewalt entreißen kann.‹

›Jawohl.‹ 574a

›Er muß von allen Seiten etwas heranschaffen, oder er leidet große Schmerzen und Qualen.‹

›Notwendig.‹

›Und wie die neuen Lüste in ihm über die alten Herr wurden und deren Besitz für sich in Anspruch nahmen, so wird er, der Sohn, über Vater und Mutter Herr sein wollen und wird, wenn sein Erbe verzehrt ist, ihr Vermögen für sich in Anspruch nehmen, wird also das väterliche Gut aufbrauchen.‹

›Ohne Frage.‹

b ›Und wenn sie Widerspruch erheben, wird er es wohl zunächst mit Diebstahl und Betrug versuchen.‹

›Unbedingt.‹

›Und wenn das nicht mehr geht, mit Raub und Gewalt.‹

›Ich glaube.‹

›Und wenn der Greis und die Greisin sich wehren und mit ihm kämpfen, so wird er sich wohl kaum davor hüten, als Tyrann gegen sie aufzutreten.‹

›Ich habe nicht viel Hoffnung für seine Eltern.‹

c ›Aber Adeimantos, du meinst wirklich, er wird seine alte, unentbehrliche Freundin, die Mutter, einer neuen, entbehrlichen Freundin opfern und den verwelkten, unentbehrlichen, alten Vater, seinen ersten Freund, einem noch frischen, neugewonnenen und entbehrlichen Freunde? Er wird sie mißhandeln und jenen als Sklaven geben, falls er sie in dasselbe Haus bringt?‹

›Ja, entschieden.‹

›Da ist es ein großes Glück, einen tyrannischen Sohn zu haben!‹

›Allerdings.‹

d ›Wenn nun aber auch das väterliche und mütterliche Gut verbraucht ist, während der Bienenschwarm seiner Lüste sich immer vermehrt hat? Wird er nicht zunächst einmal die Festigkeit einer Hauswand untersuchen oder auch spät nachts nach dem Mantel eines Vorübergehenden greifen? Wird er dann nicht einen Tempel von seinen Schätzen säubern? Dabei aber werden die als richtig bewährten Anschauungen seiner Kindheit über das, was schön und was häßlich ist, von den eben noch Sklave gewesenen Trieben überwältigt, die der

Eros als seine Leibwache befehligt, von den Trieben also, die ehedem nur im Schlafe als Träume ihre Fesseln abstreiften, zu e
der Zeit, wo er noch den Gesetzen und dem Vater gehorchte und ein demokratischer Mensch war. Jetzt, wo der Eros sein Tyrann ist, wird er dauernd und im Wachen zu dem, was er selten im Traume war. Vor keinem argen Morde bebt er zurück; nie bezähmt er seine Eßgier, und überhaupt läßt er keine Schandtat ungetan. Der Eros, der in vollkommenster 575a
Willkür und Gesetzlosigkeit als Tyrann in ihm haust und allein regiert, treibt seinen Knecht wie der Tyrann seinen Staat zu jedem Wagnis, das ihm und dem Gesindel um ihn herum Vorteil bringt, jenem Gesindel von Trieben, das zum Teil durch schlechte Einflüsse von außen in ihn hineingekommen ist und sich zum anderen Teil durch seine Lebensweise in ihm selber freigemacht und losgerissen hat. So ist doch sein Leben?‹

›Ja, so ist es.‹

›Wenn im Staate wenig solche Menschen leben und die Masse bei Vernunft bleibt, so ziehen sie davon, gehen zu ei- b
nem anderen Tyrannen in Dienst oder lassen sich für irgendeinen Krieg als Söldner anwerben. Sind die Zeiten aber friedlich und ruhig, so bleiben sie im Staate und begehen allerhand kleine Verbrechen.‹

›Was für welche meinst du?‹

›Nun, sie stehlen, brechen ein, schneiden Geldbeutel ab, nehmen Badenden die Kleider weg, berauben Tempel, treiben Sklavenhandel. Manchmal, wenn sie Redegabe besitzen, sind sie auch käufliche Ankläger, legen falsche Zeugnisse ab und lassen sich bestechen.‹

›Wenn das wenige tun, sind es kleine Verbrechen.‹ c

›Im Vergleich mit den großen sind sie allerdings klein. Alle diese Verbrecher können es in bezug auf Verworfenheit und schlechten Einfluß auf den Staat mit dem Tyrannen, wie das Sprichwort sagt, nicht entfernt aufnehmen. Wenn nämlich die Zahl dieser Verbrecher zunimmt und sie Anhang finden, so sind sie es, die im Vertrauen auf ihre Zahl mit der Torheit des Volkes jenen Tyrannen zeugen. Derjenige wird Tyrann d werden, der in seiner Seele den allergrößten und gewaltigsten Tyrannen birgt.‹

›Wahrscheinlich. Er eignet sich am besten dazu.‹

›Die Voraussetzung ist, daß der Staat sich ohne Widerstand ergibt. Tut er es nicht, so vergewaltigt der Tyrann, wenn er stark genug ist, sein Vaterland ebenso wie er früher Vater und Mutter vergewaltigt hat. Er holt neugewonnene Freunde zur Mithilfe herbei und gibt ihnen seine alte Freundin, das Mutterland – wie die Kreter sagen –, und das Vaterland zum Sklaven, damit es ihnen dienstbar bleibe. Damit hat dann wohl der Eros eines solchen Menschen seine volle Befriedigung gefunden.‹

e ›Ja, damit allerdings.‹

›Ihr Charakter ist aber doch schon vor ihrer Erhebung zum Herrscher, wenn sie noch Privatleute sind, der gleiche. Mögen sie mit Schmeichlern und stets Unterwürfigen umgehen oder mögen sie, um etwas zu erreichen, sich selber in
576a dieser Weise erniedrigen –, immer setzen sie zunächst die
Maske eines Freundes auf; haben sie aber ihren Zweck erreicht, so ist die Freundschaft nicht mehr vorhanden.‹

›Gewiß.‹

›Sie haben keinen Freund ihr ganzes Leben lang. Immer sind sie Herren oder Knechte eines anderen. Freiheit und wahre Freundschaft bekommt die tyrannische Natur nie zu kosten.‹

›Nein.‹

›Wir müssen einen Menschen dieser Art treulos nennen.‹

›Ohne Frage.‹

›Und im höchsten Maße ungerecht, falls wir das Wesen der Gerechtigkeit vorher richtig bestimmt haben.‹

b ›Gewiß war es richtig.‹

›Drücken wir den Begriff des verworfensten Menschen mit einem Wort aus. Wer im Wachen das ist, was wir vom Träumenden gesagt haben, der ist es.‹

›Jawohl.‹

›Wer aber von Natur schon ein ganzer Tyrann ist und dann auch zur Alleinherrschaft im Staate gelangt, der wird ein so verworfener Mensch und wird es um so mehr, je länger er als Tyrann lebt.‹

›Unbedingt‹, sagte, das Gespräch aufnehmend, Glaukon.

›Wird sich nun dieser Verworfenste auch als der Unglück- IV
lichste herausstellen?‹ fuhr ich fort. ›Und wer am längsten c
und am vollendetsten als Tyrann herrscht, wäre im höchsten Grade und die längste Zeit wahrhaft unglücklich? Die Menge hat ja allerhand törichte Meinungen darüber.‹

›Unbedingt ist jenes richtig.‹

›Der tyrannische Mensch entspricht doch dem ihm ähnlichen tyrannischen Staate, ebenso der demokratische Mensch dem demokratischen Staate usw.‹

›Ohne Zweifel.‹

›Und das Maß von Tüchtigkeit und Glückseligkeit steigt oder fällt bei diesen Menschenformen ebenso wie bei den Staatsformen.‹

›Natürlich.‹ d

›Wie ist es nun mit der Tüchtigkeit einerseits des Tyrannenstaates und andererseits jenes Königsstaates, den wir an erster Stelle beschrieben haben?‹

›Sie sind einander entgegengesetzt. Dieser ist die vorzüglichste, jener die schlechteste Staatsform.‹

›Ich will nicht fragen, welchen du unter diesem und jenem verstehst. Es ist ja klar. Entscheidest du dich nun aber über ihre Glückseligkeit und Unglückseligkeit ebenso oder nicht ebenso? Wir dürfen uns ja nicht dadurch irremachen lassen, daß wir bloß an den Tyrannen und an die wenigen, die er etwa in seiner Umgebung hat, denken. Wir müssen hingehen
und den Staat im ganzen ins Auge fassen. Erst wenn wir ihn e
ganz durchforscht und kennengelernt haben, wollen wir unsere Meinung äußern.‹

›Du hast ganz recht mit dieser Mahnung. Dann wird es aber jedem einleuchten, daß kein Staat unseliger ist als der tyrannische, keiner glücklicher als der Königsstaat.‹

›So werde ich auch recht haben, wenn ich beim Vergleich der beiden Menschenformen die gleiche Mahnung ausspre-

che, also wenn ich denjenigen um sein Urteil über sie frage,
577a der sich in den Charakter eines Menschen zu versenken und
ihn zu verstehen imstande ist, der nicht bloß auf das Äußere
sieht wie die Kinder, sich nicht durch den äußeren Glanz des
Tyrannenlebens täuschen läßt, sondern tiefer blickt. Ich mei-
ne, wir müßten alle auf diesen urteilsfähigen Beurteiler hö-
ren, der wirklich beobachtet, der also am gleichen Orte
wohnt und auch das häusliche Leben verfolgt, ihn in seinem
b Benehmen gegen die Angehörigen sieht, in Lagen also, wo er
am wenigsten Schauspieler ist, dann andererseits sein Beneh-
men in den Gefahren des Staates. Wenn ich dem, der das alles
beobachtet hat, den Auftrag gebe, uns über die Glück-
seligkeit und Unglückseligkeit des Tyrannen im Vergleich zu
anderen Menschen Auskunft zu geben – ‹

›So triffst du auch mit dieser Aufforderung durchaus das Richtige.‹

›Ich denke, wir geben uns den Anschein, als wären wir selber solche urteilsfähigen Menschen und wären auch mit Tyrannen zusammengetroffen. Dann haben wir doch jemanden, der auf unsere Fragen Antwort erteilen kann.‹

›Jawohl.‹

V c ›Machen wir es folgendermaßen. Wir vergegenwärtigen
uns die Ähnlichkeit des Staates mit dem Menschen, schauen
von einem zum anderen und vergleichen ihre Merkmale.‹

›Welche?‹

›Um den Staat voranzunehmen: nennst du einen tyrannischen Staat frei oder sklavisch?‹

›Er ist im höchsten Grade sklavisch.‹

›Aber du siehst doch Herren und Freie in ihm.‹

›Allerdings sehe ich einige. Die Gesamtheit aber und der tüchtigste Teil des Staates besteht aus rechtlosen, unglücklichen Sklaven.‹

d ›Ist also der Mensch dem Staate ähnlich, so muß sein Inne-
res das gleiche Verhältnis zeigen; seine Seele muß Sklaverei
und Unterdrückung in Fülle enthalten; gerade die edelsten
Teile der Seele müssen geknechtet sein. Ein kleiner Teil aber,
der verworfenste und rasendste, muß Herr sein.‹

›Unbedingt.‹

›Solche Seele nennst du aber doch sklavisch, nicht frei?‹

›Ich nenne sie sklavisch.‹

›Nun kann der sklavische und tyrannisch regierte Staat am wenigsten das tun, was er will.‹

›Bei weitem am wenigsten.‹

›So kann auch die tyrannische Seele am wenigsten nach e
ihrem eigenen Willen handeln, die Seele im ganzen genommen. Der Stachel treibt sie beständig mit Gewalt vorwärts. Sie ist voller Wirrnis und Reue.‹

›Ganz gewiß.‹

›Ist der tyrannische Staat reich oder arm?‹

›Notwendig arm.‹

›So ist auch die tyrannische Seele stets bedürftig und un- 578a
befriedigt.‹

›Ja.‹

›Weiter! Lebt solch ein Staat und solch ein Mensch nicht unbedingt in Furcht?‹

›Ganz unbedingt.‹

›Werden in einem anderen Staat mehr Klagen und Seufzer, Geschrei und Weinen ertönen als in ihm?‹

›Auf keinen Fall.‹

›Auch von keinem Menschen werden sie mehr ertönen als von jenem tyrannischen, den die Triebe und der Eros zur Raserei getrieben haben?‹

›Wie sollte das möglich sein!‹

›An all dies und ähnliches dachtest du wohl, als du ent- b
schiedest, der tyrannische Staat sei der unglücklichste von allen.‹

›Ja, und es war doch richtig?‹

›Gewiß. Aber was sagtest du vom tyrannischen Menschen im Hinblick auf dieselben Zustände?‹

›Er ist bei weitem der unglücklichste von allen Menschen.‹

›Darin hast du nicht mehr recht.‹

›Wieso nicht?‹

›Er ist nicht der Unglücklichste.‹

›Sondern wer?‹

›Einen anderen wirst du noch unglücklicher finden.‹

›Wen denn?‹

c ›Den tyrannisch veranlagten Menschen, der nicht als Privatmann lebt, sondern von einem unglücklichen Schicksal dazu ausersehen ist, Tyrann zu werden.‹

›Dem Vorhergehenden entnehme ich, daß du recht hast.‹

›Freilich. Aber dergleichen darf man nicht einfach glauben. Man muß es untersuchen, und zwar durch folgende Erwägungen. Es handelt sich ja um das Allerwichtigste, um das glückliche und das unglückliche Leben.‹

›Ganz richtig.‹

›Prüfe, ob ich etwas Rechtes vorbringe. Mir scheint, man muß bei der Untersuchung von dem folgenden Punkte ausgehen.‹

d ›Von welchem?‹

›Man muß an die reichen Leute im Staate denken, die viele Sklaven halten. Sie haben mit dem Tyrannen das gemein, daß sie viele Untergebene haben. Nur die Zahl macht den Unterschied.‹

›Ja.‹

›Diese Leute leben, wie du weißt, ohne Sorge. Sie fürchten sich vor ihren Sklaven nicht.‹

›Warum sollten sie sich fürchten?‹

›Sie haben keinen Grund dazu. Aber weißt du auch warum?‹

›Ja. Der ganze Staat leiht jedem Bürger seinen Beistand.‹

e ›Richtig. Denke dir nun, ein Gott trüge einen Mann mit fünfzig oder mehr Sklaven samt Weib und Kindern und Gütern und Sklaven davon und versetzte ihn in eine Wüste, wo ihm voraussichtlich kein Freier zu Hilfe kommt. In welcher Furcht wird er dann um sich selber, um seine Kinder und sein Weib schweben, die Sklaven möchten sie ums Leben bringen?‹

›In der größten Furcht wird er schweben.‹

579a ›Er wird sich gezwungen sehen, manchen Sklaven freundlich zu begegnen und große Versprechungen zu machen. Er wird ihnen ohne Grund die Freiheit schenken müssen und wird der Schmeichler seiner Untergebenen werden.‹

›Er muß es, sonst verliert er sein Leben.‹

›Und wenn dann der Gott noch eine Menge Nachbarn rings um ihn herum ansiedelt, die die Herrschaft eines Menschen über andere Menschen nicht dulden, die die härtesten Strafen an jedem vollziehen, den sie als Herrn über andere sehen?‹

›Dann ist sein Unglück noch vollkommener. Er wird ja b
ringsum von Feinden belauert.‹

›In solch einem Gefängnis befindet sich aber doch ein Tyrann, wenn er die beschriebenen Eigenschaften hat und von allerhand Ängsten und Leidenschaften gequält wird? Seine Seele hat so viele Gelüste, und doch ist er der einzige im Staate, der keine Reisen machen darf, etwa zu den Spielen, wonach doch alle Freien so großes Verlangen haben. Er lebt in
der Regel in seinem Hause verschlossen wie ein Weib und c
beneidet die anderen Bürger, wenn sie in die Fremde ziehen und schöne Dinge schauen.‹

›Freilich.‹

›Und in diesem unglücklichen Zustand ist doch der tyran- VI
nische Mensch, den du als den unglücklichsten bezeichnetest, in höherem Grade dann, wenn das Geschick ihn zwingt, Tyrann zu sein. Bei seiner traurigen seelischen Verfassung, also nicht Herr über sich selber, will er über andere Menschen Herr sein. Es ist, als ob ein Kranker, der nicht Herr seines
Körpers ist, nicht für sich leben sollte, sondern zum beständi- d
gen Streit und Wettkampf mit anderen Körpern gezwungen würde.‹

›Allerdings. Du hast völlig recht, Sokrates.‹

›Also, lieber Glaukon, sein Leben ist durch und durch elend. Der Tyrann lebt noch unglücklicher als der, den du für den Unglücklichsten erklärtest.‹

›Jawohl.‹

›In der Tat ist der wirkliche Tyrann, trotzdem es nicht so scheint, ein wirklicher Sklave und lebt in der härtesten Dienstbarkeit und Unterwürfigkeit. Er ist ein Schmeichler

e der Verworfensten. Seine Triebe befriedigt er augenschein-
lich durchaus nicht. In Wahrheit ist er der Ärmste und Unbe-
friedigtste, wenn man die Seele im ganzen in Betracht zieht.
Sein ganzes Leben vergeht in Angst, Unruhe und Qual. So
muß es doch sein, wenn sein Leben dem des Staates gleicht,
über den er herrscht. Und es gleicht ihm, nicht wahr?‹

›Gewiß.‹

580a ›Auch die anderen Eigenschaften, die wir vorher nannten,
sprechen wir ihm zu. Also ist er unbedingt und wird durch
seine Tyrannengewalt nur immer mehr: neidisch, treulos,
ungerecht, freundlos, pietätlos. Jedes Laster hat er bei sich zu
Gaste und nährt es. Durch das alles macht er sich selber, dann
auch seine Umgebung zu den unglücklichsten Menschen.‹

›Kein Vernünftiger kann dir widersprechen.‹

b ›Wohlan, sage mir nun an Stelle jenes Urteilsfähigen, wem
du in bezug auf Glückseligkeit die erste Stelle gibst, wem die
zweite usw. Sprich über alle fünf Menschenformen dein Ur-
teil: über die königliche, die timokratische, die oligarchische,
die demokratische und die tyrannische.‹

›Das Urteil ist leicht gesprochen. In der Reihenfolge, in
der du sie vorführtest, ordne ich sie wie einen Chor, so-
wohl was ihr Verhältnis zur Tugend und Untugend wie zur
Glückseligkeit und Unglückseligkeit betrifft.‹

›So laß uns einen Herold dingen, oder ich selber rufe es öf-
c fentlich aus: Aristons Sohn hat den besten und gerechtesten
Menschen für den glücklichsten erklärt, und das ist der,
welcher am meisten der Verfassung des Königtums gleich-
kommt und über sich selber königlich herrscht; dagegen den
schlechtesten und ungerechtesten Menschen hat er für den
unglücklichsten erklärt, und das ist der, welcher der tyran-
nischen Staatsform am nächsten kommt und der vollkom-
menste Tyrann über sich sowohl wie über den Staat ist.‹

›Gut. Das soll hiermit von dir öffentlich kundgetan
sein.‹

›Soll ich hinzufügen: mag der Mensch seine Eigenschaften
und Handlungen verheimlichen oder mögen sie offen vor
allen Menschen und Göttern daliegen?‹

›Ja, füge es hinzu!‹

›Gut!‹ sagte ich. ›Das wäre also der erste Beweis. Ein zweiter muß der folgende sein, wenn wir ihn gelten lassen.‹ VII

›Welcher soll der zweite sein?‹ d

›Durch unsere Scheidung des Staates und dann auch der Seele in drei Teile wird ein zweiter Beweis möglich.‹

›Welcher?‹

›Höre. Den drei Teilen entsprechen offenbar drei Formen der Lust, jedem eine eigentümliche Form. Ebenso auch drei Arten von Trieben und drei Arten des Herrschens.‹

›Wie meinst du das?‹

›Als ersten Teil bezeichneten wir das geistige Auffassungsvermögen, als zweiten das Willensvermögen; für den dritten e fanden wir keinen bezeichnenden Ausdruck, weil er zu verschiedenartig ist, und benannten ihn nach seinen größten und hervorstechendsten Erscheinungsformen. Wir nannten ihn einerseits Begierde, weil sich die Begierden nach Nahrung, die erotischen Begierden usw. so heftig äußern, und andererseits Habsucht, weil jene Begierden meist durch Vermittlung von Besitz ihre Befriedigung erhalten.‹

›Ja.‹ 581a

›Wenn wir die Art der Lust, die dieser Teil empfindet, und die Liebe, die ihm eigen ist, als Lust am Gewinn und Liebe zum Gewinn bezeichnen, so haben wir damit doch die wesentlichste Form bezeichnet. Wir können uns bei der Untersuchung daran halten und ihn stets daran erkennen. Also wir dürfen ihn den habsüchtigen und gewinnsüchtigen Teil der Seele nennen?‹

›Ich dächte.‹

›Weiter! Von dem Willen heißt es, daß er sich beständig und ausschließlich auf Macht, Sieg und Ruhm richtet.‹

›Jawohl.‹ b

›Es ist also in der Ordnung, ihn den siegfrohen und ehrgeizigen Teil der Seele zu nennen.‹

›Vollkommen.‹

›Drittens leuchtet es jedem ein, daß das Auffassungsvermögen beständig nach Erkenntnis der Wahrheit über alle

Dinge strebt. An Geld und Ruhm ist ihm weit weniger gelegen als den anderen Seelenteilen.‹

›Weit weniger.‹

›Der gebührende Name für diesen Teil wäre also: wissensfroh und philosophisch.‹

›Ohne Frage.‹

›In manchen Seelen führt nun dieser letzte Teil die Herrschaft, in anderen Seelen einer der erstgenannten, welcher es nun ist.‹

c ›Ja.‹

›Wir können deshalb auch von drei Grundformen der Menschen sprechen, von einer philosophischen, einer siegfrohen und einer gewinnsüchtigen Menschenform.‹

›Freilich.‹

›Und auch von drei Formen der Lust. Jede der drei Menschenarten hat ihre besondere.‹

›Ja.‹

›Fragst du nun eine nach der anderen, welches Leben das
lustvollste sei, so preist doch jede Menschenart das ihrige am
d meisten. Der Geldmensch erstens erklärt die Lust an der Ehre
oder an der Erkenntnis im Vergleich zu der Lust am Geldgewinn für nichtig, ausgenommen wenn das Streben nach Ehre und nach Erkenntnis ebenfalls Geld einbringt.‹

›Das ist richtig.‹

›Zweitens hält der Ehrgeizige die Lust am Gelderwerb für gemein, die Lust an der Erkenntnis andererseits für Rauch und Geschwätz, falls die Erkenntnis nicht Ehre einträgt.‹

›So ist es.‹

›Und wie denkt drittens der Philosophische über die an-
e deren Formen der Lust im Vergleich zu der seinigen, die
Wahrheit zu besitzen und beständig nach ihr zu streben? Er findet sich doch von Lust sehr weit entfernt und nennt sie vielmehr Not. Denn er verlangt nach den Gegenständen, nach denen jene streben, nur wenn sie ihm nötig sind.‹

›Das sollte sich jeder wohl merken!‹

VIII ›Also der Begriff der Lust und überhaupt die Anschauung vom Werte des Lebens ist bei diesen Menschenformen strit-

tig. Es ist nicht bloß die Frage, wessen Leben edler und gemeiner, besser und schlechter ist, sondern geradezu, welches 582a
das lustvollste und schmerzfreieste ist. Wie können wir entscheiden, wessen Anschauung die richtige ist?‹

›Ich kann es nicht so genau sagen.‹

›Versuche es auf folgende Weise. Auf welchem Wege gelangt man zu einem richtigen Urteil? Doch auf dem der Erfahrung, des Nachdenkens und der dialektischen Untersuchung. Weißt du ein besseres Mittel, sich ein Urteil zu bilden?‹

›Wie sollte ich!‹

›Frage dich nun, welche unter den drei Menschenformen die größte Erfahrung in allen genannten Arten der Lust besitzt. Ist wohl der Gewinnsüchtige, wenn er sich dem Streben
nach Wahrheit widmet, erfahrener in der Lust, die das Erkennen b
verursacht, als der Philosophische in der Lust ist, die der Geldverdienst verursacht?‹

›Nein, lange nicht so. Der Philosophische lernt unbedingt von Kindheit an die anderen Formen der Lust kennen. Der Gewinnsüchtige aber, der Erkenntnis der wahren Welt gewinnen möchte, braucht die Süßigkeit, die solche Erkenntnis hat, durchaus nicht kennenzulernen und Erfahrungen darüber zu sammeln. Auch wenn er es lebhaft wünscht, wird es ihm nur schwer gelingen.‹

›So besteht denn zwischen der Erfahrung des Gewinnsüchtigen und des Philosophischen in der beiderseitigen Lust ein großer Unterschied.‹

›Allerdings.‹ c

›Und wie ist es mit dem Ehrgeizigen? Hat der Philosophische weniger Erfahrung in der Lust, die die Ehre verursacht, als der Ehrgeizige in der Lust hat, die das Denken gewährt?‹

›Nein‹, sagte er. ›Ehre genießen sie alle, wenn sie das Ziel ihres Strebens erreicht. Der reiche Mann, der tapfere Mann, der weise Mann, alle werden von vielen Leuten geehrt, so daß sie über die Lust, die damit verbunden ist, unterrichtet sind. Aber die Lust, die die Betrachtung der wirklichen Welt gewährt, kann keiner gekostet haben als der Philosophische.‹

d ›So ist sein Urteil, was die Erfahrung anlangt, das treffendste.

›Bei weitem.‹

›Diese Erfahrung hat er aber mit Hilfe des Nachdenkens gewonnen.‹

›Ohne Zweifel.‹

›Und das Mittel, das man beim Urteilen anwendet, ist nicht das Mittel, dessen sich der Gewinnsüchtige und der Ehrgeizige bedient, sondern der Philosoph.‹

›Was ist das für ein Mittel?‹

›Durch dialektische Untersuchungen kommen doch Urteile zustande, nicht wahr?‹

›Ja.‹

›Sie aber sind das hauptsächlichste Mittel, dessen sich ein Philosoph bedient.‹

›Gewiß.‹

›Führten am besten Reichtum und Gewinn zu Urteilen
e über gewisse Dinge, so wären die günstigen und ungünstigen
Urteile, die der Gewinnsüchtige über dieselben abgäbe, unbedingt maßgebend.‹

›Unbedingt.‹

›Und schüfen Ehre, Sieg und Tapferkeit Urteile, so wären die Urteile der Ehrgeizigen und Siegesfrohen maßgebend.‹

›Augenscheinlich.‹

›Da aber Erfahrung, Nachdenken und dialektische Untersuchungen Urteile schaffen?‹

›So ist das Lob, das der Philosoph und Freund des Denkens ausspricht, unbedingt das treffendste Urteil.‹

583a ›Also wäre die höchste Form der Lust diejenige, die der erkennende Teil unserer Seele genießt, und das lustvollste Leben hätte der Mensch, in dem dieser Teil die Oberhand hat.‹

›Sicherlich. Denn der Erkennende, der sein Leben lobt, lobt es als Sachkundiger.‹

›Welches Leben und welche Form der Lust wird dieser Beurteiler an die zweite Stelle setzen?‹

›Offenbar die Lust, die der Kriegsmann und Ehrgeizige hat. Sie steht der seinigen näher als die Lust am Gelderwerb.‹

›Er setzt also die Lust, die der Gewinnsüchtige hat, an die letzte Stelle.‹

›Ohne Zweifel.‹

›Das wäre der zweite Beweis. Zum zweitenmal hätte der Gerechte über den Ungerechten den Sieg davongetragen. Der dritte Gang, der in olympischer Weise dem Retter und Olympier Zeus geweiht sei, soll dartun, daß nur die Lust des Erkennenden wirkliche, reine Lust ist, während die der anderen nur schattenhaft ist, was mir ein weiser Mann einmal gesagt hat. Damit ist die letztere dann doch völlig und entscheidend geschlagen.‹ b IX

›Allerdings. Aber wie meinst du das?‹

›Wenn ich an der Hand deiner Antworten vorgehe, werden wir auf folgende Weise zum Ergebnis kommen.‹ c

›Frage nur.‹

›Sag', wir nennen den Schmerz der Lust entgegengesetzt?‹

›Jawohl.‹

›Wir kennen auch einen Zustand, der weder Lust noch Schmerz ist.‹

›Ja.‹

›Er bildet die Mitte zwischen diesen Gefühlen; wir denken ihn uns als eine Art Ruhe der Seele. Oder meinst du nicht?‹

›Doch.‹

›Nun weißt du, was für Reden die Leute manchmal führen, wenn sie krank sind.‹

›Was für welche?‹

›Sie sagen, es gäbe kein größeres Lustgefühl als das, gesund zu sein. Vor ihrer Erkrankung hätten sie das nicht gewußt.‹

›Ja.‹ d

›Auch hörst du Leute, die heftige Schmerzen auszuhalten haben, sagen, es gäbe kein größeres Lustgefühl, als ohne Schmerzen zu sein.‹

›Ja.‹

›In diesen und in vielen ähnlichen Fällen bemerkst du also, daß die Menschen im Schmerz nicht den Zustand der Freude, sondern den der Schmerzfreiheit und Ruhe als höchsten Glückszustand preisen.‹

›Ruhe ist dann wohl schon ein Glück. Sie begnügen sich damit.‹

e ›Ebenso ist es wohl, wenn ein freudiges Gefühl uns verläßt. Das Aufhören der Lust hat etwas Schmerzartiges.‹

›Es scheint wohl.‹

›So kann denn der Zustand, der die Mitte zwischen den beiden Gefühlen bildet, die Ruhe nämlich, sowohl als Schmerz wie als Lust empfunden werden.‹

›So scheint es.‹

›Kann nun etwas, das weder dies noch jenes ist, beides zugleich sein?‹

›Wohl nicht.‹

›Auch sind Lust und Schmerz Bewegungen der Seele, nicht wahr?‹

›Ja.‹

584a ›Der Zustand aber, der weder Lust noch Schmerz ist, erwies sich als ein Ruhen und ein Mittelzustand.‹

›Ja.‹

›Wenn man also Freiheit von Schmerz als Lust, Freiheit von Lust als Schmerz empfindet, so kann diese Empfindung unmöglich der Wahrheit entsprechen.‹

›Auf keinen Fall.‹

›Die Ruhe scheint dann nur im Vergleich zum Schmerz lustvoll und im Vergleich zur Lust schmerzhaft. Sie ist es aber nicht. Wahre Lust drücken diese Empfindungen nicht aus. Es handelt sich um eine Täuschung.‹

›Das beweist unsere Darlegung.‹

b ›Darum wollen wir lieber solche Formen der Lust wählen, die sich nicht als Folge von Schmerzen einstellen. Sonst verfallen wir leicht in den Irrtum, Lust sei ihrer Natur nach Aufhören von Schmerz und Schmerz Aufhören von Lust.‹

›Was für Formen meinst du?‹

›Es gibt eine ganze Anzahl. So kann man namentlich an die Lust denken, die mit den Geruchsempfindungen verbunden ist. Dies Lustgefühl tritt plötzlich sehr stark auf, ohne daß ein Schmerzgefühl vorhergegangen wäre. Ebenso hinterläßt es beim Verschwinden keinen Schmerz.‹

›Das ist ganz richtig.‹

›Also wir glauben nicht, daß Befreiung von Schmerz wirk- c
lich Lust und Aufhören von Lust wirklicher Schmerz ist.‹

›Nein.‹

›Nun sind aber die Lustzustände, die von den Sinnen her in die Seele kommen, zum größten Teil und in ihren wesentlichsten Formen von dieser Art. Sie sind Befreiungen von Schmerz.‹

›Ja.‹

›Auch mit den Vorfreuden und Vorschmerzen, die diesen Zuständen vorausgehen, wenn man sie erwartet, steht es ebenso.‹

›Ja.‹

›Weißt du, womit man diese sinnlichen Lustgefühle am d X
besten vergleichen kann?‹

›Nun?‹

›Es gibt in der Natur doch ein Oben, ein Unten und eine Mitte.‹

›Ja.‹

›Wenn nun jemand sich von unten nach der Mitte zu bewegt, wird er gewiß nichts anderes glauben, als nach oben zu kommen. Steht er dann in der Mitte und sieht rückwärts, so meint er nichts anderes, als er sei oben. Das wahre Oben hat er ja nicht gesehen.‹

›Wahrhaftig, er glaubt nichts anderes.‹

›Ginge er aber zurück, so würde er sich nach unten zu be- e
wegen glauben, was er in der Tat tut.‹

›Ohne Frage.‹

›Jene falsche Meinung rührt nun doch daher, daß ihm die Erfahrung über das wirkliche Oben, das wirkliche Unten und die wirkliche Mitte abgeht.‹

›Offenbar.‹

›So wundere dich auch nicht darüber, daß Leute, denen die Erfahrung über die Wahrheit abgeht, unter vielen anderen unverständigen Meinungen, auch über Lust, Schmerz und

das, was zwischen ihnen liegt, im Irrtum sind. Nähern sie sich dem Schmerz, so entspricht ihre Empfindung der Wirk-
585a lichkeit; sie haben wirkliche Schmerzen. Werden sie aber aus dem Zustand des Schmerzes in den indifferenten mittleren Zustand versetzt, so glauben sie fest, sie seien oben, nämlich bei der Lust angelangt. So wie jemand, der die weiße Farbe nicht kennt, den Unterschied zwischen Schwarz und Grau empfindet, so merken sie den Unterschied zwischen Schmerz und Schmerzfreiheit und lassen sich täuschen, weil sie die wirkliche Lust nicht kennen.‹

›Ich wundere mich wahrhaftig nicht darüber, weit eher würde ich mich über das Gegenteil wundern.‹

b ›Überlege nun das Folgende. Hunger, Durst und ähnliche Gefühle deuten doch auf eine gewisse Leere in unserem Körper.‹

›Freilich.‹

›Ebenso bezeichnen Unwissenheit und Unverstand eine gewisse Leere in unserer Seele.‹

›Ja.‹

›Wer Nahrung zu sich nimmt und wer klüger wird, bei dem findet also eine Art Anfüllen statt.‹

›Ohne Frage.‹

›Schafft dies Anfüllen in höherem Grade eine wirkliche Bereicherung, wenn es mit etwas weniger Wirklichem geschieht oder wenn es mit etwas Wirklicherem geschieht?‹

›Offenbar in dem letzteren Falle.‹

›Was hat denn nun mehr Anteil an reiner Wirklichkeit? Dinge wie das Brot, die Getränke, die Zukost und überhaupt die leibliche Nahrung, oder Dinge wie die wahre Meinung, das Wissen, die Vernunft und überhaupt jede Art seelischer
c Tüchtigkeit? Beurteile es hiernach: haben diejenigen mehr Wirklichkeit, die mit dem ewig Gleichen, dem Unsterblichen und der Wahrheit zusammenhängen, selber ewig gleich, unsterblich und wahr sind und ihren Ursprung von da herleiten, oder aber diejenigen Dinge, die mit dem ewig Wechselnden und Sterblichen zusammenhängen, selber ewig wechselnd und sterblich sind und ihren Ursprung von da herleiten?‹

›Bei weitem die ersteren.‹

›Und hängen die ewig wechselnden mit der Wirklichkeit näher zusammen als mit der Erkenntnis?‹

›Keineswegs.‹

›Aber mit der Wahrheit?‹

›Auch das nicht.‹

›Und wenn sie also weniger Zusammenhang mit der Wahrheit haben, so haben sie doch auch weniger Zusammenhang mit der Wirklichkeit.‹

›Unbedingt.‹

›Also haben überhaupt die Dinge, welche zur leiblichen d
Ernährung gehören, weniger Wahrheit und Wirklichkeit als die, welche zur Ernährung der Seele gehören.‹

›Weit weniger.‹

›Auch der Leib selber weniger als die Seele?‹

›Ja.‹

›Da die Seele also etwas Wirklicheres in sich aufnimmt und selber mehr Wirklichkeit besitzt, so ist doch auch diese Aufnahme eine wirklichere als die, welche der Leib vollzieht, der doch etwas weniger Wirkliches aufnimmt und selber weniger Wirklichkeit hat.‹

›Ohne Frage.‹

›Wenn die Einnahme der gemäßen Nahrung Lust erregt, wird daher die Seele, da ihre Einnahme wirklicher ist und mit wirklicheren Gegenständen erfolgt, auch wirklichere und wahrere Freude und Lust haben. Die Nahrungs- e
aufnahme des Leibes, der geringere Wirklichkeit hat, wird eine weniger wirkliche und dauernde sein und also auch die Lust, die er empfindet, eine zweifelhaftere und weniger wahre.‹

›Ganz unbedingt.‹

›Wer von der geistigen Tätigkeit und Tüchtigkeit nichts 586a
weiß und bloß für Gelage und ähnliche Vergnügungen Sinn hat, der geht also von der Mitte hinab nach unten und dann wieder bis zur Mitte hinauf. Er irrt sein Leben lang zwischen Schmerz und Schmerzfreiheit umher. Höher erhebt er sich nie, schaut nie das wahre Oben und steigt nicht zu ihm auf.

Er nimmt also die Wirklichkeit nicht in sich auf und kostet nicht entschiedene und reine Lust. Wie das Vieh schaut er immer nur abwärts, beugt sich auf die Erde und auf die Tische nieder und sucht da seine Nahrung und seine Genüsse:
b Fraß und Brunst. Weil er mehr haben möchte als sein Nachbar, schlägt er aus, stößt mit eisernen Hörnern und Hufen, und so bringt einer den andern aus Unersättlichkeit ums Leben. Sie geben aber nicht dem Teile und der Kraft in sich, die Wirklichkeit hat, die wirkliche Nahrung.‹

›Du beschreibst die Lebensweise der Menge ganz richtig, Sokrates‹, sagte Glaukon.

›Unbedingt sind ihre Lustempfindungen also mit Schmerzen verknüpft. Es sind Abbilder und Schatten der wahren Lust. Nur durch ihr Verhältnis zueinander erhalten diese
c Schatten Licht und gewinnen ein scheinbares Leben, so daß sie den Toren eine rasende Begierde einflößen und ein Kampf um sie entbrennt wie um das Trugbild der Helena, um das nach Stesichoros die Helden vor Troja gekämpft haben, da sie die wahre Helena nicht kannten.‹

›Unbedingt ist es so.‹

XI ›Weiter! Ergeht es dem Menschen, der das ganze Leben nur dem Willen in sich dient, nicht ähnlich? Der also neidisch ist aus Ehrgeiz, gewalttätig, weil er siegen will, aufbrausend, weil er eine heftige Gemütsart hat? Ihm sollen nur Eh-
d ren, Sieg und Heftigkeit zur Nahrung dienen, nicht Nachdenken und Einsicht.‹

›Ja, es muß ihm ähnlich ergehen.‹

›Also wollen wir es nur mutig aussprechen: Wenn Triebe gewinnsüchtiger und siegfroher Art sich der Erkenntnis und der Vernunft unterordnen, im Verein mit der Vernunft Lust suchen und sich nur der Lust bemächtigen, die die Vernunft ihnen angibt, dann wird wahre Lust ihr eigen, soweit sie es überhaupt werden kann; denn sie ordnen sich eben der Wahrheit unter. Und ebenso wird dann die ihnen gemäße
e Lust ihr eigen, da doch für jedes Ding das Zuträglichste auch das Gemäßeste ist.‹

›Gewiß ist es das Gemäßeste.‹

›Ordnet sich also die gesamte Seele dem philosophischen Seelenteil unter und empört sich nicht gegen ihn, so tut nicht bloß jeder Teil, was ihm obliegt, und ist also gerecht, sondern er genießt auch die ihm gemäße, die zuträglichste und nach Möglichkeit wahrste Lust.‹

›Freilich.‹ 587a

›Gewinnt ein anderer Teil der Seele die Oberhand, so findet er nicht die ihm gemäße Gattung der Lustgefühle und nötigt auch die anderen zum Streben nach ungemäßer und unwahrer Lust.‹

›So ist es.‹

›Am meisten ist das bei demjenigen der Fall, der am weitesten von Philosophie und Vernunft entfernt ist.‹

›Bei weitem.‹

›Von der Vernunft ist aber am weitesten das entfernt, was im schärfsten Gegensatz zu den Gesetzen und zur Ordnung steht.‹

›Offenbar.‹

›Als dieser Gegensatz erwiesen sich aber die erotischen b
und tyrannischen Begierden.‹

›Ja, sie stehen weitaus im schärfsten Gegensatz zu Gesetz und Ordnung.‹

›Dagegen stehen dem Gesetz und der Ordnung die königlichen und geregelten Begierden am nächsten.‹

›Ja.‹

›Also ist der Tyrann von wahren und gemäßen Lustgefühlen am weitesten, der Königliche am wenigsten weit entfernt.‹

›Unbedingt.‹

›Der Tyrann hat das freudenärmste Leben, der König das freudenreichste.‹

›Ganz unbedingt.‹

›Weißt du, wie groß der Unterschied der Lustmenge bei beiden ist?‹

›Wenn du es sagst.‹

›Es gibt drei Arten von Lust, eine echte und zwei unechte.
Der Tyrann lebt noch jenseits dieser unechten, da er sich von c

Gesetz und Vernunft losgesagt hat. Sklavische und schmarotzerhafte Lustgefühle hat er. Wieviel geringer der Lustwert seines Lebens infolgedessen ist, läßt sich nicht so leicht aussprechen, höchstens auf die folgende Weise.‹

›Auf welche?‹

›Der Tyrann steht an dritter Stelle hinter dem oligarchischen Menschen. Zwischen ihnen stand ja der demokratische Mensch.‹

d ›Ja.‹

›Seine Lustgefühle sind also um das Dreifache weniger wirklich, falls unsere Untersuchung richtig ist.‹

›Ja.‹

›Der oligarchische Mensch steht aber wiederum an dritter Stelle hinter dem königlichen. Wir zählten ja den aristokratischen und den königlichen Menschen als dieselbe Form.‹

›Ja.‹

›So ist der Tyrann um das Dreifache von drei von wahrer Lust entfernt.‹

›Augenscheinlich.‹

›Das Bild der Lust dieses Tyrannen ist dann eine Quadratzahl, entsprechend der genannten eindimensionalen Zahl.‹

›Freilich.‹

›Wie sich das Verhältnis also in der dritten Dimension, das heißt durch Potenzierung, gestaltet, ist klar.‹

›Dem Rechner ist es klar.‹

›Und bezeichnet man umgekehrt, also vom königlichen
e Menschen aus, den Unterschied des Lustwertes, so findet man daher, daß der königliche Mensch siebenhundertneunundzwanzigmal lustvoller lebt, wenn man die Rechnung ausführt, und der Tyrann ebensovielmal unglücklicher.‹

›Da hast du eine wunderbare Berechnung über das Ver-
588a hältnis des gerechten und des ungerechten Menschen zu Lust und Schmerz angestellt!‹

›Und die Zahl ist richtig und paßt zu den Zahlen des Lebens, wenn Tag und Nacht, Monate und Jahre Zahlen des Lebens sind.‹

›Gewiß sind sie das.‹

›Übertrifft aber der Gute und Gerechte den Schlechten und Ungerechten schon an Lust so sehr, so übertrifft er ihn doch noch unendlich viel mehr an Anstand, an Schönheit und an Tüchtigkeit.‹

›Entschieden, unendlich viel mehr.‹

›Gut! Nachdem wir dies festgestellt haben, wollen wir nun b XII
auf den Anfang unserer Untersuchung zurückgehen und auf den Satz, der uns bis zu dem jetzigen Punkte geführt hat. Er lautete: Unrechttun sei vorteilhaft, wenn man in vollendeter Weise ungerecht sei, aber für gerecht gelte. So wurde doch behauptet?‹

›Ja.‹

›Jetzt, nachdem wir über den Wert des gerechten und des ungerechten Handelns einig geworden sind, laß uns mit dem Verfechter dieses Satzes reden.‹

›Und wie?‹

›Wir stellen ein Gleichnis der Seele auf. Dann begreift er, was er mit seinem Satze behauptet.‹

›Was für ein Gleichnis?‹ c

›Ein solches, wie man es in den Mythen von den Geschöpfen der Urzeit findet, also von der Chimaira, der Skylla, dem Kerberos und von vielen anderen. Man erzählt von ihnen doch, daß sie aus mehreren Gestalten zusammengewachsen sind, die zu einem Wesen wurden.‹

›Ja, dergleichen wird erzählt.‹

›So bilde denn erstens ein vielgestaltiges und vielköpfiges Tier, das ringsum Köpfe (von zahmen und von wilden Tieren) hat, sich verwandeln kann und dies alles aus sich selber erzeugt.‹

›Dazu gehört aber ein gewaltiger Künstler! Doch da sich d
im Geiste leichter formen läßt als in Wachs und ähnlichem Stoffe, so sei die Bildung hiermit vollzogen.‹

›Zweitens bilde einen Löwen, drittens einen Menschen. Jenes erste Tier mußt du weitaus am größten machen; dann kommt der Löwe.‹

›Das ist leichter. Beide sind fertig.‹

›Nun verbinde sie alle drei miteinander, so daß sie zusam-
mengewachsen scheinen.‹

›Es ist geschehen.‹

›Um sie herum bilde eine in sich zusammenhängende
e menschliche Gestalt, die sie völlig einschließt. Wer nur das
Äußere sieht und nicht ins Innere schauen kann, soll mei-
nen, er habe nur ein Wesen, nämlich einen Menschen vor
sich.‹

›Auch das ist geschehen.‹

›Jetzt wollen wir unsere Antwort auf die Behauptung er-
teilen, Unrechttun sei für diesen Menschen vorteilhaft, Red-
lichkeit nütze ihm nichts. Sie erklärt nichts anderes für vor-
teilhaft als das Großziehen und Kräftigen des vielgestalti-
589a gen Tieres und ebenso des Löwen und Löwenartigen. Der
Mensch dagegen soll Hungers sterben und kraftlos werden,
soll sich ziehen lassen, wohin die beiden anderen wollen. Er
soll nicht das eine Tier mit dem anderen aussöhnen und be-
freunden, sondern ruhig zusehen, wie sie einander anfallen
und im Kampfe sich gegenseitig fressen.‹

›Ja, gerade das ist es, was der Lobredner des Unrechttuns
mit seinem Satze sagt.‹

›Dagegen wer Redlichkeit für vorteilhaft erklärt, fordert
damit zu Handlungen und Gesinnungen auf, die dem Men-
b schen im Menschen die höchste Kraft verleihen und ihn zum
Hüter über das vielköpfige Untier machen. Er soll wie ein
Pflanzer mit ihm umgehen, seine zahmen Triebe stärken und
veredeln, das Wachstum der wilden aber beschneiden. Dabei
soll er sich der Hilfe des Löwen bedienen und so für alle Teile
der Seele sorgen, sie miteinander und mit sich selber befreun-
den und ihr Pfleger sein.‹

›Allerdings drückt der Satz, daß Gerechtigkeit vorteilhaft
sei, dies aus.‹

›Wer also die Gerechtigkeit preist, dessen Lob entspricht in
jedem Sinne der Wahrheit, wer die Ungerechtigkeit preist,
c dessen Lob in keinem Sinne. Man mag an die Lust denken, an
den guten Ruf oder an den Nutzen, immer ist der Lobredner
der Gerechtigkeit im Recht, und immer ist der Tadel ihres

Tadlers grundlos und zeigt, daß der Tadler nicht weiß, was er eigentlich tadelt.‹

›Er weiß es ganz und gar nicht.‹

›Wir wollen ihn in Güte überzeugen – denn er fehlt ja nicht freiwillig – und wollen ihn fragen: Verehrtester, gehen nicht die Begriffe edel und gemein ebenfalls auf das Verhältnis der Teile der Seele zueinander zurück? Das Edle bringt
das Tier in uns unter die Gewalt des Menschen, vielmehr un- d
ter die Gewalt des Göttlichen in uns; das Gemeine unterwirft die gebändigten Kräfte den ungebändigten. – Wird er das zugeben?‹

›Wenn er mir folgt, ja.‹

›So kann doch nach unseren Feststellungen niemand Gewinn davon haben, wenn er Geld auf unredliche Weise an sich bringt. Er macht ja dadurch das Edelste in sich zum Skla-
ven des Niedrigsten. Wenn er seinen Sohn oder seine Toch- e
ter in die Sklaverei verkauft, und zwar an rohe, verworfene Menschen, so ist das doch kein Gewinn für ihn, selbst wenn er eine hohe Summe dafür erhält. Und nun sollte es ein Glück für ihn sein, das Göttliche in sich erbarmungslos dem
Gottlosesten und Unreinsten zu verkaufen? Er läßt sich da zu 590a
einer weit verhängnisvolleren Schandtat bestechen als Eriphyle, die das Leben ihres Gemahls für einen Halsschmuck hingab.‹

›Ja, zu einer weit verderblicheren!‹ sagte Glaukon. ›Ich antworte dir an Stelle unseres Gegners.‹

›Und wenn von jeher die Zügellosigkeit getadelt wird, XIII
so geschieht das doch aus dem Grunde, weil durch sie jenes große, vielgestaltige Untier fessellos gemacht wird?‹

›Offenbar.‹

›Und Anmaßung und Gehässigkeit tadelt man, weil da- b
durch der Löwe und Drache in uns unverhältnismäßig gestärkt und aufgeregt wird?‹

›Jawohl.‹

›Und Üppigkeit und Verweichlichung werden getadelt, weil sie ebendiesen Teil der Seele schwächen, nachlässig und feige machen?‹

›Gewiß.‹

›Unterwürfigkeit und Kleinlichkeit, weil durch sie dieser Teil, nämlich der Wille, dem vielköpfigen Tier Untertan gemacht wird. Man erniedrigt ihn um Geldes und unersättlicher Geldgier willen und macht ihn durch Gewohnheit von Jugend an zum Affen, nicht zum Löwen.‹

c ›Ja, freilich.‹

›Darum haben auch wohl niedrige Erwerbstätigkeit und Handarbeit etwas Entehrendes. Gibt sich jemand mit diesen Dingen ab, so hat das doch keinen anderen Grund, als daß der edelste Teil seiner Seele seiner Natur nach schwach ist und der Tiere nicht Herr werden kann. Er ist ihnen untertan und versteht sich lediglich darauf, ihnen zu schmeicheln.‹

›Es scheint so.‹

›Damit auch ein solcher Mensch unter der Herrschaft der Vernunft steht, wie der edelste Mensch unter ihrer Herr-
d schaft steht, muß er eben der Sklave dieses Edelsten sein, in dem das Göttliche die Macht hat. Jedoch soll diese Dienstbarkeit dem Dienenden nicht zum Schaden gereichen, wie Thrasymachos es sich dachte. Nein, es ist der Vorteil jedes Menschen, unter der Herrschaft von etwas Göttlichem und Vernünftigem zu stehen, am besten unter der Herrschaft dessen, was er selber in sich trägt, andernfalls unter der Herrschaft eines von außen Gegebenen. Werden wir alle so durch dieselbe Macht geleitet, so sind wir nach Möglichkeit einander gleich und sind Freunde!‹

›Ganz richtig.‹

e ›Auch die Gesetze zeigen, daß sie diesen Zweck verfolgen. Sie nehmen sämtliche Staatsangehörige unter ihren Schutz. Ebenso zeigt es die Aufsicht, die wir unseren Kindern zuteil werden lassen. Wir lassen sie nicht eher los, als bis wir ihrer
591a Seele eine Art Staatsverfassung gegeben und einen Wächter und Herrscher für sie ernannt haben, wie wir selber einen solchen in uns besitzen. Dann erst geben wir sie frei.‹

›Ja.‹

›In welchem Sinne und aus welchem Grunde kann man es also für vorteilhaft erklären, ungerecht zu handeln, ausschweifend zu leben und Ehrlosigkeiten zu begehen, also Dinge, durch die man schlechter wird, aber mehr Geld und Einfluß gewinnt?‹

›In keinem Sinne.‹

›Und in welchem Sinne kann es vorteilhaft sein, seine Verbrechen verborgen zu halten, so daß man der Bestrafung entgeht? Bleibt der Verbrecher unentdeckt, so wird er b
doch noch verworfener. Wird er entdeckt und bestraft, so wird das Tierische in ihm zur Ruhe gewiesen und gezähmt, das Menschliche wird der Fesseln ledig. Ergibt sich aber die ganze Seele dem edelsten Teile, erwirbt sie Besonnenheit und Gerechtigkeit, verbunden mit Einsicht, so wird ihr Zustand ein vollkommenerer als der des Körpers, der Kraft und Schönheit, verbunden mit Gesundheit, gewinnt; um so viel vollkommener als die Seele vollkommener ist als der Körper.‹

›Ja, durchaus.‹

›Also wird der Verständige sein ganzes Streben dahin len- c
ken. Er wird erstens die Wissenschaften, die seiner Seele diesen Zustand der Vollkommenheit geben, in Ehren halten, die übrigen geringschätzen.‹

›Offenbar.‹

›Er wird zweitens seinen Körper und die Sorge für dessen Wohl nicht den tierischen, vernunftlosen Lustgefühlen preisgeben und diese Lustgefühle also erstreben. Ja, er wird auch nicht an seine Gesundheit denken und Stärke, Gesundheit, Schönheit des Körpers für etwas Verehrungswürdiges halten, falls sich daraus nicht auch Besonnenheit ergibt. Er wird sei- d
nem Körper Harmonie geben, um sie der Seele geben zu können.‹

›Wenn er wahre Bildung hat, sicherlich.‹

›Aus demselben Grunde wird er seiner Erwerbstätigkeit Ordnung und Harmonie geben. Er wird sich durch Lobeserhebungen der Menge nicht verführen lassen, ein grenzenloses Vermögen aufzuhäufen. Das brächte ihm nur grenzenloses Unheil.‹

›Nein.‹

e ›Er wird immer die Verfassungsordnung in seiner Seele bedenken. Weder das Übermaß noch die Geringfügigkeit des Besitzes darf sie ins Wanken bringen. Danach wird er handeln und in Rücksicht darauf sein Vermögen vergrößern und verwenden, soweit es ihm möglich ist.‹

›Freilich.‹

592a ›Mit der Ehre wird er es ebenso halten. Er wird sich Ehren gefallen lassen und sie hinnehmen, durch die er besser zu werden glaubt, dagegen denjenigen aus dem Wege gehen, die seine Seelenverfassung zu zerstören drohen, seien dies Ehren im Privatleben oder im Staatsleben.‹

›Dann wird er sich dem Staate nicht widmen wollen.‹

›Seinem Staate ganz wahrhaftig, aber vielleicht nicht dem, in dem er geboren ist, falls ihn nicht eine göttliche Schickung dazu führt.‹

›Ich verstehe‹, sagte er. ›Du meinst, dem Staate, den wir vorher gegründet und beschrieben haben. Er ist auf Erden gewiß nirgends zu finden, sondern lebt nur in unseren Auseinandersetzungen.‹

b ›Im Himmel lebt vielleicht sein Urbild, damit wir es schauen und unsere eigene Seele danach ordnen sollen‹, erwiderte ich. ›Ob ein solcher Staat in Wirklichkeit vorhanden ist oder einmal vorhanden sein wird, macht nichts aus. Wir richten uns nach jenem Urbild, nach nichts anderem.‹

›Natürlich.‹

Zehntes Buch

›Die Einrichtungen unseres Staates sind aus vielen Gründen I
die denkbar besten. Nicht am wenigsten finde ich das, wenn 595a
ich an die Dichtkunst denke.‹

›Wieso?‹

›Ich meine unsere Ausschließung der nachahmenden
Dichtkunst. Daß sie durchaus berechtigt ist, zeigt sich jetzt, b
wo wir die menschliche Seele in ihre Teile zerlegt haben,
noch deutlicher.‹

›Wie meinst du das?‹

›Zu euch gesagt – und ihr werdet mich nicht den Tragödiendichtern und all den anderen nachahmenden Dichtern verraten –: die Dichtkunst scheint dem Verstand aller derer gefährlich zu sein, die nicht im Besitz des Gegenmittels sind, nämlich der Erkenntnis der wirklichen Welt.‹

›In welcher Hinsicht?‹

›Ich muß es aussprechen trotz der Liebe und Ehrfurcht, die
mir Homer seit meiner Kindheit einflößt. Homer ist ja au- c
genscheinlich der erste Lehrer und der Führer all dieser herrlichen tragischen Dichter. Aber nie darf uns ein Mensch höher stehen als die Wahrheit, und ich muß also meine Ansicht aussprechen.‹

›Jawohl.‹

›Höre denn! Oder vielmehr: antworte!‹

›Frage!‹

›Kannst du den Begriff Nachahmung im allgemeinen erklären? Ich sehe nicht so recht, worin sie eigentlich besteht.‹

›Da werde ich es sehen!‹

›Das wäre nicht unmöglich. Mit schwächeren Augen sieht man oft mehr als mit schärferen.‹

›Ganz richtig. Aber in deiner Gegenwart würde ich es 596a
kaum wagen, mich zu äußern, auch wenn ich etwas darüber wüßte. Sieh du selber zu.‹

›Ich denke, wir gehen, wie wir es gewohnt sind, von der folgenden Betrachtung aus. Wir pflegen doch von den vielen Einzeldingen, die wir unter einem Namen zusammenfassen, einen Artbegriff zu bilden. Oder verstehst du das nicht?‹

›Doch.‹

›Greifen wir einen beliebigen Gegenstand heraus. Es gibt eine große Anzahl von Stühlen und von Tischen.‹

b ›Gewiß.‹

›Aber es gibt nur zwei Ideen dieser Geräte, nämlich die Idee des Stuhles und die des Tisches.‹

›Ja.‹

›Wir pflegen es so auszudrücken: der Handwerker arbeitet diese Geräte im Hinblick auf die Idee. Die so entstehenden Stühle und Tische nehmen wir dann in Gebrauch. Ebenso ist es mit anderen Gegenständen. Die Idee selber macht ja der Handwerker nicht; oder meinst du?‹

c ›Keineswegs.‹

›Was denkst du dir nun unter dem folgenden Handwerker.‹

›Unter welchem?‹

›Der alles zugleich machen kann, was die verschiedenen Handwerker machen.‹

›Oh, das ist ein kluger, wunderbarer Mann!‹

›Warte ab; du wirst ihn gleich noch mehr bewundern. Er kann nicht bloß alle Erzeugnisse menschlicher Arbeit machen, sondern auch alles, was aus der Erde hervorsprießt, und alle Lebewesen, auch sich selber, ja auch Erde und Himmel und Götter und alle Himmelszeichen und alles, was der Hades in seinem Schoß birgt.‹

d ›Das ist ja ein ganz erstaunlicher Künstler!‹

›Glaubst du etwa nicht daran? Sag' mal, glaubst du überhaupt nicht, daß es solchen Künstler geben kann, oder glaubst du, daß er bloß in einer gewissen Bedeutung der Schöpfer der ganzen Welt ist, in anderer Bedeutung es nicht ist? Du siehst doch, daß du alle diese Dinge in gewissem Sinne auch erschaffen kannst.‹

›In welchem Sinne wäre das?‹

›Es geht ganz leicht und geschieht sehr oft. Am schnellsten geht es, wenn du einen Spiegel nimmst und überall herumträgst. Dann hast du bald eine Sonne gemacht und Sterne gemacht, hast die Erde, dich selber und die anderen Lebewesen, die Geräte, die Pflanzen und überhaupt alles, was wir soeben nannten, geschaffen.‹ e

›Ja, scheinbar. Das so Geschaffene hat keine Wirklichkeit.‹

›Richtig. Und für unsere Untersuchung kommt deine Antwort wie gerufen. Zu solchen Tausendkünstlern gehört nämlich auch der Maler, glaube ich. Nicht wahr?‹

›Ohne Zweifel.‹

›Du wirst sagen, auch seine Schöpfungen haben keine Wirklichkeit. Aber in gewissem Sinne macht er doch Stühle. Oder nicht?‹

›Doch. Scheinbare Stühle macht er.‹

›Nun aber der Stuhlmacher! Du sagtest eben, er mache II
nicht die Idee des Stuhls, also den Stuhl in seiner Wirklich- 597a
keit, sondern nur einen einzelnen Stuhl.‹

›Ja.‹

›Macht er aber nicht den wirklichen Stuhl, so hat auch seine Schöpfung keine Wirklichkeit, sondern ist bloß etwas der Wirklichkeit Verwandtes. Wenn jemand sagt, die Arbeit eines Stuhlmachers oder eines anderen Handwerkers sei etwas vollkommen Wirkliches, so ist das nicht der Wahrheit gemäß.‹

›Nein. Wenigstens nicht nach der Auffassung derer, die mit diesen Betrachtungen vertraut sind.‹

›Wir wundern uns darüber nicht, daß ihre Arbeit im Vergleich zur Wirklichkeit etwas Schwankendes hat.‹

›Nein.‹ b

›Nun laß uns untersuchen, wer in unserem Beispiel ein Nachahmer ist. Willst du?‹

›Wenn du es willst, ja.‹

›Es sind dreierlei Stühle. Den ersten, der der Natur angehört, hat ein Gott geschaffen, so dürfen wir wohl sagen. Oder ist es jemand anderes?‹

›Niemand.‹

›Den zweiten macht der Handwerker.‹

›Ja.‹

›Den dritten der Maler, nicht wahr?‹

›Meinetwegen.‹

›Maler, Stuhlmacher, Gott, jeder von ihnen ist Schöpfer einer Art von Stühlen.‹

›Ja.‹

c ›Ob nun der Gott nicht mehr als einen Naturstuhl hat machen wollen oder ob eine Notwendigkeit vorlag, genug, er hat bloß einen Stuhl gemacht, und das ist der wahre Stuhl. Zwei oder mehr hat der Gott nicht geschaffen und wird es auch nicht tun.‹

›Warum?‹

›Hätte er auch nur zwei gemacht, so wären sie doch beide nach einer Grundform gearbeitet, und diese Grundform wäre dann der wahre Stuhl, nicht jene beiden.‹

›Das ist richtig.‹

d ›Dies wußte wohl der Gott und hat seinen Stuhl als einzig in seiner Art geschaffen. Er wollte ja Schöpfer eines Stuhles sein, der Wirklichkeit hat, nicht Arbeiter einzelner Stühle.‹

›Ja, es scheint so.‹

›Wir können ihn doch den Urheber des Stuhles nennen oder ähnlich?‹

›Ja, das ist richtig. Er ist der ursprüngliche Bildner desselben sowie aller übrigen Dinge.‹

›Weiter, wie nennen wir den Handwerker? Doch Stuhlmacher?‹

›Ja.‹

›Nennen wir auch den Maler Stuhlmacher, Stuhlarbeiter?‹

›Keineswegs.‹

›Wie kann man denn sein Verhältnis zum Stuhl ausdrükken?‹

e ›Das angemessenste ist, wir nennen ihn Nachahmer der Erzeugnisse jener Handwerker.‹

›Gut. Der, welcher die von der Natur aus dritte Stuhlart macht, ist Nachahmer.‹

›Jawohl.‹

›Wenn der Tragödiendichter ebenfalls ein Nachahmer ist, so steht also auch er in dritter Reihe vom Sinne des königlichen Menschen und von der Wahrheit entfernt. Ebenso alle anderen Nachahmer.‹

›Ja, es läuft darauf hinaus.‹

›Über das Nachahmen haben wir uns also geeinigt. Doch 598a
laß uns weiter von dem Maler sprechen! Will er wohl die
Urbilder selber nachahmen oder die Erzeugnisse der Handwerker?‹

›Die letzteren.‹

›Wie sie sind oder wie sie aussehen? Das sage auch noch.‹

›Wie meinst du das?‹

›Nun, wenn du einen Stuhl von der Seite ansiehst, dann von vorn oder von hinten, so ist er doch nicht jedesmal ein anderer, sondern bleibt derselbe; er sieht bloß verschieden aus. Ebenso ist es mit den übrigen Gegenständen.‹

›Gewiß. Er sieht bloß verschieden aus.‹

›Wie verfährt aber die Malerei mit den Gegenständen? b
Bildet sie sie nach, wie sie wirklich sind oder wie sie aussehen? Ist der Maler also ein Nachahmer des Scheines oder der Wahrheit?‹

›Des Scheines.‹

›Also die nachahmende Kunst steht der Wahrheit fern. Ihr
Erschaffen der Dinge besteht darin, daß sie nur wenig von ih-
nen, nämlich nur ein Scheinbild hinmalt. So bildet der Maler c
etwa einen Schuhmacher oder einen Zimmermann oder andere Handwerker ab, ohne von deren Tätigkeit etwas zu verstehen. Ist er ein guter Maler, so täuscht er freilich Kinder und unverständige Menschen, wenn er ihnen etwa das Bild eines Zimmermanns aus der Ferne zeigt. Sie glauben einen wirklichen Zimmermann zu sehen.‹

›Allerdings.‹

›Man muß daher die Dinge folgendermaßen ansehen, Freund. Wenn uns jemand von einem Menschen erzählt, der

sich auf sämtliche Handwerke und überhaupt auf alle Berufe
d so gut verstände wie die einzelnen Fachleute, so können
wir ihn nur für einen leichtgläubigen Toren halten. Er hat
sich von einem Gaukler und Nachahmer betrügen lassen
und ihn für allwissend gehalten, weil er selber nicht zwischen Wissen, Unwissenheit und Nachahmung unterscheiden kann.‹

›Ganz richtig.‹

III ›Und jetzt müssen wir die Tragödiendichter und ihren
e Anführer Homer vornehmen. Man sagt uns, diese Leute
seien über alle menschlichen Dinge und deren Güte und Mangelhaftigkeit, ja auch über die göttlichen Dinge unterrichtet. Und ein guter Dichter muß ja die Dinge kennen, die er darstellt, wenn er sie richtig darstellen will. Sonst kann er eben nicht dichten. Fragen wir, ob sich die Lobredner der Dichtkunst ebenfalls von Nachahmern betrü-
599a gen lassen, ob sie es übersehen, daß die Dichtwerke, die
sie anschauen, in dritter Reihe von der Wirklichkeit entfernt sind und sich ohne Kenntnis des wahren Sachverhalts leicht herstellen lassen, weil das Dargestellte eben bloß etwas Scheinbares, nichts Wirkliches ist – oder ob sie recht haben, also ob ein guter Dichter über die Dinge, die er nach Ansicht des Volkes gut vorträgt, in der Tat unterrichtet ist.‹

›Ja, das müssen wir untersuchen.‹

›Wenn einer beides machen kann, den wirklichen Gegenstand und seine Nachbildung, so wird er sich doch wohl kaum um die Herstellung von Nachbildungen bemühen, wird diese Tätigkeit auch nicht zu einer Lebensaufgabe machen, als sei sie etwas Höheres als die Herstellung der Gegenstände selber.‹

b ›Allerdings nicht.‹

›Sondern wenn er sich wirklich auf das verstände, was er nachahmt, so würde sein Streben weit mehr den Dingen als ihren Abbildern gelten. Er würde viele schöne Werke seiner Hände hinterlassen wollen und es vorziehen, sich besingen zu lassen, als andere zu besingen.‹

›Ich glaube. Ehre und Vorteil hat er jedenfalls mehr davon.‹

›Über die anderen Dinge wollen wir von Homer oder von
den übrigen Dichtern keine Rechenschaft fordern. Wir wol- c
len nicht fragen, ob ein alter oder ein neuerer Dichter ärztliche Lehren nicht bloß nachgesprochen hat, sondern selber Arzt gewesen ist und uns die Leute zeigen kann, die er gesund gemacht hat, wie das etwa Asklepios könnte, oder uns seine Schüler in der Heilkunde nachweisen kann, wie Asklepios seine Söhne als Schüler hinterlassen hat. Wir wollen auch nach den anderen Fachkenntnissen nicht fragen, sondern dies auf sich beruhen lassen. Es ist aber billig, daß wir uns wegen der höchsten und schönsten Dinge, über die Homer sich äußert, bei ihm erkundigen, ihn also nach seinen
Kenntnissen über Krieg, Feldherrnschaft, Staatsverwaltung d
und Erziehung mit folgenden Worten fragen. Lieber Homer! Für den Fall, daß du in der Tüchtigkeit nicht erst in dritter Reihe hinter der wirklichen Tüchtigkeit kommst, daß du also nicht Scheinbilder machst und ein Nachahmer bist, sondern in zweiter Reihe stehst und darüber unterrichtet gewesen bist, was für Bestrebungen (des einzelnen oder der Gesamtheit) den Menschen Segen oder Unsegen bringen – sage uns doch: welchem Staate hast du eine bessere Verfassung gegeben? Der lakedämonische Staat hat doch durch Lykurg, viele große und kleine Staaten haben durch andere Männer
eine bessere Verfassung erhalten. Welcher Staat stellt dir das e
Zeugnis aus, ein guter Gesetzgeber und der Bürgerschaft von Nutzen gewesen zu sein? Italien und Sizilien sagt dies von Charondas; wir sagen es von Solon. Wer sagt es von dir? – Kann er einen Staat anführen?‹

›Ich glaube nicht‹, sagte Glaukon. ›Nicht einmal die Homeriden führen einen an.‹

›Wird denn aber erzählt, daß sich Homer etwa als Führer 600a
oder Berater in einem Kriege Verdienste erworben habe?‹

›Es wird kein solcher Krieg erwähnt.‹

›Oder werden Taten der Weisheit, nämlich Gedanken und Erfindungen, die für die Künste oder andere Tätigkeiten

Wert hätten, von ihm überliefert, wie von manchen anderen Männern, zum Beispiel von dem Milesier Thales und dem Skythen Anacharsis?‹

›Nichts dergleichen.‹

›Nun, wenn sich Homer nicht im öffentlichen Leben
b hervorgetan hat, so hat er sich vielleicht der Erziehung einzelner Männer angenommen, hat sie durch seine Lehren an sich gefesselt und ihnen und den Nachkommen ein homerisches Lebensideal hinterlassen? So hat es etwa Pythagoras getan, ist deshalb aufs höchste verehrt worden, und seine Anhänger heben sich noch heute durch ihre sogenannte pythagoreische Lebensweise von den übrigen Menschen deutlich ab.‹

›Auch davon wird nichts berichtet. Denn Homers Freund, Kreophylos, ist doch durch seine Erziehung noch lächerli-
c cher als durch seinen Namen, Sokrates. Wenn die Nachrichten über Homer wahr sind, so hat dieser seinen Freund gar zu sehr vernachlässigt.‹

IV ›Ja, davon erzählt man. Und meinst du nicht, Glaukon, Homer hätte sich eine Menge Freunde erwerben müssen und wäre von ihnen verehrt und geliebt worden, wenn er sich wirklich auf Menschenerziehung und Menschenbildung verstanden hätte und nicht bloß auf nachahmende Darstellung solcher Dinge? Haben doch Protagoras aus Abdera und Prodikos aus Keos und andere die Gabe, ihre Genossen durch
d ihren persönlichen Verkehr zu fördern. Haus und Staat ihrer Freunde ist nur darum in guter Ordnung, weil jene sich ihrer Erziehung annehmen. Dafür liebt man sie denn auch so sehr, daß man sie beinahe auf den Köpfen herumträgt. Hätten Homer und Hesiod die Fähigkeit besessen, die Tüchtigkeit ihrer Zeitgenossen zu fördern, so hätte man sie gewiß nicht als fahrende Sänger umherziehen lassen. Man hätte sie fester gehalten als Gold und sie gezwungen, bei ihnen zu bleiben.
e Hätte man sie nicht dazu vermocht, so wäre man mitgezogen und hätte so lange ihren Umgang gesucht, bis man genügend gelernt hätte.‹

›Du hast vollkommen recht, Sokrates.‹

›Wir halten also daran fest, daß alle Dichter, von Homer angefangen, Bilder der Tüchtigkeit und wovon sie sonst reden, nachahmen. Mit wahrer Tüchtigkeit haben sie nichts zu schaffen. Wir sagten eben, der Maler male ein Bild vom Schuhmacher, ohne das Schuhmacherhandwerk zu kennen, und male es für Leute, die es ebenfalls nicht kennen, sondern 601a
es bloß auf die Farben und Formen hin betrachten.‹

›Jawohl.‹

›Ebenso malt auch der Dichter mit seinen Worten und Sätzen gewisse Äußerlichkeiten der Handwerke hin, ohne sie zu kennen. Er ahmt die Tätigkeit nach, und Leute wie er, die bloß nach den Worten urteilen, finden dann die Darstellung, die er in Versen, Rhythmen und Tönen etwa vom Schuhmacherhandwerk oder auch von der Feldherrntätigkeit oder b
von irgend etwas anderem gibt, recht schön. Verse haben ja eine große, natürliche Zaubermacht. Wie die Erzeugnisse der Dichter aussehen, wenn man ihren Aussprüchen die künstliche Hülle nimmt, das weißt du wohl. Du hast sie doch so gesehen.‹

›O ja.‹

›Sie gleichen welken Gesichtern, die einmal frisch, aber nicht schön gewesen sind.‹

›Vollständig.‹

›Nun laß uns weiter fragen. Der Dichter, der Abbilder nachahmt, kennt also die Dinge nicht, wie sie sind, sondern nur, wie sie aussehen. Nicht wahr?‹

›Ja.‹ c

›Lassen wir diesen Satz nicht mit halber Begründung stehen, sondern prüfen wir ihn genau.‹

›Sprich.‹

›Der Maler zeichnet Zäume und Gebisse, nicht wahr?‹

›Ja.‹

›Der Sattler und der Schmied machen Zäume und Gebisse.‹

›Ja, freilich.‹

›Weiß der Zeichnende, wie ein richtiger Zaum und ein richtiges Gebiß sein muß? Das weiß doch nicht einmal der,

der sie macht, also der Sattler und der Schmied, sondern lediglich der, der sich ihrer zu bedienen weiß, also der Reiter.‹

›Ganz richtig.‹

›Und es steht hiermit wohl überall ebenso.‹

d ›Für alle Geräte gibt es drei Künste. Die eine braucht sie, die zweite macht sie, die dritte ahmt sie nach.‹

›Ja.‹

›Nun hängt doch die Tüchtigkeit, die Schönheit und die Richtigkeit eines jeden Gerätes, eines jeden Lebewesens, einer jeden Handlung von dem Zweck ab, zu dem sie hergestellt oder geschaffen oder ausgeführt werden.‹

›Ja.‹

›Also hat der, welcher ein Erzeugnis brauchen will, das beste Urteil über dasselbe. Er bezeichnet dem Handwerker die Arbeiten, die er zweckmäßig und die er unzweckmäßig hergestellt habe, zum Beispiel sagt der Flötenspieler dem Flöten-
e macher, was für Flöten gut spielbar seien, und erteilt ihm danach seine Aufträge, nach denen jener sich richtet.‹

›Natürlich.‹

›Der, welcher sich auf die Brauchbarkeit und Unbrauchbarkeit einer Flöte versteht, unterrichtet den anderen darüber, und dieser glaubt ihm und verfährt danach.‹

›Ja.‹

›Der Arbeiter erhält also durch seinen Verkehr mit dem Unterrichteten und dadurch, daß er ihn anhören muß, eine richtige Vorstellung von der Tauglichkeit oder auch der Untauglichkeit des Gegenstandes. Und der, welcher ihn braucht, ist der wirklich Unterrichtete.‹

602a ›Jawohl.‹

›Wie ist es nun mit dem Nachahmer? Ist er durch eignen Gebrauch über die Schönheit und Richtigkeit der von ihm gemalten Gegenstände unterrichtet? Oder muß er mit jenem Unterrichteten verkehren und sich Verhaltensmaßregeln über seine Malereien geben lassen und bekommt also eine richtige Vorstellung von den Gegenständen?‹

›Das ist beides nicht der Fall.‹

›Der Nachahmer hat daher weder Verständnis noch richtige Vorstellungen von der Tauglichkeit oder Untauglichkeit der von ihm nachgeahmten Gegenstände.‹

›Augenscheinlich nicht.‹

›Auch der dichterische Nachahmer wird voll der herrlichsten Sachkenntnis in den Dingen sein, die er vorträgt!‹

›Nicht gar so sehr!‹

›Und doch ahmt er sie nach! Er, der nicht weiß, was an ih- b
nen wertvoll und was wertlos ist! Aber er stellt sie so dar, wie sie der unwissenden Masse wertvoll erscheinen.‹

›Wie sonst!‹

›Also wir sind nun vollkommen einig, daß der Nachahmer so gut wie gar nichts von den Sachen versteht, die er vorführt. Nachahmung ist ein Spiel, nichts Ernstes. Alle aber, die sich in der tragischen Dichtkunst versuchen, sei es in Jamben, sei es in epischen Versen, sind durch und durch Nachahmer.‹

›Jawohl.‹

›Nun weiter! Dies Nachahmen ist doch in dritter Reihe c V
von der Wahrheit entfernt, nicht wahr?‹

›Ja.‹

›Auf welchen Teil der menschlichen Seele übt es also seine Wirkung aus?‹

›Was meinst du damit?‹

›Höre! Ein Gegenstand erscheint uns nicht gleich groß, wenn wir ihn in der Nähe und wenn wir ihn in der Ferne sehen.‹

›Nein.‹

›Und er erscheint uns gerade, wenn wir ihn außer dem Wasser, und gekrümmt, wenn wir ihn im Wasser sehen. Ebenso erscheint er uns bald hohl, bald erhaben, weil unsere Augen sich durch die Färbung irreführen lassen. Wir sind
vielen solchen Sinnestäuschungen ausgesetzt, und die Kunst d
der Schattenrisse, ebenso die Taschenspielerkunst und viele ähnliche Künste machen sich diese Schwäche unserer Natur zunutze und lassen es an Betrug nicht fehlen.‹

›Das ist wahr.‹

›Das beste Mittel dagegen ist das Messen, Zählen und Wägen. Dadurch wird die Herrschaft der Sinne über uns beseitigt. Wir richten uns nicht mehr nach dem sinnlichen Eindruck der Größe, der Zahl, des Gewichts der Gegenstände, sondern berechnen, messen und wägen sie.‹

›Ohne Frage.‹

e ›Und das ist Sache der Denkkraft in uns.‹

›Ja.‹

›Und während wir einen Gegenstand messen und ihn als größer, kleiner oder ebensogroß als einen anderen Gegenstand erkennen, sagen unsere Sinne oft das Gegenteil davon aus.‹

›Ja.‹

›Wir stellten aber früher fest, daß von dem gleichen Vermögen nicht zu gleicher Zeit verschiedene Aussagen gemacht werden konnten.‹

›Ja, und das ist auch richtig.‹

603a ›So ist der Teil unserer Seele, dessen Aussagen der wirklichen Größe eines Gegenstandes widersprechen, nicht derselbe wie der, der diese wirkliche Größe erkennt.‹

›O nein.‹

›Doch ist der Teil, der sich auf das Messen und Berechnen verläßt, die edelste Kraft unserer Seele.‹

›Ohne Zweifel.‹

›Und der, welcher entgegengesetzte Aussagen macht, gehört zu den geringeren Kräften.‹

›Unbedingt.‹

›Das war der Sinn meiner Behauptung: die Werke der Malerei und überhaupt der nachahmenden Kunst ständen der Wahrheit sehr fern und wendeten sich an den Teil unserer
b Seele, der der Vernunft sehr fern stände. Der Zweck dieser Verbrüderung zwischen Kunst und Sinnlichkeit sei kein guter und sei nicht die Wahrheit.‹

›So ist es in der Tat.‹

›Also die nachahmende Kunst ist verwerflich, wendet sich an etwas Verwerfliches und bringt verwerfliche Erzeugnisse hervor.‹

›Es scheint so.‹

›Und zwar nur die Kunst des Auges? Oder auch die des Ohrs, die den Namen Dichtkunst führt?‹

›Vermutlich auch sie.‹

›Beschränken wir uns daher nicht auf die Untersuchung der malerischen Scheinbilder, sondern fragen wir jetzt, mit welcher Kraft unserer Seele es denn die nachahmende Poesie zu tun hat; ob es eine edle oder eine niedrige Kraft ist.‹

›Das müssen wir untersuchen.‹ c

›Gehn wir so vor! Die Dichtkunst bildet doch handelnde Menschen nach. Dieselben handeln entweder gezwungen oder freiwillig, fühlen sich infolge ihrer Handlungen entweder glücklich oder unglücklich und sind fröhlich oder traurig. Etwas anderes stellt doch die Dichtkunst nicht dar.‹

›Nein.‹

›Diese Menschen sind aber nicht in Harmonie mit sich selber. Wer handelt, ist ebenso im Zwiespalt und Streit mit d sich wie der, welcher schaut und von einem Gegenstand zu gleicher Zeit entgegengesetzte sinnliche Eindrücke hat. Doch brauchen wir uns jetzt nicht hiermit aufzuhalten. Ich erinnere mich, daß wir oben ausführlich darüber gesprochen haben. Wir stellten fest, daß sich in unserer Seele unzählige derartige Widersprüche vorfinden.‹

›Ganz recht.‹

›Ja. Aber wir müssen jetzt erörtern, was wir damals fortließen.‹

›Was war das?‹ e

›Wir sagten damals, ein echter Mann ertrüge schwere Schicksale wie den Verlust eines Sohnes oder eines anderen besonders teuren Gutes leichter als andere Menschen.‹

›Jawohl.‹

›Jetzt laß uns diese Betrachtung weiter fortführen. Wird 604a er sich überhaupt nicht grämen oder ist das unmöglich und hält er nur Maß in seinem Schmerze?‹

›Das letztere ist richtig.‹

›Weiter! Wird er seinen Schmerz wohl eher unterdrücken, wenn ihn andere Menschen sehen oder wenn er ganz allein ist?‹

›Weit mehr, wenn ihn andere sehen.‹

›Wenn er allein ist, wird ihm wohl manches Wort entfahren, dessen er sich vor anderen schämen würde, und er wird manches tun, was keinen Zuschauer duldet.‹

›Allerdings.‹

VI ›Zur Unterdrückung seines Schmerzes mahnt ihn aber die
b Vernunft und das Gesetz. Das Gefühl drängt ihn, sich den Schmerzen zu überlassen.‹

›Das ist richtig.‹

›Und wo sich ein Mensch zu gleicher Zeit und gegenüber dem gleichen Vorgang in die entgegengesetzten Richtungen gezogen fühlt, da müssen zwei verschiedene Kräfte tätig sein.‹

›Natürlich.‹

›Die eine möchte sich den Geboten des Gesetzes fügen.‹

›Wieso?‹

›Das Gesetz verlangt Gleichmut und Ruhe im Unglück; denn man könne nicht wissen, was Unglück und was Glück
c sei; man bessere auch durch die Aufregung nichts; ferner verdienten die Schicksale, die uns Menschen treffen, nicht ernst genommen zu werden; schließlich störe die Hingabe an den Schmerz einen anderen seelischen Vorgang, der sofort eintreten müsse.‹

›Welchen Vorgang meinst du?‹

›Wir sollen über den Unglücksfall nachdenken und sollen mit der neuen Lage rechnen, wie ein Würfelspieler mit einem erfolgten Wurf. Die Vernunft soll unser Verhalten bestimmen. Wir sollen nicht wie ein Kind, das gefallen ist, die wunde Stelle festhalten und schreien, sondern uns beständig
d üben, sofort wieder aufzustehen und den Schaden zu heilen, also die Klageweiber durch den Arzt von dannen zu treiben.‹

›Ja, das ist das richtigste Verhalten im Unglück!‹

›Es ist aber der edelste Teil unserer Seele, von dem solche vernünftigen Erwägungen ausgehen.‹

›Offenbar.‹

›Und der Teil, der sich von dem Geschehenen nicht los-
reißt und ewig klagen möchte, ist unvernünftig, ist kraftlos
und eng mit der Feigheit befreundet.‹

›So muß man sagen.‹

›Seine Zustände gestatten nun aber die mannigfachste e
Nachahmung. Ein gesetzter, ruhiger Charakter, der sich stets
gleich bleibt, läßt sich nicht leicht darstellen, und seine Dar-
stellung ist auch nicht leicht aufzufassen, zumal nicht von
dem großen, bunten Menschenhaufen, der sich im Theater
zusammenfindet. Das Volk kennt ja solche Gemütsrichtung
nicht, wie sie ihm hier vorgeführt wird.‹

›Durchaus nicht.‹ 605a

›Daher wird sich der nachahmende Dichter natürlich sol-
chen Charakteren nicht zuwenden; er wird auch auf ihren
Beifall keinen Wert legen, wenn ihm am Beifall des Pöbels
gelegen ist. Aufgeregte und unbeständige Charaktere wird er
darstellen, die ja auch leicht darstellbar sind.‹

›Natürlich.‹

›Also haben wir ganz recht, ihn mit dem Maler in eine
Reihe zu stellen. Er ist ihm darin ähnlich, daß seine Erzeug-
nisse mit der Wahrheit wenig gemein haben, und ebenso
darin, daß er sich an niedrige Regungen in uns wendet, b
nicht an die edelsten. In einem Staate, in dem Ordnung und
Gesetz herrschen sollen, verweigern wir ihm daher mit
Recht den Zutritt. Er weckt und nährt ja diese niedrigen
Regungen; die Vernunft erstickt er. Als ob man die schlech-
ten Menschen im Staate hochkommen ließe und ihnen die
Herrschaft übergäbe, die tüchtigeren dagegen unterdrückte,
so schafft der nachahmende Dichter in der menschlichen
Seele eine falsche Ordnung. Er dient dem vernunftlosen Tei-
le der Seele, der die Begriffe groß und klein nicht unter- c
scheiden kann und dieselben Gegenstände bald als groß und
bald als klein empfindet. Es sind Nachbilder, die der Dichter
hinmalt. Von der Wahrheit sind sie sehr weit entfernt.‹

›Jawohl.‹

›Und doch haben wir den schwersten Vorwurf gegen die VII
Dichtkunst noch nicht erhoben. Daß sie Kraft genug hat,

sogar wertvollen Menschen Schaden zuzufügen, ganz wenige ausgenommen, ist doch etwas Furchtbares.‹

›Wenn sie das tut, allerdings.‹

›Höre und prüfe! Wenn wir dem Homer oder anderen
d Tragödiendichtern lauschen, wie sie die Heroen im Unglück darstellen, ihnen lange Klagereden oder Gesänge in den Mund legen und sie sich die Brust zerschlagen lassen, so hören das auch die Besten unter uns gern. Wir überlassen uns den gleichen Gefühlen, und wer uns am besten in diese Gefühle zu versetzen weiß, wird eifrig als ein guter Dichter gerühmt.‹

›Freilich, ich weiß es wohl.‹

›Trifft ein Schicksalsschlag aber uns selber, so brüsten wir uns ganz im Gegenteil mit unserer Ruhe, Fassung und Stärke.
e Denn das ist männlich, sagen wir; das Klagen, das wir in jenem Fall gerühmt haben, ist weibisch.‹

›Ich habe es wohl bemerkt.‹

›Ist das wohl in der Ordnung? Man sieht dem Gebaren von Männern zu, denen man nicht gleich sein möchte; man würde sich schämen, wenn es der Fall wäre. Und doch wendet man sich nicht mit Abscheu hinweg; nein, man hat Freude daran und ist des Rühmens voll.‹

›Vernünftig ist das wahrhaftig nicht.‹

606a ›Jedenfalls nicht, wenn du folgendes bedenkst.‹

›Was?‹

›Derselbe Teil unserer Seele, dem wir bei einem Unglück, das uns selber trifft, Zügel anlegen und nicht vergönnen zu jammern und zu klagen, soviel er möchte, wonach doch sein Sehnen und Begehren steht –, er ist es, dem die Dichter Befriedigung und Luft verschaffen. Der edelste Teil aber hält diesen klagesüchtigen nicht in strenger Zucht, weil er nicht genügend Erziehung genossen hat, also nicht über seine Herrscherpflicht unterrichtet und an sie gewöhnt worden
b ist. Es sei ja fremdes Leid, das da vorgeführt werde, und es sei keine Schande, fremde Leute zu rühmen und zu bemitleiden, wenn sie sich in Klagen ergingen, obwohl sie echte Männer sein wollten. Man glaubt, das Vergnügen sei ein wirklicher

Gewinn und möchte es sich nicht entgehen lassen, also nicht dem ganzen Dichtwerk den Rücken kehren. Nur wenige machen sich klar, daß die Gefühle anderen Menschen gegenüber notwendig auf die Gefühle gegen die eigne Person zurückwirken. Läßt man dort dem Mitleid freien Lauf, so kann man auch dem Mitleid mit sich selber nicht mehr gebieten.‹

›Vollkommen richtig.‹ c

›Und mit dem Komischen ist es dasselbe. Du schämst dich, selber lächerlich zu sein, hast aber die größte Freude, lächerliche Menschen in der Komödie oder im Leben zu sehen und zu hören und findest das keineswegs abscheulich. Geht es dir dann nicht ebenso wie bei dem Mitleid? Der Neigung zum Komischen, die du aus Vernunft unterdrücktest, um nicht in den Ruf eines Possenreißers zu kommen, gibst du jetzt Raum, und hast du sie dort erst geübt, so kommst du gar leicht dahin, auch deine eignen Angelegenheiten wie ein Komödiendichter zu behandeln.‹

›Allerdings.‹

›Dieselbe Wirkung übt die Dichtkunst auf den Ge- d
schlechtstrieb, auf den Jähzorn, auf alle Begierden, auf Lust- und Schmerzgefühle aus, von denen ja alle unsere Handlungen begleitet werden. Sie begießt und pflegt, was vertrocknen müßte; sie macht zum Herrn über uns, was Knecht sein müßte, damit wir nämlich besser und glücklicher würden, nicht schlechter und unglücklicher.‹

›Ich kann nicht widersprechen.‹

›Also, Glaukon, wenn du Leute triffst, die Homer rühmen e
und sagen, er sei der Lehrer Griechenlands, und jeder müsse ihn für sein und der Menschen Wohl zu Rate ziehen, ihn studieren und das ganze Leben nach seinen Lehren regeln, so sei
recht freundlich und liebenswürdig gegen sie; denn sie sind 607a
die besten Menschen von der Welt. Gib ihnen auch zu, daß Homer der größte und erste Tragödiendichter ist. Aber sei überzeugt, daß wir in unserem Staate keine anderen poetischen Werke zulassen können als Götterhymnen und Lobgesänge auf wackere Männer. Gewährst du der reizvollen Muse

in lyrischen und epischen Versen Zugang, so sind in deinem
Staate Lust und Schmerz König, nicht Gesetz und Vernunft,
die sich doch noch überall als das Schönste erwiesen haben.‹

›Ganz richtig.‹

VIII b ›Das sei zur Rechtfertigung unserer damaligen Auswei-
sung der Dichtkunst aus unserem Staate gesagt! Sie geschah
mit Recht und folgte aus unseren Grundsätzen. Damit uns
aber die Dichter nicht roh und ungebildet schelten, so mö-
gen sie wissen, daß Philosophie und Dichtkunst von jeher im
Streit miteinander liegen. Sticheleien der Dichter, also Be-
merkungen wie ‘die heisere Hündin bellt ihre Herrin an’
und ‘groß sind sie in albernem Geschwätz’ und ‘die Horde
c der Überweisen’ und ‘aus Not feinsinnige Denker’ und tau-
send ähnliche Wendungen sind Zeugnis des alten Gegensat-
zes. Trotzdem versichere ich, daß wir zur Aufnahme dieser
lustsüchtigen Dichtkunst und Nachahmungskunst gern be-
reit sind, falls sie die Berechtigung ihres Vorhandenseins in-
nerhalb eines geordneten Staatswesens nachweisen kann. Wir
sind uns sehr wohl bewußt, daß sie auch über uns eine große
Gewalt hat. Doch wäre es Sünde, wenn wir unsere Überzeu-
d gung preisgeben wollten. Nicht wahr, Freund, auch du er-
liegst ihrem Zauber, zumal wenn sie aus Homer zu dir redet?‹

›Ja, zumal dann.‹

›Und wir geben ihr die Erlaubnis zur Rückkehr in unseren
Staat, sobald sie sich in lyrischen oder epischen Versen recht-
fertigt?‹

›Jawohl.‹

›Auch dürfen ihre Verteidiger, die die Dichtkunst lieben,
aber nicht ausüben, in Prosa für sie eintreten und Gründe
dafür beibringen, daß sie nicht bloß ein Genußmittel, son-
e dern für Staatsverfassung und Leben förderlich ist. Wir wer-
den ihnen gern unser Ohr leihen, denn wir haben ja selber
Gewinn davon, wenn sich der Nutzen der Dichtkunst nach-
weisen läßt.‹

›Freilich haben wir Gewinn davon.‹

›Gelingt das aber nicht, lieber Freund, so werden wir un-
sere Liebe zu ihr, die uns die Erziehung und die trefflichen

Staatseinrichtungen eingeflößt haben, unterdrücken, so wie man einen Wunsch, dessen Verwerflichkeit man einsieht, mit Gewalt unterdrückt! Wir hören es geduldig an, daß sich diese Kunstart als etwas absolut Untadeliges und Wahres erwiesen
habe. Solange sie aber unsere Einwände nicht widerlegen 608a
kann, sagen wir uns dieselben beim Genuß der Dichtwerke als eine Zauberformel vor und nehmen uns in acht, in das kindische Verlangen, das die Menge nach der Dichtkunst hat, zurückzufallen. Wir fühlen, daß man solche Werke nicht ernst nehmen darf. Sie haben mit Wahrheit und mit Ernst
nichts zu schaffen. Der Zuhörer sei auf seiner Hut. Er denke b
an die Verfassungsordnung in seiner Seele und glaube, was wir hier über die Dichtkunst ausgeführt haben.‹

›Ich bin vollkommen deiner Meinung.‹

›Es ist ein so großer Kampf, lieber Glaukon, ein größerer als man meint, der Kampf nämlich um Tüchtigkeit und Untüchtigkeit. Durch nichts sollte man sich verführen lassen, die Gerechtigkeit und die übrigen Tugenden hintanzusetzen, nicht durch Ehren, nicht durch Reichtum, nicht durch Macht und auch nicht durch die Dichtkunst.‹

›Auf Grund unserer Ausführungen stimme ich zu. Auch jeder andere wird es tun.‹

›Und wir haben den höchsten Lohn der Tugend und die c IX
höchsten Kampfpreise, die dem Tüchtigen winken, noch nicht einmal genannt.‹

›Das müssen unsagbar hohe sein, wenn sie die besprochenen überragen.‹

›Wie kann in so kurzer Zeit Großes entstehen! Die Zeit vom Kind bis zum Greis ist doch im Vergleich zur Ewigkeit sehr kurz.‹

›Sie ist gar nichts.‹

›Und das Unsterbliche sollte um dieses Augenblickes, nicht um der Ewigkeit willen kämpfen und streben?‹

›Nein. Aber was willst du damit sagen?‹ d

›Fühlst du nicht, daß unsere Seele unsterblich und unvergänglich ist?‹

Er sah mich an und sagte erstaunt: ›Nein, durchaus nicht. Weißt du das etwa?‹

›Wenn ich mich nicht irre, ja. Auch du kannst es leicht einsehen. Es hat keine Schwierigkeiten.‹

›Für mich doch. Ich möchte gern dieser für dich nicht schwierigen Einsicht teilhaftig werden.‹

›Das soll geschehen.‹

›Sprich.‹

›Du sprichst von etwas Gutem und etwas Schlechtem.‹

›Ja.‹

e ›Faßt du diese Begriffe ebenso wie ich?‹

›Wie?‹

›Alles, was zerstört und tötet, ist schlecht; was erhält und fördert, ist gut.‹

›Ja.‹

›Jeder Gegenstand erleidet nun aber Einflüsse, die in die-
609a sem Sinne gut und schlecht sind. Für die Augen ist Augenkrankheit das Schlechte, überhaupt für den Körper die Krankheit. Für das Korn ist es Mehltau, für das Holz Fäulnis, für Erz und Eisen der Rost. So gibt es beinahe für alle Dinge einen natürlichen Feind und Zerstörer.‹

›Ja.‹

›Überfällt dieser Feind die Dinge, so zehrt er sie auf, zersetzt und vernichtet sie schließlich gänzlich.‹

›Ohne Frage.‹

›Der natürliche Feind und der eigne Verfall also ist es, der
b die Dinge ihres Daseins beraubt. Vermag er es nicht, so kann sie auch nichts anderes zerstören. Denn etwas Gutes zerstört doch nie einen Gegenstand, und was weder schlecht noch gut ist, ebensowenig.‹

›Natürlich nicht.‹

›Haben wir daher einen Gegenstand, der wohl einen Feind besitzt und durch ihn seines Wertes beraubt wird, jedoch nicht durch ihn zerstört und zersetzt werden kann, so wissen wir, daß dieser Gegenstand nicht zugrundegehen kann.‹

›So scheint es in der Tat.‹

›Es gibt nun doch einen Feind der Seele?‹

›Gewiß. Alle die Eigenschaften, die wir vorher nannten, Ungerechtigkeit, Zügellosigkeit, Feigheit und Unwissenheit, sind solche Feinde der Seele.‹

›Zerstört eine derselben die Seele und tötet sie? Hüten wir c
uns vor dem Irrtum, daß es die Ungerechtigkeit, also die Krankheit der Seele sei, an der der Ungerechte und Törichte, der dem Gericht verfällt, zugrundegehe. Denke vergleichsweise an den Körper. Ihn verzehrt und zerstört sein natürlicher Feind, nämlich die Krankheit. Sie hebt sein Dasein als Körper auf. Ebenso nimmt all den anderen Dingen, die wir soeben nannten, ihr eigner Feind durch sein Eindringen und d
seine Besitznahme das Sein. Nicht wahr?‹

›Ja.‹

›Wohlan, wende das auf die Seele an! Zerstören die Ungerechtigkeit und die übrigen Fehler durch ihr bloßes Vorhandensein und Wirken die Seele? Machen sie sie erlöschen, nehmen sie ihr das Leben und trennen sie sie vom Körper?‹

›Das ist durchaus nicht der Fall.‹

›Es widerstrebt aber doch der Vernunft, daß fremde Fehler ein Wesen vernichten sollten, wenn es die eignen nicht tun?‹

›Allerdings.‹

›Denn du mußt bedenken, Glaukon, daß auch der Körper e
unserer Auffassung nach nicht am Brot zugrundegeht, wenn dies vielleicht verschimmelt oder verdorben oder sonst gesundheitsschädlich ist. Der Fehler des Brotes erzeugt vielmehr den Fehler des Körpers, und so geht er durch dessen Vermittlung an seinem eignen, nämlich an der Krankheit zugrunde. Daß die Zerstörung des Körpers durch schlechtes Brot, also durch den Fehler, den ein fremder Gegenstand hat, 610a
erfolgen könnte, ohne daß dieser fremde Fehler den eignen hervorruft und wirksam macht, werden wir nie glauben.‹

›Das ist gewiß richtig.‹

›Also laß uns auch nicht glauben, daß die Seele an körper- X
licher Krankheit zugrundegehen könne, ohne daß die körperliche Krankheit seelische Krankheit hervorruft. An den Fehlern eines anderen Gegenstandes geht kein Gegenstand zugrunde.‹

›Darin liegt Vernunft.‹

›Solange man diese Behauptung nicht widerlegt, bestrei-
b ten wir es daher, daß die Seele stürbe, wenn der Körper am
Fieber oder an einer anderen Krankheit stirbt oder gewalt-
sam getötet wird, mag man ihn auch in die kleinsten Stücke
zerhacken. Man weise uns erst nach, daß durch diese Schick-
sale des Körpers die Seele ungerechter und schlechter wird.
Wir erlauben niemandem,.zu behaupten, daß ein fremdes
c Übel, in einem fremden Gegenstande heimisch, die Seele
oder auch ein anderes Ding zugrunderichten könne, falls
nicht das eigne Übel daraus entspringt.‹

›Kein Mensch wird uns aber beweisen, daß die Seele beim Tode und durch den Tod ungerechter wird.‹

›Geht aber wirklich jemand so weit, wagt er zu behaupten,
ein Sterbender werde schlechter und ungerechter (um näm-
lich nicht zur Anerkennung der Unsterblichkeit der Seele
d gezwungen zu sein), so muß man doch annehmen, Unge-
rechtigkeit sei etwas Tötendes wie eine Krankheit. Man
stürbe an ihr, wenn man sich ihr ergäbe, und zwar desto
schneller, je mehr, und desto langsamer, je weniger man es
täte. Die Ungerechten stürben aber nicht, wie es doch in
Wirklichkeit geschieht, auf Grund ihrer Ungerechtigkeit
von der Hand von Menschen, die eine Strafe an ihnen voll-
ziehen.‹

›Ungerechtigkeit wäre wahrhaftig nichts Schlimmes, wenn
sie ihrem Besitzer tödlich würde. Sie wäre Befreiung von et-
was Schlimmem. Aber ich glaube, sie ist ganz im Gegenteil
eine Mörderin anderer Menschen, wenn sie Gelegenheit
e dazu findet, und erhält ihrem Besitzer nach Möglichkeit das
Leben. Ja, sie gibt ihm sogar Schlaflosigkeit; so fern ist sie
davon, ihn zu töten.‹

›Du hast recht‹, sagte ich. ›Ist also der eigne Feind und Zerstörer nicht imstande, die Seele zu töten und zu vernichten, so wird der Feind, der andere Dinge zerstört, oder überhaupt irgend etwas Zerstörerisches sie schwerlich vernichten können.‹

Schwerlich wohl.‹

›Da also nichts sie zugrunderichten kann, nichts Eignes
und nichts Fremdes, so lebt sie notwendig dauernd; und lebt 611a
sie dauernd, so ist sie unsterblich.‹

›Notwendig.‹

›Das also steht fest. Dann ist aber, wie du siehst, die Zahl XI
der Seelen ewig gleich. Sie nimmt nicht ab; denn keine vergeht. Sie nimmt auch nicht zu. Denn nähme die Zahl unsterblicher Wesen zu, so könnten sie sich nur aus der Zahl der sterblichen vermehren. Da würde am Ende alles unsterblich.‹

›Du hast recht.‹

›Das glauben wir aber nicht, denn unsere Darstellung wi-
derspricht. Ebensowenig glauben wir, daß die Seele ihrem b
Kerne nach vielgestaltig, ungleichartig und zwieträchtig ist.‹

›Wie meinst du das?‹

›Wenn etwas Ewiges aus vielen Teilen zusammengesetzt ist, muß wohl die Zusammensetzung eine vollkommene sein, wie sich das vorher bei der Seele erwiesen hat.‹

›Ja, es muß wohl.‹

›Daß die Seele unsterblich ist, ergibt sich mit Notwendig-
keit aus der eben gegebenen Darlegung, ebenso auch aus den
sonstigen Darlegungen. Will man aber ihr eigentliches We-
sen erkennen, so darf man sie nicht in ihrem jetzigen Zustan- c
de der Befleckung durch die Gemeinschaft mit dem Körper
und durch andere Gebrechen studieren. Man muß sie sich
mit Hilfe der Denkkraft in ihrer ursprünglichen Reinheit vor
Augen stellen. Dann wird man sie weit herrlicher finden und
wird ihre Gerechtigkeit und Ungerechtigkeit und alle ande-
ren Eigenschaften, die wir besprochen haben, weit klarer er-
kennen. Wir aber sprechen von ihrem gegenwärtigen Zu-
stande und beschreiben ihn der Wahrheit gemäß. Dieser Zu-
stand, in dem wir sie kennen, ist dem des Meergottes Glaukos
ähnlich, den die Schiffer manchmal schauen. Sie sehen ihn d
schwerlich so, wie er ursprünglich war; die ursprünglichen
Teile sind weggebrochen oder zerrieben und überhaupt
durch das Wasser entstellt; fremde Körper sind angewachsen,
Muscheln, Tang und Steine. So ist seine natürliche Gestalt da-
hin, und er sieht eher wie ein Tier aus. Dahin ist auch unsere

Seele gekommen durch die zahllosen Übel, in die sie ver-
strickt ist. Aber man muß auf folgendes achten, Glaukon.‹

›Worauf?‹

e ›Auf ihr philosophisches Streben. Man sehe nur, wohin
sie, die Anverwandte der Göttlichkeit, Unsterblichkeit und
Ewigkeit, sich wendet und mit was für Dingen sie verkehren
möchte. Man sehe auch, wie sie sich verändert, wenn sie sich
ganz dem Göttlichen anschließt, sich dadurch emporhebt aus
dem Meere, in dem sie jetzt liegt, und die Steine und Mu-
612a scheln abstreift, die ihr jetzt angewachsen sind. Denn sie ißt ja
Erde, d.h. sie erfreut sich der hochgepriesenen Tafelgenüsse,
und so hat sie viel Erdiges und Steiniges und Häßliches in
sich. Dann aber wird man sie in ihrer wahren Gestalt sehen
und kann erkennen, ob sie vielgestaltig oder einheitlich oder
wie und welcher Natur sie ist. Ihre Leiden und ihre Formen
während des menschlichen Lebens aber haben wir, dächte
ich, hinreichend beschrieben.‹

›Ja gewiß.‹

XII ›Nun haben wir in unserer Darstellung die Gerechtigkeit
von allem Beiwerk losgelöst betrachtet, namentlich haben
wir die Belohnungen, die der Gerechte erhält, und das Anse-
b hen, das er genießt, beiseite gelassen, im Gegensatz zu der Art
und Weise des Hesiod und Homer, die ihr verwarft. Wir ha-
ben die Gerechtigkeit an und für sich als höchsten Gewinn
der Seele an und für sich erkannt. Sie muß nach Gerechtig-
keit streben, ob sie nun den Ring des Gyges hat oder nicht,
ja auch wenn sie zu diesem Ringe noch die Kappe des Ha-
des hat.‹

›Vollkommen richtig.‹

›So kann uns niemand tadeln, Glaukon, wenn wir dem
Gerechten und überhaupt dem Tugendhaften jetzt auch die
c Belohnungen zuteil werden lassen, die er von Menschen und
Göttern, im Leben und im Tode, erhält.‹

›Nein, niemand.‹

›Ihr gebt mir also das Darlehen zurück, das ich euch zu
Anfang unserer Untersuchung gab?‹

›Was für ein Darlehen?‹

›Ich fügte mich doch eurer Bedingung, daß der Gerechte im Rufe der Ungerechtigkeit und der Ungerechte in dem der Gerechtigkeit stehend zu denken sei. Ihr sagtet, wenn auch eine solche Täuschung von Göttern und Menschen in der Tat nicht möglich sei, müsse sie doch für die Untersuchung vorausgesetzt werden, damit wir die Gerechtigkeit der Ungerechtigkeit rein gegenüberstellen und über beide unser Urteil fällen können. Erinnerst du dich nicht?‹

›Das wäre sehr unrecht von mir.‹ d

›Nachdem das Urteil jetzt gesprochen worden ist, fordere ich für die Gerechtigkeit auch die äußeren Vorteile, die sie gewährt, zurück. Ihr sollt anerkennen, daß der Gerechte bei Göttern und Menschen in Ansehen steht. Nachdem sich erwiesen hat, daß der wirkliche Besitz der Gerechtigkeit wirklichen, nicht trügerischen Gewinn bringt, muß auch der Siegespreis genannt werden, der für den äußeren Anschein der Gerechtigkeit ausgesetzt ist.‹

›Das ist billig.‹ e

›Ihr gesteht also erstens zu, daß sich weder der Gerechte noch der Ungerechte vor den Göttern verbergen kann.‹

›Ja.‹

›Können sie es aber nicht, so lieben die Götter jenen und hassen diesen, wie wir uns schon zu Anfang einigten.‹

›So ist es.‹

›Und wir müssen doch anerkennen, daß die Götter ihrem Freunde nur Erlebnisse schicken, die ihn zum höchsten
Glücke führen, falls nicht frühere Verirrungen ihm ein un- 613a
entrinnbares Unheil zugezogen haben.‹

›Jawohl.‹

›Also müssen wir glauben, daß Armut, Krankheit oder andere scheinbare Übel sich dem Gerechten schließlich, im Leben oder nach dem Tode, in Güter verwandeln. Denn die Götter verlassen den Menschen nicht, wenn er nach Gerech-
tigkeit strebt und durch Tüchtigkeit den Göttern ähnlich b
werden will, soweit es den Menschen gegeben ist.‹

›Nein, da er ihnen gleichen möchte, verlassen sie ihn gewiß nicht.‹

›Der Ungerechte aber hat das entgegengesetzte Schicksal zu erwarten.‹

›Ohne Zweifel.‹

›Also das sind die Preise, die der Gerechte von den Göttern erhält.‹

›Ja.‹

›Und nun von den Menschen? Die Wahrheit zu sagen, machen es doch die Gescheiten unter den Ungerechten so wie Wettläufer, die von den Schranken aus gut laufen, aber von der Mitte des Laufs ab nachlassen. Anfangs sind sie vor-
c aus, aber am Ende werden sie verspottet. Sie lassen die Ohren auf die Schultern hängen und ziehen ohne Kranz davon. Aber die echten Läufer gewinnen die Preise und werden bekränzt, wenn sie am Ziel sind. Ist es nicht in der Regel mit den Gerechten ebenso? Sind sie am Ziel angelangt, sei es das Ziel eines Unternehmens, eines wissenschaftlichen Strebens oder des ganzen Lebens, so stehen sie in Ansehen und ihre Mitmenschen reichen ihnen den Preis.‹

›Jawohl.‹

d ›So darf ich von ihnen das sagen, was du von den Ungerechten sagtest? Die Gerechten sind es, denen die hohen Ämter in ihrem Staate offenstehen, wenn sie älter geworden sind und Neigung zur politischen Wirksamkeit haben. Sie sind es, die die Auswahl unter allen Frauen haben, ihre Töchter geben können, wem sie wollen, und alle die Vorteile genießen, die du den Ungerechten zusprachst. Die Ungerechten dagegen werden, auch wenn sie sich in ihrer Jugend zu verbergen wissen, gegen Ende des Lebenswettlaufs meistens überholt und verspottet. Freunde und Mitbürger bewerfen
e den Greis mit Kot und mißhandeln ihn. Das und was du damals sonst noch als Leiden der Gerechten nanntest – du sagtest mit Recht, es seien Roheiten –, das alles trifft meiner Meinung nach den Ungerechten. Darf ich deine Darstellung auf diese Weise in ihr Gegenteil verkehren?‹

›O ja, du hast ja recht.‹

XIII ›Wir haben damit die Preise, Belohnungen und Gaben
614a genannt, die der Gerechte, abgesehen von denen, die die

Gerechtigkeit an und für sich schenkt, in seinem Leben von
Göttern und Menschen erhält.‹

›Ja, und sie sind groß und wertvoll.‹

›Und doch sind sie nichts im Vergleich zu den viel zahlrei-
cheren und viel höheren, die der Gerechte und der Unge-
rechte nach dem Tode zu gewärtigen hat. Wir müssen ihnen
beiden sagen, was ihrer drüben wartet, damit unsere Unter-
suchung ihnen nichts schuldig bleibt.‹

›Es gibt wenig, wovon ich lieber erzählen hörte.‹ b

›Ich erzähle dir nicht die Erlebnisse des Odysseus, die er
bei Alkinoos vortrug, sondern den Bericht eines wackeren
Mannes namens Er, eines Sohnes des Armenios, der aus
Pamphylien stammte. Dieser Er fiel in einer Schlacht. Als
man aber zehn Tage später die schon verwesten Gefallenen
aufhob, um sie zu bestatten, wurde sein Körper noch wohl-
erhalten gefunden. Man brachte ihn nach Hause, und als er
am zwölften Tage bestattet werden sollte und bereits auf
dem Scheiterhaufen lag, wurde er wieder lebendig. Da er-
zählte er, was er im Jenseits gesehen hatte. – Nachdem meine
Seele entflohen, wanderte sie mit vielen anderen gemeinsam c
nach einem den Menschen nicht zugänglichen Orte. Dort
sind nebeneinander zwei Öffnungen, die in die Erde hinein-
führen, und ihnen gegenüber zwei andere, die in den Him-
mel führen. Zwischen ihnen sitzen Richter; sie richten über
die Toten. Den Gerechten heften sie vorne ein Merkzeichen
des Spruches an und schicken sie zur rechten Seite hinauf in
den Himmel. Den Ungerechten heften sie im Rücken ein
Merkzeichen ihrer Vergehen an und schicken sie zur Linken
hinab. Als ich herantrat, sagten sie zu mir, ich sollte den d
Menschen über die Dinge im Jenseits Kunde bringen, sollte
also alles, was dort vorginge, mit anhören und mit anschauen.
Durch die eine Öffnung im Himmel und die entsprechende
in der Erde sah ich nun die Seelen, denen das Urteil gespro-
chen war, fortziehen, durch die anderen sah ich andere See-
len zurückkehren. Wer aus der Erde kam, war voller Rauch
und Schmutz, wer aus dem Himmel kam, war rein. Man sah,

e daß sie eine lange Wanderung hinter sich hatten. Sie gingen
voller Freude auf die Wiese, lagerten sich wie zum Feste und
begrüßten einander, wenn sie sich kannten. Wer aus der
Erde gekommen war, fragte, wie es droben sei, und wer aus
dem Himmel gekommen war, fragte, wie es drunten sei. Jene
615a erzählten klagend und weinend von den vielen schweren
Leiden, die sie auf der unterirdischen Wanderung – sie
währt tausend Jahre – durchgemacht hätten und andere hät-
ten durchmachen sehen. Wer aus dem Himmel kam, erzähl-
te von frohen Erlebnissen und Anblicken von unnennbarer
Schönheit. All das wiederzugeben, würde viel Zeit kosten,
Glaukon. Das Wesentlichste war folgendes. Jeder wird für je-
des Verbrechen, das er begangen hat, und zwar an jedem ein-
zelnen Menschen, der Reihe nach bestraft, für jedes Verbre-
b chen zehnmal. Jede Strafe nämlich hat die Dauer von hun-
dert Jahren, entsprechend der Lebensdauer eines Menschen,
und so wird jedes Vergehen zehnfach gebüßt. Wer viele To-
desfälle verschuldet hat, wer Staaten oder Heere verraten
und in die Sklaverei verkauft hat oder an anderen Schandta-
ten beteiligt gewesen ist, muß also für jede derselben die
zehnfachen Schmerzen erleiden. Umgekehrt erhält, wer
Gutes getan hat, wer gerecht und fromm gelebt hat, in dem-
c selben Maße den verdienten Lohn. Von den neugeborenen
Kindern und früh Gestorbenen erzählte er anderes, das nicht
der Erwähnung wert ist. Auf Unehrerbietung und Ehrerbie-
tung gegen Götter und Eltern, auf eigenhändigen Mord ste-
hen noch höhere Strafen und Belohnungen. – Ich trat hinzu,
während einer einen anderen fragte, wo denn der große
Ardiaios sei. Dieser Ardiaios war tausend Jahre früher in ei-
ner pamphylischen Stadt Tyrann gewesen, hatte seinen grei-
d sen Vater und seinen älteren Bruder ermordet und viele an-
dere Untaten vollbracht, wie man erzählt. Der Gefragte ant-
wortete:

'Er ist nicht mit uns zurückgekommen und wird auch
XIV nicht kommen. Wir haben nämlich unter anderen schreck-
lichen Schauspielen auch das folgende gesehen. Wir waren
der Mündung schon nahe und im Begriff, hinaufzusteigen.

Alle Leiden lagen hinter uns. Da sahen wir plötzlich Ardiaios mit einigen anderen. Meist waren es Tyrannen; doch waren auch sehr verworfene Männer aus dem Volke darunter. Sie e
hofften ebenfalls, jetzt hinaufzukommen; doch die Mündung ließ sie nicht durch. So oft ein ganz Verworfener oder einer, der seine Strafen noch nicht abgebüßt hatte, emporsteigen wollte, ließ sie ein Gebrüll ertönen. Da standen dann Männer von wildem, feurigem Aussehen, die wußten, was dieses Brüllen bedeutete. Uns nahmen sie an die Hand und führten uns hindurch. Dem Ardiaios und anderen aber banden sie Hände, Füße und Nacken, warfen sie zu Boden, rissen ihnen 616a
die Haut ab und zogen sie längs des Weges durch Dornsträucher hindurch, die sie zerfleischten. Sie sagten den Vorübergehenden den Grund dieser Qualen und daß sie in den Tartaros hinabgeworfen würden. Von allen Schrecken, die wir ausgestanden haben, war es der größte, jene Stimme möchte auch ertönen, wenn wir heraufkämen. Jeder ging voll Freude hindurch, wenn sie schwieg.'

Das sind also die Strafen und Bußen, und ihnen entspre- b
chen die Belohnungen. Jeder blieb dann sieben Tage auf der Wiese. Am achten mußten wir uns aufmachen und weiterwandern. Nach vier Tagen kamen wir an eine Stelle, von der aus man ein Licht sah, das sich von der Höhe herab senkrecht wie eine Säule durch den ganzen Himmel und die Erde hinzog. Es glich am meisten dem Regenbogen, war jedoch leuchtender und reiner. Wir gingen noch eine Tagereise, standen nun mitten in dem Lichte und sahen, wie vom Him- c
mel aus seine Enden wie die eines Bandes ausgespannt sind. Das Licht verknüpft nämlich die Seiten des Himmels miteinander und hält das ganze Gewölbe zusammen wie der Gürtel den Dreiruderer. Von einem Ende zum anderen erstreckt sich die Spindel der Notwendigkeit, vermittelst der sich sämtliche Umdrehungen vollziehen. Die Stange und der Haken der Spindel sind aus Erz, der Wirbel ist aus einer Mischung von Erz und anderen Stoffen. Dieser Wirbel ist eben- d
so gestaltet wie ein irdischer Wirbel. Doch muß man ihn sich so vorstellen, daß in einem großen, hohlen, ausgemeißelten

Wirbel ein zweiter, kleinerer liegt, der in ihn hineinpaßt, wie
ein Eimer in einen anderen. In dem zweiten liegt ein dritter,
ein vierter und noch weitere vier. Acht Wirbel liegen so in-
e einander. Die Ränder oben sind kreisförmig, und es entsteht
um die Spindelstange herum ein zusammenhängender Wir-
belrücken. Diese Stange ist mitten durch den achten Wirbel
hindurchgetrieben. Der erste und äußerste Wirbel hat den
weitesten Randkreis, der sechste hat den zweitweitesten, der
vierte den dritten, der achte den vierten, der siebente den
fünften, der fünfte den sechsten, der dritte den siebenten, der
zweite den achten. Der Kreis des größten Wirbels ist von
617a bunter Farbe; der des siebenten ist der hellste von allen; der
des achten erhält sein Licht von dem siebenten, der ihn be-
strahlt; die Farbe des zweiten hat mit der des fünften Ähn-
lichkeit, sie sind gelber als die anderen; der dritte ist weißer
als alle anderen; der vierte ist rötlich; der sechste steht an
Weißheit an zweiter Stelle. Die Spindel im ganzen dreht sich
im Kreise. Innerhalb dieser Drehung aber drehen sich die in-
neren sieben Wirbelringe langsam in der dem Ganzen entge-
b gengesetzten Richtung, und zwar dreht sich der achte am
schnellsten; dann folgt der siebente, der sechste und der fünf-
te in demselben Schnelligkeitsgrade; an dritter Stelle steht –
so schien es uns – die Umdrehungsdauer des vierten; an vier-
ter Stelle die des dritten und an fünfter Stelle die des zweiten.
Die Spindel selber dreht sich in dem Schoße der Notwendig-
keit. Auf jedem Kreise aber steht oben eine Sirene, die die
Drehung mitmacht und einen Ton, jede ihren besonderen,
erklingen läßt. Alle acht zusammen geben eine Harmonie.
c Ringsherum sitzen, in gleichem Abstande voneinander, drei
andere Frauen auf Thronsesseln. Es sind die Moiren, die
Töchter der Notwendigkeit, Lachesis, Klotho und Atropos,
in weißen Kleidern, Binden um das Haupt. Sie singen zu den
Tönen der Sirenen. Lachesis singt von dem Vergangenen,
Klotho von dem Gegenwärtigen, Atropos von dem Zukünf-
tigen. Mit der rechten Hand greift Klotho von Zeit zu Zeit
an die Spindel und hilft der äußeren Drehung nach. Ebenso
unterstützt Atropos mit der linken Hand die inneren Um-

drehungen, und Lachesis greift mit beiden Händen abwech- d
selnd nach dem äußeren und nach den inneren Wirbel-
ringen.

Als wir ankamen, mußten wir sofort zu Lachesis hintreten. XV
Ein Herold ordnete uns in eine Reihe, nahm dann aus dem
Schoße der Lachesis Lose und Lebensbilder, trat auf eine
hohe Bühne und sprach:

'Der Jungfrau Lachesis, der Notwendigkeit Tochter, Wort:
Eintagsseelen! Der Anfang eines neuen, wiederum todbrin-
genden Lebens ist für das Geschecht der Sterblichen gekom-
men. Nicht der Dämon wird euch erlosen; ihr selber sollt e
euch einen Dämon wählen. Wem das erste Los fällt, der trete
als erster heran und wähle sich ein Leben aus. Er bleibt unwi-
derruflich an dasselbe gebunden. Die Tugend gehört nie-
mandem zu eigen. Je nachdem sie einer in Ehren hält oder
geringschätzt, wird er sie gewinnen oder nicht gewinnen.
Die Schuld trägt der Wählende. Der Gott ist ohne Schuld.'

Nach diesen Worten warf er die Lose über uns hin, und
jeder hob dasjenige auf, das neben ihn hinfiel, nur ich nicht;
der Herold ließ es nicht zu. Der Nummer des Loses entnahm
ein jeder, welchen Platz er in der Reihe einnehmen sollte.
Nun stellte er wieder die Lebensbilder vor uns hin auf die 618a
Erde. Es waren weit mehr als Wählende da waren, und alle
Arten menschlichen Lebens waren vertreten, Lebensläufe
von Tyrannen, teils von solchen, die es dauernd sind, teils von
gestürzten, die dann arm und verbannt als Bettler enden;
ferner Lebensläufe angesehener Männer, durch Wuchs,
Schönheit, Kraft und ähnliche Vorzüge ausgezeichnet, ande- b
re durch Herkommen und durch die Verdienste ihrer Ah-
nen; auch Lebensläufe einfacher Männer und Lebensläufe
von Frauen. Eine Rangordnung der Seelen lag hierin nicht,
denn durch die Wahl eines neuen Lebens wird sie ja sowieso
eine andere. Die übrigen Lebensumstände waren verschie-
den; es gab Reichtum und Armut, Gesundheit und Krank-
heit, und manche hielten die Mitte dazwischen. –

Dies ist nun für uns Menschen die furchtbarste Stunde, lie- c
ber Glaukon! Jeder von uns sollte alles andere beiseite lassen

und mit ausschließlichem Eifer nach dem einen suchen und forschen, nämlich nach einem Lehrer, der ihn stark und einsichtig macht, um das würdige Leben von dem unwürdigen unterscheiden zu können und stets und überall, wenn es angeht, das würdigere zu erwählen; der ihn lehrt, alles, was wir vorher über die edelste Lebensform synthetisch und ana-
d lytisch ausgeführt haben, zu prüfen und beurteilen zu lernen, ob Schönheit mit Armut oder mit Reichtum und mit welchem Charakter sie verbunden sein muß, um den Menschen schlecht oder gut zu machen, ebenso was all die anderen Eigenschaften, innere und äußere, edle und geringe Geburt, Anteillosigkeit und Anteil am Staatsleben, Stärke und Schwäche, Aufnahmefähigkeit und Schwerfälligkeit usw., was sie, wenn sie sich im Menschen vereinigen, aus ihm machen. Dann kann er seinen Entschluß fassen und kann zwischen dem schlechteren und dem besseren Leben die Wahl
e treffen. Die Lebensweise nämlich, die die Seele herabzieht und ungerechter macht, gilt ihm als schlecht; die sie aufwärts leitet zu größerer Gerechtigkeit, gilt ihm als gut. Alles andere läßt er außer Betracht. Wir haben ja gesehen, daß eine solche Wahl für das Leben auf Erden und nach dem Tode die beste
619a ist. Und diese felsenfeste Überzeugung muß er sich auch in der Unterwelt bewahren, damit er sich bei der Wahl des neuen Lebens nicht durch Reichtum und ähnliche Übel verblenden läßt, nicht nach dem Tyrannenleben und was ihm verwandt ist, greift und dann viel Jammer und unheilbares Leid über die Menschen, am meisten über sich selber bringt. Er soll einsichtig genug sein, ein Leben zu wählen, das die Mittelstraße einhält und das Übermaß nach beiden Seiten meidet. Danach soll er mit aller Kraft streben, in dem jetzigen
b Leben sowohl wie in jedem künftigen; denn so erringt er das vollkommenste Glück.

XVI Der Herold fuhr fort – so erzählte jener Bote aus dem Jenseits weiter –: ‘Auch wer zuletzt herantritt, findet noch ein erträgliches Leben vor, wenn er klug wählt und das Leben dann mit Ernst und Eifer führt. Wer zuerst kommt, wähle nicht vorschnell; wer zuletzt kommt, verzweifle nicht!’ So-

wie nun der erste herantrat, wählte er die mächtigste Tyrannenherrschaft. Er war so unverständig und gierig, daß er gar nicht genau hinsah und die Schicksale nicht bemerkte, die daran geknüpft waren, nämlich daß er seine eigenen Kinder essen mußte und anderes. Als er ruhig musterte, was er ge- c
wählt hatte, schlug er sich, klagte und bereute, daß er die Mahnung des Herolds nicht im Sinne behalten hätte. Er gab aber die Schuld daran nicht sich selber, sondern dem Schicksal, den Dämonen und allem anderen, nur nicht sich selber. Es war einer von denen, die aus dem Himmel zurückgekehrt waren. Sein früheres Leben hatte er in einem geordneten Staate verlebt und war aus Gewohnheit tugendhaft gewesen, nicht aus Philosophie. Man kann überhaupt sagen, daß die d
aus dem Himmel Gekommenen zum größeren Teil eine törichte Wahl trafen; sie kennen die Arbeit nicht. Wer aus der Erde gekommen war, hatte Mühen überstanden und hatte andere sich mühen sehen; darum war er bei der Wahl vorsichtig. So vertauschten die meisten Gutes mit Bösem und Böses mit Gutem. Auch die Lose fielen dementsprechend. – Wer bei jedem neuen Eintritt ins Leben sich wahrer Philosophie ergibt und bei der Wahl nicht eines der letzten Lose erhält, der wird, so scheint es nach diesen Verkündun- e
gen aus dem Jenseits, nicht bloß hier auf Erden glücklich sein. Auch seine Wanderung von hier nach drüben und wieder zurück wird nicht durch die Erde führen und nicht beschwerlich sein. Sie wird angenehm sein und durch den Himmel führen.

All diesen Seelen bei der Wahl ihres neuen Lebens zuzu- 620a
schauen, war sehr merkwüdig – sagte er. Es war ein jämmerlicher, lächerlicher und wunderlicher Anblick. Die meisten wählten nach den Erfahrungen ihres früheren Lebens. Ich sah die Seele, die einst Orpheus angehört hatte, das Leben eines Schwans wählen, weil sie aus Haß gegen das weibliche Geschlecht, das ihn ums Leben gebracht hatte, nicht von einem Weibe geboren werden wollte. Die des Thamyras sah ich das Leben einer Nachtigall wählen. Auch erwählten ein Schwan und andere kunstbegabte Tiere menschliche Leben. b

Die zwanzigste Seele wählte das Leben eines Löwen; es war
die des Telamoniers Aias, die aus Unmut über die Entschei-
dung in jenem Waffenstreite nicht mehr zum Menschen
werden wollte. Dann kam die des Agamemnon; auch sie
war dem Menschengeschlecht wegen seiner Schicksale feind
und zog eines Adlers Leben vor. Das mittlere Los war auf
Atalantes Seele gefallen. Sie sah die hohen Ehren, die das Le-
ben eines Siegers in den Wettspielen bringt, vermochte nicht
c an ihm vorbeizugehen und wählte dies Leben. Weiter sah ich,
wie die Seele des Epeios, Sohn des Panopeus, zu einem
kunstreichen Weibe wurde, und fern unter den letzten hüllte
sich des Thersites Seele in einen Affen. Gerade zu allerletzt
kam aber die Seele des Odysseus an die Reihe. Sie dachte an
die früheren Mühen und hatte den Ehrgeiz von sich getan.
Lange ging sie herum und suchte nach dem Leben eines
zurückgezogenen, einfachen Mannes, bis sie es endlich ab-
d seits, von den übrigen übersehen, fand. Da freute sie sich und
sagte, sie würde nicht anders gewählt haben, wenn sie das er-
ste Los erhalten hätte. Sie nahm es mit Freuden. Die Seelen
anderer Tiere gingen ebenfalls zuweilen in Menschen über,
auch eine Tierart in eine andere; ungerechte Tiere wurden
zu wilden, gerechte zu zahmen, und so fanden allerhand Mi-
schungen statt.

Als alle Seelen ihr Leben gewählt hatten, gingen sie in der
Reihenfolge der Lose zur Lachesis. Diese gab jeder den Dä-
mon mit, den sie sich erwählt hatte, damit er über ihr Leben
e wache und die getroffene Wahl verwirkliche. Er führte die
Seele zunächst zur Klotho und trat unter deren Hand und
unter den kreisenden Spindelwirbel. Dadurch wurde das ge-
wählte Schicksal besiegelt. Dann berührte er sie und führte
die Seele auf die andere Seite zu der spinnenden Atropos.
Hier wurde die Wahl unabänderlich gemacht. Nun traten sie,
ohne sich umzuwenden, unter den Thron der Notwendig-
621a keit und gingen unter ihm hindurch. So taten auch alle ande-
ren, und wir wanderten weiter in die Ebene der Lethe, wo es
heiß und unsäglich schwül war. Kein Baum und keine Pflan-
ze wächst dort. Als der Abend kam, lagerten wir uns am

Flusse Sorgenlos, dessen Wasser kein Gefäß festhalten kann.
Alle mußten von diesem Wasser trinken, und wer nicht
Selbstbeherrschung genug hatte, trank über das gebotene
Maß. Jeder aber, der trank, vergaß alles. Als wir uns ausgeruht b
hatten und die Mitternacht kam, entstand ein Gewitter und
Erdbeben, und wir wurden im Nu davongeführt, der eine
hierhin, der andere dorthin, hinauf ins Werden. Es war, als ob
Sterne dahinschießen. Mich ließ man nicht von dem Wasser
trinken. Aber wie und wodurch meine Seele in den Körper
zurückgelangt ist, weiß ich nicht. Ich sah plötzlich auf und
fand mich in der Morgenfrühe auf dem Scheiterhaufen
liegen. –

So ist der Mythos erhalten geblieben und nicht in Verges-
senheit geraten, Glaukon. Er wird auch uns erhalten, wenn c
wir seinen Lehren Folge geben. Wir werden den Fluß der
Lethe glücklich durchfahren und unsere Seele fleckenlos be-
wahren. Wenn wir, wie ich es lehre, an die Unsterblichkeit
der Seele und an ihre Kraft glauben, alles Böse und Gute, das
sie trifft, zu überdauern, so werden wir für immer an dem
Wege nach oben festhalten und werden all unser Streben der
Gerechtigkeit und Vernunft widmen. So sind wir unsere ei-
genen und der Götter Freunde, solange wir auf Erden weilen
und auch dann, wenn die Kampfpreise unser sind und wir sie
einsammeln, wie die Sieger im Wettkampf, und wir hier und d
auf der tausendjährigen Wanderung, von der wir gesprochen
haben, wohlleben mögen.‹

Anmerkungen

S. 1: *Göttin:* die thrakische Göttin Bendis.
S. 5: *Simonides:* berühmter Lyriker (556–468 v. Chr.).
S. 9: *Autolykos: Odyssee* XIX 394.
S. 41: Herodot gibt I 8 die Sage von *Gyges* in einer wesentlich anderen Form wieder.
S. 43: *Aischylos: Sieben gegen Theben* V 592.
S. 45: ›Eicheln …‹, aus: Hesiod, *Werke und Tage* 233.
S. 46: ›Wie ein …‹, aus: *Odyssee* XIX 109.
Musaios und sein Sohn *Eumolpos* sind die mythischen Stifter der eleusinischen Mysterien.
S. 47: ›Von der …‹, aus: Hesiod, *Werke und Tage* 287.
›sind ja bewegbar …‹, aus: *Ilias* IX 499.
S. 67: ›Zween Gefäße …‹, aus: *Ilias* XXIV 527.
S. 68: ›Die Schuld …‹, aus: Aischylos, *Niobe.*
S. 72f.: ›Liebe Kinder …‹, aus: *Ilias* II 1f.
S. 74 und 75: die Verse: *Odyssee* XI 489, X 495, XXIV 6; *Ilias* XX 64, XXIII 105, XVI 856, XXIII 100.
S. 77: die Verse: *Ilias* XXIV 10, XXII 414, XVIII 54, XXIII 168, XXII 133.
S. 78 und 79: die Verse: *Ilias* I 599; *Odyssee* XVII 383; *Ilias* IV 412, IV 429, I 225.
S. 80: die Verse: *Odyssee* IX 8–10, XII 342.
Zeus-Hera-Szene, aus: *Ilias* XIV 292ff.
Die Verse: *Odyssee* XI 17f.
S. 81: ›Gaben erweichen …‹, aus: Hesiod?
Die Verse: *Ilias* XXII 15 und 20.
S. 82: die Verse: Aischylos, *Niobe.*
S. 84: die Verse: *Ilias* I 15.
S. 102: *Eurypylos:* Verwechslung mit Machaon – *Ilias* XI 624ff.
Herodikos: Lehrer des Hippokrates?
S. 124: die Verse: *Odyssee* I 351.
S. 166: ›bricht unreif …‹, aus: Pindar fr. 209 Bergk.
S. 182: ›prachtvollen Rückenstücks‹, aus: *Ilias* VIII 521ff.
›Ehrenplatz‹, aus: *Ilias* VIII 162.
Die Verse: vgl. Hesiod, *Werke und Tage* 122.
S. 198: *Kinderrätsel,* nach den Scholien: ›Mich Vogel, der kein Vogel und doch Vogel ist, hat ein Mann, der kein Mann und doch ein Mann ist, als ich auf dem Holze saß, das kein Holz ist, mit einem Steine, der kein Stein war, durch einen Wurf kläglich umgebracht.‹ Lösung: Ein Eunuch hat eine Fledermaus, die im Röhricht saß, mit einem Bimsstein erlegt.

S. 216: *Theages:* Vgl. den gleichnamigen Dialog, der zumeist für unecht gehalten wird, aber wohl im Kontext der Akademie entstand.

S. 219: ›die Sonne Heraklits‹: Nach *Heraklit* erlöschen die Gestirne beim Untergang der Sonne und entzünden sich bei ihrem Aufgang neu.

S. 230: *Zinsen: τοκος* heißt ›Sprössling‹, ›Junges‹, zugleich ›Zins‹. Das Wortspiel ist kaum übertragbar.

S. 275: ›aus der Eiche …‹, aus: *Odyssee* XIX 162.

S. 287: ›den Blinden zum Chorführer gemacht‹: Pluto, der Gott des Reichtums, wird bei Aristophanes als blinder Greis dargestellt.

S. 305: ›Hin zu dem steinreichen …‹, vgl. Herodot I 55.
›groß, der Große‹, aus: *Ilias* XVI 774f.

S. 337: *Eriphyle* verriet ihren Mann, den Seher Amphiaraos, der den unglücklichen Ausgang des ›Zuges der Sieben gegen Theben‹ voraussah und sich deswegen verborgen hielt. Durch den goldenen Halsschmuck Harmonia von Polyneikes bestochen, veranlasste sie die Teilnahme ihres Mannes am Zug und damit seinen Tod.

S. 358: die Zitate sind nicht klar zuzuordnen; nach v. Wilamowitz stammen sie vielleicht aus einem Mimos des Sophron.

S. 363: *Glaukos*, ursprünglich ein Fischer, dann in eine Gottheit verwandelt, ist Schutzgott der Fischer.

S. 369: *Das Licht:* vermutlich die Milchstraße.
Die acht Wirbel: Das Bild ist hier nicht ganz klar ausgeführt. Offenbar bewegen sich um die Weltachse acht Himmelskugeln, die als kristallklar, durchsichtig gedacht sind. Die größte Kugel ist der Fixsternhimmel, die anderen sieben tragen die Planeten: Mond, Sonne, Venus, Merkur, Mars, Jupiter, Saturn. Die Intervalle der Sphären entsprechen den musikalischen Intervallen (*Timaios*), so entsteht bei der Drehung die Sphärenharmonie. Die Himmelsachse zieht sich durch die feststehende Erde. Dieses Weltbild entspricht im Wesentlichen schon dem Ptolemäischen, das dann bis zu Kopernikus galt und auch für Dantes Dichtung bestimmend war.

S. 370: *Moiren* oder Parzen: die Schicksalsgöttinnen.

S. 373: *Orpheus* wurde von den Mänaden, ›rasenden Frauen‹, zerrissen.
Thamyras wurde von den Musen geblendet, weil er den Wettkampf mit ihnen wagte.

S. 374: *Atalante:* Die jungfräuliche Jägerin ist Heldin verschiedener Sagen. Die Wahl ihres künftigen Lebens soll wohl den Verzicht auf die Liebe bedeuten.
Epeios: Der Erbauer des hölzernen Pferdes galt als feige.
Lethe: Gewässer in der Unterwelt, dessen Wasser die Erinnerung an die irdischen Ereignisse auslöscht.